U0113726

历史可以更好看

唐史并不如烟

大唐开国

第一部 修订版

曲昌春 著

中国文史出版社

CHINA CULTURAL AND HISTORICAL PRESS

图书在版编目（ＣＩＰ）数据

唐史并不如烟．第 1 部，大唐开国 ／ 曲昌春著．——
修订本．—— 北京：中国文史出版社，2022.8
ISBN 978-7-5034-6193-4

Ⅰ．①唐… Ⅱ．①曲… Ⅲ．①中国历史－唐代－通俗
读物 Ⅳ．① K242.09

中国版本图书馆 CIP 数据核字 (2022) 第 132651 号

责任编辑：梁玉梅

出版发行：中国文史出版社

社　　　址：北京市海淀区西八里庄路 69 号院　　邮编：100142

电　　　话：010-81136606　81136602　81136603（发行部）

传　　　真：010-81136655

印　　　装：北京新华印刷有限公司

经　　　销：全国新华书店

开　　　本：16 开

印　　　张：21

字　　　数：337 千字

版　　　次：2015 年 7 月北京第 1 版

印　　　次：2022 年 8 月第 3 次印刷

定　　　价：56.00 元

| 序 |

写过不少字，提笔为自己的书写序还是第一次。

先感谢读者朋友们的厚爱，让我一个非科班出身的写手能够接二连三地将文字变成铅字，尤其这套《唐史并不如烟》出到了第六册，按照计划，还会有第七册，相信就在不远的将来。

坦白地说，我的这套通俗唐史系列是受了《明朝那些事儿》影响，这一点毋庸讳言，当年明月创造性地开创了通俗写史，引领了一时风潮，而我恰在这个时候加入了这个行列。至于我的书名，见多识广的人应该会联想到章诒和先生的《往事并不如烟》，没错，我在起书名的时候借鉴了章先生的书名。

在《往事并不如烟》中，我们看到了一个个鲜活的人物，看到了立体的史良，看到了有烟火味的罗隆基，这些人物的形象区别于历史课本上那些干巴巴的文字，章先生用她的笔告诉我们，这些人物曾经如此这般生活过。

受章先生影响，我力图在我的书中让一个个人物活起来，让他们不仅是平面的，更是立体的，让他们活在大时代中，同时更关注大时代中的小人物命运，这既是为古人，也是为我们自己。

试想，当我们告别这个世界，如果后人仅仅凭借我们的档案和履历了解我们，那是不是一件很可悲的事情？我们不只有生卒年月，不只有所谓的大事记，我们更有一个平常人的喜怒哀乐。在这个世间，我们哭过，笑过，奋斗过，颓废过，每个人都曾经是自己人生戏剧的主角，如果将我们的人生浓缩提炼，何尝不是一幕幕人生大剧？

时针拨到 2009 年 4 月，《唐史并不如烟第一部：大唐开国》面世，我是一个俗人，也有名利之心，也期待自己的书能有洛阳纸贵的效果。略显遗憾的是，由于上市推广并不到位，这套书没有成为一时无两的绝对畅销书，反而成了书店的常销书，看过的人纷纷好评，但没看过的人还是没看过。在这个好酒也怕巷子深的年代，身为一个普通作者，我又能怎样呢？

有意思的是，随着唐史系列的出版，出版方的纠结也在与日俱增，甚至几次开会研究，为什么此书不如预想那般红呢？明明具备了畅销的潜质，为什么登不上畅销书排行榜呢？几次研究下来，出版方得出结论，书名没取好，需要重新取名，重新包装上市。然而新的问题随之而来，如果重新包装，那么已经推出的几本怎么办？就这样，在矛盾中，唐史系列出到了第五本。

最终在中国文史出版社梁玉梅编辑的穿针引线下，唐史系列第六本《元和中兴》在中国文史出版社出版，并且该系列迅速再版。

此时喧嚣的通俗历史热已成过去式，而我既不迷恋所谓的热潮，也不惧怕所谓的低谷，无论热潮还是低谷，我还是我，我只想安安静静写字，安安静静在书里与古代人物对话。

时代与科技的发展让我们的时间变得忽快忽慢，当我们回忆过去时，往往感觉就发生在昨天，而当我们回忆近一两年甚至近半个月的事情时，甚至会有过去好久、恍如隔世之感，这一切都是因为科技进步和信息爆炸。当一切信息都碎片化后，我们的记忆也支离破碎，到最后，能记住的又有多少呢？

科技对出版的冲击显而易见，科技对作者的冲击也前所未有，但只要心中有坚守，什么时候都不会迷茫，也不会随波逐流，到后来你会发现，就这样安安静静挺好。其实，无论多大的冲击，人总是要看一点历史的，我们得知道我们出发的路通向何方，更需要知道我们为什么出发。

最后用一点篇幅感谢一下家人吧，如果没有他们的引领和支持，我不会走到今天，也不会有唐史系列。

我的母亲李家华女士 1953 年出生，1960 年入学，1966 年小学毕业，因为家庭的原因没能继续求学，至今引以为憾。据母亲回忆说，小学毕业时她的数学和语文考试成绩都是满分——100 分，本可以进入中学继续求学，无奈外祖父患病在身，一家老小全靠外祖母里里外外支撑，虽然彼时上学学费可以全免，但还需要有一套住宿被褥，就是这套被褥难倒了母亲一家人。当然其中还有一个深层次原因，那时农村盛行"女孩读书无用"论，又恰好同村有一位中学毕业的女生回村务农，这些背景成为母亲继续求学的绊脚石，最终母亲的受教育程度止步于小学。

正是因为这段经历，母亲在我求学的道路上支持得最为坚定，她说，只要我愿意读，她就一直供下去，无论读到哪一步。在母亲的支持下，我一路走来，从大学本科读到了硕士研究生毕业，如果不是我对学业有所厌倦，相信她会支持我读完所有能读的阶段。

略显遗憾的是，尽管读了七年建筑专业，毕业后我却进入了与建筑毫无关系的电视行业，并且在电视行业一待就是十几年，希望这不算辜负母亲的期待。

从 2002 年工作至今，同大多数游子一样，每年回去的时间寥寥无几，我成家立业向着四十岁奔去，母亲也在岁月中渐渐老去。以前读龙应台的文章无感，现在再读，不觉泪湿眼眶。龙应台写道："所谓父母子女一场，只不过意味着，你和他的缘分就是今生今世不断地目送他的背影渐行渐远。你站立在小路的这一端，看着他逐渐消失在小路转弯的地方，而且，他用背影默默告诉你，不必追。"

父母与子女是缘分，我们要做的是珍惜缘分，无论此生好与不好，下辈子都不一定能再相见。

在这里，同时感谢我的岳父、岳母以及妻子，如果不是你们无私付出，我哪里有时间这样一本一本写下去。

当然也感谢我的父亲，如果没有你，哪里会有我？

最后对女儿说几句，孩啊，为父不求你多成功，不求你多富贵，只求你能健康快乐，平平安安，做一个普通人，过平常的生活，这也就够了。

至于我下一步的创作方向，还是会聚焦唐朝，我一直想写一部与众不同的历史小说，并且一直在储备，希望很快就有梦想照进现实的那一天。

目　录

第一章　王朝更替，那一场击鼓传花的游戏

人生就是一杯酒

酒，毒酒！

月，冷月！

公元 908 年二月二十二日，唐朝最后一个皇帝李柷走到了人生的十字街头，他知道这一天早晚会来，只是没有想到来得这么快。

屈指算来，也就是一年前，李柷接到了权臣朱温的明示：小李，该禅让皇位了。

"禅让"，多么崇高的一个词语，此时却变得俗不可耐，从北周到隋，从隋到唐，从唐再到朱温的后梁，每一次权力的交替都以"禅让"为名，一切看上去很美，一切又看上去那么俗，因为谁都知道，所谓"禅让"就是虚张声势的一个名词，权力交替哪次不是赤裸裸的抢夺，所谓"禅让"就是皇帝的新装。

于李柷而言，这个皇帝当又何喜，不当又何忧，原本他就不想当，在他父亲李晔的末期，唐王朝已经到了终点，父亲和自己都不过是朱温手里的稻草人，除了煞有介事地以天子之名吓唬一下藩镇，剩下的作用估计就是恐吓一下麻雀了。

父亲李晔已经死于朱温之手，自己这个皇帝则是比父亲还要傀儡的傀儡，尽管在自己手上唐朝又延续了三年，然而这三年何尝不是行尸走肉的三年。

有的人死了，但他还活着；有的人活着，但他已经死了。

唐王朝在李柷手上何尝不是一个活死人。

李柷知道，朱温肯定要动手，唯一的区别只是时间早晚。

接到朱温的指示之后，李柷马上下诏，禅让皇位，没想到居然遭到了朱温的再三拒绝，此时的李柷只有一个权力，那就是不准朱温拒绝，"强迫"朱温取代自己当皇帝。这是什么权力呢？这恐怕是最无可奈何的权力，也是最欲哭无泪的权力。

公元 907 年四月二十二日，朱温建立后梁，改名为朱晃（取日之精华），改年号为开平，从这一天开始，中国大历史中最辉煌的大唐王朝结束了，从公元 618 年开始的风云近三百年的王朝终结了。

一个风云数百年的朝代，总是以一群强者英武的雄姿开头，而画下最后一个句号的，常常是一些文质彬彬的凄怨灵魂，孤魂野鬼。李柷正是那些孤魂野鬼的代表之一。

看着眼前的毒酒，李柷没有选择，他只能选择喝，尽管这个选择很难，但事已至此，他反而更加释然。

世上最可怕的不是死，而是等死，世上最可怕的不是死亡的结局，而是在惶惶不可终日之中不知道死亡的方式。现在答案揭晓了，楼上那只始终悬着的靴子终于落了下来，心中那块忐忑不安的石头也终于落了地，而这杯毒酒也到了入肚为安的时候。

从北周到隋，从隋到唐，从唐到后梁，世事的变换就是一杯毒酒。北周静帝宇文阐，隋朝恭帝杨侑，唐朝哀帝李柷，他们的结局都是一杯毒酒，他们的先祖们怎么也不会想到，他们绑架了皇位，而皇位也绑架了他们的子孙，他们骑到了皇位这只老虎身上，而他们的子孙最终还是要被这只老虎吞噬。

杯空，酒残，月冷，星稀。

一个孤寂的身影在月夜中倒地，一个人的人生在无声无息中终结，一个王朝的辉煌以一杯残酒作为结束，从此历史翻过新的一页，从此唐朝已成背影，已是往事。尽管人不能改变很多东西，但时间会改变一切，时间会渐渐擦去唐朝的痕迹，直到那一切彻底成为历史。

不过，无论过去多少代，多少年，透过历史的尘埃，拭去岁月的浮尘，在不经意间却会发现，其实唐史并不如烟。

谁动了我的唐朝

风云际会的三百年结束在文弱的李柷身上，这个答案很明确，然而另一个问题的答案似乎不那么明确，唐朝究竟是谁开创的？到底是李渊，还是李世民？

这个看似很简单的问题被李世民搞复杂了，当时的人们都知道是李渊开创了唐朝，但李世民之后的史料却在有意或者无意地告诉后人："唐朝是李世民开创的，李渊只是沾了儿子的光！"

李世民开创唐朝的说法影响了无数代的人，至今还有无数人相信，唐朝就是李世民开创，李渊其实不是开国皇帝，而是开国皇帝的爹。

大文学家、大历史学家范文澜先生说："李渊只是凭借自己的贵族身份和儿子李世民的努力当上皇帝。"事实真是这样吗？其实未必。

那个一生以讽谏作为事业的魏征曾经对李世民说过一句话，"不要以为一双手可以蒙住全天下的眼睛"，但已经贵为皇帝的李世民自然不肯相信这句话，于是他努力洗刷父亲的痕迹，清除父亲的影响，经过他的不懈努力，他几乎成功了。当时的官方记录，每一版记录都彰显了李世民的英明神武，同时反衬了李渊的平淡无奇，老子被儿子算计到这个程度，李渊这个老子当得够窝囊的。

有的人一辈子活在父亲的阴影下，比如康熙的儿子雍正；

有的人一辈子活在儿子的阴影下，比如乾隆的老爹雍正。

李渊的遭遇跟雍正非常类似，他之前的皇帝和之后的皇帝都比他光芒四射，因此注定他要活在双重阴影之下。

在他的前面，是罄竹难书的亡国之君，隋炀帝杨广；

在他的后面，是名垂青史的治世明君，唐太宗李世民。

两个光芒四射的君王将李渊夹在中间，注定历史上的李渊光芒不会四射，形象不会丰满，在亡国之君与明君之间，你注定只是一个匆匆过客。

毫无疑问，唐代的史料已经经过官方修改，但真实的历史还是会流传，因为真正的历史并不是在官方编修的史书里，而是在芸芸众生的口里，在每个人的心里。幸运的是，跟随李渊起兵的温大雅忠实地记录了晋阳起兵的前前后后，所有的记录汇集成册，就成了史料价值甚高的《大唐创业起居注》。当时温大雅担任李渊的秘书，他的视角虽然不排除有对李渊的阿谀奉承，但还是基本真实地记录了晋阳起兵的前前后后。

从那里我们可以知道，建立唐朝，李渊是总设计师，李世民则是一个能力很强的泥瓦匠，而且这个泥瓦匠的功劳在起兵初期并不比隐太子李建成多，因为在那个时候，哥俩分别率领左右两军，他们都是父亲的左膀右臂。

只是李世民这个泥瓦匠最后掌握了书写历史的如椽大笔，于是在他的笔下，李世民成了总设计师，在他的笔下，他的父亲李渊变成了泥瓦匠，他的哥哥和弟弟则成了可有可无的建筑小工。事实上也只有这样，"玄武门之变"才有了正统的意义，"不是谋反，不是打劫，只是拿回属于自己的东西"！

历史从来不否认李世民的文治武功，更不否认李世民在唐初平定天下的功绩，然而主角与配角的戏份还需要分清，不能因为配角的发光就掩盖了主角的光芒。

我们试着将唐高祖李渊和汉高祖刘邦进行一下对比，李渊在建立唐朝过程中主要倚重三个儿子，而刘邦创立汉朝时倚重的是汉初三杰，萧何，韩信，张良。历史承认汉初三杰的历史功绩，同样承认汉高祖刘邦的雄才大略，那么历史在承认李世民文治武功的同时，为什么不能同样承认李渊的雄才大略呢？

有人说李渊的功绩平平，也有人说刘邦不学无术，实际上这都不影响他们成为一代开国君王。

做最高领导者不需要面面俱到，不需要独当一面，他只需要做到两个字。"融合"，这是世界上最简单的两个字，同时也是最难的两个字，做到了这一点，开国并没有想象中那么难。

曾经有一个小故事，可以折射出最高领导的真实含义。

巴西有一个特色小店，只要来宾展示自己的才能，就可以免费拿走一件商品，球王马拉多纳来了，用脚颠了几个橘子，于是他拿走了一件商品；拳王阿里来了，表演了一段拳击，也拿走了一件商品；最后美国总统来了，什么也没有做，只是一摊手说："我是美国总统！"店主马上让他拿走了一件商品，为什么呢？

因为那个家伙一眼看上去就什么都不会，一定是美国总统！

最高领袖的最高境界不是什么都会，而是看上去什么都不会！

这句话适用于刘邦，适用于李渊，同样变相适用于项羽。

什么都会的项羽失去了一切；什么都不会的刘邦却赢得了大汉江山。

李渊同样看上去什么都不会，但并不妨碍他开创唐朝，缔造大唐王朝的风云三百年！

唐朝是李世民的，更是李渊的，别动李渊的唐朝！

李渊的前世今生

说起李渊，先要给唐朝开国皇帝李渊来一个整体素描，总体说来，李渊是个可怜孩子。

都说人生有三大不幸：早年丧父，中年丧妻，晚年丧子。一个人一生赶上其中一件就很不幸，不幸的是李渊居然连续赶上了三次。六岁时，父亲去世了，从此他成了没爹的孩子；中年时，爱妻去世了，从此他失去了一生所爱；武德九年六月四日那一天，他一下失去了两个儿子，太子建成和齐王元吉，而动手的是另一个儿子：秦王李世民。人生三大不幸集于一身，李渊不是倒霉孩子谁才是呢？

倒霉归倒霉，不幸归不幸，面对不幸和倒霉时，人们要做的不是向命运低头，而是微笑着面对生活。

在别人看来的人生三大不幸，其实对于李渊而言又是人生三大幸。

早年丧父，让他六岁就袭了唐国公的爵位，这为他日后的人生打下了基础；

中年丧妻，让他在中年实现了换妻的梦想，从此可以在美女丛中为所欲为；

晚年丧子也没有让他过度悲伤，因为他总共有二十二个皇子，总不会像那些独生子女家庭失去孩子就失去了依靠。

三大不幸，三大幸，事情的本身并没有变化，变化的只是看问题的角度。

说完了李渊的三大不幸，该说说李渊的出身了。难题又来了，他究竟是汉人还是鲜卑人呢？

有人说他是汉化的鲜卑人，也有人说他是鲜卑化的汉人，李渊的先祖们生活在民族大融合的年代，想说清楚他到底是鲜卑化的汉人，还是汉化的鲜卑人，这又是一个世纪难题。现在唯一肯定的是，他身上至少有二分之一的鲜卑血统，因为他的父亲李昺娶的是北周贵族独孤信的四女儿，独孤信一家具有相对纯正的鲜卑血统。

说起独孤信，这个老爷子非常神奇，他跟随宇文泰一起打天下，后来他的三个女儿分别嫁给了北周皇族、隋朝皇族、唐朝皇族。

大女儿嫁给了宇文泰的儿子宇文毓，四女儿嫁给了李渊的父亲李昺，七女儿嫁给了隋朝开国皇帝杨坚。三个女儿，三个朝代的皇后，这样显赫的家庭恐怕只有近代的宋氏三姐妹可以媲美了。

还是回过头来说李渊的DNA，想弄清他的DNA确实比较难。按照武德元年确认的谱系，李渊认可的谱系是这样的：

南北朝时期西凉开国皇帝李暠是李渊的先祖，而李暠追认的先祖是汉代名将李广。李暠生子叫李歆，西凉国传到李歆就为北凉所灭。灭国之后李歆的儿子李重耳逃到了南朝的宋国。李重耳生子李熙，李熙生子李天赐，李天赐生子李虎，而李虎就是李渊的祖父。

事实上每个开国皇帝都会弄一个自己认可的谱系表，李渊的这个谱系表其实很牵强。为了证明自己有当皇帝的命，于是认西凉开国皇帝李暠为先祖，其实李暠不是真正的皇帝，他只是一个小割据政权的代表，而这个代表的身份还是手下的段姓将领怕自己不服众而强加给他的；这个谱系的另外一个破绽出现在李重耳身上，据《魏书》记载，历史上根本没有李重耳这个人。

李唐皇族的谱系一直在传承，到唐高宗李治时代，谱系又发生了新变化，谱系从汉代飞将军李广扶摇直上，又找了一个更加显赫的远祖——老子李耳。然而老子李耳与后世的李重耳只差一个字，既然是老子的后裔，为什么不为祖先避讳呢？

英雄莫问出处，命运在自己手中！

中国人重出身，所以每个皇帝都想把自己的出身说得神乎其神，李渊也脱不了这个俗套。其实为李渊打下坚实基础的不是那所谓的西凉开国皇帝李暠，而是祖父李虎。

用今天的眼光来看，李虎是李渊祖上艰难闯天下的第一代，李虎出身的李氏是极为普通的河北赵郡李氏，而不是红极几百年的陇西望族李氏。李虎靠的不是出身，而是自己一刀一枪建立战功，他一直追随的老板是宇文泰，后来他与宇文泰等八人并称为北周的八柱国，李渊一家的发迹，从李虎成为八柱国之一开始。

八柱国和十二将军是宇文泰为"府兵制"设立的，宇文泰则是"府兵制"的创始人。"府兵制"往简单了说就是平时为民，战时为兵，农闲时集中训练，这样农业生产和行军打仗两不误。

为了管理府兵，宇文泰设立了八柱国和十二将军，对应的是垂直管理。宇文泰和元氏皇族并列为最高元首，宇文泰实权在握，元氏皇族负责以皇族身份带头鼓掌，说穿了是个摆设。

其他六个柱国则是实打实的虎将，六柱国下面对应十二将军，每一个柱国管理两个将军，每个将军下面再管理两个府，这样就实现了对府兵的垂直管理，而在无形间也成就了北周、隋、唐三朝的贵族政治。

翻看柱国和将军名单，会发现这个世界太小了。

八柱国和十二将军中对三朝政治有巨大影响的总共有五人。

柱国：宇文泰（儿子宇文觉建立北周）、李虎（孙子李渊建立唐朝）、李弼（曾孙李密起兵反隋）、独孤信（三个女儿，三朝皇后）

将军：杨忠（儿子杨坚建立隋朝）

从这个贵族组成结构来看，北周、隋、唐，所谓朝代更替，实际上就是一场贵族后裔击鼓传花的游戏。

说完这些显赫贵族，该说说他们的出处了，他们中的大多数人居然都来自同一个地方——武川镇，今内蒙古呼和浩特市的武川县。

从武川这个地方先后走出了北周皇族、隋朝皇族、唐朝皇族，别的地方特产不是吃的就是喝的，武川的特产最特别——皇帝。或许武川的旅游管理部门可以做一个旅游概念，在武川的高速公路旁竖起一个硕大的广告牌，"欢迎

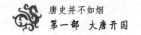

来到皇帝的高产良田——武川"。

说起来也是，别的地方出皇帝论个，这个地方出皇帝论窝，同样是黄土地，差距怎么这么大呢？

难道这里的黄土特别养人？

第二章　成功？我才刚上路

在杨家的屋檐下

说起唐朝，谁都想一下子进入那风云际会的三百年，然而翻看史料会发现，要说唐朝，始终绕不过隋朝，不把隋朝交代清楚，唐朝就如同无源之水，无根之木。想要说清楚唐朝的开创，就不得不跟随李渊从隋朝说起！

几乎每个朝代都是自己滋生了自己的掘墓人，隋朝同样如此。李渊就是沐浴着隋朝的阳光，开创了属于自己的王朝，然而从一开始，李渊其实是含着黄连开始了自己的人生路！

尽管头顶有唐国公爵位，李渊还是感受到了世态炎凉，父亲尚在时，家里高朋满座，父亲故去后，家里有的只是凄凉。以前别的孩子看他的目光是羡慕，如今看他的目光则变成了同情。

不过李渊也不是完全无依无靠，至少他的姨妈还是很关照他的生活，姨妈不是别人，正是杨广的老妈独孤皇后。

独孤姨妈恐怕做梦也没有想到，自己一直庇护的外甥有朝一日会造了自己家的反，从这个角度而言，独孤皇后就是隋朝的隐形杀手，一方面她帮杨广获得了帝位，后者将隋朝带上了不归路，另一方面她培养了颠覆自家王朝的外甥李渊。人始终无法走到时间前头，如果知道后来的结果，独孤皇后是否还会有当初的行为呢？

流传至今的《旧唐书》和《新唐书》继续着为帝王装饰的传统，在"帝王本纪"里都把李渊说得英明神武，从小胸怀大志，实际上这不是真实的李渊。

总体来说，李渊的前半生乏善可陈，总结下来就是几句话，一个姨妈，一个爱妻，一个表弟，三个儿子。

一个姨妈是独孤皇后，一个爱妻是他的妻子窦氏，一个表弟是隋炀帝杨广，三个儿子是建成、世民、元吉。

值得一提的是，这三个儿子是他与窦氏精耕细作的产品，后面那些儿子则是他与众多美女在工业化流水线上生产，有些儿子甚至一生都没有跟他说上几句话，所以说皇子并不是天底下最幸福的人。

回过头接着说李渊的前半生，李渊的前半生就是寄居在杨家的屋檐下，过的是姨妈家的日子。姨妈家的发家过程，他看在眼里，记在心里，只是那个时候连他自己都不会想到，在将来的某一天他会照着姨父的方子抓药。

在他刚记事的时候，他家日子是比姨妈家日子好过，因为他的爷爷是柱国级别，而杨家爷爷是将军级别，用现在的军事编制换算，柱国相当于大军区司令员，将军相当于集团军军长，两个老爷子级别之差非常明显，以此推算，集团军军长孙子杨广见了大军区司令孙子李渊应该立正敬礼！

好景不长，随着老爹去世，李渊家的日子就开始走下坡路，与此同时杨家的日子蒸蒸日上，表弟杨广的头抬得越来越高。又过了几年，杨家的日子更加美好，杨广的姐姐被立为北周皇后，那一年李渊十二岁，杨广九岁，从此之后李渊需要仰视杨广，因为人家是皇帝的小舅子。过了三年，形势又发生了巨变，姨父杨坚居然篡夺了北周皇位，自己当了皇帝，这下李渊只能趴在地上仰视杨广了，因为人家是货真价实的皇子了。

有时候想想，生活很有意思，北周与隋的皇权变更，折射的竟然是李杨两家生活质量的变迁，小时候杨广需要对李渊行礼，而现在李渊需要向人家行大礼，这就是人们所说的"三十年河东，三十年河西"吧！

据说建立隋朝时，原来封号为随国公的杨坚好几个晚上没有睡好觉，他想把国号定为随，可又嫌这个"随"字有个"走之"旁，他心里忌讳，生怕这个朝代长着腿跑了。愁白了无数根头发之后，杨坚想到了一个办法，把"腿"去了不就完了嘛！因此"随"就变成了"隋"，这就是历史上隋朝的由来。

老奸巨猾的杨坚不会想到，尽管他的"隋"朝不会长腿跑了，但这个王朝无法抵御民变流沙的侵袭，为这个王朝盖上棺材板、拍上最后一铁锹的居然是他一直重点提拔的外甥李渊，玩了一辈子鹰，最后被苍蝇蹬瞎了眼。

小渊啊，你不是我外甥，跟你比，我是你外甥。

我的偶像姨父杨坚

有的人一出生随父亲，有的人一出生随母亲，李渊随得非常奇怪，从他的一生来看，他随的是他姨父——杨坚！

巧合的是，李渊的成长期正好是杨坚的奋斗期，而从隋唐两代的历史来看，李渊和杨坚有很多地方非常相似。

李渊的父亲去世很早，留给李渊的记忆也是模糊的，但李渊对于姨父杨坚的印象却是深刻的，因为他见证了姨父的步步为营，一步一个台阶。就成为皇帝的奋斗过程而言，他与他的姨父居然有着惊人的相似。

都说每一个人从小就要有远大理想，其实不尽然，远大理想是要不断修正的，而不是一成不变的，比如杨坚，比如李渊，他们小的时候，未必就有当皇帝的梦想，因为他们不是皇族，想当皇帝只能造现任皇族的反，世上有从小就以造反为远大理想的吗？恐怕没有，如果有，那就是太有才了。

杨坚和李渊一样，他们原本只是凡人，他们的生活方式也是随波逐流，能在现任皇族的屋檐下混碗饭吃就足够了，至于当皇帝，想都别想，那可是灭族的罪。然而造化就是这样捉弄人，两个人都是在四十岁以后看到了当皇帝的希望，杨坚登基时已经四十一岁，李渊登基时已经五十二岁，杨坚已经不惑，李渊则是知天命的年纪。

两个人同样是从短命王朝手中夺得皇位，杨坚抢劫的是北周，李渊抢劫的是隋，北周立国二十四年，隋朝立国三十七年。

两个人抢劫的都是小皇帝。杨坚抢的小皇帝是北周静帝宇文阐，时年九岁；李渊抢的是隋朝恭帝杨侑，时年十四岁，一个算是小学生，一个算是初中

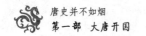
生，总体来看，两个大人都挺不要脸。

两个人的相似还没有结束。杨坚抢的小皇帝从辈分上算，算是杨坚的外孙（不是血亲，他是女婿宇文赟的儿子，但不是杨皇后所生）；李渊抢的小皇帝从辈分上论，算是李渊的孙子辈（表弟杨广的孙子）。

两个相似的人，做出了两件相似的事，总结陈词：不是不要脸，是相当不要脸。

公元581年，对于李渊和杨坚都是特殊的一年，这一年，杨坚夺取了外孙家的江山自己称帝，也是在这一年，李渊明白了一个道理，"在皇位面前，没有道德可言"。

有一学一，有样学样，李渊看在眼里，记在心里，默默地在心中念叨："姨父，你是我的好榜样！"

榜样的眼泪

都说榜样的力量是无穷的，可谁又知道榜样的内心有多苦，别人都看到了杨坚吃肉，可谁又看到他挨揍呢？

杨坚夺取皇位的过程看起来很简单，但做起来非常难。杨坚的女儿嫁给了北周宣帝宇文赟，这个宇文皇帝实在不是个省心的主，跟后来的隋炀帝杨广相比，宇文赟更像一个标准的暴君。

根据《资治通鉴》的记载，二十岁的宇文赟一登上皇位就暴露出自己的恶棍本性。对着老爹的棺木，宇文赟毫无悲伤之色，反而摸着因老爹体罚产生的伤疤，对着老爹的棺木狠狠地说了这样的一句话："老东西，死得太晚了！"

骂完老爹，宇文赟巡视老爹的后宫，看着后宫的美女气就不打一处来，一气之下就把她们赶到了一个地方，当然这个地方也很特别。

他自己的床上！

宇文赟的事迹先说这么多，总之大家记住这个皇帝不是一盏省油的灯！杨坚爱女杨丽华就是嫁给了这样的一个皇帝，尽管杨小姐是皇后，可惜是并列的，宇文赟先后封了四个皇后，按照宫里的说法，杨小姐相当于正皇后，其余三位相当于副皇后，然而实际上她们的排名不分先后，因为在宇文赟的眼里，她们都只不过是玩物而已，什么四皇后，分明就是玩物一，玩物二，玩物三，玩物四！

因为有皇后父亲的身份，杨坚受到宇文皇族的猜忌，毕竟杨坚算外戚，而外戚古往今来都是对皇权威胁最大的势力。

根据记载，有一次宇文赟在皇族的鼓动下动了杀机，他把杨坚叫进了皇宫，并吩咐左右："如果他表情跟平常不一样，就砍死丫的！"（若色动，即杀之）

事实证明，杨坚的心理素质非常过硬，明明已经看到了刀光剑影和宇文赟那张扭曲变形的脸，然而他愣是装得跟平常一样，当什么事都没有发生。

智商不高的宇文赟想当然地认为杨坚是没有问题的，按照他的理解，如果有问题早就扛不住了。然而这就是宇文赟和杨坚的区别，一个喜怒形于色，一个喜怒不形于色，仅仅差了一个"不"字，差的可是几十年的功力。

杨坚能迅速夺取政权，还是要拜大头女婿宇文赟所赐。宇文赟确实太与众不同了，别的皇帝只有一个皇后，他一下立四个；别的皇帝不到死的那一天绝不撒手皇位，他不一样，二十岁登基，二十一岁宣布自己为太上皇，从皇帝到太上皇居然不到一年的时间。这世界上真有愿意当太上皇而不愿意当皇帝的人吗？或许有吧，宇文赟就算一个。

宇文赟可能要算北周皇帝中最荒唐的一个，他封了四个皇后还不算，还打破了自己创造的纪录，生生册封了第五个，以前四个皇后打一桌麻将正合适，这下只能玩山东的一种扑克——"保皇"（五个人一起玩）。

按说封皇后是他自己的事，别人干涉不了，只不过第五个皇后产生得实在有点荒唐。

事情的起因是这样的，有一天宇文赟堂兄的儿媳妇以皇族家属身份进宫拜见，没想到，这个侄儿媳妇被宇文赟一眼就看上了，见色起意的宇文赟把侄儿媳妇灌醉宠幸了。得知消息的堂兄丢不起这个脸，于是起兵造反，最后连同儿子一起被杀，那位漂亮的侄儿媳妇因此也就顺理成章地成为宇文赟的战利品。为了体现对这个战利品的重视，他愣是破了自己的规矩封了第五个皇后，由此看来，皇后职称也太不值钱了。

了解了宇文赟的作风，就可以体谅杨坚的艰难，给一个好人打工简单，给一个恶棍打工就是难上加难。所以当劫后余生的杨坚回首前朝往事的时候，眼泪就跟断了线的珠子一样，那可真不是人过的日子。

世界上从来没有白受的苦，经过多年的苦水浸泡，杨坚终于迎来了好日子，恶棍女婿宇文赟归天之后，杨坚趁机夺了女婿的家产，摇身一变，随国公就变成了大隋皇帝！

古来政权变更之易，莫过于隋！

起点：千牛备身

杨坚登上了帝位，李渊也得到了人生的第一份工作：千牛备身。

千牛备身是个什么职位呢？说白了就是御前带刀侍卫。千牛指的是皇家的千牛宝刀，备身指的就是带在身上了，所以李渊第一个工作就是御前带刀侍卫，负责保卫姨父的安全。

千牛备身尽管看起来不太起眼，要求还很高，引用现在的说法，至少得达到"政治合格，军事过硬，作风优良，保障有力"。

"政治合格"不用说了，至少祖孙三代历史清白，不能有历史污点，这一点李渊有优势，而且独孤姨妈可以当他的证明人。

"军事过硬"也没问题，李渊曾经创下射箭七十发七十中的战绩，别人射完箭一般找不回来，而李渊的箭射出去肯定能在敌人的尸体上找到，而且数目正好，一支都不少，有这个箭法护卫皇帝正好用得上。

"作风优良"要求能吃苦，一般的贵族子弟做不到这一点，李渊却能做到，因为他的父亲很早去世，生活的艰难让他比其他贵族子弟更能吃苦。

"保障有力"更没有问题，有武艺，能吃苦，政治合格，而且有很好的提升空间，李渊的保障肯定有力。

穿上千牛备身的制服，李渊的自豪感油然而生，千牛备身相当于士兵里的特种兵，一当兵就从特种兵当起，这个起点可比一般人高得多。不过上班的第一天，李渊发现一个问题，而且很严重。

吃饭问题！

吃饭怎么还能成为问题呢，御前带刀侍卫还需要发愁吃饭吗？答案是肯定的，因为杨坚根本没有时间观念，一开会就停不下来。

杨坚在里面开会，李渊在旁边站岗，早就过了饭点，肚子闹起了意见，李渊别过头问一个老兵："大哥，咱什么时候开饭啊？"

老兵撇撇嘴："谁知道啊，问村长去！"

总算听到里面的大臣话说干了，意见也提完了，李渊以为姨父会宣布散会，结果杨坚说了一句话差点没让李渊昏过去：

"诸位臣工，我再补充几点，我说完了大家再补充！"

得，这饭没指望了。

隋文帝杨坚确实如此，勤政勤得有点变态，过了午饭的点不知道吃午饭，过了晚饭的点都不知道吃晚饭，太阳都下班睡一觉醒了，杨先生才想起，"呀，时间不早了"！

杨坚这样做的一个副作用就是大家都不能按时吃饭，李渊这些大头兵只能站在台阶上捧着盒饭随便吃两口，而且常年如此。这样几年下来，李渊和同事们都得了胃病，如同那句广告词，"胃病，光荣，忙工作累的！"

贞观年间，李世民曾经问房玄龄如何评价隋文帝，房玄龄回答说，他很勤政，虽然智商不高，但也算个励精图治之主，几乎从来不正常下班，御前侍卫们一般都是站着把饭吃完然后接着站岗。李世民听了心里非常佩服，只是他不知道，在那群站着吃盒饭的侍卫中有一个就是他的父亲李渊。

不过那时的李渊心中还是幸福的，毕竟能在皇宫里站着吃盒饭也是一份不小的荣耀，不过对于皇帝这个职位，他有自己独到的见解。在他看来，皇帝这差事实在太苦了，天天加班还没有地方领加班费，上哪儿说理去呢？

艳遇：射出来的爱情

工作有着落，爱情也要抓紧，不然李世民就没有机会来场玄武门之变了。

李渊的爱情来得很突然，也很传奇，他的爱情居然来自一场有奖射击游戏。

有一天李渊正在路上闲逛，突然发现前面围着一群人，这些人正在对着屏风上的两只孔雀射箭，前面几十个人都射完了，没有一个人中奖，一个个垂头丧气地走开了。

李渊上前看看屏风上画着的两只孔雀，心想，这有什么难的呢？

　　抬手两箭，两支箭分别命中了两只孔雀的眼睛，按照现代奥林匹克运动会射击比赛的计分规则，这两箭得算两个 10.9 环了。

　　射完箭的李渊并不知道，这两箭居然为他带来一生中最为美好的东西——爱情！

　　射完箭后，李渊也没当回事，转身要走，有人拦住了他。

　　李渊一愣，没说射箭要收费啊？

　　来人不动声色地说道："恭喜你中奖了！"

　　"什么奖品！"

　　"美女一名！"

　　李渊简直不敢相信自己的耳朵，仔细一看，没错，一个长发飘飘的美女正在望穿秋水般看着他，这个美女就是李渊一生的所爱——窦氏。

　　说起窦氏，也很传奇，她的父亲是隋朝定州总管窦毅。窦毅还有一个身份，前朝驸马，因为他娶的是宇文泰的女儿襄阳长公主。

　　窦氏从小就具有神童的一切潜质，读《女诫》《周礼》过目不忘，三岁的时候头发与身齐，乌黑亮泽，具有拍洗发水广告的潜质。她的舅舅北周武帝宇文邕非常疼爱她，从小把她养在宫中，在诸多外甥女中，她的待遇是最高的，等同于公主待遇。

　　舅舅的疼爱也换来了窦氏的回报，小小年纪的窦氏居然就给皇帝舅舅提过建议。窦氏语重心长地对舅舅说："舅舅啊，现在国家还不稳定，还得依靠突厥对咱们的支持，所以你还得疼爱那个从突厥来的舅妈，尽管你不一定喜欢她！"说这话的时候，窦氏只是几岁的黄毛小丫头！

　　此语一出，宇文舅舅惊呆了，这丫头是人吗？简直是神啊！从此之后，皇帝舅舅更加刮目相看，在他看来，这个女子不简单。

　　有了这些传奇垫底，窦老爷子更加疼爱这个女儿，心里总惦记着给她找个好人家，还经常嘱咐老婆说："这个孩子贵不可言啊，可不能随便嫁了！"等到杨坚夺了宇文家的帝位，窦小姐在家里愤怒异常，气愤之余扔出了一句话："恨我非男子，不能救舅家祸。"

　　此言一出，又把窦毅给惊着了："姑奶奶，可别说了，这可是要灭族的！"

　　历史有时候就是这样，巧合得无法解释，窦小姐的气话在二十多年后居然成了现实，她的丈夫李渊起兵推翻了隋朝，算是替她报了舅舅家的血海深仇，宇文邕老先生如果泉下有知，也该欣慰了。

经过多年酝酿，窦毅为女儿设计了"射孔雀招亲"。"射孔雀招亲"考两方面能力，一是武力，一是智力。本次考试随意发挥，应征者每人两支箭，对着孔雀想射哪射哪，然而话虽然这么说，但他的心里早有了标准答案：射中眼睛即为优秀。

前面几十个人根本不知道该怎样答这道题，同时他们的箭法无法精准到射中孔雀的眼睛，结果几十人射下来没一个人答对。李渊最后一个出场，两支箭，命中两只眼睛，窦毅一看一表人才的李渊，心中暗喜，"恭喜你，答对了，你将获得你的家庭梦想！"

拉着李渊再一盘问，窦毅激动得几乎说不出话来，原来这个获胜者正是北周八柱国之一李虎的孙子，六岁就袭了唐国公的爵位，现在担任皇帝杨坚的千牛备身，更关键的是，他还是独孤皇后的嫡亲外甥，而且本人也长得比较帅！

什么是缘分，缘分就是随随便便射俩箭就能射出一生所爱；

什么是缘分，缘分就是在人生的拐角不经意就遭遇爱！

窦毅的惊喜还远没有结束，不久之后，已经完婚的窦小姐羞涩地告诉母亲，李渊"体有三乳"（《新唐书·高祖本纪》），窦毅的兴奋已经难以言表了，因为他知道，历史上的周公也只不过"体有四乳"，如此说来，李渊比周公其实只差一点！

原来，这女婿真不是一般人。

尴尬：姨父离家出走了

成婚后的李渊非常幸福，因为窦小姐不仅人长得好，心眼也好，照顾得全家上下没有一个人不说好，李渊的母亲更是笑得合不拢嘴。这位苦命的独孤皇后远没有妹妹风光，妹妹的皇后身份是现任，她的皇后身份是追认的，而且她的一生很坎坷，四个儿子，李澄、李湛、李洪、李渊，前三个全部早卒，李澄和李洪连子嗣也没有留下，这无疑是老太太一生中最深的痛。还好现在有了窦氏，老太太的心情才逐渐平复了下来。

李渊一家过上了幸福的生活，姨父一家却出了状况，什么状况呢？

姨父杨坚离家出走了！

皇帝居然离家出走，这是什么世道啊？

为什么？被独孤皇后逼的！

独孤皇后这个人什么都好，就是有一点不好，忌妒，而且越老越忌妒。隋文帝杨坚总共有五个儿子，这五个儿子都是独孤皇后所生，并不是杨坚不想广有子嗣，实在是独孤皇后看得太紧，管得太严，久而久之杨坚心中也有了心理障碍。即使跟别的美女云雨，质量也不高，再加上年龄不饶人，所以杨坚的儿子数量就定格在五个，一统天下二十多年，居然一个子嗣也没有增加，这注定是他心中永远的遗憾。

本来情况还有改观的可能，可惜这个趋势还是被独孤皇后给无情中止了。

这些天杨坚正宠幸一个姓尉迟的女子，彼此感觉非常不错，可能是尉迟小姐被宠幸之后有点高调，让独孤皇后很不舒服。索性趁着杨坚上朝的工夫，独孤皇后处死了尉迟小姐，就这样杨坚和尉迟小姐的爱情刚开了个头就收了尾，杨坚能不崩溃吗？

太过分了，太过分了，有这么欺负人的吗？

一气之下，杨坚打马出了皇宫，李渊和其他千牛备身只能远远地在后面跟着，谁也不敢上前去劝。这节骨眼，皇帝正在气头上，谁上去劝就等于给九族找坟地，谁去找那不痛快呢？

还好还有些重臣，比如高颎、杨素，两个老臣冲了上去，杨坚看着他们，一声叹息："我贵为天子，怎么连泡姐的权力都没有呢？"（吾贵为天子，而不得自由！）高颎赶紧接话："陛下啊，你怎么能为一个老娘们而轻视天下啊！"（陛下岂以一妇人而轻天下！）

唉，话是惹祸机器，高颎高大臣就因为这句话被独孤皇后记恨了一辈子："敢说本宫是老娘们！"

原本高颎和独孤皇后之间还是非常有情谊的，高颎的父亲曾经长期为独孤信老爷子效力，后来一度还被赐姓独孤，因此独孤皇后称呼高颎从来都是"独孤"，意思是不当外人。现在高颎一句话把几十年的感情喊没了，所以说言多必失，尤其是在皇帝面前，少说两句没人把你当哑巴卖了。

最后，在高颎、杨素的调解下，独孤皇后痛哭流涕地向皇上承认了错误，两人重归于好，只是忌妒的种子自此在孤独皇后的心里扎下了根。

外放：插上梦想的翅膀

目睹了姨父与姨妈的战争，李渊着实有点尴尬，姨父和姨妈也有点别扭，弄点绯闻马上就传到亲戚耳朵里，以后家庭聚会实在不好意思打招呼。再说李渊当千牛备身已经有几个年头了，基本上是"领导满意，群众满意，他好大家好"的局面，是时候给孩子一个官当了。

说起官职，李渊心里也有点不自在，自从姨父当上皇帝之后，李渊在表弟杨广面前头就没抬起来，人家杨广十三岁就被封为晋王，并州总管（大军区司令级别），自己呢，十六岁才当上大头兵，而且每天得站着吃盒饭，所以这个世界是不公平的，人比人就得气死人。后来经过了三十来年的努力，李渊终于当上太原留守，这下才勉强追平了杨广十三岁时的纪录。

对着大隋地图，姨父杨坚在"谯州"这个地方画了一个圈，就去那里吧，先从刺史做起。

杨坚废除了州、郡、县三级体制，改成了州、县两级体制，相当于现在的地级市、县级市（隋炀帝杨广继位后，不久又将所有的州改为郡，实行郡、县两级体制），李渊外放的起点是谯州刺史。按照隋朝官制，谯州这样的州属于中等，州刺史的级别为正四品，这个级别可不低了，比御史大夫也就低一个级别。当然杨坚不会想到，自己给李渊插上梦想的翅膀之后，李渊居然有一天会用翅膀掀翻了自己的王朝。其实也不奇怪，按照王朝更替的惯例，推翻前一个王朝的往往就是这个王朝本身所滋生的，比如隋灭周，唐灭隋，后梁灭唐，总之一句话，出来混的，迟早要还的。

李渊的谯州是个什么样呢？这个州对应的是现在安徽省的亳州市，当时管着六个县，七万四千多户，跟现在动辄几百万的大城市没法比，不过在那时也算是比较大的州了。

从大兴来到谯州，李渊感到重任在肩，从一个管刀的上升成一个管几十万人口的地方大员，这个担子可不轻。以前自己站着吃点盒饭一天就打发过去了，现在可是要管几十万人口的吃饭问题，李渊想想就头大。

那时的李渊实在太不起眼了，甚至在历史上都没有留下他在谯州做的好人好事，我们只知道他豁达开朗，性格率真，领导关系非常好，群众关系非常好（倜傥豁达，任性真率，宽仁容众，无贵贱咸得其欢心。《新唐书·高祖本

19

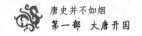

纪》），总之一个字：非常好。

经过多年的努力，李渊从谯州调到了陇州，又从陇州调到了岐州，岐州对于首都大兴而言，相当于现在河北对北京的作用：拱卫京畿！岐州对应的是现在的陕西凤翔县，管着九万多户，在当时算得上上等州郡，州刺史级别为从三品。

岐州太守并不是一般人能当的，因为李渊是本朝的外甥，再加上群众关系比较好，李渊便插着梦想的翅膀从不起眼的谯州飞到了皇帝杨坚的眼皮底下，他的翅膀也一天天硬了起来。在他看来，接下来自己进入中央系统，进入六部甚至三省只是时间问题。然而，这仅仅是他的一厢情愿，接下来等待他的又是什么呢？

第三章　夺嫡，皇子的内战

夺嫡，一场旁观的闹剧

两条平行线之间有和谐的美，优雅，矜持，就算岁月走得再远也不会改变——我们无法靠近，我们也不曾远离。李家和杨家的日子，其实就是两条永远不会相交的平行线。

李渊插着梦想翅膀当天使的时候，杨家的日子却平地起了波澜，隋朝第一家庭在经历了夫妻感情危机之后，又出现了更大的危机。

继承权危机。

但凡是皇帝，一般都要遇到这天下第一头疼的难题，到底选谁当继承人呢？尽管有所谓的"立嫡、立长、立贤"标准，然而标准是死的，人是活的，只要老皇帝一天不死，太子没有从准皇帝变成皇帝，那么这场继承权的斗争就永远没有停止的那一天。

李渊站在李家的平行线上，平静地看着杨家的平行线，在这场斗争中，他的身份就是光看不说的看客。

对于天下而言，杨家是一个集体符号，而对于杨家五兄弟来说，他们每个人都是自己的个体符号，谁都想当皇帝，谁都想自己一统天下，可惜千古难题就在这里：僧多粥少，狼多肉少。

僧多粥少、狼多肉少还有解决的余地，大不了大家吃大锅饭，可惜皇位这个东西恰恰不能分，要能分杨坚早就分了。天作孽，犹可活，自作孽，不可活。杨氏五兄弟的争夺其实是杨坚一手造成的，根本原因就是他对封建制还有一丝留恋，这跟他自身经历有着莫大的关系。

众所周知，在杨坚夺取北周政权时没有遇到多大抵抗，这是因为北周实行的是郡县制，北周皇族尽管地位崇高，但大多数皇族根本没有独立的兵权和领地，杨坚夺得中央大权之后，北周的宇文皇族全都成了待宰的羔羊。有了自己的亲身经历，杨坚一直对封建制耿耿于怀，要是国家有个灾难，连个管用的自己人都没有，这可怎么办呢？

终杨坚一生，他都没有解决好这个问题，在他的治下，一直都留有封建的痕迹，太子留守中央，其余四个儿子分别镇守四个重点地区，这些地区一律为总管体制，相当于大军区的建制，相当于历史上的割据诸侯。直到杨广上台，才彻底废除了四个地区的总管体制，彻底消灭了封建制，不过也消灭了在危急关头可以挽救自己的稻草。试想，如果在李渊占领大兴以后，还有几个管用的杨姓总管（大军区司令），那么隋朝的国运是否还能延续呢？这是一个天问。

当然也有另外一种可能，那就是没等李渊起事，几个杨总管已经跟杨广打得跟乌眼鸡一样，西晋的八王之乱就是证明。

杨氏五兄弟的继承权之争主要集中在长子杨勇和次子杨广身上，至于杨俊、杨秀、杨谅，因为年龄太小，两位哥哥根本不带他们玩，他们三个只有在旁边鼓掌加油的份。杨勇与杨广的继承权之争开始的准确时间点已经无可考了，总之是随着杨广的成长和功绩的突出开始的，这一点跟李建成和李世民一样，初期相安无事，中期矛盾渐起，后期你死我活。

开皇元年到开皇八年（581—588），这一时期应该是杨勇和杨广的平静期，这个时期杨勇安心做他的太子，杨广则在父亲的安排下当亲王、总管、尚书令，两个人井水不犯河水。从开皇八年冬灭陈开始，两个人的矛盾出现了，杨勇作为储君尽管安稳，而杨广作为亲王已经迅速积累了功绩，南下灭陈，北上防范突厥，这些功绩安在大将身上已经快到"功高不赏"，而安在亲王身上那就是"功高震太子"了。

风起，老二也能当皇帝

杨广的战功震动的不仅是太子，还有自己的内心。

开皇九年（589年）四月，杨广率领平陈大军威风凛凛地进入大兴城，此行的目的是展示平陈的战果，在他前面走的是南陈亡国君臣，他们将被作为战俘献给太庙。陈氏亡国君臣低着头走完这条路之后，晋王杨广高昂着头，享受着围观者的山呼海啸，就在这一瞬间，他的心中起了波澜，"我是应该拥有这样大场面的人！"

也许就是从此时起，杨广的心开始不平衡了，凭什么早出生几年就可以当太子，做储君，晚出生几年难道就要晚一辈子吗？所谓"立长"就是亘古不破的吗，非长子难道就没有机会吗？

机会总是有的，就看你能不能把握，杨广暗暗下了决心，并且以行动为自己未来的女婿李世民做了榜样，"小子，看好了，咱做次子的一样能当皇帝！"

说机会，机会就来了，杨广的战功是靠平定陈国取得，而他获得争取皇位的机会也跟陈国有关。平定陈国的第二年，原来陈国的那片地区又出事了。

开皇十年（590年）十一月，原陈国地区的苏州、婺州、会稽州都反了，这下杨广的机会来了。眼看这些地区不安稳，不弄个管用的皇子过去镇着是不行了，派谁去呢？当然还得是杨广，陈国就是他平定的，稳定陈国还得靠他。

从这个月起，杨广由并州总管改任扬州总管，从此开始了长达十年的扬州总管生涯，也正式拉开了杨氏五子夺嫡的序幕，当然主角还是杨勇和杨广。

杨广长得帅，聪明，这在《隋书》中有明确记载，《帝王本纪》中说得很清楚，"上美姿仪，少敏慧"。

说起来，杨勇也差不到哪儿去，一样的父母，一样的教育，而且按照国之储君的模式培养，杨广和杨勇其实就是美国大选，"戈尔和小布什压根差不了几票"！

后世把杨勇说得顽劣不堪，把杨广说得荒淫无道，这都不太可靠，主要原因是隋朝太短了，一般短命的王朝都会给人感觉："没几个好人！"另外一个最关键的原因则是，书写历史的笔掌握在唐朝统治者的手中，不把前朝写得一塌糊涂，怎能树立本朝光辉形象。

可惜历史永远是一条单行线，容不得我们假设，如果隋朝再长一点，如果

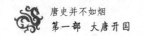

杨广的子孙将国运延续得久一点，那么我们今天所看到的隋炀帝绝不是现在这个模样。

叹息，那个被冷落的女子

开皇十一年正月，一个在历史上没有留下名字的太子妃离世了，我们只知道她的父亲是隋朝大臣元孝矩，所以这个可怜的太子妃姓元。

太子妃元氏是杨坚夫妇为杨勇选定的，只可惜这段包办的婚姻并不幸福。在太子众多的女人中，元氏尽管是正妃，但并不得宠，甚至没有为杨家留下一男半女，她本人也是郁郁寡欢，在这一年的正月因心脏病突发去世，不用问，多半是憋屈的。

元氏的离去对于太子杨勇而言并没有太多的意义，只不过死了个正妻而已，再从其他女人中立一个就可以了。杨勇想得很简单，然而别人想得很复杂，这其中就包括他的老妈，疯狂的女权卫道士独孤皇后。

在独孤皇后看来，杨勇对父母为他选定的正妻不用心，这本身就是一种罪，而不好好对待正妻还去宠幸其他小老婆，这更犯了独孤皇后的大忌。独孤皇后愤怒的种子早已在心中生根，现在芽已经嫩绿嫩绿的了。

都说"小处不可随便"，一些大街小巷也写着"不可随处小便"，无论这六个字怎么组合，对于太子杨勇来说都是要引以为戒的。这一点，弟弟杨广比他做得好很多。

并不是晋王杨广做得好，只是他善于经营，长于掩饰，同时还有两个优势，一是用心，二是扬州与首都大兴有很长的距离。

杨广用心做好每一件事，这让父母挑不出毛病，再者，他的总管府远在扬州，那个年月又没有远程监控录像，所以只要做好表面功夫，他的成绩就比哥哥杨勇好得多。太子的东宫离皇帝寝宫实在太近了，冬至时奏个乐曲都被杨坚听得一清二楚。

近，近得让人窒息。

从开皇十一年到开皇二十年，杨广和哥哥杨勇开始了长达十年的夺嫡赛跑。在这十年里，杨广一直在加分，杨勇一直在减分，直到减到杨勇眼睁睁看着杨广超越他冲过了终点。

杨广的策略很简单，那就是在父母面前用真情打动，在父母的随从面前以礼待人，以情待人，树立自己的嫡系，瓦解别人的嫡系，此消彼长，最后胜利就是自己的。杨广每次从大兴返回扬州，都要深情地与父母辞行，在朝中是君臣，下了朝则是父子，这个时候不谈国事，不谈工作，就得以情动人，这一招三国时曹丕对曹操玩过。给曹操远征送行，曹植作诗，曹丕流泪，结果流泪是父子，作诗是君臣，最终曹丕以情动人得以继承大统。好的经验要代代相传，这一点杨勇怎么不长记性呢？不过也委屈他了，他天天在父母跟前，哪有杨广那么多的深情辞别的机会呢？

再者，每逢父母或者父母的随从到府，杨广马上紧急疏散府中美女，代以老弱妇女，乐器也经过做旧，这是向父母表明，自己从不沉溺于声色犬马。杨勇则不同了，父母都知道他喜好美女，那个姓云的美女一个人就给他生了仨，这已经让独孤皇后心生不满。独孤皇后的不满还在后头，据说这位姓云的美女本身还是个私生女，这个身份又犯了独孤皇后的大忌，将来有一天让这个私生女当我朝的皇后，那老杨家和独孤家的脸往哪搁呢？

有道是，到什么时候都不能得罪领导身边的人，这一点杨广和杨勇又是高下立见。杨勇对待父母的奴才也就当他们是奴才，公事公办，爱答不理。杨广呢，每逢父母的下人受命到扬州，他必定亲自到扬州边界迎接，亲王屈尊迎接奴才，效果自然是"当场受宠若惊，回去广为传播"。遇上皇后的婢女探访，杨广的正妻萧妃则是与钦差婢女同吃同住，同榻而眠，这是什么待遇啊？这样做下来，效果也非常不错，感动得钦差婢女"热泪盈眶，肝脑涂地"。

三项指标比较下来，尽管没有大是大非，但细节已经决定成败——杨广完胜，杨勇惨败，此时的天平已经悄悄地向杨广倾斜，只要再加上一点砝码，杨广就将赢得这场比赛的胜利。

那会是什么砝码呢？很简单，就是一个皇帝的安全感。

风，从耳边吹起

杨广想营造父亲的不安全感，这并不是一件简单的事情，首先他不能直接去跟父亲说"你得小心太子"，再者找个合适的人传话也比较难，毕竟不是谁

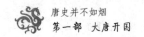

的话杨坚都听，到底应该找谁去当传声筒呢？

正在他愁眉不展的时候，死党宇文述来了。宇文述在隋朝算个人物，不仅打仗是个猛将，玩弄起阴谋诡计来更猛，别的猛将是四肢发达，头脑简单，他是四肢发达，头脑更发达。

宇文述这个名字大家或许还有点陌生，只要说出他儿子的名字大家就有似曾相识的感觉，他的儿子是谁呢？就是那位在江都兵变中杀掉杨广的宇文化及！

宇文述祖上并不姓宇文，姓破野头，后来祖上给宇文家族打工打出了感情，这就随了宇文的姓。杨坚在清算宇文皇族的时候根本没有把宇文述家算上，毕竟他们家只能算宇文家的奴仆，不算直系亲属。然而历史就是这样，看似不可能的事情往往最有可能发生，恰恰是宇文述的儿子宇文化及，这个假皇族家庭的逆子谋杀了杨广，结束了隋朝，也算变相为宇文泰报了仇。唉，谁说宇文述不是宇文家的。

不过这时候的宇文述还是一门心思地支持杨广，在他眼里，杨广就是他的期货，他得靠这个期货赢得家族富贵。

看杨广正在发愁，宇文述心里很清楚，还是关于太子的事。不过这也很难，要想把现在的太子搞倒，办法只有一个，那就是从皇帝身边的人下手，让他们去营造"三人成虎"的局面，只要造出一定的舆论，多疑的杨坚自然会解决掉太子。去找谁呢？宇文述说出了两个字：杨素。

杨素这个人在隋朝实在太强了，总结起来四个字，"文武全才"。

文：此人善属文，工草隶，颇留意于风角，帝命素为诏书，下笔立成，词义兼美。

武：杀人如麻，有进无退。有犯军令者立斩之，一个不饶。每次大战之前就是杨素杀人之时，只要有点小错，马上处斩，最多一次杀了一百多个，最少一次也杀了好几十个，杀到最后血都流到他脚跟了，他依然谈笑风生。等到对阵时，先令一二百人冲锋，如果完成任务，立刻重赏，如不能完成任务、败退回来，不论剩下多少，一个字：斩！由是战无不胜，称为名将。

貌：美须髯，有英杰之表。

识：看人眼光非常独到。他曾经拍着自己的椅子对尚是青年的李靖说，你迟早会坐到这个位子的。果不其然，李靖后来在唐朝风生水起；他曾经对隋唐两代的老油条封德彝说，你会做到仆射的。有一次封德彝坐船掉进江中，不知死活，杨素说："不急，封德彝是当仆射的命，一定没事。"没过多久，封德彝自己从江中爬出来了，后来官至仆射！

情："破镜重圆"的故事里就有杨素的事，那个成全别人、破镜重圆的，就是杨素。

胆：跟皇帝硬碰硬。杨素的父亲杨敷为国尽忠，死于战乱，然而没有得到朝廷的表彰，杨素上表申理，皇帝不许。至于再三，帝大怒，命左右斩之。杨素乃大言曰："臣事无道天子，死其分也。"帝壮其言，由是赠杨敷为大将军，谥曰忠壮。拜杨素为车骑大将军、仪同三司，渐见礼遇。帝嘉之，顾谓杨素曰："善自勉之，勿忧不富贵。"杨素应声答曰："臣但恐富贵来逼臣，臣无心图富贵。"

六项指标衡量下来，就不能说杨素有才了，那得说太有才了，相当有才！

本来杨广想同时吃掉父亲两个宠臣（杨素和高颎），仔细一盘算却发现，高颎死活也吃不掉。高颎为人非常正，认死理，一向坚持长幼有序，年长的就应该是太子，其余的免谈。独孤皇后本来还想争取高颎的支持，结果还是被他生生顶了回去。

独孤皇后自说自话地说："唉，晋王妃做了个梦，说上天告诉他晋王有朝一日会统治天下。这不就是个梦嘛，哪能当真。不过话说回来，我这五个儿子谁当不是当啊，反正都是老杨家当。"高颎听了，不动声色："臣只知道长幼有序，而且太子品德受到众臣称赞！"

什么叫鸡同鸭讲，这就是。

指望高颎是没戏了，后来宇文述又给杨广点破了一点："大王，你怎么忘了太子还娶了高颎的孙女啊！"是啊，怎么把这茬给忘了。得，高颎算是指望不上了。

那剩下的就只有杨素了，这个老家伙能搞得动吗？

宇文述眨眨眼睛，只说了一句话："一切皆有可能！"

管用的工作麻将

宇文述想搞定杨素，说起来简单，做起来也难。杨素在朝中已然呼风唤雨，在杨坚面前是第一红人，宇文述打着杨广的名头拉拢他管用吗？答案是肯

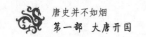

定的，因为杨素也有软肋。

宇文述的突破口选在了杨素的弟弟杨约身上。杨约虽然官没有哥哥大，名望没有哥哥高，不过他的点子比哥哥多，老哥杨素对他基本言听计从。这一点并不奇怪，很多家庭里弟弟能当哥哥的家。

不过杨约这个人基本上是没有软肋的，宇文述能攻得动吗？

经过调查，宇文述发现，杨约基本上没有软肋，除了贪财好赌之外。

宇文述拿着杨广提供的活动经费，一有时间就跟杨约对赌，屡战屡败，屡败屡战，经过不断努力，经费总算都送完了。杨约也觉得有点奇怪，什么时候自己变成赌神了呢？本来他还象征性地向宇文述表示歉意："您看，不好意思，谁让我的技术这么好呢？"宇文述微笑着点了点头："杨兄的技术是没得说啊，不过还是跟您说句实话吧，这钱是晋王让我孝敬您的！"得，白高兴了一场，不是因为你杨约的技术提高了，而是对方放水了。

杨约一听这话有点不爽，不过也明白了宇文述的用意，人家放水显然不是为了农田灌溉，而是为了拉你哥俩下水。

看着杨约一脸疑惑，宇文述索性打开天窗说亮话，进一步点拨杨约。

"虽然你哥俩现在红得一塌糊涂，可是皇上百年之后呢？你们还指望着太子登基后继续重用你们吗？让现在太子宫那批人喝西北风去？再说了，众臣现在对你哥俩都有意见，一旦皇上不在了，那些大臣能放过你们哥俩吗？"

"也不尽然，太子继位也需要杨素这样的重臣啊！"杨约接话。

"拉倒吧，太子凭什么还重用杨大人呢？人家的亲戚高颎高大人在那等着呢，还有杨大人的位置吗？再说了，太子继位，杨大人一点功劳都没有，你们还能指望太子对你们杨家跟当今皇上一样好吗？"

"这个，这个……"杨约语塞。

"别这个、那个了，如今皇上和皇后其实最喜欢晋王，皇后非常希望晋王继位，只要我们一起去做皇上的工作，晋王如果能登大位，那你们哥俩就立下不世之功，还怕富贵不延续吗？"

杨约迅速地在脑子中摆了摆三个人的位置，杨坚，杨勇，杨广，杨坚身后就是杨勇、杨广二选一，他们哥俩跟杨勇没交情，跟杨广也没交情，而如果现在跟杨广培养交情似乎也不晚。嘿，都是皇子，谁当不是当啊，当然选个对自己有好感的最好。

一桌工作麻将，一番肺腑之言，一盘夺嫡好棋，看似复杂的事情用一桌工作麻将就解决了，所以说不怕天，不怕地，就怕老大没爱好。

口水向太子喷去

杨约被宇文述说服后，没用多长时间就把老哥说服了，并不是因为杨素耳根软，而是因为杨约说得实在很在理。

杨素看起来没有软肋，其实他的软肋很明显，那就是担心富贵不长久。富贵得越久越担心失去，而穷困得越久反而越是坦然，像杨素这样享尽富贵、红得发紫的人，往往最担心失去手中的一切。

杨素就此准备加入晋王杨广的团队，不过他还要亲身验证一下，测试一下独孤皇后的态度。

杨素与独孤皇后的私人关系还是很不错的，当初杨素督造宫殿，劳民伤财，杨坚嫌杨素造的宫殿过于铺张浪费，脸色非常难看。等杨素在独孤皇后面前一哭诉，独孤皇后又去做杨坚的工作，"贵为天子，当然要有天子的气派"，一句话，让杨素从有过变成了有功。由此可见，杨素与独孤皇后两人的私交不一般！

杨素与独孤皇后在轻松祥和的气氛中开始聊天，不经意间把话题扯到了杨广身上。这下独孤皇后的话挡不住了，因为她太喜欢这个儿子了，也最担心这个儿子，让这么优秀的一个儿子将来受制于杨勇和那些小老婆，那种场面想想都可怕。说着，说着，独孤皇后的眼泪就下来了。

唉，可怜天下父母心啊。

杨素没有急于表态，他的心里已经有了底，看来皇后还是支持杨广的，人家娘俩负责上柴火，我杨素也就负责点个火吧，至于烧着谁，就跟我没关系了。

杨素入围，杨广的团队成型了，杨素和宇文述是团队的核心干将，也是杨广最信任的人。不过杨广也挺可怜的，一生信任的几个人最后都以各种方式背叛了他。

夺嫡功臣杨素，本人没造杨广的反，但他的儿子不消停，这个不消停的儿子叫杨玄感。

夺嫡功臣宇文述，本人忠心耿耿，儿子三心二意。杨广看在宇文述的分上最终解除了宇文述儿子宇文化及、宇文智及的监禁，结果这两个活宝在一年后就谋杀了杨广。

还有那个股肱之臣、本朝外甥兼表哥李渊，本来没把他当回事，结果他起兵造反彻底摧毁了隋朝。

所以说，找合作伙伴还是要找合适的，千万不能找这些成事不足、败事有余的搭档。

杨素加入了晋王团队，形势就不是小好了，而是大好，从此关于杨勇的小道消息、大道消息、老道消息都源源不断地进入了杨坚的耳朵，杨坚的耳朵空间是有限的，注定有爆炸的那一天。

前面我们已经说了，杨勇的过错根本没有什么大不了的，只是因为他这个人小处过于随便，但这些小事积累起来就渐渐地变成了大事。

说起来，杨勇的罪过实在是一些提不起来的鸡毛蒜皮。

比如不知道节约，热衷于复杂的装饰，连铠甲都要精心装饰一番，这跟老皇帝杨坚的节约治国理论相违背，作为储君怎么能失去勤俭节约的美德呢？

比如逢冬至的日子，群臣居然成群结队地到太子府拜见，而且有正规的仪式和音乐伴奏，这是什么意思呢？（难道是嫌老皇帝活得太长了，迫不及待想督促太子即位？）

比如，比如，总之太子府上到国家大事，下到鸡毛蒜皮，各种八卦猛料都飞进了杨坚的耳朵里。

一个人喷口水擦擦也就可以了，可是晋王带领的团队加班加点地向太子喷口水，光擦是擦不掉了，只能套救生圈了。然而救生圈也不会起太大作用，因为口水的温度太低，冷得让太子无法抵御。

太子，天下最难当的儿子

如果你爱一个儿子，那就让他当太子，因为从那个位置可以上天堂。

如果你恨一个儿子，那也让他当太子，因为从那个位置可以下地狱。

太子，古往今来，一只脚在天堂，一只脚在地狱。

　　皇帝和太子，看起来关系很简单，实际上却是天下最复杂的关系，从血缘上说是父子，从朝堂上说是君臣，从国家领导人设置上说则是一线和二线的关系，要命就要命在一线和二线的关系。

　　父子关系很简单，父亲是父亲，儿子是儿子，有正常的伦理道德管着；君臣关系更简单，皇帝一瞪眼，大臣抖三抖；一线和二线的关系就微妙了，既不能是纯粹的父子关系，也不能是纯粹的君臣关系，这是一种极为复杂的关系：一方面老皇帝希望太子尽快成长，有能力接自己的班；另一方面不希望太子过早成熟，过早接班，因为中国的皇帝是终身制，儿子接了班，老子干什么去呢？

　　一线希望二线作好准备，同时又不希望二线干扰自己的生活；而二线呢，一方面积极准备，一方面心里打鼓，"什么时候才能轮到我这个替补呢？"

　　有一线和二线的关系，皇帝和太子的关系就好不了，毕竟谁都想当一线，谁也不愿意一直当二线，而且这个二线朝不保夕。

　　一线的杨坚，二线的杨勇，再加上三线的杨广，三者的关系根本就和谐不了，不仅他们和谐不了，历朝历代都和谐不了：即便英明如康熙，神武如李世民，他们都解不开这道死结，因为他们本身就是这道死结的一个绳头。

　　在一线的挑剔、三线的挤压下，处于二线的杨勇有些坐不住了，怎么办呢？他想到了一个办法——辟邪！

　　辟邪自古以来非常流行，尤其是皇宫之内，有玩诅咒的，就有玩辟邪的。杨勇既无法向老爹解释（老爹本身就多疑，越解释越多疑），又无法向老妈告状（老妈讨厌自己生那么多庶出的儿子），更无法拉大臣帮自己（那样就是拉帮结派），最后没办法，只能求助神仙姐姐。

　　杨勇在府中建了一个平民村，房屋非常简陋，他经常穿着布衣，铺着草褥在里面睡觉，据说这样可以辟邪，抵御外来的诅咒。另外他还设计了一些辟邪的物件，这些东西对杨勇最终没有起作用，却对杨坚起了大作用："小子，你辟了邪，老子怎么办？"

　　神仙不知，小鬼不觉，太子杨勇已经触上了高压线，这条高压线就是"占卜辟邪"，历代太子只要触上了这条高压线，后果都不堪设想……

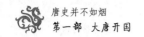
压垮杨勇的最后一根稻草

爹不高兴了，娘不高兴了，大臣也站到对立面，杨勇已经成了孤家寡人，他的手已经碰到了高压线，废立只是时间问题，等待的是最后一根稻草压下来。

从心理上说，杨坚不想废太子，毕竟杨勇是他平民时期所生，而且近二十年来一直作为储君培养，培养了二十年再废掉，那不是向全天下宣告你杨坚的眼睛长瞎了吗？不到万不得已，杨坚不愿意亲手废掉自己辛苦培养的储君，只可惜，独孤皇后不这么想，杨广不这么想，杨素同样不这么想。

住在仁寿宫（离大兴一百多公里的行宫）的杨坚想了解一下杨勇的动态，就让杨素回大兴探听，这次探听让杨勇雪上加霜的日子又加了一层霜。

杨素到了东宫门口，故意在外面磨蹭半天，里面的杨勇穿戴整齐一直在耐心等待。等待着等待着，好几杯热茶都变成了凉茶，杨勇的耐心也随着茶的凉去磨没了，烦躁的表情溢于言表。

磨磨蹭蹭的杨素进来拜见时，杨勇已经烦躁到了极点，"这些人怎么这么不着四六，一点时间观念都没有呢？"

杨素不是没有时间观念，只是故意磨蹭激怒杨勇，进而造成杨勇愤怒的事实。果不其然，杨素回去报告杨坚："太子面有怒色，似乎很不满！"

什么是小报告，这就是小报告，省略了前因，直接描述过程，最后夸大后果。"太子面有怒色"不假，但起因是杨素磨蹭耽误时间，"太子很不满"是对你杨素狗眼看人低不满，而不是对皇帝不满。不过这些已经解释不清楚了，在杨坚看来，"太子面有怒色"就是对自己不满，现在的结果已经不是"太子很生气了"，已经转化成"皇上很生气"，后果嘛，等着看。

虽说在废立太子的问题上，独孤皇后是主张废的，但拿主意的还是杨坚自己，他的安全感则是废立的根本。杨坚最终有了废立之意，最根本的还是没有了安全感。一个皇帝没有了安全感，那什么事情都有可能发生了。

在专制社会里，皇帝是最有安全感的，同时也是最没有安全感的。作为皇帝你可以动用上百万人护驾，上百万人增加了你的安全感，但同时也增加了你的不安全感，因为上百万人增加的只是表面的安全，不安全感却始终在你的内心深处。

在不安全感的支配下，杨坚开始行动，首先在皇宫附近、东宫左右安插了很多眼线，密切监视太子的行动。接着太子宫中军官以上的兵籍全部回归十二禁军府管理，这就意味着这些军官以后不再归太子直属管理，而只是作为禁军派驻，这等于解除了太子府的武装。

这还不算完，即使作为禁军派驻，杨坚还把精壮士兵全部抽走，留下来守卫太子府的全都是老弱病残。将来有一天如果太子准备起事，就只能用这些老弱病残了，到那时候，明白人知道"这是太子在造反"，不明白的还以为是"太子组织的夕阳红运动会"呢。

解除了太子府的武装，杨坚还是不想废太子，急得杨广的一方直挠墙。在快挠破一堵墙之后，他们又想了一招，"无间道"。

何谓"无间道"呢？就是策反太子宫的官员。只要太子宫的官员出来指证杨勇谋反，那么你杨勇还能往哪里逃呢？

古往今来的事实证明，适当的恐吓加上适当的利诱，总有一小撮要钱不要脸的人脱颖而出，太子府里一个叫作姬威的人就这样成了无间道，他的上书让杨勇与杨坚的矛盾不再是父子矛盾，摇身一变成了你死我活的敌我矛盾。

上书内容很简单，"太子谋反"。看到这几个字，地球人都知道接下来要发生什么了。

崩塌，以废立之名

"太子谋反"触动了杨坚本就脆弱的神经，从公元 581 年开国以来他一直生活在忐忑不安中，二十年的神经紧绷让他有些紧张过度了，这时候的他已经没有可以信任的人了。

一个没有了安全感的皇帝是最可悲的，普通人在世界上的第一要素就是生存的安全感，而富有四海的杨坚恰恰没有。

即便如此，杨坚还是不想废太子，因为废太子成本实在太高，风险太大了——其重要程度不亚于订立一条基本国策。翻看前朝的历史，杨坚有些战战兢兢，历史上废太子的朝代不少，因为废太子而亡国的也不在少数。比如，秦朝废太子扶苏，东吴废太子孙和，西晋废太子司马遹，这些王朝都是因为废太子最后导致亡国。当然也有废了太子不亡国的，比如东汉，比如北魏。

正在杨坚犹豫不决时，一个小人物走了进来，小人物品级比较低，从七品下，然而小人物研究的项目很宏大，天象！在那个科技还不发达的年代，研究天象的人就介于半人半神之间，遇到什么重大问题，他们都想掺和一下，这一次也不例外。这个叫作袁崇的太史令（相当于天文台长）对杨坚说："我夜观天象，皇太子应该废除！"杨坚一听，心里有了底："原来我们杨家这点事，不仅地球人知道了，全宇宙都知道了啊！"

宇宙知不知道没有关系，关键在于这次天文报告坚定了杨坚废太子的决心，至此杨勇二十年的储君生涯就这样被一次天文研究报告给毁了，所以说科技是第一生产力。

尽管袁崇的天文报告有投机的成分，但杨勇的废立还真跟天文有一点联系。《隋书·高祖本纪》上说，那些天，"太白昼见"，说明当时确实有不寻常的天文现象发生，倒霉的杨勇，前世是不是跟太白金星有仇呢？

事情到了这个程度，废立太子正式进入了议事日程，再也没有人能够阻挡杨坚废立太子的脚步。

公元 600 年九月二十七日，杨坚主持召开朝会，废除太子杨勇进入司法程序。首先杨坚痛陈了自己的不安全感，"每次从仁寿宫回大兴，都像进入敌国，都得戒备森严"，"晚上闹肚子本来想就近住在后殿方便上厕所，怕不安全还得住在前殿"，总之，核心就是皇帝感觉很不安全。

皇上开始控诉，做下属的也别闲着，杨素和无间道姬威分别就自己掌握的证据开始控诉。

"太子经常抱怨皇上对他不好。"

"太子经常说谁规劝他，他就杀谁，杀一百来个人，这个世界就安静了。"

"太子还请人占卜算卦，据说推算出皇帝驾崩日期。"

这是一场控诉大会、审判大会，在场的大臣在这一场控诉中完全扭转了以前对太子的良好印象。"欲加之罪，何患无辞"，指证或许事出有因，但查无实据，这些已经都不重要了，只要杨坚相信就足够了。

在杨坚的主持下，太子杨勇迅速从"省优、部优、国优"变成了"假冒伪劣"，崩塌速度之迅速，有如现代企业的崩塌，如同"康泰克"遇上"PPA"。

当什么也别当废太子

如果说废品还有回收利用的价值，那么废太子还有什么价值呢？

杨勇做太子时是国之重器，是奢侈品，是非卖品，当杨坚给他盖上"声明作废"的质检章之后，杨勇的结局还不如盖了黑章的注水肉。从此国之储君实至名归了，储着吧，压根儿就没有用你的那一天。

公元600年十月九日，杨坚召见杨勇。

杨勇见到传诏使节的第一反应是，"不会是要杀我吧？"

还好，杨坚注销的是他的太子之位，而不是他的命。杨坚全副武装地坐在武德殿上，全副武装下面掩盖不住的是他忐忑不安的心，对于他而言，废太子何尝不是一次冒险。

文武百官站在东边，皇室亲属站在右边，杨勇和他的家属站在中间，现在他们是这个帝国最孤立的人，他们最亲近的人正全副武装地坐在上面，他们之间的距离如此之近，却又如此之远。

这是一个哀伤的场景，二十年的储君被声明作废，杨勇的儿子和女儿也被免除了"亲王"和"公主"的名号，在这场朝会前他们还是贵不可言的金枝玉叶，而在这场朝会之后，他们就变成了一群高级政治犯。在那个年代，废太子就是高级政治犯的代名词，至于能够活多久，不取决于他们自身的生命力，而取决于新老皇帝的意愿。

杨勇已经身心俱疲，自始至终他都知道他遭遇了一个阴谋，陷入了一个足以毁灭他的旋涡，然而他无能为力。他想反抗，他想拼命解释，最终结果却是他陷入了别人精心制造的流沙之中，越挣扎越沉陷，最后只能听之任之，听天由命。

虽然是一母所生，杨勇和杨广完全是两路人，杨勇活得真实，他不会委屈自己去迎合别人的标准；杨广恰恰相反，他可以为了迎合别人的标准委屈自己。这就是兄弟俩的差距，可以说杨勇适合平淡生活，杨广适合政治生活，杨广比他的哥哥更能读懂游戏规则。

相比于唐太宗的太子李承乾，杨勇表现得太温顺了，最后他甚至放弃了为自己辩护的机会。李承乾则不然，在被废之后他使出一个狠招，耿耿于怀地对李世民说了一句话："我并不想如此荒唐，都是老四李泰给逼的！"这句话尽

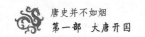

管没能挽救李承乾，却直接把李泰拉下了水，结果李承乾和李泰斗了多年白斗了，生生让李治捡了个大便宜。

历史从来不允许假设，如果杨勇使出如李承乾一样的恶毒计划，隋朝的历史是否会改写，杨广还有没有机会成为隋炀帝，这一切只能存在于假设之中了。

当狼爱上羊

杨勇被废了，杨广在这场兄弟之争中终于笑到了最后，不过赢得也很辛苦。

公元600年十一月三日，杨坚立杨广为皇太子，值得一提的是这一天全国地震了。（其夜，烈风大雪，地震山崩，民舍多坏，压死者百余口。）

不过没有杨坚授意，谁也不敢把皇太子和地震联系到一起，所以说地震也是可以有政治意义的。如果处于废太子期间，这可以说是连大地都发怒了，可是如果处于立新太子期间，也可以这样解释：大地都开心地笑了。

杨广得到了梦寐以求的太子之位，马上就用更严格的标准要求自己，主动要求太子宫车马用度再减一等，大臣晋见太子不能称"臣"，等等。这几条标准算是提到杨坚的心窝里去了，"看，还是老二懂事啊！"

看杨广如此懂事，杨坚也投桃报李，把看押废太子杨勇的任务交给了杨广，这是交心的姿态："你就踏踏实实做太子吧，天下迟早是你的！"

杨坚的此举就是让狼去看羊，让黄鼠狼去给养鸡场当管理员，在杨广的手上，杨勇再也没有翻身机会了，想要翻身，除非狼爱上了羊，可能吗？在杨广的字典里，他和杨勇不是兄弟，而是天敌。

被拘押起来的杨勇反思了自己的前半生，展望了自己的后半生，反思了半天也没有发现自己有足以被废黜的理由，最终的结论是自己不应该被废，只可惜没有人再听他的解释。

杨勇不断上书给杨坚，然而杨坚半个字也没有看到，有杨广这样的碎纸机挡在前面，是不可能让那么扎眼的东西呈现到父亲面前的。

上书不行，杨勇采用了最原始的方法，上树。

上树不是为了逃跑，而是为了呼喊。从此杨勇经常在树上呼喊，期待着用这种原始的方法让杨坚听到，而一旁看守的人像看疯子一样看着他，谁都知道杨勇不会千里传音，想用这样的方法传递消息？太土了吧！

或许是父子之间有特殊的心灵感应，不久之后杨坚果真过问了杨勇的现状，颇有接见的意愿。然而此时杨坚身旁的多数人已经成了杨广的死党，吃了杨广无数黑钱的杨素更是彻底铁了心，他知道一旦杨勇活过来，他就得死，所以为了自己能活，就不能让杨勇见到皇上，回头皇帝心一软复立太子，那自己的身家性命就算是报销了。

杨素很平静地回复杨坚："杨勇已经不是一个人在战斗了！"

"什么意思？那他是几个人？"

"他已经神经错乱了，可能是灵魂附体了，太医说没希望了。"

杨坚听了默然，心想，可能是这个儿子亏心事做多了吧。

其实这个帝国中，做亏心事最多的肯定不是杨勇，那会是谁呢？天知，地知，你知，我知。

顺便说一下，杨坚认可的皇族族谱中，他认的先祖正是东汉名臣杨震，就是杨震缔造了"天知地知你知我知"的典故。历史就是这样开玩笑，杨震的后人们确实在不断地做着"天知地知"的事，比如杨坚，比如杨广。

第四章　谜案，永远没有答案

这个孩子将来会死的

有一个经典的笑话叫作"这个孩子将来会死的"，说的是一个不会说话的人去参加一个新生儿的满月酒席，别人都恭维年轻的父母说，"这个孩子将来会成为将军""这个孩子将来会成为音乐家"，恭维的话就是圣诞老人手里的气球，不值钱但让人很受用。这个不会说话的人憋得脸通红，端着酒杯就说了一句："我这人不会说什么好听的，就一句话，这个孩子将来会死的！"话是实话，可你不说话没人当你是哑巴。

从寿命而言，杨坚建立的隋朝也是个孩子，然而现在也有人看出这个孩子将来会死的，当然这话不能说给杨坚听。

早在隋朝平定陈国时，隋朝监察御史房彦谦就曾经对自己的亲信说："人人都说将要天下太平，我看未必。皇上忌妒刻薄，太子地位卑微，亲王手握兵权，天下恐怕大乱。"他的儿子也随声附和："皇上靠诈术获得皇位，几个儿子骄奢淫逸，表面看着一团和气，实际他家的灭亡踮脚可待。"

在大隋蒸蒸日上的时候，就敢断言这个孩子将来会死，房氏父子可以当预言家了，放在现代估计可以研究一下彩票号码。顺便说一下，尽管房氏父子中父亲的名号大家可能很陌生，但儿子的名头说出来大家都知道，这个儿子就是后来的唐朝名相房玄龄。

当时房玄龄和另一个年轻人一起参加工作，等待组织分配。负责分配的是吏部侍郎高孝基，此人久病成医，吏部侍郎当久了练就了一双火眼金睛，看见两个年轻人时大吃一惊。

他指着房玄龄对自己的同事裴矩说："仆阅人多矣，未见如此郎者。必成伟器，但恨不睹其耸壑凌霄耳。"（此人必成大器，只可惜我有生之年不能看到!）

接着对另一个年轻人说："公有应变之才，当为栋梁之用，愿保崇令德。今欲俯就卑职，为须少禄俸耳。"（你有应变的才能，将来必为栋梁之材!）随即安排这个年轻人出任滏阳尉，没想到没过多久，这个年轻人弃官而去。

这个年轻人就是杜如晦!

多年之后，两个年轻人成为唐朝历史上有名的宰相组合，"房谋杜断"，由此可见高孝基眼光确实独到，只是不知道他有没有看出杨广这个孩子将来会死的。

杨广不理会民间的议论，他在乎的只是两个人的评语，一个是父亲杨坚的，一个是母亲独孤皇后的，只要这两个人的评语是"优秀"，那么天下就是自己的，区别只是等待时间的长短。

当上皇太子的杨广度过了初期的兴奋，冷静下来才发现，当皇太子远远没有当扬州总管自在。在大兴城，他只是皇太子，尽管是未来的皇帝，但这个未来究竟有多远呢？大臣对他只是维持着表面的尊重，因为帝国的重心还在皇帝杨坚那里，杨广只是给皇帝搭戏的配角，或者说龙套，而尴尬的是，还有另外三个龙套在一边等着呢，那就是杨广的三个兄弟。

回想当扬州总管的日子，那才叫舒坦，关起门来自己就是绝对主角，只要控制好舆论导向，就能维持在父母心目中的良好形象。不像现在，还得同时应付那么多双监视的眼睛，累，太累。

既然已经开始了这场游戏，杨广就没有退出的权利了，要么成为皇帝，要么成为与杨勇做伴的废太子，人在朝堂，身不由己。

大兴向左，杨广向右

身在大兴（即后来的唐朝都城长安），心在扬州，在大兴不自在的杨广不

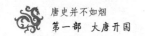

喜欢大兴这个城市。这似乎很难解释，实际又很好解释。

杨广出生在大兴，他的少年时代在这里度过，他对大兴的感情主要来自少年时代的感觉。然而那个时候，他的父亲还在险恶的官场苦苦挣扎，一度还有可能被那个大头女婿宇文赟杀掉，如此动荡的经历同样会影响杨广。

十三岁时，父亲夺权成功，随后杨广被任命为晋王，后来又出任并州总管，再后来随大军平陈，再后来作为扬州总管镇守扬州。在他成长的关键时期，他都没有在大兴，因此对于这个城市逐渐没有了认同感。

扬州取代大兴成为杨广心目中的第一城市，则是在他镇守扬州期间，对他影响最深的关键人物就是他的正妃——萧妃。

萧妃是南梁皇帝萧岿之女，在晋王妃海选比赛中脱颖而出。杨坚让手下根据生辰八字等指标占卜了半天，最后萧妃各项指标都获得了第一名，在杨广十三岁的时候，萧妃成了杨广的王妃，那个时候萧妃刚刚十二岁。

在以后的岁月里，无论杨广是当亲王还是当皇帝，萧妃一直都是杨广的最爱，尽管后世的人都说杨广荒淫无度，但很难解释的是，他为什么始终对萧皇后不离不弃，恩爱如初。或许只有一种解释，别的女人吸引杨广的是色，而萧妃所给予的是爱。

在萧妃的影响下，杨广学会了南方方言，可以熟练地使用南方方言与当地人交流，这是一个了不起的成就。要知道之前杨广的父亲跟陈朝末代皇帝陈叔宝之间很可能根本就无法交流，陈叔宝不会说普通话（当时的北方话），杨坚也不会说江南方言，两个人交流就是鸡同鸭讲。杨广却能流利地使用这两种语言，对稳定南方局势发挥了至关重要的作用。

国民认同一个领袖其实并不需要太多道理，有时候只需要能讲同一种语言就行。1992 年巴塞罗那奥运会，西班牙国王胡安·卡洛斯在致开幕词时，故意说了一句加泰罗尼亚语，这句话胜过了所有口号，无数加泰罗尼亚人深深喜欢上这个国王，他们说："这是我们的国王！"（加泰罗尼亚地区是西班牙非常特殊的一个民族地区，与中央政府的关系相对比较微妙。）

正是扬州十年的生活让杨广深深地喜欢上了扬州，后来他有诗云："我梦江都好，征辽亦偶然。"（杨广在大业初年将扬州改为江都郡）扬州取代大兴成为杨广生命中最重要的城市，因此在民变四起时，他选择住在扬州（江都），也正是这个决定，影响了隋朝的王朝走势。

坏了，我们都成了失学儿童

转眼间，杨广当太子已经一个多月了，这一个多月过得有点漫长，原来国之储君的日子挺难熬的。

回想这一个多月，杨广有点同情杨勇了，自己才被折磨了一个多月，而他被折磨了二十年，谁说当太子是好事呢？往坏了说当太子就是前途不明的有期徒刑，运气好的刑满释放登基加冕，运气不好的直接转死缓甚至斩立决。

然而无论杨广多不自在，太子还得接着当下去，朝廷的布局也朝着有利于他的方向发展。

公元 601 年正月初一，这一年杨坚六十一岁，杨广三十二岁，老皇帝杨坚改了年号，由开皇改成了仁寿。

在宣布改年号的那一刻，杨广意识到，父亲老了，以前他在乎的只有工作，现在似乎更在乎自己的寿命。想想也可以理解，四十不惑的年纪登基，六十一岁的年纪也该耳顺了，也该考虑一下自己的寿命问题了，累死累活图什么呢？

改完年号，杨坚任命杨素为左仆射（相当于国务院常务副总理），随后又晋封杨广的长子杨昭为晋王，显然这样的布局是在为交班作考虑。不过皇帝是终身制的，至于杨广哪天转正，还得问村长去。（笑话典故来自郭德纲的相声《西征梦》：开着直升机向一个村民问路："大爷，美国怎么走？""那谁知道，问村长去！"）

相比之下，这一年大隋比较平淡，不过平淡中也有一件大事。

什么大事？全国的学校都解散了，除了七十名贵族子弟，剩下的都是失学儿童。从表面上看，事情的起因是学生素质太低了，杨坚不高兴了，在六月十三日这一天，颁布诏书，除国子学（国立贵族大学）保留七十名学生，其余的如太学、四门学、各州县学校全部撤销，全体学生回家，爱干啥干啥。

诏书一下，天下哗然，随之便是几家欢喜几家愁。不爱学习的理直气壮跟家长说，学校都撤销了，还读哪门子书啊；爱学习的则哭天抢地，头悬梁白悬了，锥刺骨白刺了，上哪儿说理去呢？

严格说起来，中国的大学传统源远流长，只是因为自古以来名称不一样，很多人还以为只是在近代中国才有大学。实际上不是，早在西汉时，就设立有太学，太学就相当于国立中央大学，要从西汉算，中国的大学历史那就长了去了，一千年那是刚起步，两千年才是刚刚好。

从西汉起，大学时而兴立，时而废除，废除的原因不外乎内忧外患，国家已经没有精力管理大学了。杨坚治下的大隋却完全不同，此时的隋朝蒸蒸日上，在这个时候关闭全国的学校，莫非是吃错了药？

杨坚也有自己的想法，他觉得这些学生知道得太多了。

杨坚确实觉得天下的百姓知道得太多了，怎么忽悠都忽悠不住。从公元581年以来，他不断让人上报祥瑞，以证明"隋代北周"是历史选择，无比正确，无比英明。祥瑞的历史同样很悠久，远的可以追溯到上古，各种稀奇古怪的东西都可以成为祥瑞，比如亲眼看见自家房顶上空有凤凰飞过，路边捡到一块石头上刻着"隋朝万岁"，只要是有利于隋朝发展的，随你怎么说，心有多大，牛皮就有多大，祥瑞也就有多大。

然而在这么多祥瑞的忽悠下，杨坚还是觉得民心不稳，索性把全国的学校都解散了，让全国人民都变成文盲，就剩杨家一家明白人，其他都是糊涂蛋，这下国家就好领导了，到时农民就是想造反，连个造反的反字都不会写，看你怎么反。

一个没有知识的民族是没有希望的，正如当代很多农村墙上写的标语："养儿不读书，不如养窝猪！"谨以此与杨坚先生共勉。

世上最疼我的那个人去了

就在全国人民还在争论应不应该保留学校的时候，独孤皇后去世了。这一年是公元602年，独孤皇后五十九岁。

在成为皇后的姐妹中，独孤皇后是最长寿的，也是生前最荣光的。她伴随着丈夫经历了人生的起起伏伏，也曾在最危险的时刻进宫，向自己那个混蛋女婿宇文赟拼命磕头，用血流满面的代价保住了一家的平安，可以说她的一生是光荣的一生，同时是留下无数隐患的一生。

独孤皇后与杨坚总共育有五子，其中最不受待见的是杨勇，最受待见的是杨广。在独孤皇后的影响下，杨勇的私生活受到了父母的指责，杨广却树立了良好的形象，最后夺嫡成功。在杨广被立为太子之后，独孤皇后长长出了一口气，只是她并不知道，她已经为大隋埋下了一颗隐形炸弹，这个炸弹就是大隋皇室的子嗣问题。

按理说，在一夫多妻的体制下，子嗣一般是不成问题的，比如杨勇一鼓作气生下了十个儿子，女儿还没有计算在内。夺嫡成功的杨广呢？终其一生，子女只有五人，对比唐朝皇帝动辄几十个皇子，杨广的子嗣太单薄了。当然并不是杨广无能，而是他不能，这一切都是独孤皇后惹的祸。

由于独孤皇后忌妒成性，她的忌妒范围不仅包括杨坚的小老婆群，还包括皇子的小老婆群、大臣的小老婆群，只要是小老婆生的孩子她都讨厌，所以前太子杨勇尽管有十个儿子，但是因为都是小老婆生的，独孤皇后对他的讨厌程度达到了十倍。而杨广呢，他小心翼翼迎合母亲，凡是嫡出的，他百般呵护加以抚养，凡是小老婆怀孕的，要么人工流产，要么生下后处理掉，总之在他名下的儿子都是嫡出，因为这才符合独孤皇后的标准。

然而要命的是，到杨广夺嫡成功的时候，他的名下还是只有两个儿子，长子杨昭，次子杨暕，按说有两个儿子做梯队也勉强够用，然而杨广的儿子梯队很快发生了变故。

大业二年，太子杨昭死了，杨广的名下只剩下杨暕和婴儿杨杲。没过几年，次子杨暕也出现了问题，他倒没死，不过自然生命保住了，政治生命却基本结束了。老二杨暕以为自己是天然的太子，便放松了对自己的要求，荒淫无度，没几年就被老爹弃用了。虽然杨暕是最长的一个儿子，然而杨广在心里却给杨暕下了两个字的评语：不配！

杨暕遭冷落，杨杲还只是一个长势喜人的幼童，这样大隋就没有太子了，以致到后来只能用皇孙镇守大兴和洛阳，皇帝子嗣问题彻底暴露出来。倘若当年没有独孤皇后的忌妒成性，杨广能在工业化流水线上多生产几个皇子，或许隋朝还不至于两世而斩，这不能不说是独孤皇后惹的祸。

对于杨广而言，独孤皇后去世，世上最爱他的那个人就去了。对于李渊而言，同样也是如此。这些年在姨妈的照顾下，李渊已经从千牛备身奋斗成谯、陇太守，作为一个没落贵族的后裔已经非常不易，这一切都是拜独孤姨妈所赐。

跪在独孤姨妈的灵前，李渊如丧考妣，这些年来姨妈对他的种种好历历在

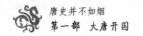

目，他在心中也发誓，这一生，一定誓死效忠姨妈一家，以便报答姨妈的恩情。

人世间很多事情都会变，包括爱情，包括誓言，在场的人看着哭天抢地的李渊都被他感染，都为独孤皇后感到欣慰。然而，世事难料，十五年后，也是这个忠厚的外甥，吹响了埋葬隋朝的集结号。

人这一辈子，为谁辛苦，又为谁忙？

男人对自己应该悠着点

独孤皇后走了，杨坚感到内心空荡荡的。独孤皇后从十五岁就嫁给了他，两个人一起走过了四十四个年头，尽管有磕磕绊绊，尽管有一怒之下离家出走的先例，但两人的感情还是经受住了时间的考验。在独孤皇后有生之年，后宫的美女几乎没有机会，即使偶尔有，也是独孤皇后恩赐。

皇后走了，失落的杨坚难过了一段时间，随后他惊喜地发现，自己终于有了自由——终于可以随心所欲地泡在美女堆里了。

对比起来，杨坚挺可怜的，四十一岁才登基当皇帝，六十二岁才得到了一个皇帝真正的福利：随心所欲。不过很快，杨坚发现："不遇到成群美女，真不知道自己身体不好！"

让杨坚体会到身体不好的美女主要有两位，一位是宣华夫人陈女士，一位是容华夫人蔡女士，两位夫人入宫已有很长时间了，但一直等到主力独孤皇后退场之后，两位替补队员才升格成了主力，只可惜她们担纲主力的时间也不长。

在美女的催化下，再加上年龄的原因，杨坚对国事已经没有以前上心了，在这几年里，他经常半年住在离大兴一百多公里外的仁寿宫，半年住在大兴，住在仁寿宫的时间里，就让太子杨广监国，这样基本上是爷俩各当半年的家，当然大主意还是杨坚拿。杨广在自己负责的那半年里主要处理日常事务，他知道，"爹不给，儿子不能抢"！自古以来皇帝都是一样，在放权给太子的同时不忘告诫太子："朕不给，你不能抢！"

等待，等待，等待总有结束的那一天。

时间到了公元604年，兢兢业业一辈子的杨坚快要走到生命的终点。这一年的春天，按照计划，他将前往仁寿宫避暑，法术师章仇太翼居然出来阻拦。

什么世道，皇帝避个暑还得法术师同意？

杨坚避暑的态度很坚决，章仇太翼反对的态度也很坚决。双方摆事实，讲道理，摆到最后，章仇太翼实在没办法了，冷冰冰地扔出一句话："陛下这次出去，恐怕再也回不来了！"

什么话？这不是咒皇帝吗？忍无可忍的杨坚大发雷霆，一指章仇太翼："把这个人拿下，等朕回来再砍！"

杨坚没有等到砍章仇太翼的那一天，六个月后，他在仁寿宫与世长辞。值得称道的是，临终他还交代太子杨广："把章仇太翼放了吧，他是对的！"

关于章仇太翼的记述尽管有些神乎其神，但在我看来，可以从中医的角度加以解释，法术师章仇太翼很可能学过中医，而且达到了比较高的水平，扁鹊的"望闻问切"已经被他熟练掌握。他判断杨坚可能回不来，很可能是从气色上判断的，这就是中医里面的"望"。关于这方面的记载，《扁鹊见蔡桓公》有明确的描述。像扁鹊这样的神医，可以从气色上看出患者的病情，并且把病情分为两类，"有病但有药可医"，"有病已经无药可医"。

总结下来，章仇太翼可能已经判断出杨坚是"有病但有药可医"，但是由于这个病涉及皇帝的私生活，他又不能说。或许在他看来，只要适当用药，暂时远离美女，杨坚还是有药可医的。只可惜，忠言总是逆耳，在后宫美女这些药引子的催化下，杨坚终于无药可医了，所以说男人不能总是对自己狠一点，关键时还要悠着点。

据说在生命的最后时刻，杨坚曾经感慨："倘若独孤在，我不至于到这个地步！"（使皇后在，吾不及此。）

早知如此，何必当初，出来浪的，迟早也是要还的。

谜案，谜案

谜案，永远的谜案，中国的大历史就是由一串串谜案连接而成，当世的人看不透，后世的人更看不透，以至于蒋介石在 1926 年的日记里也曾写下这样

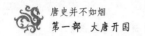

的语句：历史无事实，事实绝不能记载也。知我者其唯鬼神乎？

或许，也只有鬼神能解释清楚，到底在隋文帝杨坚驾崩的时候发生了什么？宋太祖驾崩的时候发生了什么？康熙帝驾崩的时候发生了什么？没有人能说清楚，鬼神能吗？问题是有鬼神吗？

关于隋文帝驾崩的记载，有很多版本，正史中的记载显示一切很正常。

> 夏四月乙卯，上不豫。
>
> 六月庚申（六月六日），大赦天下。有星入月中，数日而退。长人见于雁门。
>
> 秋七月乙未，日青无光，八日乃复。
>
> 己亥，以大将军段文振为云州总管。
>
> 甲辰（七月十日），上以疾甚，卧于仁寿宫，与百僚辞诀，并握手唏嘘。
>
> 丁未（七月十三日），崩于大宝殿，时年六十四。

而在其他记载中，就有了很多版本。下面就罗列几个。

《后妃传》言：宣华夫人陈氏，陈宣帝女，及陈灭，配掖庭，后选入宫为嫔，有宠。高祖寝疾仁寿宫，夫人与太子同侍疾。平旦出更衣，为太子所逼，上闻之恚，使兵部尚书柳述、黄门侍郎元岩召勇，述、岩为敕，以示左仆射杨素。素白太子，太子使张衡入寝殿，俄而上崩。

《废太子》《柳述传》与这个版本大体相同。

《杨素传》：上不豫，素与柳述、元岩等入阁侍疾。皇太子备上有不讳，需预防拟，手自为书，封出问素，素录出事状以报，宫人误送上所，上览而大恚。所宠陈贵人又言太子无礼。上遂大怒欲召勇，太子谋之于素。素矫诏，追东宫兵士帖上台宿卫。门禁出入，并取宇文述、郭衍节度。又令张衡侍疾。上以此日崩。

《大业略记》：杨坚病重，太子侍疾。其间召蔡夫人到另一个房间，蔡夫人出来后脸上有伤。杨坚过问，蔡夫人说："太子无礼！"杨坚遂让柳述等召杨勇，欲废杨广。杨广紧急召集杨素、宇文述、张衡等携带毒药，三十名侍卫穿女人服装站在门口和巷口，严密戒备。杨素等人进寝殿后，杨坚暴死。

《通历》：杨坚病重，太子与陈夫人侍疾。太子非礼，陈夫人上告杨坚，杨坚怒而召杨勇进殿。杨素密不发诏，遣散宫女，遣张衡进殿，张衡猛击杨坚前胸，鲜血喷出，溅洒屏风，杨坚惨呼怨痛，声音传至户外，遂死。

以上版本是关于隋文帝驾崩的几个比较流行的版本，究竟哪个是真，哪个是假，恐怕只有天知、地知了。

尽管我不知道真实的情况，倒是可以提几个疑问。

疑问1：假使杨广真的垂涎于两位夫人的美色，大可等到杨坚驾崩之后，何必急于一时呢？公元604年，杨广已经三十五岁，一个成年人，一个非常善于隐藏自己内心的成年人会在那么敏感的地方做那么敏感的事情吗？值得注意的是，两个版本中，杨广非礼的夫人还不一样，多数版本说是非礼陈夫人，《大业略记》说是非礼蔡夫人，到底是哪个呢？难道还不下两个？

疑问2：如果杨广与杨素互通消息，他们选择的快递员素质会那么低吗？居然分不清信是送给太子还是送给皇帝，这个玩笑开大了。但凡敢干这种高风险事情的人，必须是胆大心细之人，太子和皇帝都分不清，这就不是能力问题了，是智商问题。

疑问3：无论哪个版本都显示，在生命的最后时刻，杨坚的头脑都是清醒的，以如此清醒的头脑，会没有任何防范？

所有的谜案都没有完美的解释，所有的疑问也都没有标准答案。倘使杨广的身后，继位的是他的子孙，那么关于隋文帝的驾崩必然没有那么多香艳与血腥并存的版本。

所谓历史，只是当事人给出的一个当时认可的解释，所谓真相，其实没有公开。

弑父淫母？杨广留给后世的问号

世间的真相没有多少，传闻却是一箩筐。关于杨广的传闻，"弑父淫母"是最大的猛料，究竟谁是小道消息的第一传播者已经无据可考，只是后世的人都或多或少知道杨广"弑父淫母"，真是好事有腿不出门，坏事无腿走千里。

关于杨广弑父的情节已经在谜案中有所涉及，接下来该说说"淫母"的情节了，对象是杨坚宠爱的两位夫人，一位是宣华夫人陈女士，一位是容华夫人蔡女士。

《后妃传》的记载是这样的：

> 俄闻上崩，而未发丧也。夫人（宣华陈夫人）与诸后宫相顾曰："事变矣！"皆色动股栗。晡后，太子遣使者赍金盒子，帖纸于际，亲署封字，以赐夫人。夫人见之惶惧，以为鸩毒，不敢发。使者促之，于是乃发，见盒中有同心结数枚。诸宫人咸悦，相谓曰："得免死矣！"陈氏恚而却坐，不肯致谢。诸宫人共逼之，乃拜使者。其夜，太子烝焉。及炀帝嗣位之后，出居仙都宫。寻召入，岁余而终，时年二十九。帝深悼之，为制《神伤赋》。

> 容华夫人蔡氏，丹阳人也。陈灭之后，以选入宫，为世妇。容仪婉嬺，上甚悦之。以文献皇后故，希得进幸。及后崩，渐见宠遇，拜为贵人，参断宫掖之务，与陈氏相亚。上寝疾，加号容华夫人。上崩后，自请言事，亦为炀帝所烝（烝，指与母辈淫乱）。

以上记载来自《隋书》，说得有鼻子有眼，或许就是真的。不管怎么说，杨广与庶母苟且，确实不是什么光彩的事情。不过在这个问题上，唐朝是没有资格指责杨广的，因为他们自身更加不堪。

在大唐近三百年的历史中，有的皇帝把父亲的才人封为皇后（唐高宗与武则天），有的皇帝把儿媳提拔成了贵妃（唐玄宗与杨玉环），有的皇帝把祖父的才人作为自己的妃子［（孙子）唐顺宗的妃子王氏曾为（祖父）唐代宗的才人］，有的皇帝把自己的孙子升格为儿子（唐德宗把儿子唐顺宗的儿子升格为自己的儿子），总之不少稀奇古怪的事，唐朝都发生过。以五十步的境界去笑隋的一百步，杨广只能挥挥手，彼此，彼此！

"弑父淫母"不仅在中国有传说，在外国同样有，而且就在希腊神话之中。故事是这样的：

> 拉伊奥斯年轻时曾经劫走国王佩洛普斯的儿子克律西波斯，因此遭到诅咒，他的儿子俄狄浦斯出生时，神谕表示他会被儿子杀死，为了逃避命运，拉伊奥斯刺穿了新生儿的脚踝，并将他丢弃在野外等死。然而奉命执行的牧羊人心生怜悯，偷偷将婴儿转送给科林斯的国王波吕波斯，

由他们当作亲生儿子般的抚养长大。

俄狄浦斯长大后，德尔菲神殿的神谕说，他会弑父娶母。不知道科林斯国王与王后并非自己亲生父母的俄狄浦斯，为避免神谕成真，便离开科林斯并发誓永不回来。

俄狄浦斯流浪到忒拜附近时，在一个岔路上与一群陌生人发生冲突，失手杀了人，其中正包括了他的亲生父亲。

当时的忒拜为狮身人面兽斯芬克斯所困，因为他会抓住每个路过的人，如果对方无法解答他出的谜题，便将对方撕裂吞食。忒拜为了脱困，便宣布谁能解开谜题，从斯芬克斯口中拯救城邦的话，便可获得王位并娶国王的遗孀约卡斯塔为妻。后来正是由俄狄浦斯解开了斯芬克斯的谜题，解救了忒拜。他也继承了王位，并在不知情的情况下娶了自己的亲生母亲为妻，生了两女：分别是安提戈涅及伊斯墨涅；生下两个儿子：埃忒奥克洛斯及波吕涅克斯。

后来，受俄狄浦斯统治的国家不断有灾祸与瘟疫，国王因此向神请示，想要知道为何会降下灾祸。最后在先知提瑞西阿斯的揭示下，俄狄浦斯才知道他是拉伊奥斯的儿子，终究应验了他之前杀父娶母的不幸命运。震惊不已的约卡斯塔羞愧地上吊自杀，而同样悲愤不已的俄狄浦斯，刺瞎了自己的双眼。

所有的一切只能用两个字概括：悲剧！

兄弟，天敌！

兄弟，可以用来依靠。

兄弟，可以用来同舟共济。

兄弟，也可以用来自相残杀。

帝王的兄弟，不是兄弟，是天敌。

杨勇，杨广，杨俊，杨秀，杨谅，同父同母，在历朝历代的开国皇帝中都比较少有。杨坚和妻子独孤皇后曾经发誓要夫妻相亲相爱，儿子们相敬友爱，可惜的是，理想与现实之间总是有着差距，理想中五兄弟应该相互友爱，现实中五兄弟自相残杀。

杨氏五兄弟中最先去世的是杨俊，死于公元600年，他没有死于战火，也没有死于意外，他死在了一个特殊人物之手。

这个特殊人物是谁呢？他的妻子崔女士！

杨俊的妻子也是个忌妒狂，跟独孤皇后有得一拼。独孤皇后忌妒心强，顶多把皇帝杨坚挤兑得离家出走，这跟崔女士比就是"小巫见大巫"了，崔女士的方法更绝，更彻底——给老公下毒！

如果说逼老公离家出走已经够过分，那么亲手给老公下毒就是相当过分了，这远远跳出了"一哭二闹三上吊"的境界，手法毒辣，古今少有，中外罕见！

可怜的杨俊，原本是个老实孩子，小时候一心向佛，甚至一度请求出家为僧。就是这么个好孩子，在父亲成为皇帝后发生了翻天覆地的变化，从前是三好学生，后来是五毒青年。因为杨俊贪恋美色，结果被吃醋的老婆在瓜果里下了毒。

当然崔女士下的毒，不是毒鼠强，而是一种慢性毒药，崔女士的目的不是要杨俊的命，而是要杨俊的心，然而杨俊的心没有要到，却要了她自己的命！

要崔女士命的不是别人，正是老公公杨坚。杨坚得知这对活宝的荒唐往事后，以"骄奢淫逸"为由免除杨俊所有官职，以"毒害亲夫"为由将崔女士赶回娘家自杀了断。三年之后，被下毒的杨俊病逝，尽管享年不长，但也算五兄弟中结局相对不错的，毕竟死的时候没被人胁迫。

公元604年七月二十一日，杨坚去世后的第八天，杨广发布杨坚的死讯，随后在仁寿宫登基称帝，这就是历史上赫赫有名的隋炀帝。杨广在登基的同时，心里一直忐忑不安，他不担心大臣造反，他担心的是自己的两个兄弟，一个是杨勇，一个是杨谅。

那时活在世上的其实还有蜀王杨秀，只是杨秀早就在两年前被老爹杨坚罢了官，关了禁闭，造反已经没有能力，最大的能耐也不过是在软禁他的房子里摔摔碗，所以不足为虑！

杨广最担心的是杨勇和杨谅，杨勇是前太子，是嫡长子，这个嫡长子只要存在一天就是杨广的麻烦，一旦将来别有用心的人拥立嫡长子登基，那自己这个皇帝往哪里摆呢？杨谅同样是个麻烦，这家伙是五个兄弟中最小的，也是杨坚夫妻俩比较疼爱的，现在正担任着并州总管，手里有地，有兵，有权，要造反太有条件了，这个家伙肯定不会消停。

想来想去，还是先处置杨勇要紧，屈指算来，杨广已经被他折磨了四年。从公元 600 年开始，杨广就经常做噩梦，经常梦到太子复位，而自己又被废黜。这样的梦做得太多了，不能让这样的梦继续下去了。

人到顺的时候想什么来什么，正当杨广为派谁去执行秘密任务而苦恼的时候，杨素的弟弟杨约来了。当年正是杨约接受了杨广的贿赂，杨素才加入了杨广的夺嫡团队。现在老队员杨约又因为出差来到了仁寿宫，他不正是执行秘密任务的最佳人选吗？

此时的杨勇就是含有有毒物质的奶粉，不销毁也得销毁了，谁让你是前太子呢？销毁前太子的方法很简单，数百年前秦朝的赵高就用过，矫诏呗。反正老皇帝已经死了，杨勇还能跟老皇帝当面对质不成？

杨约带着杨广的密令，以八百里加急的速度赶回了大兴，仁寿宫跟大兴城只有一百二十公里的距离，几个小时后，杀手杨约就到了前太子杨勇的软禁地。

朝也盼，暮也盼，杨勇一直在等待父皇赦免的诏书，然而在苦苦等待四年之后，等来的却是一纸赐死的诏书。

面对这纸诏书，杨勇的判断与秦太子扶苏截然不同。扶苏服从诏书当即自杀，杨勇还准备抗争，只可惜一切都晚了，在父亲的手里还有活路，在弟弟的手里没有活路，只有死路。杨勇苦苦挣扎，拼命躲避那杯弟弟赐予的毒酒，那是前朝末代皇帝喝过的毒酒，自己千万不能喝。

不喝就不喝吧，杨约说，别勉强太子了。

杨勇刚松了一口气，杨约接着说了一句："那就缢死吧。"

不知道被缢死的杨勇是不是下了诅咒，十四年后，当杨广向宇文化及苦求一杯毒酒时，他居然得不到，他的结局居然也跟兄长一样——缢死。

连死法都一样，真是亲兄弟。

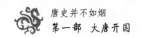

扶上马，送一程

军功章里有我的一半，也有你的一半，这句话送给夺嫡功臣杨素一点也不为过。事实证明，这位老兄不仅煽风点火有一套，打仗平叛更有一套（有点像广告了）。

杨广处理完杨勇之后，就开始着手准备处理杨谅，不管杨谅反还是不反，等待他的只有软禁，哥哥杨广已经给他烧好了洗澡水，准备好了洗澡间。

此时的杨谅任职并州总管，辖区包括山西和河北的大部分区域，总计五十二个州，兵力数十万。如果运用得当，席卷大兴并非没有可能，只可惜杨家兄弟都有一个优良传统：眼高手低，不堪大用。

当父亲的死讯传到并州时，杨谅陷入了痛苦抉择之中。从太子被废黜之后，他就一直闷闷不乐，为什么呢？因为杨广夺嫡打破了原有的平衡。

本来太子是太子，亲王是亲王，大家各过各的日子，现在太子被废了，原来的亲王二哥当了太子，这让杨谅不平衡了，凭什么老二能当太子，老五难道就不能？现在老二不是太子了，而是皇帝了，那么老五又该怎么办呢？

想来想去，还是反了吧，老四杨秀不是被关起来当了政治犯吗？自己可不能跟他去做伴。要说杨谅这个亲王政治素质还真是不高，这个时候起事当然得找个合适的理由，他老人家找来找去总算找到了一个，"杨素谋反"，这不是上坟烧报纸——糊弄鬼吗？如果杨素谋反，皇帝杨广自会收拾，还用等着远在并州的杨谅吗？其实此时有一个理由最为合适，也最能蛊惑人心，这个理由就是"杨广弑父"，"弑父"的帽子一扣，影响力就不一般了。

首先，"弑父"帽子一扣，就会给天下人造成杨广皇位来路不正的印象，先让他皇位坐不稳；再者，亮出为先皇复仇的旗号，这就是告诉天下人，此次起兵是我们杨家的家务事，你不参与可以，但别阻挡我为先皇复仇的脚步。就算这个口号不足以一呼百应，至少也能让很多人靠边站，看他们兄弟俩死磕。总之，"杨广弑父"比"杨素谋反"强太多。

听到杨谅打出"杨素谋反"的旗号，杨广在心中暗笑："老五啊老五，这么多年怎么光长肉不长脑子呢！"杨广召来杨素，一见杨素他就笑了："杨谅说你谋反了，赶紧带兵去辟谣吧，不然明天就有人拿你的人头找我请赏了！"

对于打仗，杨素从来不含糊，对付杨谅这个毛头小子更不在话下了。

　　杨素悄然出发，杨谅还在痛苦抉择，这次抉择的不是"反还是不反"，而是到底该割据自立，还是该席卷大兴。"割据自立"就尽量采取守势，"席卷大兴"就得出奇兵，渡过黄河挺进大兴。经过一番痛苦的抉择，杨谅站起身，目光深邃地望着远方："大丈夫当如是也！"

　　大丈夫当如是也？这么说要"席卷大兴"了？

　　杨谅摇摇头："不，还是扩大地盘，割据自立吧！"

　　鹰击长空，鱼翔浅底，既然做不了鹰，那就做一条一天到晚游泳的鱼吧！

　　进攻才是最好的防守，一味的死守是断然守不住的，没有光靠挨打就能获得金牌的拳击冠军，同样没有光靠防守就能夺得天下的帝王。想要割据自立，也要站稳脚跟，只可惜杨谅并不懂这个简单的道理。

　　初期的杨谅倒有几分席卷大兴的模样，他派出五路大军从并州本部出发，前四路负责在河南、河北等地攻城略地，第五路直扑蒲津关，渡过黄河直逼大兴。然而就在大军攻下蒲州城离蒲津关只有一百余里的时候，杨谅变卦了，这一变卦就注定了他的败局。杨谅命令就地破坏黄河大桥，坚守蒲州，防区内严防死守，严防杨广的军队进攻。从这个时刻起，杨谅收起了拳头，心中默念着乌龟王八拳的口诀，挺起自己的龟壳，等待着杨广的进攻！

　　就在杨谅下令全线防守的同时，杨素率领的五千轻骑兵已经挺进到了黄河岸边。当夜，杨素征集当地几百条商船，全军化整为零，事先在船上铺上稻草，人马踩在上面一点噪音也没有。借着夜色的掩护，靠着稻草这个天然消音器，五千轻骑兵连夜渡河登陆成功。拂晓时分，当蒲州城的守军还没起床的时候，杨素的集结号已经吹响了。慌乱之下，杨谅的守军跑的跑，降的降，蒲州城在杨谅手里还没焐热，就又回到了杨广的怀抱。

　　小胜并不足以麻痹杨素，杨素的目标是杨谅的大本营并州。经过各路援军增援之后，杨素的部队已经有了几万人的规模，兵多了，将广了，可是怎么灵活运用这几万人呢？杨素对着地图指点了几下，作出了部署，在沿途仍效忠杨谅的晋州、绛州、吕州，各留下两千人做象征性包围，剩下的人全速挺进，目标——并州。

　　然而，杨素又遇到了新问题，无路可走。杨谅的部队已经切断了并州周围所有的交通线，据守在山西高壁，连营五十里，阵势浩大。没有路怎么办，难道杨素能插翅飞过去不成？是的，他还真能飞过去，不过不是靠他的翅膀，而

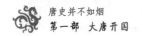

是靠他的双脚。

杨素命令手下将领继续向前挺进，牵制杨谅的主力，而他自己则带领一支奇袭部队，从霍山山谷的悬崖峭壁绕到杨谅大营的背后，这一招与三国时期邓艾越过悬崖峭壁奇袭成都有一拼，看来杨素也知道不少三国故事，同时知道那句名言，"世上本没有路，走的人多了也就成了路"。

绕到敌人背后的杨素立即扎营，转身命令自己的参谋长进大营挑选三百人留营守护，剩下人马全体集合，向杨谅大营冲锋。

留营，冲锋，哪个安全系数高呢？傻子都知道。结果大营中谁都想争取那三百个留守名额，争取成功的庆幸祖上积德，没成功的都哭丧着脸痛恨祖坟没冒青烟。就这样，三百个留守的名额终于分配完了，然而选拔的时间太长，全军竟然错过了原定的出发时间！

杨素愤怒了，为国平叛拖拖拉拉像什么样子，靠这些人怎么能打仗，不刺激一下怎么行。杨素冲军令官一招手："刚才那三百个争取留下看营的，全部斩首！"

三百人一会儿就砍完了，杨素再发问："还有谁愿意留下？请举手！"

一个没有，出发！

刚才还贪生怕死的士兵转眼间变成了贪死怕生，反正是个死，那就死得轰轰烈烈吧。以这么一群死不怕的人冲击还在打着小算盘的叛军大营，士气已是天壤之别。这一仗下来，杨谅的叛军死伤几万人，元气已经大伤，胜负的筹码已经掌握在杨素的手中。

听到前线崩溃的消息，杨谅准备硬挺一把，带领十万大军列阵，准备迎战杨素，不想秋天里的一场雨坏了杨谅的好事。本来杨素的人马是孤军深入，已经人困马乏，看着杨谅的十万大军也是倒吸凉气。不料一场秋雨从天而降，浇得杨谅睁不开眼，从小到大他就没受过这个罪，怎么造个反这么难呢？

雨一直下，没有停的意思，两军在僵持着，但都不肯先进攻，连眼都睁不开，还打什么仗呢？现在比的不是别的，就是双方的挨浇能力，谁先扛不住先移营，谁就输了。事实证明，娇生惯养的就是比不过久经沙场的，杨素被雨越浇越精神，杨谅却越来越蔫，雨越下越大，杨谅越来越冷，算了，撤退吧，反不造了，也不能遭这罪。旁边的大将一个劲提醒："大王，千万不能回军，一回军什么都完了!"

杨谅确实不是造反的材料，他没有听从大将的劝阻，毅然决然拨马而去，在他拨马离去的一瞬间，杨素笑了。

命运就在自己的手中，有的时候只需要再坚持一会儿，再坚持一会儿。

第五章　高高在上，大业在我手中

大　变　革

杨谅的造反刚刚开了个头，就结了尾。秀才造反十年不成，他倒好，一个月都不成。他的结局已经在他拨马离去的那一瞬间注定，在被围之后，他宣布无条件投降，这个时候的他已经没有资格谈条件了。

按照群情激奋的大臣们的意见，杨谅应该被处死，杨广却陷入了沉思。

刚继位就杀自己的亲兄弟，这个影响确实不好。杨勇是以父亲的名义杀的，杀杨谅不能再以父亲之名，否则他会气得活过来。

不能用父亲的名义，同时不能用自己的名义，毕竟杀亲兄弟好说不好听，而且要背上"气量小"的骂名，不行，绝不能背上这个骂名。

其实惩罚一个人未必一定要杀，而杀一个人也未必要昭告天下。在杨广的主持下，杨谅被从轻发落，赦免死罪，从家谱上注销名字，判处终身监禁。

对于叛乱，这个判决已经够轻了，然而这仅仅是表面。

史书记载，杨谅自此被幽禁而死，部属被牵连处死及流放达二十万户。该他承担的一点都没有逃脱，只是程序有所不同。

自此，兄弟已经不见，天敌自此消失，杨勇、杨俊、杨谅以不同的方式消失，杨秀则继续着他的软禁生涯。一母同胞五兄弟，至此活跃在历史舞台的只有杨广一人，或许也是在变相宣传："只生一个好!"

公元 604 年十月十六日，杨广将父亲安葬于太陵，庙号高祖，从此他只能在牌位上看到自己的父亲了，入土的父亲从此就成了一个符号。

从公元 604 年十月十六日到 605 年正月一日，屈指算来只有七十余天，然而就在这七十来天里，杨广已经开始变革，有些变革对于未来意义非凡。

这期间有三件大事，分别是开建东京，追谥炀公，开挖长壕。

开建东京就是重建洛阳城。

说起来，重建洛阳城也很偶然，不是出于整体规划，而是出于封建迷信，始作俑者就是那个预测"杨坚回不了大兴"的章仇太翼。这个老兄主业是法术师，兼职是中医，上次是靠中医理论看出杨坚有病而且即将不治，而这次忽悠杨广靠的是主业，主题是大兴的五行和杨广的五行相克。

五行这个东西神乎其神，到现在也无法用科学完全解释，历代皇帝都是宁可信其有，杨广也不例外。按照章仇太翼的说法，杨广是木命，而大兴附近的地形是破木的地形，不宜长久居住，而如果在洛阳兴建东京，那么洛阳是水，水能生木，这样大隋王朝就能千秋万代，再现晋王朝的天下大一统。

话说到这个份上，杨广动心了，谁不想王朝千秋万代，谁不想自己永远健康？既然兴建个东京就能达到效果，那就建呗，不就是花点钱吗？如果钱能够解决问题，那就不是问题。

这一年的十一月二十一日，杨广下诏，在洛水、伊水汇合处兴建东京洛阳，这也就是现在洛阳市的所在地。洛阳，洛水之北，山南水北为阳，故此得名。

追谥炀公就是追谥南陈末代皇帝陈叔宝，这一年的十一月二十日，南陈亡国皇帝陈叔宝去世，享年五十二岁。从公元 589 年亡国，到现在已经十五个年头。能在猜疑成性的杨坚眼皮底下生活十五年，陈叔宝的功力可以跟蜀汉的刘禅有一比了。刘禅靠的是自我麻痹的"此间乐，不思蜀"，陈叔宝靠的则是酗酒，总之在强敌的屠刀下生活，日子不易。

得知陈叔宝去世，杨广没有任何感觉，只是对着陈叔宝的名字一阵感慨："一晃灭陈都十五年了！"既然去世了，那就给他个谥号吧，翻了半天，杨广总算翻到了一个字，"炀"，行，给他合适！

历史是最好的编剧，此时春风得意的杨广万万不会想到，十四年后，他那位长得像老太太的表哥李渊会给他同样一个谥号。公正地讲，李渊给杨广一个

"炀"字挺不厚道的，对比陈叔宝的"炀"，杨广的"炀"有点重。看看后世，明朝给元朝逃跑皇帝的称号，"元顺帝"，清朝给明崇祯皇帝的谥号，"明思宗"。都是亡国皇帝，"隋炀帝"，听着挺刺耳。

开挖长堑则是杨广上任之后的第一个大工程，这个工程有点搞。

十一月四日，杨广征发民工数十万人挖掘长堑，西起山西河津县，东到山西晋城市、河南淇县，南下到河南省新乡市，渡过黄河，一直延伸到河南省开封市，向西抵达河南汝州市，终点到陕西商州市。家里有地图的朋友可以自己拿比例尺量一下，即使在现代，这样的工程也很浩大，更何况在没有大型挖掘机的隋朝。

挖这个长堑做什么？防御！这个长堑隔一定距离设立关卡定点设防，主要是防止大规模的骑兵入侵，再者即使步兵也够呛，至少也得跳下沟再想办法从沟里爬上来，当然这个攀爬难度还是不小的。

三件大事做下来，杨广要开创属于自己的时代了，他坚信，站在父亲的肩膀上，他将成为千古一帝，他的脑海中一直浮现着父亲的那句话："吾以大兴，公成帝业！"

大业，在我手中！

公元 605 年正月初一，隋朝第二个皇帝杨广宣布大赦天下，改年号为大业。

大业，千古一帝的伟大事业。

然而梦想照进现实，靠的不是做梦，而是实干。

关于实干，杨广是有发言权的，他从来不是只说不做的选手，他说干就干，而且从未停止。

在杨广的大业年间，有两项大工程，一是凿运河，二是修长城。还好，由于数百年前秦始皇已经修过长城了，所以在这个工程上，秦始皇帮杨广顶着骂名——修长城尽管也是隋朝的大工程之一，受到的指责并不是很多。相比之下，开凿运河却是杨广的所谓污点之一，同征辽东一样，凿运河让杨广背负着千古骂名。

数年前，老舍先生之子舒乙先生的一篇文章引起骂声一片，这篇文章最先登载在一本杂志上，随后在网络上登载，在网络上登载的题目是《仅凭大运河就应该为隋炀帝平反》，对此，在下深有同感。

大业元年，也就是公元605年，三月二十一日，杨广召集河南、淮北各州民夫，前后一百余万开凿通济渠。自洛阳西苑，引导瀍水、洛水注入黄河。再从板渚引导黄河，穿过荥泽注入汴河，在大梁之东，再注入泗水，再注入淮河。同时征调淮南民夫十余万人挖掘古邗沟，从山阳到扬子，注入长江。运河宽四十余步，河两旁修筑御道，种植杨柳。公元608年开挖永济渠，引导沁水向南注入黄河，向北流到涿郡（今北京附近）。公元610年开凿江南运河，从江苏镇江到浙江杭州，长八百余里，宽十余丈。

运河工程无疑是隋朝的大工程，由于历次开凿运河，工期都非常紧迫，民间劳役非常苦重，有记载称男丁不足，甚至征召妇女服役，而且由于劳动强度大，民夫的死亡率非常高。由于年代的久远，我们无法真正了解当年的劳役实情。总体来说，开凿运河的历史是带有血和泪的，然而，在杨广的治下，东部以及中部运河网络的形成，影响着后世上千年的经济和民生。已故旅美历史学家黄仁宇先生说："皇帝似乎比当世的人更懂得运河的价值。"

其实我们只需说出几个城市的名称，就足以证明运河对中国历史的影响。这些城市分别是长安（包括洛阳、开封），扬州（包括杭州），北京（包括天津），因为运河，它们成为当时的大都市，开封后来成为北宋的国都，杭州后来成为南宋的国都，元朝时杭州已经与鼎盛时相去甚远，但也足以让到此一游的马可·波罗叹为观止。这一切的源头是因为运河，而决策者恰恰就是那个千夫所指的杨广。

历史，以成就和道德作为两把尺子，那么对于杨广，我们又该如何衡量呢？

杨素，你已跟不上我的脚步

登基，称帝，年号也改为大业，功臣们也该论功行赏了。

综合比较，各类排名，拥立第一功臣非杨素莫属。从在隋文帝面前打小报告，到废黜太子，从仁寿宫最后密谋，到千里出师平叛杨谅，杨素的功劳太大了。

杨广随即封杨素为尚书令，儿子杨万石、杨仁行，侄儿杨玄挺仪同三司

（勋官八级、正五品上），赏绸缎五万匹、绫罗一千匹及杨谅的女奴二十名。此时的杨素达到了人生的巅峰。但我们都知道，巅峰的后面就是低谷，这是世间的规律，谁也逃不掉。

如果杨素的眼睛能看到身后事，那么他可能会后悔三件事情：一是一个儿子的名字没取好，二是一个儿子智商不高，三是自己看错了一个人。

那个名字没取好的儿子就是得到封赏的杨万石，名字寓意很好，"万石"，这是高级干部的代名词，意思是将来是享受万石黍米级别的高官。名字寓意很好，可惜谐音实在太糟，"万石"谐音"完蛋"（各位可以在输入法上试一下）。最终杨家的结果真是如同这个孩子的名字一样，"万石"，完蛋！

那个智商不高的儿子就是扯起造反大旗的杨玄感，这位老兄级别挺高，胆子也很大，居然选择在杨广二征辽东的时候起事，一个直接的后果是导致二征辽东草草收场。本来辽东城攻陷在即，然而杨玄感起事的消息传到前方，杨广只能火速回军，二征辽东即告失败。如果杨玄感没有起事，如果早一点攻陷辽东，或许征辽东就不会成为隋朝灭亡的导火索。起事后的杨玄感尽管初期非常凶猛，可惜智商不够，首鼠两端，跟老爹杨素相比，他的军事才能不足以建功立业，充其量能够搅局。不过杨玄感起事对于李渊倒是有积极意义，至少提醒李渊，"造反不能像杨玄感那样首鼠两端"。

那个杨素看走眼的人不是别人，就是隋末农民起义的著名领袖李密。李密年轻的时候很喜欢读书，读书入迷的时候经常骑着牛，牛角上挂着《汉书》，一路骑牛一路看。正巧有一次被杨素看到了，杨素被这一幕深深吸引，上前一攀谈，发现李密谈吐不凡，仔细一问，居然还是北周八柱国之一李弼的曾孙。从此杨素非常器重李密，还把李密引荐给儿子们，杨玄感与李密的良好关系就是从这时开始。值得一提的是，当年杨素曾经问李密看的是什么书，明明看的是《汉书》，李密回答却说是《项羽传》，李密为什么要说谎呢？难道《项羽传》的地位要在《汉书》之上？后世的我们恐怕无法知道真正的原因。

然而，一语成谶，李密的结局居然与项羽那么相似！

说起来，杨素被杨广疏远，主要还是因为他的位置太高了，知道的事情太多了。

如果说忌妒是杨家女人的天性，那么猜疑，则是杨家男人的秉性。

在开国皇帝杨坚的治下，当年为他立下大功的臣子们随着时间的推移被疏远，高颎，杨素，贺若弼，韩擒虎，史万岁，这些人都立有大功，然而他们的结果都一样，都是被疏远。相比之下，大将史万岁更惨，刚跟突厥打了一场胜仗回朝请赏，没想到却被杨坚怀疑结交太子杨勇，当廷被活活打死，怎一个惨字了得。

杨坚如此，杨广同样如此。在杨广的治下，他的猜疑心丝毫不亚于他的父亲，他需要的不再是权臣，也不再是能臣，而是听话的庸臣，因为老杨家的人都一样，对于别人的智商一贯低估，对于自己的智商则是一贯高估！

在杨广的疏远下，杨素终于明白了，想继续在皇帝面前转悠是不可能了，杨勇已经倒了，杨谅也收拾了，杨广实在想不出还有什么地方再需要他，所以对于杨素，杨广的选择是"供着"，而不是"用着"。

被"供着"的感觉实在不好，但又能怎么样呢？名义上已经位极人臣，难道还要封你一个名誉皇帝不成？

事实证明，在中国历代的官场上，一个官员对于政治生命的重视程度甚至超过了自然生命本身。那些位高权重的人，一旦失去了官位，失去了实权，就如同龙王三太子被哪吒抽了龙筋，身还在，魂没了，杨素就是这样一个人。

自从大业元年被封为尚书令以后，他的工作不是更多了，而是更少了，甚至没有了。部属对他倒是很客气，也客套地请他指导工作，但聪明的杨素看得出来，那是一种同情的客套。

大业二年六月二十九日，杨素被提升为司徒（三公之一），这更是一个闲职，一个能把自己闲出病的职位。杨素彻底明白了，自己的政治生命已经结束了，接下来的任务就是在重大节日接受皇上的看望和慰问了。

不过事情到这里还没有完，随后杨素又被封为楚国公，这也是一个荣誉称号。这个荣誉称号看着荣光，实则险恶，用通俗的话说，这个称号是让杨素替国家踩地雷的。

事情又是天文台引起的，当时一位天文台官员经过连续观察星象写了一份研究报告，报告显示：古随国地区将有大规模的葬礼，也就是说这个地区将会死人，而且死的不是一般人，不是皇帝就是重臣，反正得死人。

杨坚以前在北周时被封为随国公，因此在隋朝，古随国地区实际上指代隋王朝，如此一来，这份报告的意思就是隋王朝将会有比较盛大的葬礼，对此杨

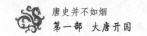

广非常厌恶，怎么才登基两年就赶上这种事呢？

那个年头是讲究消灾的，杨广灵机一动，想到了消灾的方法，既然有人需要死，那就让杨素来担当这个大任吧。

随即杨广下诏，将杨素封为楚国公，楚和古随国都是指湖北中部地区。杨广把杨素封为楚国公意思很明显，你杨素就替国家死一回吧，我保证你会享受国葬的。

像杨素这样的高官，宫里是不可能没有几个朋友的，很快他就从宫里知道了皇帝这个封号的意思，"为了国家，去死吧！"任务够艰巨的。

如此一来，杨素的政治生命已经到了尽头，自身的生命也快到了尽头，一年多的抑郁加憋屈很快积成了病，他正向生命的终点加速迈进。

得知杨素重病，杨广表现得很关切，频繁派出最好的医生开列最好的药，每次医生一回宫，杨广就会关切地问："怎么样，什么情况？"千万别误会，杨广频繁过问杨素病情并不是为了让杨素快点好，恰恰相反："怎么还不快点死，为国家消灾呢？"到了这个份上，杨素已经没有选择了，药不能吃了，身体不能要了，医嘱不能遵了，气也不能喘了，目的只有一个，不活了，每语弟杨约曰："我岂须更活耶？"

有的时候，活是一种折磨，死是一种解脱。杨素，同意请点头。

大业二年七月二十三日，司徒杨素走完了他的人生路，他的一生是奋斗的一生，激情的一生，久经考验的一生，同时是虎头蛇尾的一生。

杨素死后，受到了国葬，被追认为太尉和虢州等十个州的州长，他的悼词很长，很长。

悼词，是为死人写的，念给活人听的。

活人是承受不起，而死人又听不到。

太子没了

杨素走了，另外一个人也走了，这个人还比杨素早走一天，这个人就是杨广的太子杨昭。这下杨广的工作强度加大了，悼词一下得写两份。

史书记载：太子是累死的，是被工作累死的，起因则是身体肥胖。身体肥胖的太子要在父亲面前尽到做儿臣的礼节，频繁的下跪也就免不了。对于别的大臣来说这是生理本能，对于多背了三袋面的杨昭来说则是不小的折磨，每次上朝回来都要喘半天，加上杨广交给他的工作比较多，累积下来，终于积劳成疾。

按照杨广的安排，他在洛阳的时候，太子杨昭就得在大兴留守，所以他就催着杨昭回大兴看家。已经累出病的杨昭请求在洛阳多住几天，结果父亲很不高兴，也没有同意。太子杨昭没有办法，一咬牙，一跺脚，走，上路！

回大兴？不，天堂！咱永远不回来了！

杨昭在后世的口碑非常好，他被自己的父亲追认为元德太子，他被全天下的人称为仁慈贤良，一个原因是他比较洁身自好，另外一个原因可能是他去世早，没有太多的把柄落在别人手中，表叔李渊也不好往他身上泼太多的脏水，因此他就成了隋朝皇室中少有的几个被称道的人物。

杨昭走了，却留下问题一串，谁来当太子呢？

之前说过，由于独孤皇后疯狂的忌妒心作祟，杨广不敢有庶出的子女，即使小老婆中已经有人怀孕，甚至已经生产，他都不敢把孩子留在世上，这样等到他登基称帝的时候，他的名下只有二子二女（幼子杨杲出生于登基后）。对于帝王来说，这样的梯队厚度太单薄了，一旦有意外，谁来拯救皇室呢？

现在意外来了，太子杨昭去世了。此时杨广名下只有两个儿子，一个是齐王杨暕，一个是幼子杨杲，继太子之位者要么杨暕，要么杨杲，二选一，选择范围实在太小了。当时的人都以为太子之位应该是杨暕的，毕竟杨暕已经二十多岁，而杨杲只有一岁，把国家托付给一岁的娃娃，那就是开玩笑了。

然而事情坏就坏在"大家都以为杨暕将成为太子"，而他自己也是这样认为的。在我们参加高考时老师都会教导我们说："要一颗红心，两手准备，考上大学是建设四化，考不上的同学同样能建设四化。"可惜老师这样的教导杨暕听不到，在他那里，只有一颗红心，一手准备，而人一旦到了这个程度，结果往往是悲剧。

杨暕以为自己是太子的天然人选，由此放松了警惕，也放松了对自己的要求，悲剧也就随之而来。之前杨坚放松对自己的要求，结果身体垮了；后来杨广放松对自己的要求，结果国家垮了；现在杨暕放松对自己的要求，结果到手的太子之位飞了！

悲剧不是一朝一夕铸成的，而是杨暕经过一年多的努力铸就的。

杨暕这个人没什么大毛病，就是有点好色，而且因为好色坏了父亲的好事。杨暕手下有三名官员专门为他办这种私事，他们分别是乔令则、库狄仲锜、陈智伟，这三位都是杨暕的总管，直接服务于杨暕的私生活，哪里有美女，哪里就有他们，他们就是杨暕的星探，专门采花的星探。

如果仅仅在民间猎艳还不至于让杨广震怒，毕竟这都是小节，不算大事，然而随着一个柳姓美女出现，父子之间的龃龉随之而生。

这个柳姓美女是前朝皇后、皇姐杨丽华首先介绍给杨广的，当时杨广可能正在想别的事，压根没往心里去，柳美女进宫的事情就此搁置。没想到杨丽华也是个好事的人，看弟弟杨广不喜欢，索性转手将柳美女介绍给侄子杨暕，帮柳美女在杨家找到了一个归宿。

杨暕迅速地把柳美女接了过去，心里对姑姑充满了感激，"到底是亲姑姑，什么好事都想着侄子！"

杨暕的感动没有延续太久，过了一段时间，百无聊赖的杨广突然想起了杨丽华向他推荐的柳美女，这才回头问老姐："你上次给我推荐的那个美女呢？"杨丽华不以为然地白了他一眼："我以为你不要呢，现在人已经在杨暕那里了！"

杨广皱了皱眉："这孩子怎么什么都抢呢，他不知道朕不给，他不能抢吗？"自此芥蒂已经在杨广的心中产生，愤怒也在一点点累积。

到了公元608年，杨广又被儿子恶心了一把，这一次让杨暕的太子梦彻底破碎。

这一年杨广下诏兴建了汾阳宫。汾阳宫是皇帝的离宫之一，功能相当于国家招待所。在汾水发源地兴建汾阳宫，主要有三个原因，第一个原因是术士说此地王气很重，杨广希望通过建离宫压一压此地的王气（按照唐朝的说法，这里的王气是属于李渊的），第二个原因是这里风景好，第三个原因是这里野生动物比较多，非常适合打猎。而杨暕的太子梦碎就是因为打猎。

杨暕跟随杨广前往汾阳宫周围猎场打猎，父子俩各自带领人马围猎，本来是父子亲切交流围猎心得的机会，最后却变成了杨广雷霆之怒。

事情的起因很简单，就是杨暕太不懂事了。杨暕亲自带一千士卒围猎，捕获了大量麋鹿，而杨广带队的那一组，居然一只麋鹿都没有打到。别说麋鹿了，连只野兔都没有，皇帝的脸上有点挂不住了。

杨广愤怒地盘问手下的官员，官员们也无可奈何："我们有什么办法，附近都被齐王杨暕的人围了，根本不让野兽进来！"

"小子啊，你这是诚心恶心我呢！"自此杨广的气愤到了极点，自己忍辱负重了十几年才登上皇位，没风光几年就遭遇二小子拆台，爷俩打猎，连只麋鹿都不给我，以后还能指望他什么呢？这样的人能当太子吗？

一个美女，数只野兽，再加上若干件不拘小节的小事，杨暕在父皇心中的信任度急剧下降。杨广授意手下的官员寻找杨暕过失，结果一找一大把，这个孩子的过失实在太多了。

过失一：隋制县令不能无故离境，杨暕却因为打猎把跟自己交好的一个县令违规带到了汾阳宫。

过失二：王妃韦女士早逝，杨暕却与韦女士的姐姐通奸，而大韦女士是有主的，她的身份是元夫人。然而就是这位元夫人给杨暕生了一个女儿，杨暕让相面师给元夫人相了一下面，相面师撂下了一句话："这个生女儿的会当皇后！"（这话要是让独孤皇后听见，能气得从地下蹦出来。）

过失三：祈求鬼神，使用邪术，诅咒侄子。因为太子杨昭的身后还有三个儿子，从封建帝王传统的继承方法来看，这三个侄子与杨暕一样，都有继承大统的权利，因为他们也有可能以皇太孙的身份继位（明代建文皇帝就是以皇太孙的身份继承朱元璋的大统）。为了搬掉这三块绊脚石，杨暕想到了诅咒，使用了扎小人等诅咒方法，结果三个绊脚石没搬掉，自己却被老爹搬掉了。

有了这三大过失，再加上美女和麋鹿的芥蒂，杨暕的太子梦碎了，从此在杨广的心里，这个孩子就被盖上了黑章，"永不重用"。

自此杨暕只担任洛阳市长，不准参与中央事务，他还创造了一个就业岗位：定点监督员。杨广指定一名虎贲郎将定点监视其居住，一有情况马上汇报。另外遇有皇帝巡游，杨暕必须陪同出巡，不是因为待见他，而是怕他谋反！

宇文化及江都兵变时，不明就里的杨广对萧皇后说："莫非是老二造反？"等宇文化及派兵去杀杨暕时，杨暕以为是父皇要杀自己，高喊："请钦差大人禀告父皇，儿臣不敢造反！"父子相疑到了这个程度，也算父子一场！

太子死了，次子废了，杨广的子嗣只剩下时年两岁的杨杲了。相比于表哥

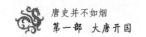

李渊的二十二个儿子，杨广的战斗力是要受到鄙视的，没办法，这个事情还真没法比，有时干着急也没办法。

在杨广看来，太子位空缺不是问题，他还有的是时间，然而定时炸弹已经给他绑上了，表哥李渊和李密他们并不打算给他太多时间。

驴友杨广，君临天下

同父亲相比，杨广更喜欢出巡，父亲杨坚顶多每年去趟仁寿宫，在杨广看来，这距离实在太短了，不过瘾，父亲出游的距离如同一只鸡的飞行高度，而自己追求的是苍鹰的飞行高度。

早在大业元年三月十八日，杨广下诏："君王应该听取舆论，与民交流，然后知自己得失。朕准备出巡淮海，考察各地风情。"这纸诏书拉开了杨广巡游四海的序幕，从此大隋的皇帝在路上。

从大业元年开始，到大业十二年，每一年，大隋的皇帝都会出巡，在这十二年里，三下江都、四次北巡、三征辽东、一次西巡，总计十一次出巡，每一次都是轰轰烈烈，每一次都是烈火烹油。后世的乾隆皇帝六下江南，留下的是传世的佳话，而杨广留下的是身后骂名。

同样是出游，为什么差距这么大呢？一个原因是乾隆出巡给清王朝留下的是内伤，当时看不出来，而杨广给隋朝留下的是遍体鳞伤（外伤加内伤），瞎子都能看出来。另外一个重要原因是，接替乾隆的是儿子，而接替杨广的是表哥。儿子的任务是为尊者讳（至少不会拆台），连孔子都主张"假如做父母的偷了人家一只羊，做儿子的打死都不能说"。表哥就不一样了，李渊这个表哥的任务就是拼命地拆台（打死也不会贴金）。

杨广出巡的第一站是江都，最后一站也是江都，"一下江都"有衣锦还乡的味道，"三下江都"则是回"家"寻找庇护。之前提到"大兴向左，杨广向右"，杨广"三下江都"就证明了这一点。在杨广眼里，大兴不是他的城市，洛阳也不是他的城市，只有江都才是他的家园，心灵的家园，所以在大业元年，他要一下江都，在大业十二年身心疲惫的时候，他要三下江都。

后世的人对杨广极尽批评之能事，事实上杨广非常聪明，非常有才华，非常有鉴赏能力，非常会享受生活，后世的小资跟杨广比，小资在地下室，杨广在琼楼玉宇。

大业元年八月十五日，杨广一下江都，乘龙舟，走运河。他的龙舟共有四层，高四十五尺，长二千尺（大家自己想象一下龙舟的体积和排水量）。最上层有皇帝接见官员的"正殿"，有皇帝休闲活动的"内殿"，有文武百官办公的左右"朝堂"。中间两层有房间一百二十个，都用黄金碧玉装潢，下层是宦官所住的地方。（隋朝航母跃然纸上。）

这仅仅是皇帝的龙舟，萧皇后的龙舟叫"翔螭号"，规模略小一点，装修水准完全一模一样。另外有"浮景级""漾彩级""朱鸟级""苍螭级"等十三个级别的数千艘船，还有数千艘兵船，两岸用来拉纤的民夫有多少呢？八千？八万！就算有这么多人拉纤，兵船还得当兵的自己拉纤。

这个船队有多长呢？长达二百余里，前头部队已经到了天津，最后的刚走出永定门。见过排场大的，没见过排场这么大的，现代结婚动用几十辆悍马就能上娱乐头条，放在隋朝，你好意思跟杨广他老人家打招呼吗？

上面说的是水上的排场，下面说说陆地上的排场。大业二年二月，太府少卿（宫廷库藏部副部长）何稠制作"黄麾"（类似皇家仪仗旗帜）三万六千个，这样为杨广打旗的就得三万六千人，这些人够组十个整编师。

众所周知，羽毛在皇帝仪仗中是很关键的，主要用来装饰。皇家仪仗队非常需要羽毛，杨广就向全天下征集，凡是羽毛能做成装饰的鸟基本被杀得差不多了，明白人知道是因为皇帝需要羽毛，不明白的还以为闹禽流感呢！

就在这时，祥瑞出现了，按说杀了这么多鸟，哪有祥瑞呢？可祥瑞真就来了！

浙江湖州有一棵高一百多尺的树，树干笔直，没有枝丫，人无法爬上去，可是上面偏偏有长着漂亮羽毛的鹤鸟。看着羽毛就发狂的人们绕着树转悠了半天，最后决定砍树抓鸟。别看砍树抓鸟的方法笨，却产生了积极的效果，原来树上筑巢的鹤鸟刚孵出了幼鸟，树倒了，大鸟可以飞，可幼鸟怎么办呢？

高智商的鹤鸟想出了一个办法，自己拔羽毛！

鹤鸟把自己的羽毛拔一些扔到地上，一直扔到下面的人满意地走了，幼鸟就保住了，也不知道拔了羽毛的大鸟还能不能飞。后来这个事情被文人们知道了，他们迅速上报祥瑞："皇上英明神武，鸟兽自动贡献羽毛。"这马屁拍的，

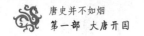

舒坦!

仪仗只是一部分,陆地上保护皇帝的军队更不能少。大业三年,杨广从榆林郡经过云中溯金河而上,当时负责保护皇帝的军队有五十多万人,战马十万匹,辎重绵延一千里。

尽管是出巡,可再苦也不能苦皇帝,得让皇帝出巡得舒适一点。在杨广的指挥下,很快就建造出活动的宫殿。这个宫殿既可以挡风遮雨欣赏风景,又可以移动,而且上面能容纳侍卫数百人,更让人惊叹的是,这个宫殿既能拆开,又能组合,下边用轴轮承载,由人力推动,前后左右,随意前进,后退,转动。(不知道这算不算世界上最早的房车。)

这还不算完,杨广还指挥造出了可以移动的城堡,周围长两千步,用木板当城墙,布包木板,上画彩图,城楼和瞭望台全都具备。这个东西不仅能耍酷,还能加强民族团结,胡人一看见这城堡都以为是神仙下凡,该下跪的下跪,该下马的下马,看来高科技也是民族融合的催化剂。

这也没算完,神奇的还在后头。

每到杨广休息的时候,部下就得紧急搭建临时行宫,这行宫不是随随便便一个帐篷就能解决的,而是搭建一个临时的宫殿,用的材料叫六合板。六合板什么样呢,大家可以想象一下打麻将用的色子,色子六个面,六合板也六个面,每个面一平方尺,不过六合板只有两面有板,根据需要可以迅速组合,跟搭积木一样,很短时间内就能为皇帝搭建六合殿、千人帐,还有城墙和瞭望楼。

临时行宫搭建成功后,六合城外环绕一圈枪车,车辕对外,一字排开(估计是起到《说岳全传》里铁滑车的阻挡作用)。车阵之内,散布有铁蒺藜,铁菱角,扎死人不偿命;再往里是强弓阵地,尖钢锥插地,锥尖朝外,作为拒马;强弓还有连发装置,用绳连接机关,有人偷袭的时候,只要碰动绳子,机关旋转,立即发射。当然,远程的警戒也是少不了的,在六合城更远的外围,用箭插地,用绳相连,上面挂着铜铃,一有人碰到,立即发出声音示警。(全是高科技!)

总而言之,言而总之,皇帝杨广的出巡是在完美的设计和严密的保护下进行,生活质量从来没有因为出巡而下降。终其一生,他将出巡进行到底,或许在他的血液里,一半是皇帝,一半是驴友。

烈火烹油！

驴友杨广巡游着大隋的天下，心中始终有一个梦想，那就是在自己的任内怀柔四方，万国来朝，他的目标是超越西汉的汉武帝。

俗话说，一个篱笆三个桩，一个好汉三个帮。要实现这个远大理想光杨广一个人是远远不够的，这时候吏部侍郎裴矩站了出来。这个人可以称为隋朝的外交家，在老皇帝杨坚的任内他就从事外交事务，来往于大隋与突厥之间，对突厥采用拉拢与恐吓并用、腐蚀和分化并举，极大地瓦解了突厥的战斗力。他本人可以说是聪明绝顶，才思敏捷，现在给杨广打工，简直就是杨广肚子里的蛔虫，在他面前，杨广就是个透明人。

既然透明人杨广准备怀柔四方，裴矩自然不能闲着，趁着皇帝杨广派他到甘肃张掖管理国际贸易的机会，裴矩开始了解西域风情，绘制西域地图。

西域就是今天新疆以及新疆往西的一些区域，现在裴矩根据西域各国商人的描述，撰写了《西域图记》三卷，里面包括了四十四个国家，另外绘制了西域的山河险要地图。

这两份东西到了杨广的面前，大隋皇帝杨广再也坐不住了，眼前这些东西不正是自己想要的大业吗？

当然杨广很清楚，想在这些地区实行直接统治和垂直管理是不可能的，因为那里离中原太远，路线过长，以当时的交通工具，鞭长莫及。对于西域，杨广想要的不是直接的领土，而是这些领土上国家的臣服，只要臣服就足够了。

世界上从来没有无缘无故的臣服，凭什么西域诸国要臣服于大隋呢？一个字，钱！

负责经营西域事务的裴矩明白杨广的心迹，他知道皇帝杨广要的只是面子，而不是钱，他更知道西域诸国要的只是钱，而不是面子，双方各取所需，他裴矩就是一个中介。在裴矩的舌头和金钱的润滑下，当然主要是金钱的刺激，西域诸国纷纷派使团前往大隋，那劲头有麦加朝圣的感觉，不同的是麦加朝圣是因为信仰，而西域诸国前往大隋主要是因为贸易的利润和皇帝的赏赐，而且在沿途吃住玩都是免单。在西域通往大兴的各郡县都有接待任务，迎来送往不计成本，皇帝赚足了面子，大隋损耗了里子（国库损耗很大）。

在西域与大兴热烈交往的同时，西突厥和吐谷浑却影响着西域与大隋的交通。西突厥在现在新疆的北部及中亚东部，吐谷浑则是在现在的青海省，它们就是西域与大隋交往的拦路虎，这样的虎不打自然是不成的，而首当其冲的就是吐谷浑，因为离大隋太近了。

吐谷浑其实早期是个人名，全名叫慕容吐谷浑，此人是鲜卑慕容部单于慕容涉归的庶长子，他虽然排行老大，但因为不是嫡子，并不受重视。慕容涉归去世之后，嫡子慕容洛环继位，嫡子与庶长子之间的矛盾从此就产生了。有一次两人名下的几匹马撕咬了起来，慕容洛环借题发挥，训斥了慕容吐谷浑，慕容吐谷浑一气之下，带领自己的属下和分户出走。老弟慕容洛环生怕老哥回头，派人传话："走了就别回来！"

这句话彻底断了慕容吐谷浑的后路，没有办法，只能彻底出走了，一行人一直走到了现在的甘肃和青海的边界处。安居下来之后，慕容吐谷浑经营部落，死后传位给儿子慕容吐延，不久慕容吐延被刺杀，吐延的儿子叶延继位，建立总部，以吐谷浑为族名，逐渐形成了吐谷浑汗国。

这个吐谷浑汗国对中原政权一直采取磨磨叽叽的方法，他们的战略就是，"你不打我我就蚕食你，你要打我我就跑"。在这种战略的指引下，吐谷浑的领导者练就了一身过硬的逃跑本事，一有事就跑，你一走他就回。吐谷浑第十六任可汗还娶了隋朝的公主，不过对隋依然是磨磨叽叽，死缠烂打。

现在裴矩想要拔掉吐谷浑这个钉子，如果直接动用军队，那就无法显示他裴矩的本事，他的方法很简单，扔一块骨头，让狗咬狗。

裴矩驱使的是铁勒汗国，这个国家在现在新疆的东北部和蒙古国的北部，当时他们与大隋的外交状态也是又打又和。公元607年年底，铁勒汗国前来归降，想跟隋朝建立和平共处的外交关系。裴矩思考了几秒钟，就想出了"狗咬狗"的妙招："既然想归降大隋，那就拿吐谷浑当你们的投名状吧！"这下吐谷浑惨了！

想要赢得大隋信任的铁勒汗国打起仗来真不含糊，三下五除二就打得吐谷浑大败，第十七任可汗慕容伏允向东逃亡，并派使者向大隋请求投降。皇帝杨广一听乐不可支，当时就下令自己的死党、当年的夺嫡功臣宇文述前往边境迎接。

本来故事到这里就该结束了，怪只怪慕容伏允的心理素质太差了。宇文述带领大军浩浩荡荡地前来迎接慕容伏允，慕容伏允却被宇文述的大军给吓着了，他不能确定这支大军到底是来接他的还是来杀他的，本着"安全第一"的原则，又拿出了惯用的法宝——撒丫子跑！这一跑不要紧，激怒了带队的宇文述，宇文述也是个暴脾气，"你还敬酒不吃吃罚酒了！"

追之！杀之！本来应该是相见甚欢，现在变成了追杀。

宇文述以恶狼追羊以及狗撵兔子的态势连克吐谷浑曼头、赤水两城，杀三千余人，俘虏高级官员二百多人，俘虏男女百姓四千多人，大军班师。原本就是一接待任务，结果变成了一场大胜。

慕容伏允没有办法，只能调转方向向南逃亡。公元609年五月二十日，皇帝杨广指挥四员大将率军对逃亡中的慕容伏允实行四面包围，结果又一次让慕容伏允证明了自己的逃跑能力，他老人家居然带领几十名骑兵从缝隙中逃走了。

自此吐谷浑国土全空，东西长四千里，南北长两千里，全部并入大隋版图。皇帝杨广在这里设立西海、河源等四郡，集中全国的罪犯到这四个郡屯垦戍边（跟早期开发美国大陆有点像）。

到这一年的六月十八日，隋帝国共有190个郡，1255个县，890万户，4601万人口，大隋之鼎盛到达顶峰，花团锦簇，烈火烹油！

公元610年正月十五日，为了营造良好的节日气氛，同时向西域诸国国王以及各地的蛮夷酋长展现大隋的物华天宝，杨广命令在东都洛阳举行盛大的庆祝表演，庆祝场地周围五千步，仅手拿乐器的就有一万八千名，喜庆的乐曲逆风传播数十里，从黄昏到天明，每天都是狂欢节，盛大的庆祝持续了整整一个月。从此，每年的正月十五都会有盛大的庆祝，胡三省说，中国人的元宵节从这一年正式发端了。

或许，没有杨广，后世的人就没有机会"月上柳梢头，人约黄昏后"了。

一切的一切都正向好和更好的方向发展，只是在一系列盛大庆祝的背后，欢庆的人们却有一丝不安：这样的好年景还能持续多久呢？

第六章　辽东，辽东

高句丽，大隋眼中的沙

全国形势一片大好，全国人民干劲十足，皇帝杨广也在梳理着自己的思路。在他的努力下，西域诸国已经臣服，吐谷浑的故国也变成了隋的四个郡，突厥早已不成气候，流求也被打得满地找牙，自己的使团甚至带队去了赤土王国（今日的泰国），那么还有什么地方不满意呢？想来想去，杨广在面前的地图上画了一个圈，圈里赫然写着两个字：高句丽！

在杨广看来，高句丽就是大隋眼中的沙！

说起高句丽，这里面的历史就比较久远了。早在周朝的时候，周朝的统治者把商朝末代王孙子胥余封到了朝鲜半岛（从河南发配到朝鲜，够远的）。后来燕国人卫满推翻了子胥余后裔的统治，建立了卫氏朝鲜。西汉汉武帝时期派兵讨平了朝鲜，朝鲜半岛北部就成了汉朝的四个郡。这样一直延续到晋朝。西晋衰落，大分裂开始后，朝鲜半岛就脱幅而去，而在后燕帝国的晚期，辽东半岛也脱幅而去。这样在辽东半岛和朝鲜半岛的北部就形成了高句丽，而朝鲜半岛的南部由百济和新罗分割。高句丽则是这三个国家中最强的一个，也始终保持着对辽西走廊的威胁。

大隋与高句丽的梁子从杨坚时代就开始了。自从隋灭陈之后，高句丽国王高汤（这名字叫的）就一直生活在恐惧之中，他生怕有一天杨坚大旗一挥，把高句丽平了，因此从那时起，高句丽全国就在深挖洞，广积粮，备粮备荒，准备长期战斗。

公元 597 年，杨坚给高句丽国王下了一道诏书，诏书的内容主要是恐吓加安抚，那意思就是，"老实点，别惹事，不老实就给你打趴下！"接到诏书的高汤吓得魂都快飞了，他知道一旦大隋的皇帝发火，他的身板是扛不住的。高句丽的人口无法跟陈国相比，辽河也无法跟长江相比，大隋灭陈也就是个把月的事情，灭高句丽，或许比灭陈更快。

颤颤巍巍的高汤准备马上上书给杨坚，表明自己坚定不移地拥护大隋的领导，坚决拥护杨坚的统治，然而决心书还没有写好，高汤老爷子已经不行了，高句丽太医眼含热泪说："大王八成是被吓的。"（心理素质跟慕容伏允有一比。）

高汤老爷子心有余悸地故去了，接替他的是他的儿子高元，如果说高汤是墙头草派，那么高元就是一个强硬派。

高元继位后向杨坚表了忠心，不过这老小子一开始就表现得比他父亲贪婪。按照惯例，杨坚派钦差前往高句丽，册封高元为开府仪同三司（勋官五级，从三品），继承辽东公爵位。

接受册封，高元表现得很欣喜，同时上书谢恩，上书中热情洋溢地感谢了杨坚的深情厚谊，末了提了一个小小的要求："能不能把公爵改成王爵呢？"

王爵比公爵大，小孩都知道，高元这是跟杨坚要政治待遇呢。杨坚考虑了一下，王爵就王爵吧。

杨坚以为一个王爵就把高元给打发了，却没想到，这孩子，野心真不小。

在杨坚封王爵几个月后，高元统率靺鞨部落数万人攻击隋朝的辽西走廊，这是高句丽对隋朝的第一次主动进攻。

老鼠向猫进攻，这也太猖狂了，愤怒的杨坚下令杨谅和上柱国王世积统率水陆联军三十万人，向高句丽进攻，自此拉开征辽东的序幕。

隋文帝征辽东就如同热带地区的雨，来得快，去得也快，历时三个月就以失败告终。

严格说来，这次征讨，双方根本就没有大规模的接触，一场战争生生被老天给搅黄了。杨谅的陆军遭遇了连绵的雨季，军中缺粮，瘟疫横行，军队大规模非战斗性减员；水军也遇到了麻烦，在海上遭遇了大风，船只沉没很多。仗没打，人就消耗得差不多了，到撤军的时候，水陆两军一统计，折损率百分之七十到八十，怎一个惨字了得。

尽管自身损失惨重，征辽东还是产生了一点效果，隋朝的三十万大军把高句丽吓得够呛，不懂事的高元赶紧上书，对自己进行了深刻的自我批评，并表明自己以前小，不懂事，请求大隋皇帝原谅，奏章落款"辽东粪土臣元"（真是能屈能伸）。

看到高元的奏章，杨坚总算找到了台阶，顺势就坡下驴了。终杨坚一朝，征辽东这一页也就翻过去了，双方保持着表面的平静，然而这份平静仅仅保持了九年，直到公元607年杨广与高句丽使臣的那一次偶遇。

公元607年八月，杨广北巡，八月九日进入东突厥启民可汗阿史那染干的大帐做客，在这里他遇到了出使东突厥的高句丽使者，这让杨广心里有些不爽：高句丽不派使者出使大隋，反而出使东突厥，这把大隋放在什么地方呢？

其实从战略的角度来看，高句丽此举很好解释，高句丽与东突厥互相友好，那是"弱弱联合，相互尊重"，而对大隋的出使就只能是臣服纳贡，两种感觉自然不一样，所以高句丽宁愿出使东突厥，也不愿意出使大隋，一切都是因为高元的面子问题。

就在杨广不爽的时候，善解人意的裴矩又出现了，此人确实是一个国际关系的高手，客观地说，在西域和吐谷浑的问题上他是有功的，不过在高句丽问题上，他是隋朝的历史罪人，正是他将皇帝杨广引向了三征辽东的深渊。如果给隋朝人民一个机会，一人一口唾沫就能给他一个死海，一人一块砖头就能送他一个金字塔，从征辽东的后果来看，这个人是应该千刀万剐的。

裴矩给杨广的建议很简单，下最后通牒！

杨广随即给高句丽使臣下了最后通牒："让你们国王明年来见我，如果他来，我待他跟启民可汗一样，如果他不来，我就带启民可汗去平了他！"国际外交一向都是这样，一手拿着胡萝卜，一手拿着大棒，古往今来都是一样。

按照裴矩的小算盘，这道最后通牒是会起作用的，毕竟高句丽使节已经看到东突厥启民可汗对大隋皇帝的毕恭毕敬，他们一定会有样学样。

然而高元不是被人吓大的，对于皇帝杨广的最后通牒，他压根儿没往心里去，"什么最后通牒，见鬼去吧！"

高元的这种态度倒是在裴矩的意料之中，因此裴矩在下最后通牒的同时准备了第二套方案，这第二套方案就是"狗咬狗"。

"狗咬狗"战略已经在铁勒汗国和吐谷浑汗国身上验证过了，结果表明非常有效，而且花钱不多，经济实惠。这一次裴矩的"狗咬狗"战略准备实施在东突厥和高句丽身上，让东突厥跟高句丽死磕，两国务必斗个你死我活，然后才能争取一个与大隋友好邦交的名额。

按说计划很完美，前景很美妙，没承想这个计划还是出了意外，什么意外呢？亲隋的东突厥启民可汗阿史那染干死了！

公元609年，启民可汗到洛阳觐见杨广，最终病逝于斯，他的儿子阿史那咄吉继位，史称始毕可汗。

始毕可汗比父亲更聪明，更狡猾，比父亲更能从大隋身上榨出油水，继位伊始就获得了大量赏赐，并按照突厥风俗娶了庶母义成公主，此时在他的心里，杨广就是比他亲爹还亲的爹，而且这个亲爹很有钱！

然而就在始毕可汗向大隋表忠心的同时，裴矩又展开了他的手段，准备再嫁一个公主到东突厥，对象是始毕可汗的弟弟阿史那叱吉，顺便册封他为南面可汗。这种方法从杨坚时代就开始使用，目的就是分化对方，让他们互相制约，大隋从中渔翁得利。

令裴矩没想到的是，始毕可汗的弟弟阿史那叱吉居然没有接受这门婚事，一口把婚事给回绝了，这让裴矩有点手足无措，公主没嫁成反倒引起了始毕可汗的猜忌，自此始毕可汗心中对隋朝留下了深深的芥蒂。如果仅仅是公主没嫁成问题也不大，裴矩接下来的举动彻底把始毕可汗推到了隋朝的对立面。

始毕可汗有一个宠臣叫作史蜀胡悉，这个人鬼主意非常多，始毕可汗的很多行动都是此人策划的，而始毕可汗对隋朝产生敌意也是此人挑唆的。本着同行是冤家的原则，裴矩自然对他恨之入骨，欲杀之后快，很快就给史蜀胡悉挖了一个大大的坑！

有一天，裴矩对史蜀胡悉撒了谎："我朝皇上在马邑堆了很多珠宝，准备赏赐你们，数量有限，先到先得！"听到有东西拿，史蜀胡悉起了贪心，顾不上跟始毕可汗打招呼，就带着自己的部属赶到了马邑，不过在马邑他是注定看不到珠宝的，倒是见到了很多屠刀。到这个时候，史蜀胡悉才明白，所谓珠宝只不过是裴矩设的一个圈套。

裴矩以为史蜀胡悉死后，失去智囊的始毕可汗会更听话，然而没有想到，结果恰恰相反！史蜀胡悉一死，始毕可汗认为隋朝没有诚意，彻底对隋朝寒了心。东突厥不再亲隋，反而站到了隋朝的对立面，如此一来，"狗咬狗"的战略无法实施了，想要摆平高句丽，只能靠大隋自己了。

东突厥绝尘而去，皇帝杨广并没有在意，此时的他已经达到了人生的巅峰，少一个东突厥这样的盟友算不了什么，反正大隋的朋友多的是。从公元607年偶遇高句丽使臣的那一天起，杨广就一直在谋划征服高句丽，这既是为先皇雪耻，也是为了比肩汉武。在他的治下，只要征服了高句丽，他就将成为千古一帝，大隋也将超越大汉，而他本人也将站上汉武大帝的肩膀（至少他个人是这样认为的）。

两年来，他一直在等待一个工程的结束，只要这个工程完工，他就将拉开征伐高句丽的序幕，这个工程就是永济渠。永济渠引导沁水向南注入黄河，向北直到涿郡，工程从公元608年正月初一开工，公元609年竣工，自此征高句丽进入倒计时。

公元610年，杨广下令向天下富人征集战争税，该项税收全部用来购买战马，同时下令检查军备，武器务必新颖精良，如发现有粗制滥造，斩立决！

集结号已经吹响，高句丽，看你还能横多久！

出征，我的面前雄兵百万

公元611年，大业七年，大隋的强盛到达了顶点，与此同时大隋王朝的国运与皇帝杨广的个人命运也到了拐点。在这个拐点之前，他与大隋向着千古一帝和盛大帝国迈进，在这个拐点之后，他和大隋一步一步滑向了深渊，直到这个深渊将他与大隋一起吞噬。

这一年二月三日，皇帝杨广登上面临长江的钓台，此时的他胸中已有雄兵百万，面前的长江奔流不息，奔腾的江水将见证他的又一次成功。二十二年前他指挥大军横渡长江，消灭陈朝，那时的他仅仅二十岁。二十二年，说起来很长，过起来很短，二十二年中，他从亲王升任太子，又从太子升任皇帝，二十二年中，大隋的年号由开皇变为仁寿，再从仁寿变成大业。

大业，千古一帝的大业，口说无凭，就让长江做证！

二月十九日，皇帝杨广乘龙舟进入运河，从江都北上，目标是涿郡，七天后杨广下诏，全国总动员，征讨高句丽！

诏书一下，天下雷动，不管远近，各地军队向涿郡集合，杨广同时征调长江、淮河以南水手一万人、弓箭手三万人、岭南短矛突击手三万人。一时间，全国兵马从四方如潮涌动，向涿郡奔流。

五月，皇帝杨广诏令黄河以南、淮河以南、长江以南各郡，制造辎重运输车五万辆，再调集民夫和船只将黎阳仓、洛口仓粮食运到涿郡，另调集船只运送武器铠甲以及攻城工具，运河上船舶相连，绵延一千余里。

然而壮观背后藏着隐忧，雄伟的背后是一个王朝的岌岌可危。一个盛世王朝如果到了举国动兵、地动山摇的地步，这个王朝的国本就要动摇了，雄才大略的汉武帝就经历过这样的过程，只可惜一心想超越汉武帝的杨广只看到了汉武帝的辉煌，却没有看到汉武帝的无奈和凄凉。汉武帝晚年国库空虚，民怨沸腾，一生陶醉于武功的汉武帝内心也很凄凉，只可惜后世的人们津津乐道的依然是汉武的武功与大汉的版图，谁又去在意一个王朝那藏于内心的哀伤？

在皇帝杨广的征集下，民心开始沸腾，原本鼓足干劲准备跟皇帝大干一场的人们也疑惑了："皇帝究竟在做什么呢？我们又是在做什么呢？"

疑惑的人们没有读懂皇帝的意图，却看到父兄在高强度劳役中的频频倒毙。山东莱州的船厂工人加班加点赶制战船，日夜站在水中，一刻不敢休息，腰部以下生出蛆虫，船工死亡率达百分之四十。

来往运粮的路上，常年保持数十万人的规模，士卒民夫大量死亡，路上尸体叠着尸体。在隋朝的运粮路线上不需要向导，只要沿着倒下民夫的尸体，从江南直达涿郡。

死亡在继续，劳役在继续，六十万手推车民夫又走在运粮路上。由于路途遥远，两个民夫只能推三石粮食，然而因为他们是无偿的劳役，食宿完全需要自理，国家根本没有给他们发必需口粮。民夫经过长途奔波，等手推车推到涿郡的时候，三石粮食已经被民夫自己吃完，无粮可交，只能逃亡。

这里面有一个运输与消耗的比例问题，根据记载，抗战时期美国和中国一起开辟驼峰航线，飞越喜马拉雅山向云南运送抗战物资，每运送一吨机用航油，需要对应消耗六吨航油，损耗率极高。在野外救援中同样存在运送与消耗的问题，最高比例据说是这样的：每背运四瓶水，途中需要消耗三瓶水，到达

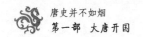
救援地只剩下一瓶水。

无粮可交，辩白无力，数十万民夫大量逃亡，不敢回家（怕政府惩罚），民夫自此变成乱民，民变的苗头自此点燃。

这一年，崤山以东，黄河以南，大水泛滥成灾，水淹三十余郡。

这一年，黄河河道内砥柱山崩塌，阻塞河道，河水倒流数十公里。

身未动，心已远，百万雄兵未发，天下民心渐行渐远！

进攻！进攻！

公元612年正月初二，皇帝杨广下诏，左翼十二军，右翼十二军，每军负责攻取一个高句丽城市，即日启程。

大军启程之前，杨广在桑乾河畔祭告战神，在临朔宫南祭告昊天大帝，在蓟城北郊祭祀马神，在自己的心中祭告自己的父亲，四方的神仙都拜完，天子的正义之师即刻出发。各路人马总计一百一十三万三千八百人，对外宣称二百万，兵员规模超过赤壁之战，超过官渡之战，超过淝水之战，从数量上看，皇帝杨广已经把前人甩在了身后。

正月初三，第一军出发，以后每天出发一支大军，两军的行军距离相距四十里，前后衔接，鱼贯而出。整整四十天，大军才出发完毕，全军旌旗绵延九百六十里。在大军的身后，杨广的御营与十六禁军陆续发出，连绵八十里，加上前面的大军，全军连绵一千零四十里，用地理距离打个比方，前军已到郑州，后军刚刚走出北京德胜门。

大业！大业！

从车辇中探出头的杨广看着雄壮的阵容很是欣慰，做天子已经七年了，直到今天才知道做天子的尊贵，一声令下，百万师发，这才是天子的大业。

杨广尽管信心满满，内心中却有一丝隐忧，因为在大军出发之前，他听到了不少反对的声音，这在以前是很罕见的，为什么这一次与以前不一样呢？

合水县令庾质是第一个反对杨广亲征的人，庾质反对的理由主要有二：一、如果出师不利，必损皇帝威严；二、兵贵神速，没有皇帝这个后顾之忧，大军更能迅猛灵活。庾质的观点无疑是对的，只可惜梦想大业的杨广怎能听得进去。

在庾质之后，右尚方署监事耿询也反对杨广亲征，气得杨广直喊着要砍了他，多亏了同僚何稠苦求，耿询这才保住了一条命。

如果说庾质和耿询的劝阻还不足以让杨广担忧的话，接下来一个人的上书让杨广陷入了深思，因为这个人的资历和职位已经高到让杨广无法忽视的地步，这个人就是兵部尚书段文振，这个人居然也反对东征。

虽然说段文振在隋朝历史上并不算起眼，但这个人的眼光还是非常独到的，终其一生为杨广提过三个重大建议，事前杨广一个也没有接受，事后全部应验。

建议一：不要厚待突厥，这些野蛮民族不会知恩图报，将来必是帝国之祸。

建议二：尚书兵曹郎（国防部军政司长）斛斯政阴险刻薄，万不可重用。

建议三：高句丽，不值得天子大军远征，如果对方口头投降，万不可轻易答应，此次出兵务必用闪电战，不然遭遇雨季，后果不堪设想。

我本将心向明月，奈何明月照沟渠，段文振的肺腑之言没有得到杨广的认可，事实却替段文振给了杨广三记耳光：

突厥果然成祸，雁门之围让杨广的雄心一落千丈；

斛斯政果然不可信任，关键时刻居然做了汉奸，投降了高句丽；

高句丽的口头投降果然不可信，三征辽东杨广遭遇了忽悠！

不听老人言，吃亏在眼前；不听段文振言，亡国就在一闪念！

公元 612 年，大业八年，这一年的三月十二日，兵部尚书段文振病逝于东征途中。两天后，皇帝杨广抵达辽河西岸，尽管在心中对段文振充满了惋惜，但他要用行动向段文振证明：你错了，朕才是对的！

只可惜三次都证明段文振是对的，所以说真理不掌握在帝王的手中，而掌握在人民大众的手中。

面前就是辽河，脚下就是征途，富贵在自己手中。面对辽河，兴奋的不仅仅是皇帝杨广，还有麾下的百万雄兵。从公元 589 年以来，帝国已经有二十二年没有大规模军事行动了。这一次东征，对皇帝而言，成就的是大业，对将士而言，成就的则是功名，左屯卫大将军麦铁杖就是摩拳擦掌的将领之一。

麦铁杖，隋朝神人之一，骁勇有膂力，日行五百里，走及奔马，如果生在唐朝，可以专门给杨贵妃送荔枝了。

麦铁杖早年间以打鱼、打猎为生，好喝几口小酒，慢慢地就走上了打家劫舍的道路。虽然打家劫舍的日子比较轻松，不过好日子不长，没过多久麦铁杖被广州刺史俘获，如果不出意外，等待他的将是牢狱之灾甚至杀头之祸。

不过广州刺史是个爱才之人，本着"惩前毖后，治病救人"的原则，刺史大人安排麦铁杖担任刺史府仪仗队的杂役。按说他该收收心了，没想到当上杂役的麦铁杖还是没有放弃自己的本行，每天下班后都步行一百多里到邻近的州县打劫，日复一日，风雨无阻！

那年月城门关得早，等麦铁杖下班走一百多里到邻县的时候，城门早就关了，麦铁杖就极其低调地翻城墙进去，跟同伙会合后，大家再一起点着火把打劫，打劫完了，马上再步行回广州。第二天一早，刺史点名，每次点到"麦铁杖"，队伍里都会有一个响亮的声音应对："到！"就这样，麦铁杖一边给刺史打工，一边打劫贴补家用，两不耽误！

日子长了，被他打劫的人终于把麦铁杖认了出来，一状就告到了广州刺史那里，然而刺史死活不信，"怎么可能？那么晚下班，那么早上班，时间根本来不及！"刺史属下的官员也想知道事情真假，给刺史支了一个招，"贴个公告，征募一人往百里外的州县送信，今晚出发，明早即回，信送到赏金一百两，送不到重打一百棍"。

麦铁杖一看公告，这不是给自己送钱的吗？揭了公告，当晚出发，信送到了，当晚的打劫工作也没耽误。第二天一早，刺史看了看等待领赏的麦铁杖，心里顿时明白了，"没错，就是他！"

麦铁杖以为自己这回死定了，没想到刺史还是爱惜他的才能，口头教育之后居然就把他给放了，不过从此之后麦铁杖无法兼职当强盗了，只能全职，因为刺史已经把他从仪仗队里开除了。

后来南陈灭亡，麦铁杖混迹于江东清流县，本想安安稳稳过日子，没想到江东叛乱了。麦铁杖倒是没有参与叛乱，反倒以平民的身份参与朝廷平叛，领兵平叛的杨素觉得麦铁杖是个人物，命令麦铁杖出去打探情报。当夜麦铁杖头戴草束，夜浮渡江，天明即还，把叛军侦察个底儿掉，弄得杨素直感慨："真是水陆两栖人才！"（日行五百里，夜浮过江。）

不过麦铁杖也有走麦城的时候，但他还是有能力让走麦城的主角换成对方。麦铁杖第二次外出侦察就走了麦城，在侦察的过程中被叛军抓个正着，三十多个叛军士兵把他捆绑起来准备去向首领高智慧请赏。押解到半道，叛军士兵停下来喝酒休息，一旁的麦铁杖则开始声泪俱下，问他为什么，他说："饿的，饿抽筋了！"

叛军士兵一时心软给他松了绑，顺便还给他拿了点吃的，没想到就在这个时候，麦铁杖发飙了，没有去接吃的，反而抢过了叛军士兵腰上的刀，一转眼的工夫，三十几个叛军士兵都被他砍翻在地，这些人都成了麦铁杖的战利品。本来麦铁杖准备砍掉人头回去请赏，后来一想三十多个人头太重了，背不动，还是换点轻便的吧。

麦铁杖得胜回营，向杨素讲述了这次经历，开始杨素还不信，等麦铁杖打开包袱，大家定睛一看，包袱里躺着三十多个血淋淋的鼻子，这下大家都信了，不过都下意识摸了摸自己的鼻子。

叛乱结束了，该到论功行赏时，杨素却把麦铁杖给忘了，这也难怪，大军统帅，一般记不住几个人名，更何况麦铁杖这种临时工。

这种事情放在一般人身上也就一笑了之，可麦铁杖不打算就这么算了。当天杨素骑马回大兴，麦铁杖徒步在后面追，杨素在路上休息，他就在一旁溜达。几天下来杨素恍然大悟，原来这个人是来要战功的。在杨素的表奏下，麦铁杖被授予仪同三司，不过因为麦铁杖不识字，只能带着这个官衔回家继续待着，遇到同乡请客喝酒的时候，可以拿出仪同三司的证书炫耀一下，顺便坐个上席，仅此而已。

幸好，生活对麦铁杖还是不薄，随后他遇到了真正的伯乐，成阳公李彻。李彻非常欣赏麦铁杖，于是把赋闲的麦铁杖征调到大兴，随后麦铁杖又进入杨素的麾下跟随杨素南征北战，到大业八年时，神人麦铁杖已经升任左屯卫大将军（天子十六禁军第十三军），皇帝杨广对他也是礼遇有加。在麦铁杖看来，自己的一切是皇帝给的，既然皇帝待之以礼，我还皇帝以命，此次东征，麦铁杖自请为全军先锋。

辽河为证，麦铁杖以身报国，死而后已。

神人麦铁杖，怀有必死之心，准备以身报国，在冲锋开始之前，他给世人留下了两句话，一句是对随军医生说的，一句是对自己三个儿子说的。

"大丈夫性命自有所在，岂能艾炷灸颏，瓜蒂喷鼻，治黄不差，而卧死儿女手中乎？"一句话，宁可战死，也不病死，这句话是对随军医生吴景贤说的，与"马革裹尸还"异曲同工。

"阿奴当备浅色黄衫。吾荷国恩，今是死日。我既被杀，尔当富贵。唯诚与孝，尔其勉之。"这句话是对三个儿子说的。

一个人，一辈子，一句话。

麦铁杖看似随意的一句话影响了儿子麦孟才的一生，在麦铁杖的身后，麦孟才举起了忠君的大旗，继续着对皇帝杨广的忠诚，"君待吾以礼，吾还君以命"。当然这是后话，麦孟才的表现机会要等到公元 618 年。

冲锋的号角已经吹响，麦铁杖整理铠甲，准备战斗。

之前工部尚书宇文恺已经在辽河西岸打造了三座浮桥，冲锋开始之后，士兵们推着三座浮桥到了河边，按照规划，浮桥应该可以从河西岸跨到河东岸，然而规划仅仅是规划，意外在此时发生，制造好的浮桥居然短了，离河东岸还有一丈多远的距离！

此时高句丽军队已经拥到了辽河东岸，明晃晃的长枪居高临下，直刺水中。隋军士兵跳下浮桥，涉水往岸边冲，却始终无法突破高句丽军队的枪林。左屯卫大将军麦铁杖怒吼一声跳下浮桥，三步并作两步冲到岸边，一声大喝跳上了岸，以一人之力应对无数高句丽士兵。虎贲郎将钱士雄、孟叉随后也登上了岸，三个人在万军丛中左右冲杀，只可惜后面的士兵始终无法前来接应，三个孤独的将领只能孤军奋战，力战不退，最终寡不敌众，以身殉国，征辽东，自此以惨烈开场。

麦铁杖殉国后，皇帝杨广非常痛心，重金悬赏找回了麦铁杖的尸首，并下诏赠光禄大夫、宿国公，谥曰武烈，他对麦铁杖的评语是"节高义烈，身殒功存"。神人麦铁杖，这一辈子没白活。

在麦铁杖殉国两天后，宫廷供应总监何稠将三座浮桥加长，三座浮桥从西岸直跨东岸。隋军士兵迅速通过浮桥与辽河东岸的高句丽军接战，隋军越来越多，高句丽军越来越少，终于高句丽军放弃了辽河东岸，全军撤退，各路隋军乘胜包围了辽东城。辽东城即西汉时代的襄平城，今天辽宁省辽阳市。

跟随着渡河的隋军，皇帝杨广渡过了辽河，陪同他的还有西突厥汗国可汗阿史那达曼和高昌王国国王曲伯雅。杨广带这两位老兄一起来不仅是让他们增长见识，也是杀鸡儆猴，"看好了，不老实的话，回头也这么打你们！"

然而这一场震慑并没有真正发挥作用，因为隋军面临的高句丽，是一个既狡猾又难啃的对手。

在出征之前，皇帝杨广曾经给将领们训话：要堂堂正正地打赢对手，打服对手，不要靠阴谋诡计，因为我们是正义之师。

然而，兵者，诡道也，战场上打赢才是硬道理，而不需要蠢猪式的仁义道德。不幸的是，围攻辽东，隋军受制于皇帝杨广的战术纪律，也受制于杨广蠢猪式的仁义道德。

在辽东城下，杨广下令：如果高句丽投降，切不可继续攻打，应该立即安抚。此令一出，实际就违反了战争的原则，战争以取胜为第一目的，宣扬仁义道德那是战后的事，而杨广恰恰弄反了两者的先后。狡诈的高句丽守军看到了杨广的弱点，每当城墙即将告破的时候，城里就竖起了白旗。攻城的将领不敢擅作主张，只能快马飞报皇帝，而等皇帝批准返回之后，高句丽军又收起了白旗，接着打。就这样，白旗举了三次，隋军快马报了三次，隋军已经疲惫不堪，辽东城依然没有攻下。

历史学家吕思勉先生考证说，杨广没有那么笨，这段史料很可能是唐朝统治者的诬蔑之词！我深有同感！

前后攻打了两个多月，辽东城依然没有攻下，皇帝杨广有些焦躁，火都发到了将领们身上："我今天到这里就是要看你们的缺点，砍你们的人头！现在你们都贪生怕死，信不信我砍了你们！"

发火归发火，辽东城还是拿不下来，高句丽境内各城都坚守不降，隋军就是想吃这个刺猬，也不知道在哪里下口。就在众将领一筹莫展之际，杨广却做出一副高深莫测的神情，在他看来，不出数日，不仅辽东城会被攻下，整个高句丽也会平定，因为到现在为止，他手里还有一张王牌，这张王牌就是大将来护儿率领的水军。

在杨广下令陆军出师的同时，他同样给驻扎在东莱郡的水军下达了出兵的命令。来护儿率领从江淮调集的水军，从东莱郡出发，横渡黄海，舟舰连绵数百里，声势浩大。按照杨广的计划，这支水军将沿着高句丽的大同江溯流而上，在距离平壤六十里的地方登陆，然后直击平壤。

战局的发展与杨广的设想简直一模一样，在隋水军登陆之后，隋朝水军与高句丽军队展开一场大战，高句丽军队明显不是隋军的对手，很快就败下阵来，溃散而去。此时距离平壤只有六十里，大将来护儿准备乘胜追击，副总管周法尚却表示反对："各军还没有集结完毕，等都集结齐了再进军也不迟！"

两人谁也说服不了谁，最后作出决定，来护儿率领精锐四万直扑平壤，周法尚率剩余人马原地驻扎，防止高句丽军队反扑。

来护儿率军来到平壤城下，没有遭遇多大抵抗就破城而入，他不知道他刚才接战的只是对方用来引他上钩的小股部队，真正的大部队隐藏在外城的空寺里，就等着来护儿的人马进了城，然后关门，放狗！

如果来护儿的部队进城之后还能保持战斗序列，那么高句丽的伏兵不会起到多大作用，毕竟隋军的整体战斗力还是在高句丽军队之上，可惜的是四万大军一入城，就再也收束不住，苦哈哈的士兵终于攻破了这个城市，不大抢一把怎么能收手呢？来护儿原本还想约束一下，转念一想："弟兄们出趟国也不容易，抢一把就抢一把吧！"

四万兵马瞬间化整为零，分散到了平壤的大街小巷，能抢多少抢多少，抢得多的乐得合不拢嘴，抢得少的直抽自己耳光，毕竟出国抢劫的机会难得啊。

正当四万大军抢得兴起时，高句丽伏兵杀出，此时四万隋军全都成了游兵散勇，整体迎战是不可能了。四万人马只能作鸟兽散，四处乱跑，这其中就包括刚才还暗自得意的来护儿。

来护儿一路狂奔六十里，回到了周法尚驻扎的地方，沿途稀稀拉拉跑回几千士兵，剩下的三万多人，要么被杀，要么被俘，少数士兵还从此变成了高句丽的黑户。高句丽军队一直追到了大同江边，看到周法尚早有准备，怏怏退去，他们知道，以他们的兵力打个埋伏还行，跟周法尚的大军硬碰硬那就是鸡蛋碰石头了。

惊魂未定的来护儿带领人马迅速撤退，顺着大同江到了入海口，到了这里他才松了一口气，心里却在不断盘算，如何跟皇帝交差呢？

此时的来护儿已经指望不上了，皇帝杨广的两线作战计划就此泡汤。原计划两只拳头打人，一只在陆地，一只在海上，现在海上的这只拳头已经作废，要想打击高句丽，只能靠陆地上那只拳头了。

辽东久攻不下，整个高句丽成了一只无从下口的刺猬。如何才能把这只刺猬的肚子翻出来呢？杨广又陷入了沉思。想来想去，他决定改变原计划，调出于仲文、宇文述等九个军，东渡辽河，在鸭绿江边会师，伺机进攻平壤，只要拿下平壤，其他的城市就不在话下。

然而令杨广没有想到的是，尽管他计划周密、装备齐全，还是出现了一个非常大的难题，于仲文和宇文述的军中竟然已经开始缺粮了。

原来宇文述等人的部队分别从辽宁锦州和辽中出发，出发时每人发给一百天的粮食以及铠甲刀枪等辎重，平均算下来，每个士兵的负重居然高达三石。

吕思勉先生说，三石这个数字恐怕夸张了。我按照两个民夫手推车推三石粮食推测，三石这个数字绝对夸张了——两个人推手推车只能推三石，而让一个士兵长途跋涉背三石，可能吗？

总之，由于士兵们负重太多，相当一部分士兵在出发前就把粮食给埋了一部分，这样就能减轻负重，然而负重是减少了，粮食成了最大的问题，此时全军上下已经开始缺粮，断顿只是迟早的事。

就在宇文述等人的军队驻扎在鸭绿江西岸进退两难的时候，高句丽王国的大将乙支文德来了，这个人是高句丽的重将，有勇有谋，这次高句丽抵抗隋军的通盘部署就是他做出的。乙支文德凭借他的历史功绩，后来成为朝鲜半岛的民族英雄，现在韩国海军舰队里还有一艘导弹驱逐舰，名字就叫"乙支文德"号。

乙支文德这次来访口头说是投降，实际是来忽悠，顺便探听一下情报。右翊卫大将军于仲文事前曾经得到过杨广的密令：如果高句丽国王高元或者大将乙支文德来，一定要扣下来（从这一点看，杨广一点都不笨，而且很狡诈）。

眼看猎物自动上门，于仲文准备扣留乙支文德，而大军抚慰使、尚书右丞刘士龙坚决反对："皇上不是说要以理服人，以德服人吗？"

话是没有错，但要分什么时候，而且皇上的话要仔细听，仔细品，要善于听出话外音，可惜刘士龙是个书呆子，结果就让乙支文德毫发无伤地从东征军大营中退出，而刘书呆子在不久后就被"以德服人"的皇帝杨广秋后算账，一个字——"斩"。刘士龙也许委屈，也许不服，其实他始终没有明白一个道理，就是孙子说的："兵不厌诈！"

刚放走乙支文德，于仲文就后悔了，刚才怎么能听那个书呆子的呢？于仲文马上派人去追，等追到鸭绿江边，乙支文德已经上船了，负责追赶的人冲着乙支文德大喊："于将军还有话要说，请再回来一聚！"

乙支文德悠闲地回过头来，挥挥手："有话下次再说吧！"于仲文的人眼睁睁看着乙支文德从容不迫地渡过鸭绿江，下了船，上了岸，一溜烟地绝尘而去。

春秋战国时也曾有相似的一幕，晋国释放了秦国的败将后又后悔，结果追不上了，只能眼睁睁看着人家渡河而去，历史总在不经意的地方发生交会！

乙支文德已经走了，只留下于仲文和宇文述在大营中叹气，宇文述主张就此收兵，于仲文却不同意，在他看来，三十万大军已经到了鸭绿江边，怎么能空手而归呢？况且对手不及隋朝的一个郡，根本没有多少兵力，如此放弃，实在太可惜，实在无法跟皇帝杨广和先皇杨坚交代。

对于杨家，于仲文有着特殊的感情。

于仲文是北周的贵族子弟，父亲于实是北周的燕国公，他本人年少好学，于实曾经指着他对家人说："此儿必兴吾宗矣。"九岁时，于仲文曾经在云阳宫见北周太祖宇文泰，太祖问曰："闻儿好读书，书有何事？"于仲文对曰："资父事君，忠孝而已。"太祖甚嗟叹之。及长，倜傥有大志，气调英拔，当时号为名公子。

虽然少有盛名，但于仲文声名远扬是因为一头牛。

事情是这样的，年轻的于仲文刚刚出任安固太守，就遇上了一桩疑难牛案：任姓、杜姓人家都丢了一头牛，后来在路上找到了一头牛，两家都说是自己家的，闹到了官府，官员们久不能决。益州长史韩伯俊说："于仲文小时候就聪明，让他断断看。"于仲文若无其事地点点头："这事太简单了。"于是令两家各驱牛群到衙门前，然后放开两家争夺的那头争议牛，此牛遂走向任氏牛群中。事先于仲文还让手下人故意给牛弄出了小伤，两家人看到伤口之后表情大有不同，任氏表情怜悯痛苦，杜家表情轻松，事不关己。于仲文马上盘问杜氏，杜氏服罪而去，一头让众人理不清的牛就这样被于仲文搞定了，于是众人更加佩服。

于仲文真正在朝中受到重用，还要得益于政治立场正确。北周尉迟迥作乱时，于仲文拒绝诱惑，冒死投奔杨坚，他的三子一女因此死于非命。深受感动的杨坚也以最高的规格接待了于仲文——在自己的卧室内接见了于仲文，拿于仲文不当外人了。

此后于仲文在杨坚的大旗下频频立功，在白狼塞防守过胡人，在渭水开过漕渠，随水军平过南陈，随杨俊平过江南叛乱，本来战功赫赫，结果在小节上栽了。平定江南叛乱时，当地米价奇高，于仲文动了活心眼，顺便私卖了点军粮，结果这一卖就被人告发，随即被免职。

在于仲文最困难的时候，晋王杨广挽救了他，并委任他"督晋王军府事"。杨广抵御突厥时，杨广为元帅，他为前军，杨广继位后封他为右翊卫大将军，对他的好无以言表，用李密的话那得说是"罄竹难书"。

征辽东以来，诸军战绩平平，唯于仲文这一军有所斩获。

于仲文军过乌骨城时，故意把数千匹赢马、驴放在全军的队尾，大军正常行进，做出防备很松懈的样子，按捺不住的高句丽兵果然出军掩袭辎重，全部俘获。正在高句丽军扬扬自得的时候，于仲文率大军又回来了，高句丽人驴没抢着，人却被于仲文包了驴肉馅饺子。

有了这场胜利，于仲文觉得高句丽军队不过尔尔。看着宇文述唯唯诺诺，于仲文压抑不住自己的愤怒："宇文将军，你率领十万大军却连一撮盗贼都灭不了，还有何颜面回去见皇上！"

愤怒归愤怒，于仲文还是很清楚，此次征辽东很难有大胜。一百多万大军东征，左翼十二军，右翼十二军，再加上禁军十六军，四十军居然没有最高统帅，各军各自为战，没有协调，表面看起来威风八面，实际上却是一盘散沙，这样的军队配置怎么可能建立大功，获得大胜呢？可是没有办法，皇帝的猜疑心太重，这些军队交给谁都不放心，所以大军统帅的职位只能空缺。

虽然杨广没有任命大军统帅，但同时又交代各军将领，"遇事可以向于仲文将军请示"，这句话就让于仲文变得不伦不类，说是最高统帅又不是，说不是吧，众将还得向他请示，那索性就叫假元帅吧。

在于假元帅的训斥下，宇文述等将领再也不敢提回军的事情，九个军渡过了鸭绿江向朝鲜半岛进发。

看着九个军陆续渡过鸭绿江进入朝鲜半岛，于仲文有些欣慰，然而他不会想到，这次征战将是他最后一次征战，他的一世英名也将毁于这场征战。

隋军来势汹汹，高句丽的乙支文德却早有准备，以他丰富的军事经验，早就判断出隋军已经缺粮，缺粮的隋军进入朝鲜半岛越深，那么离失败也就越近。

在乙支文德的指挥下，高句丽军一触即溃，连战连败，宇文述军一天内连续七次击溃高句丽军，全军越追越近，越追越急，已经渡过了清川江，距离平壤只有三十里！咫尺之遥，却是天涯之远，三十万隋军到此时已经是强弩之

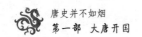

末，无力进行攻坚战。

疲惫的猎狗为了撵兔子追行了上百里，现在该轮到兔子反攻了。

在反攻之前，乙支文德还是没有放弃忽悠，他再一次派信使向隋军表示：如果隋军班师，高句丽国王高元将去离宫朝见大隋皇帝。

事情到了这个地步，宇文述已经没有跟对方讨价还价的余地，他知道全军已经到了崩溃的边缘，再停顿下去将十分危险，现在不管乙支文德是真心还是假意，隋军都要做出接受的姿态，然后快速撤退。

然而宇文述的计划全在乙支文德的意料之中，就在宇文述率领大军后撤时，高句丽士兵蜂拥而至，四面围攻，宇文述带领大军且战且退，总算退到了清川江边。隋军立即抢渡清川江，大军刚刚渡过一半，高句丽军又追了上来，负责殿后的右屯卫大将军辛世雄战死，殿后军队失去统帅，顿时崩溃，继而隋军瓦解，四散逃命。剩下的将领抢渡过清川江，一日一夜行军四百五十里抵达鸭绿江，高句丽军又尾随而至，猎狗被兔子撵得几无葬身之地。

此时如果没有接应，所有隋军将血染鸭绿江，幸好此时甘肃天水籍将军王仁恭主动殿后，驱散追赶的高句丽士兵，残余的隋军才陆续渡过鸭绿江，回到新设的辽东郡所在地——武厉逻城。等到盘点人马，于仲文一脸死灰，他知道自己的一世英名都毁在了这次东征上。当初东渡辽河九个军共计三十万五千人，回来的却只有两千五百人！

三十万兵马毁于一旦，一征辽东的结果只有两个字：失败。

这一天是公元 612 年七月二十四日，隋军三十万五千人东征，回来的只有两千五百人。皇帝杨广大发雷霆，下令捉拿于仲文、宇文述等归案，同时命来护儿水军撤退。

第二天，也就是七月二十五日，杨广启程回涿郡，一征辽东就此结束，临启程前，杨广望着东方喃喃地说了一句："我会回来的！"（这句话前后说过三次！）

论功行赏，秋后算账

轰轰烈烈的征辽东失败了，皇帝丢了面子，大隋丢了面子，本来想搬起石头砸别人的脚，结果挨砸的却是自己。

秋后算账，假元帅于仲文和大将军宇文述都受到了清算，按照杨广最初的想法，这两个人都应该杀，可转念一想，这两个人都是对自己有功的，尤其是宇文述还是自己的儿女亲家，女儿南阳公主就是宇文述儿子宇文士及的妻子，总不能杀了女儿的老公公吧！

盘算到最后，杨广决定免除于仲文、宇文述全部官职，从今往后你俩就是平头百姓了；尚书右丞、书呆子刘士龙斩立决，让你个书呆子"以德服人"不开化！右翊卫将军薛世雄在撤退途中还能率残兵反击高句丽军，功过相抵，免去现职，享受待遇照旧；虎贲郎将卫文升率领本部全身而退，擢升为紫光禄大夫（从二品）。

墙倒众人抢着推，破鼓众人争着捶，几天前还威风八面的于仲文大将军现在成了最颓废的人，东渡九军八个将领指责他应该负全部责任，他才是征辽东的最大罪人。在八位将领的集体努力下，八位将领被释放回家，于仲文依然拘押。

郁闷，自责，苦涩，悔恨，很快大将军于仲文就病倒了，这时杨广才法外开恩释放他回家，可是一切都晚了，于仲文的生命已经到了尽头，享年六十八岁。少时成名，长时鼎立，一世英名，晚节不保，一生大恨，出征辽东！

如果一切可以重来，如果人生剧情可以重拍，如果……

可惜人生从来没有彩排，每一天都是现场直播。

重整旗鼓，从头再来

一征辽东以惨败收场，多数人以为皇帝杨广会就此消停几年，然而这个多欲的皇帝压根儿就没有停止的意思。

就在征辽东惨败的几天后，皇帝杨广下令，将黎阳仓、洛阳仓、洛口仓、太原仓粮食运到望海顿（今辽宁省锦州市东南）储存，民部尚书樊子盖留守涿郡。一系列诏书证明，皇帝杨广根本不打算放弃征辽东，相反，还要从头再来！

公元 613 年正月初二，距离上一次下诏征讨高句丽整整一年，皇帝杨广再次下诏：全国军队再到涿郡集合，准备再征辽东！

此时的皇帝杨广已经患上了强迫症，辽东就是强迫症的诱因，只要还有能力，杨广就一定要将征辽东进行到底，哪怕此时已经民变四起，哪怕此时国家已经岌岌可危。在他看来，帝王的面子是最重要的，不从辽东挣回面子，以后怎么有脸面对天下百姓？

在杨广看来，高句丽实在不足挂齿，以大隋的国力，移山填海无所不能，一个高句丽怎么能挡住皇帝的脚步？自己一定要狠狠地教训一下它，让他们知道大隋天子的威严。

杨广自信满满，大臣们同样相信大隋的国力，只是以一泱泱大国对付偏居一隅的高句丽，实在不值得天子御驾亲征。左光禄大夫郭荣上书杨广："夷狄礼仪上有缺，是我们做臣属的工作没有做好，皇上不必动怒，怎么能浪费千钧强弓去对付一只小老鼠呢，高句丽这种小毛贼实在不值得劳动天子大驾，皇帝还是不要亲征了！"戎狄失礼，臣下之事；千钧之弩，不为鼷鼠发机，奈何亲辱万乘以敌小寇乎！

郭荣的上书没有起到作用，去年反对杨广征辽东的庾质却还在坚持，结果还是遭到了皇帝杨广的训斥。对于一个强迫症患者仅仅劝阻是不够的，因为他已经控制不住自己。

为了安心征辽东，皇帝杨广对两都做了人事安排，刑部尚书卫文升辅佐代王杨侑留守西京大兴，民部尚书樊子盖辅佐越王杨侗留守东都洛阳，自此皇帝杨广已经有将帝国托付给两个小学生的迹象，一切都因为他的强迫症，他的辽东梦。杨侑、杨侗都是元德太子杨昭的儿子，皇帝杨广的孙子，当时年纪均为十岁左右。

此时皇帝杨广的主要关注点还是辽东，不过在各地告急的文书中，他还是偶尔看一看各地的民变报告。在这些报告中他对两个人非常感兴趣，一个是齐郡郡丞张须陀，一个是张须陀的副手，也是隋末唐初的名将，罗士信。

张须陀的作战范围主要是泰山脚下，他的对手是著名的民变头领王薄。张须陀对王薄的待遇是见一次打一次，打死为止，先后数次打得王薄溃败，打得王薄不敢在张须陀的辖区内活动。

张须陀的副手罗士信，时年只有十四岁，当初想跟随张须陀平叛，张须陀还看不上他，"你那小样穿得起一副铠甲吗？"好说歹说，十四岁的罗士信还是进入了张须陀的帐下，很快表现出自己的特点——"猛、准、狠"。

跟随张须陀在淮水剿匪，对方刚刚布好阵，罗士信就冲杀过去，连杀数人。一上来连杀数人本来就很有威慑力，接下来罗士信的表演让民变军接近崩溃，因为他给民变军表演了一个行为艺术：串糖葫芦。

串糖葫芦的整个流程是这样的：先斩下一颗人头，然后抛向空中，长矛一举正好接着，然后飞速地在民变军阵前掠过，一边奔驰，一边举着葫芦串给民变军看，偶尔还用长矛向民变军指一下，一圈下来，民变军已经快崩溃了。

张须陀一看，趁热打铁，冲锋，全军齐举长矛，民变军瞬间崩溃。罗士信一边急追，一边砍，人头顾不上了，只能割鼻子充数了，不知道这一招是不是跟神人麦铁杖学的！

看了地方送上来的报告，杨广对这两个人产生了兴趣，下诏派使节慰问二人，顺便带一个画师跟随二人体验生活，务必画出二人的战场实况图。如此看来，这个画师算是早期的战地记者了，而画师的作品就相当于早期的小人书、连环画。

处理完国内的小事，皇帝杨广于公元 613 年四月二十七日东渡辽河，继续他的征辽东大业。

一个人不能两次踏入同一条河流，一个人却能两次被一块石头绊倒！

辽东，如鲠在喉

公元 613 年四月二十九日，重新获得信任的宇文述与上大将军杨义臣一起出击平壤。杨义臣本姓尉迟，因父功从小被杨坚养在宫中，赐姓杨。

与此同时，左光禄大夫王仁恭攻击新城（今辽宁省抚顺市北），高句丽军登城固守。杨广指挥大军围攻辽东城，这一次不再讲仁义道德，不接受投降，只要能攻下城，任何方法均可使用。

在皇帝的指挥下，攻城大军发挥集体智慧，动用各种工具攻城：有高空作战的飞楼（有点近代塔吊的味道，可以站在上面往城里放箭）、有撞城堡的撞车（利用撞车的冲击力撞毁城墙）、有攀登城墙的云梯（搭到城墙上，士兵踩着往上冲）、有深入城中的地道（可以参考老电影《地道战》），总之能想到的办法都想到了，目的就是攻破辽东这座围城。

双方你来我往二十来天，死伤极为惨重，城还是没有攻破，这时一个小人物的出现，险些改变了双方的格局。

这个小人物的名字叫沈光，也算是个贵族子弟，父亲沈君道官至南陈吏部侍郎。可惜后来南陈灭了，沈家也败了，沈光一家就在大兴惨淡生活，父兄靠在集市上替别人写信为生，沈光却不甘于这种平淡的生活。

沈光早先做过太子杨勇的引署学士，后来又做过汉王杨谅的府掾，再后来汉王杨谅造反失败，沈光也被除名，自此失业。不过沈光在大兴的不良少年里人缘很好，不良少年们都愿意跟他交往，有人供他吃，有人供他喝，有人供他穿衣，有人陪他唠嗑，总之失业的沈光比上班时过得还好。

不良少年们之所以愿意结交沈光，一是这个人行侠仗义，二是沈光有绝活，身手极为敏捷，戏马功夫（马上杂技）天下无双，他称第二，没有人敢称第一！

有一次沈光在一个禅院露了一手。当时禅院新建，幡竿高十余丈，不巧的是挂幡的绳断了，想修的话，要么把幡竿砍倒（不吉利），要么找人爬上去（一般人爬不上去）。正当和尚们着急乱转的时候，沈光来了，对和尚们说了一句："拿绳子来，我来修。"

沈光以口衔绳，拍竿而上，直至龙头。系绳毕，手足皆放，透空而下，以掌拒地，倒行数十步。观者骇悦，莫不嗟异，时人号为"肉飞仙"。由此看来，中华杂技，源远流长！

原本按沈光留有的案底（在杨勇身边打过工、在汉王府上过班）是不可能加入隋军的，然而在年初，皇帝杨广为了征集更多的人才征辽东，一下子放宽了征兵的标准，只要勇猛，只要有特长，那么英雄莫问出处，结果在几万人的海选中，沈光高居第一。

沈光参军的那一天，一百多个朋友送行到灞上，沈光端起送行的酒一饮而尽，对天发誓曰："是行也，若不能建立功名，当死于高句丽，不复与诸君相见矣。"

现在辽东城正处于胶着状态，隋军攻不进，高句丽军也攻不出，沈光知道自己表现的时候到了。

隋军以云梯冲城，竿长十五丈，沈光飞速爬到顶端，跨上墙垛与高句丽守军短兵相接，杀十数人。高句丽士兵集中攻击沈光，沈光寡不敌众摔下城墙，急速下坠，眼看就要坠地，不死也残，恰巧云梯上有一根垂下的绳子，沈光伸手抓住绳子，翻身再上云梯，再一次冲上顶端厮杀。

沈光以一己之力几乎打开缺口，只可惜高句丽士兵太多，缺口刚刚打开又被迅速地合上，力战不下，沈光只能趁机后撤，等待机会。

令沈光没有想到的是，刚才这一幕居然都被皇帝杨广看到了，这下沈光的机会来了。

杨广派人召来沈光，龙颜大悦，即日拜朝请大夫（从五品），赐宝刀良马，没过多久升为折冲郎将，赏遇优重。杨广经常推食解衣以赐之，同辈莫与为比，如果还有一人能跟他相比，那估计是汉初三杰之一——韩信！

得到沈光这样一个勇士，杨广征高句丽的信心更足了，在他看来，辽东城破只是时间的问题，二征辽东一定会大获全胜。

计划总是没有变化快，杨广没有想到，沈光（此人自此成为对杨广效忠到底的死士）就是他二征辽东的最大收获。没过多久，征辽东就进行不下去了，原因很简单：后院起火，杨玄感造反了！

假如再多给杨广一点时间……可惜历史是条单行线，错过了，就无法回头！

第七章　造反也是一种能力

杀父之仇，不共戴天

就在杨广雄心万丈要消灭高句丽的时候，他的后院着火了，放火的不是别人，正是他曾经的亲密战友杨素的儿子杨玄感。

在中国大历史中，带头造反的人很多，尤其到了一个王朝的末年，遍地都是造反的，似乎造反很简单，也根本不需要能力，只要振臂一呼，然后天下云集，吹一下冲锋号，然后新的王朝就建立了。

真的是那样吗？其实不然，造反是天下第一难的事情，古往今来成功者屈指可数，失败者不计其数，说白了，造反也是一种能力，特别需要高智商。遗憾的是，杨玄感什么都具备了，就是不具备高智商。

杨玄感小的时候开窍比较晚，反应非常迟钝，见过的人都以为他是个傻子，唯独他的父亲杨素经常对身边的亲人说："其实这孩子一点都不傻!"随着年龄一天天增长，杨玄感确实不傻了，反而好读书，善骑射，体貌雄伟，美须髯，从一个疑似傻子变成了一个人见人爱的美少年，真应了那句话：男大十八变。

因为父亲的功劳，杨玄感的职场生涯就像坐了热气球，一度官居二品，上朝时跟老爹杨素站一排，爷俩上朝是同事，下朝是父子。久而久之，文武百官看着既别扭又忌妒，皇帝杨坚看着也别扭，索性把杨玄感降了一级，这样杨玄感上朝时就不能跟老爹站一排了，文武百官看着也舒坦了，没那么眼红了。

花无百日红，人无千日好，杨玄感的好日子也没有持续太久，因为到隋文帝末年时，老爹杨素不受待见了，理由很简单，"位高权重"遭到了杨坚的猜忌。老爹失势，儿子也好不到哪儿去，回到家里爷俩只能郁闷地大眼瞪小眼。

好不容易等到杨广登基，杨玄感以为老爹作为夺嫡功臣一定会受到重用，然而事情的发展出乎他的意料，新皇帝杨广跟老皇帝杨坚一样，还是把杨素晾了起来，尽管封赏很多，官职很大，但对于杨素本人，杨广的做法还是"挂起来，靠边站"。

如果说"官场冷处理"杨玄感还可以忍受，那么他不能忍受的则是皇帝竟然想要老爹的命。在老爹杨素生病时，御医走马灯地来，一遍一遍地诊断，一包一包地开药，表面看来是皇帝的恩宠，实际上是在暗示："怎么到现在还不死？"

老爹杨素看出了端倪，对杨玄感的叔叔杨约慨叹地说："我难道还想活？"说这话时老爹眼中全是泪水，杨玄感和杨约也是泪流满面。所谓地位，所谓富贵，都是假的，一切的一切都是假的，他们都只是皇帝的一条狗，一条连生命尊严都没有的狗。

杨素如皇帝所愿地死去了，杨玄感在这个世界上的依靠也消失了。皇帝杨广撰写的悼词很长很长，而对于杨玄感来说，每一字，每一句，都是讽刺，每一字，每一句，都深深扎向他的内心，慢慢地，他的内心只剩下八个字：杀父之仇，不共戴天！

老爹杨素去世后，杨玄感为父亲守了一年的孝，随后被任命为鸿胪寺卿，袭了父亲楚国公的爵位，转而升任礼部尚书。在一般人看来，皇帝杨广待他不薄了，杨玄感复仇的心却从没有停止。

如果杨广能够真心待他，或许还能软化他复仇的心，可惜杨广对他依然很猜忌，甚至对左右亲信说：如果杨素不死，恐怕也要被灭族！

在杨玄感看来，接受皇帝这样的赏赐不是荣耀，而是屈辱，而他就是要在屈辱中等待爆发的机会。这段时间里，杨玄感广交朋友，对父亲杨素的旧将故吏用心交往，对四海之内的名士以诚相待，因为他知道，这些人将是他起事的基础。

大业五年，也就是公元 609 年，杨玄感迎来了第一个机会。这一年他跟随皇帝杨广西征吐谷浑，返程时，全军过大斗拔谷，山路崎岖险恶，全军只能鱼贯而出，士兵、宫女、百官混杂，秩序混乱。杨玄感见状，准备趁乱杀掉杨广拥立秦王杨浩（杨广三弟杨秀的儿子）为帝，却被叔叔杨慎阻止了。杨慎的理由很简单，"士心尚一，国未有衅，不可图也"，这样杨玄感的第一次行动没有开始就结束了。

机会永远只垂青那些有准备的头脑，隐忍了数年的杨玄感终于等到了起事的机会。这一年是大业九年，公元 613 年。这一年皇帝杨广二征辽东，全国精兵尽数调往辽东，隋朝境内防守空虚，东都洛阳、西京大兴均由不满十岁的皇孙镇守，此时不反，更待何时？

痛下决心，黎阳起兵

决心已下，杨玄感着手准备，首先，利用职务之便（当时他负责督运粮草）扣留东征军粮草，能不发就不发，能少发就少发，总之能饿死多少算多少；其次，派人召唤两位随皇帝杨广出征的老弟杨玄纵、杨万石回来一起造反，倒霉的杨万石走到半道就被河北的地方官抓获斩首，倒霉名字，万石，"完蛋"；再者，派遣家奴装扮成朝廷使者，从东到西大造舆论：大将来护儿谋反了，大家收拾好家当，准备参军平叛！（来护儿当时正准备从山东莱州出海攻击平壤。）

六月三日，胸有成竹的杨玄感进入黎阳城，关闭城门，裹胁民夫，制造铠甲，设立官署，发布公告，宣布全面恢复隋文帝杨坚时的制度（等于宣告杨广非法）。为了达到忽悠的目的，杨玄感给众人讲了一个故事，故事的内容是这样的：先皇杨坚临终时曾经交代家父，"好子孙为我辅弼之，恶子孙为我屏黜之"，后来家父又把这个神圣的任务交给了我，现在我就要上禀先旨，下顺民心，废此淫昏，更立明哲。

讲故事的人绘声绘色，听故事的人云里雾里，遗诏这种东西太没谱了，死无对证，鬼知道到底有没有呢，既然你说有，那就算有吧。

讲完故事，杨玄感开始任命官员，先后任命了三个州的州长，以东光县尉元务本为黎州刺史，赵怀义为卫州刺史，河内郡主簿唐祎为怀州刺史，这就算支起炉灶了。

任命完官员，杨玄感开始给招募来的士兵训话。士兵的构成是这样的，运输民夫五千余人，水手三千余人，这些人有两个共同点：一、服劳役时间很长，所以早就怨声载道；二、痛恨东征，痛恨皇帝。

有了这两个共同点，杨玄感的演讲就有了切入点："主上无道，不以百姓为念，天下骚扰，死辽东者以万计。今与君等起兵，以救兆民之弊，何如?"众皆踊跃称："万岁!"

本就是干柴，再加上杨玄感的烈火，八千余人瞬间就完成了从黎民百姓到起义士兵的转变。然而这些人来得快，去得也快，杨玄感的起兵从这一刻其实败局已定，因为临时拼凑的士兵有一个共同特点：起兵时意气风发，失利时土崩瓦解。

兴奋中的杨玄感并没有意识到这个问题，他以为，皇帝远在辽东，国内防守空虚，两都由十岁娃娃镇守，天下平定，有这八千人足矣。（见过幼稚的，没见过这么幼稚的!）

正当杨玄感筹划未来的时候，他的一个老友不期而至，这个人就是李密。

李密是北周八柱国之一李弼的曾孙，深得杨素赏识，所以常在杨家出没，跟杨玄感友情好到能穿一条裤子的地步，一条裤子，一三五你穿，二四六我穿，星期天让裤子歇一天，咱哥俩一起裸奔。现在听说杨玄感在黎阳起兵，李密星夜兼程来投，在他心里，他等这一天也等了好多年。

李密最初凭借祖上功绩荫为左亲卫府大都督、东宫千牛备身，额锐角方，瞳子黑白明澈。杨广见了他，感觉有些恐惧，对宇文述说："左仗下黑色小儿为谁?"对曰："蒲山公李宽之子李密。"杨广曰："这小子眼珠滴溜溜地转，以后别让他来了。"（此儿顾盼不常，无入卫）他日，宇文述对李密说："你们家世代都是显贵，你应该靠你的才学为朝廷服务，怎么能当大头兵呢?"（君世素贵，当以才学显，何事三卫间哉。）

李密听了宇文述的话后大喜过望，赶紧谢过宇文述称病而去，不过在他心里还是有了芥蒂：皇帝分明是看我不顺眼，这不是以貌取人吗?

心怀不平的李密开始发奋读书，跟随当世名士包恺读书，通读《史记》《汉书》，兵书读破了无数本，同门师兄弟都被他甩在了身后。李密以为自己出人头地的机会来了，结果问题又来了。

在隋文帝杨坚末年，老人家宣布取消了全国所有的学校，从此读书无用了，李密只能自学成才，而且不知道学校哪一天重开；新皇帝杨广登基之后恢复了学校，然而皇帝用人的面非常窄，皇帝需要的是能给他编撰书籍的学士，而不是李密这种熟读兵法的人。

杨广本身相当有才华，因此对知识分子反而不感冒，大业七年，杨广命令选部、门下、内史、御史四个单位跟随他在前往涿郡的船上办公。等待遴选的三千多名知识分子跟随随时待命，部分官迷心窍的人一路跟随龙舟走了三千多里，到了涿郡，大多数人才发现路白走了，什么官都没等到，只能掉头再走回去，费用还得全部自理。来回六千多里路走下来，手无缚鸡之力的知识分子们由于天寒地冻、饥饿疲惫，死亡不断，最后一统计，死亡率为百分之十到二十，三千多人死了三百到六百人，可怜，可叹，可悲。

满腹经纶无处可用，熟读兵法没有展示空间，李密的郁闷与日俱增。古代的读书人一般有三种出路，一种是当官，一种是归隐，最后一种就是造反了。李密当官没指望了（被皇帝杨广给辞了，当时又没有正规的科举），归隐又不甘心，算来算去就剩下造反一条路。

明朝末年的李自成本来是朝廷驿站的一名驿卒，朝廷精简驿站让他下岗了，从此走上了造反的道路。同李密一样，也是因为工作没了着落给逼的。

人都是被逼出来的！

杨玄感起兵造反，李密总算等到了机会，在他心中早已有三套方案，分为上中下，现在他向杨玄感和盘托出。

第一套方案：占领蓟县（今北京市），夺取临渝（今河北省抚宁县），切断皇帝的归路，届时高句丽攻击东征军背后，必定全军崩溃，皇帝手到擒来。

第二套方案：横穿原野，直取大兴，占领关中，据守险要，天下可慢慢取得。

第三套方案：集中精锐部队，袭击洛阳，然后号召四方起兵响应。

按照李密的规划，上策夺取北京，阻挡皇帝退路；中策占领大兴，夺取根据地；下策进攻洛阳，以洛阳为起义中心。三条计策，以夺取北京最险，以攻打洛阳最稳。对于杨玄感来说，最现实的问题是全家一百多口都在洛阳，只有先拿下洛阳，这一百多口才能安全，所以在杨玄感看来，先打洛阳才是上策。

人和人是有差距的，杨玄感和李密相比，就是鸡和鹰的区别。但凡起义，必定置之死地而后生，一切战略都要以军事利益为第一位，一旦造反，就没有退路，而杨玄感恰恰相反，先考虑的不是军事利益，而是全家老小的退路，所以他的起义注定走不远，就如同一只家养的鸡注定飞不过庭院的围墙。

战火骤起，洛阳告急

李密还在跟杨玄感辩论的时候，一件意外的事情发生了，刚刚成立的起义军里出现了叛徒，刚刚被委任为怀州刺史的唐祎跑了。

唐祎这一跑彻底打乱了杨玄感的部署，起义无法再拖延了，只能仓促出发，而起义军遇到第一个难啃的骨头，就是唐祎跑回去镇守的河内郡。

唐祎一回城，就组织全民上城防守，杨玄感的弟弟杨玄挺带领一千人打了半天毫无所获，只能绕开河内郡继续前进。与此同时，唐祎派人飞报东都：杨玄感反了。东都洛阳马上进入战备状态；同时修武的百姓自发地把守临清关，杨玄感的起义军无法从这里通过，只能绕道汲郡南渡黄河。

在杨玄感看来，河内郡打不下来没有关系，临清关过不去也没有关系，只要南渡黄河直逼洛阳，天下就在自己的手中。

在杨玄感的指挥下，老弟杨积善率领三千人在偃师南郊顺洛水向南进发，老弟杨玄挺（实际已经过继给叔叔杨约当儿子）率领三千人从白司马坂翻过邙山南下，而他自己率领三千人紧随其后，这就是杨玄感的全部主力。说起来主力军还是很寒酸的，武器装备就是每人一把单刀，一件柳木做的盾牌，没有弓箭，也没有铠甲，跟大隋正规军的装备相比，隋军是凤凰，杨玄感军是白条鸡。

不过初次遭遇，白条鸡还是显示了威力，因为留守的隋军还不如白条鸡呢。细想一下也很合理，能派上用场的都被皇帝杨广带往辽东，家里剩下的全是老弱病残，这些留守的军队根本不能算作军队，只能算作维持治安的老弱病残组合。

杨积善率领的起义军一路提心吊胆地渡过洛水，迎战他们的是河南令达奚善意率领的五千精锐兵马。看着人家雄壮的五千兵马，杨积善手下的三千人心里都有些打鼓，可是没有办法，只能硬着头皮往前冲，冲着，冲着，奇迹发生了，对方的五千人马自己崩溃了，士兵四散逃去，白条鸡首战获胜。

杨玄挺的一路人马也遭遇了隋军的抵抗，带队的将领是将作监（建设部高官）裴弘策。这个裴弘策平时主管工程建设，现在不得不带兵平叛，这就叫"赶鸭子上架，逼张飞绣花"。

将熊了一个，兵也熊了一窝，裴弘策这八千兵马跟前一拨一样，两军一照面，八千人就开始四散奔跑了。裴弘策没有办法，只能后退几里垒砌防御工事，没想到杨玄挺又追了上来，再打，那帮熊兵还是接着跑。一天之内，杨玄挺打了五次，熊兵跑了五次，跑到最后，八千兵马只剩下十几个骑兵，剩下的哪去了？要么阵亡，要么开了小差，要么投了杨玄感。

两战接连败北，洛阳留守樊子盖坐不住了。樊子盖一生兢兢业业，从地方官做起，大好的时光都耗在地方官任上了，年轻时他想调进京城隋文帝总是不准，后来年老了，杨广总算看到了他的价值，这才提拔起来，更是委任给洛阳留守这个关键岗位。

两战一败涂地，洛阳告急，樊子盖如坐针毡，可因为他是地方官起家，洛阳的官员们对他并不感冒，他的命令到了洛阳官员那里总是要打些折扣。

樊子盖正郁闷时，败军之将裴弘策撞到了枪口上。按照樊子盖的部署，裴弘策需要接着带兵出战，可裴弘策就是不执行，主要是被杨玄挺打怕了。在平时樊子盖和裴弘策级别是一样的，所以裴弘策从心里也就没把樊子盖当回事，不出战，就是不出战，你能把我怎么着！

怎么着，砍！

说砍就砍，建设部高官裴弘策说没命就没命了，不是因为建筑质量，而是因为一场败仗。

砍完了裴弘策，国子祭酒（国立贵族大学校长）杨汪还对樊子盖面有不忿。好，接着来，再砍！杨汪这才意识到樊子盖真敢下死手，赶忙磕头，直到把自己磕出了血，头才算保住了。

一个被砍了头，一个头磕出了血，樊子盖用两个老家伙的头树立了自己的威风，洛阳城内才算统一了思想。在樊子盖的指挥下，杨玄感在外面拼命地砸门刨墙也没效果，毕竟他的军队一穷二白，既没盔甲，也没弓箭，更别说攻城工具了，穷成这样还好意思出来打仗。

洛阳城虽然没有攻下来，杨玄感的队伍却迅速壮大了，加上陆续投降的隋军，杨玄感的队伍已经达到五万人，而且人数在不断地增加。令杨玄感更兴奋的是，一大批高官子弟也加入到了起义的队伍。

这些高官子弟包括已故大将韩擒虎的儿子韩世咢、观王杨雄（杨坚的族侄）的儿子杨恭道、内史侍郎虞世基的儿子虞柔、大将来护儿的儿子来渊、御史大夫裴蕴的儿子裴爽、大理卿郑善果的儿子郑俨、大将周罗睺的儿子周仲等四十来人。

说起来，这些高官子弟投奔杨玄感其实很偶然，原因只有一个：贪生怕死！

按原计划，这些人是响应政府号召来东都平叛的，本来指望着平叛立点战功，好让老爹们的脸上更有光。等到了洛阳门口他们听说裴弘策因为兵败被斩首了，这下可给吓坏了，"闹了半天，要是打了败仗还要杀头呢！"公子哥们一商量，算了，别去了，省得回头再让人给砍了。

可是已经到了洛阳城下，就这么回去大家又不甘心，也不知道谁先提了一句："要不咱投杨玄感吧，没准成功了咱都是开国元勋！"就这么着，原本立志为国杀敌的公子哥们转身就参加了起义军。

历史有时候就是这么讽刺，老爹们正在前线给皇帝卖命，儿子们却在后方革皇帝的命，这到底唱的是哪出呢？

就在杨玄感在洛阳城周围横行霸道之时，得到消息的十岁皇孙杨侑已经悄悄派出刑部尚书卫文升率四万人从大兴出发，增援东都。

卫文升也是一个狠人，最大的特点是胆大心细，最经典的案例是一人招降十万人。

隋文帝仁寿初年，山獠作乱，卫文升出为资州刺史以镇抚之。卫文升到任以后，正赶上山獠攻围大牢镇，卫文升单骑赴其营，谓群獠曰："我是刺史，衔天子诏安养汝等，勿惊惧也。"诸贼莫敢动。于是说以利害，渠帅感悦，解兵而去，前后归附者十余万口。一征辽东时，东渡辽河九个军全都损兵折将，唯独他的部队全建制返回，征辽将领基本都受处分，就他一个人升官，这就是传说中的天才吧！

这次出兵平叛，卫文升也是下了狠心，一出兵，他先处理了一件小事，这事对一个四万大军统帅来说实在是太小了。什么事呢？挖了一个坟头，只不过坟头的主人有点特别，不是别人，就是杨玄感的老爹杨素。

卫文升命人挖了杨素的坟墓，纵火烧了杨素的尸体，从此他跟杨玄感就不共戴天了。按照血亲复仇的原则，这种大仇，三辈子也报不完。

烧了杨素的尸体，卫文升就算把自己的后路彻底给堵死了，同时向四万士兵证明，我卫文升就是要跟杨玄感死磕！

洛阳城外乱成一片时，皇帝杨广正在辽东城下指挥围攻，包围圈已经越来越小，城里高句丽军的抵抗也越来越弱，杨广屈指一算，顶多三天，辽东城定然告破。

为了攻破辽东城，杨广是下了血本的，他下令制造布袋一百万个，这一百万个布袋用来做什么呢？答案是，用来装土的。

按照杨广的规划，这一百万个布袋将码成三十步宽，从城外的平地开始垒，一直垒到城墙边，垒砌起来的布袋跟城墙一样高，这样就不用爬城墙了，一抬脚就进。

这么浩大的工程能在高句丽军的眼皮底下完成吗？答案是能。

按照规划，在工兵垒布袋的同时，将有数辆比城墙还高的战车矗立在两端，上面布满弓箭手，皇帝一声令下，工兵开始垒布袋，弓箭手负责射箭掩护，这就叫"武装修路"。只要神射手压得城里的守军抬不起头，这条极有想象力的高架大道也就有盼头了。等弓箭手停止射击，里面的高句丽守军刚一抬头，就会看到无数的隋军迈着方步，提着砍刀冲了进来。（国家强盛就是霸道！）

一切都在按计划进行，总攻也进入了倒计时，就在这时，杨玄感造反的消息传到了辽东城下，此时距离杨玄感造反已经过去了二十多天。洛阳到北京七百多公里，北京到辽东城又是六百多公里，那个年代从洛阳往辽东捎个信太难了！

按照《新唐书》的说法，这个十万火急的消息是李渊传递的，《资治通鉴》却没有相应的记载。根据我的推测，皇帝杨广很有可能先后收到几个同样的消息，因为举报谋反是每个官员应尽的义务，李渊很有可能也派人送了这样的鸡毛信，而这封信为他在关键时刻赢得了皇帝的信任。

接到告急的文书，皇帝杨广显然有些慌乱，他从来没想到国内会乱成这个样子，更没有想到杨玄感这个白眼狼会造反，令他最意外的是，居然有四十多个高官子弟跟着造反，这是唱的哪出呢？他们的老爹可正在前线为朕卖命呢！

这帮小兔崽子。

想了半天，皇帝杨广也没有想到办法，只好把纳言（相当于最高人民检察院检察长）苏威叫来一起商量，判断一下杨玄感这小兔崽子能否成气候。在杨广看来，杨玄感非常聪明，他老爹杨素是只老狐狸，老狐狸的儿子自然就是中狐狸，或者小狐狸。

纳言苏威见多识广，他早已看出国内民变之火已经开始燎原，一个智商不高的杨玄感不足为虑，怕只怕从此民变一发不可收拾。杨广听完，沉重地点了点头，杨玄感的叛乱必须平定，那么高句丽怎么办？征辽东还能进行下去吗？

就在杨广郁郁寡欢之时，一个黑影悄悄地离开了东征军大营，当夜就投奔了辽东城内的高句丽军，这个人不是别人，正是杨玄感的同党之一兵部侍郎斛斯政，也就是兵部尚书段文振一直告诫杨广不可重用的那个人。先前斛斯政接到杨玄感的密信，随即安排杨玄感的两个兄弟杨玄纵、杨万石从辽东前线返回参加叛乱。现在杨玄感已经正式起兵，皇帝追查同党迟早会追查到他，索性一不做二不休，投奔高句丽去吧，出了国，皇帝杨广也不能把我怎么着。

然而斛斯政的精明小算盘只打了一年多，一年后，他成了高句丽与大隋的交易品，在大兴的金光门下，他被文武百官变成了刺猬，死后在这个世界上彻底消失，连灰都没留下。

斛斯政投敌了，杨广的决心也终于下了，此时的辽东已经不是鸡肋，而是卡在他嗓子眼里的鸡骨头，这个鸡骨头既然吞不下去，那么只能吐出来了。

六月二十八日凌晨，皇帝杨广下令全面撤退，为了走得轻松，走得愉快，什么都不带了，只要人回去就行了，二征辽东就此猝然停止。

由于隋军走得实在太轻松了，大营跟有人时一模一样，高句丽守军看着空空的大营就是不敢进，因为他们也知道兵法上有一计，"空城计"。一直挨到了六月二十九日中午，壮着胆子的高句丽士兵才进入隋军遗弃的大营，他们简直不敢相信自己的眼睛，隋军真的放弃全部辎重撤退了。领头的将领放眼一看，乐得合不拢嘴，从来没听说挨打还能领红包，这次光隋军留下的这些辎重，就够辽东城吃好几十年。求你了，以后多打我几次吧！

兵法有云：有便宜不占是王八蛋。现在隋军仓促撤退，高句丽军就有机可乘，高句丽军队随即出发尾随隋军。因为国小没有自信，高句丽军队一直与隋军保持八九十里的距离，等到皇帝的大营已经渡过辽河，岸边剩下的只有几千

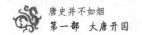
老弱残兵，高句丽军队这才鼓足勇气发动进攻，即便这样，一仗下来战果可以写进高句丽国史了，歼敌数千，隋军殿后的老弱残兵全被屠杀。惨！惨！惨！

回到国内，杨广着手平叛，两大猛将宇文述、屈突通迅速被派上了前线。在国难面前，另外两个将军也起到了特殊的作用，只不过一个是正作用，一个是反作用。

起到正作用的是左骁卫大将军来护儿，起反作用的是右武候大将军李子雄。当时来护儿正驻扎在东莱郡，按照计划他们将出海远征平壤，现在听到杨玄感谋反的消息，来护儿决定不等诏令，直接带兵赴洛阳平叛。部将们刚刚表示反对，来护儿说出了一句非常经典的话，"高句丽只是疥癣小病，洛阳被围才是心腹大患"（洛阳被围，心腹之疾；高句丽逆命，犹疥癣耳）。这句话后来被唐王朝引用，只不过主语稍微换了换，"朝鲜半岛只是疥癣小病，吐蕃才是心腹大患"。经典就这样被传承。

来护儿自动加入平叛，李子雄则是自动加入反叛。

李子雄原为天子十六禁军第六军的大将军，因为被指控有罪免除官职，杨广责令以平民的身份在来护儿的大营效力。由于李子雄与杨玄感私交甚笃，交好到连杨广都知道他俩穿一条裤子，本着敌人的朋友就是敌人的原则，杨广自然不会放过李子雄，所以就派使节捉拿李子雄。李子雄当然也不是吃素的，找个机会杀了使节逃了出来，自此就算彻底跟杨玄感穿一条裤子了。

急转直下，穷途末路

杨广已经回国，虎将已经出发平叛，形势已经急转直下，而杨玄感还丝毫没有察觉，他甚至在考虑，"现在是不是该称帝了呢"？

称帝的想法当即被李密严厉否决，自此杨玄感没有再提，当然，几天之后他就再也没有机会提。

日夜兼程的宇文述和屈突通迅速赶到了洛阳周边，屈突通准备渡过黄河。一旦屈突通渡过黄河，形势将对杨玄感更加不利，一旦多线作战，杨玄感的白条鸡部队肯定吃不消，因此李子雄和杨玄感决定，力阻屈突通，绝不能让他渡过黄河。

　　李子雄和杨玄感看到了这步棋，洛阳留守樊子盖同样看到了这步棋，为了策应屈突通，樊子盖天天派兵攻打杨玄感大营，打得杨玄感每天忙于招架，始终顾不上派军阻截屈突通，这一下就延误了军机。

　　几天后屈突通渡过黄河，与先前到达的卫文升兵分两路，与杨玄感交锋，自此杨玄感更加力不从心，因为他要同时对付三路人马，分别是屈突通，卫文升，还有洛阳城里的樊子盖。就算是吕布，也架不住刘、关、张打群架，更何况是智商不高的杨玄感。

　　到这个时候，杨玄感和李子雄才意识到，坏了，造了半天反，根本没有像样的根据地。起兵的黎阳正在被隋军围攻，回去等于自挖坟墓，想来想去，李子雄提出从东都撤军，入函谷关，占领永丰仓（国家储备粮仓库），然后平定关中作为根据地，回过头再跟杨广争夺天下。

　　高手过招，关键就在一招。

　　按照李密和李子雄的计划，直扑永丰仓，进而平定关中，这是做活杨玄感这盘棋的关键眼。用关中做眼，通盘皆活，杨玄感的大龙就不会被轻易屠掉，未来胜负还有一拼！

　　七月二十日，杨玄感从东都洛阳撤退，计划进入函谷关，夺取关中。一路上波澜不惊，按部就班，然而进入弘农郡（今河南省三门峡市）后，情况又有了变化，络绎不绝的百姓拦住了杨玄感的马头，他们告诉杨玄感一个惊人的消息：弘农郡防守空虚，存粮又多，很容易就能攻下。

　　一个是前景不明的关中，一个是近在咫尺的弘农郡，打哪个呢？

　　高智商的李密极力主张继续前进闯入潼关，而智商不高的杨玄感认为弘农郡有利可图，鸡和鹰的区别在这一刻又一次显现出来。此时的杨玄感如同一个急于躲避追杀的人，明明知道一百米外有安全区，可是走到五十米时又看到了疑似安全区，就此陷入了痛苦的选择之中。努力半天始终无法进入五十米的安全区，回过头却发现，去一百米安全区的机会也已经丧失，杀手就在身后。在弘农郡城下的杨玄感就遇到了这样的结局。

　　杨玄感兵临弘农郡城下，城上防守的正是杨广的堂弟杨智积。这位仁兄智商极高。得知杨玄感进入弘农郡之后，杨智积作出了一个判断，杨玄感的真正目标必定在潼关。一旦杨玄感进入潼关，杨玄感的棋就做活了，不行，一定要在弘农郡城下拖住杨玄感，等待宇文述、卫文升等人的合围。

冲着来势汹汹的杨玄感，杨智积使出了非常低级的一招：谩骂！让士兵痛骂杨玄感的祖宗十八代。这一招虽然损，却很管用，此时杨玄感正沉浸在父亲杨素被焚骨扬灰的痛苦中，骂他祖宗十八代那就是把他刚结痂的伤疤揭了，然后往上撒盐。

一方面想把弘农郡打下来作根据地，一方面受不了被谩骂的侮辱，杨玄感就在弘农郡城下停了下来，双方开打，这一打就是三天。

杨玄感的队伍没有攻城武器，只有单刀和盾牌，以这种白条鸡部队的装备攻城就如同蚂蚁跟大象比赛摔跤，蚂蚁累得手脚抽筋，大象却纹丝不动。

在这三天里，杨玄感也想到了一个绝招，这个绝招就是火烧城门。

如果一切发展顺利，把弘农郡的城门纵火焚烧后，带兵一冲锋，战斗就结束了。事实上，刚开始纵火的时候，一切确实按照杨玄感的预期发展，眼看城门一点点烧毁，离进城的目标也越来越近。好不容易等到城门烧毁了，杨玄感的兵立刻往里冲，没冲几步又退了回来。原来杨智积这家伙更狠，他在城门里面又放了一把火，火势比刚才还大——想过这道城门也可以，先找铁扇公主借个芭蕉扇再说！

打了三天，烧了三天，弘农郡城依然坚固，杨玄感的部队却接近了崩溃。

到了这个时候，杨玄感才决心放弃弘农郡城，再奔潼关，然而一切都晚了。杨玄感的四个老相识全部追了上来，他们分别是宇文述、卫文升、来护儿、屈突通，可以说隋朝当时能打仗的四大狠人都来了，目标就是收拾杨玄感这个小兔崽子。

一天之内，杨玄感连败三阵，屡败屡战，屡战屡败，战事发展到这个时候，双方已经没有公平可言。论装备，杨玄感的部队是白条鸡，四大狠人的部队是凤凰，是苍鹰；论经验，四大狠人打过的仗比杨玄感写过的字还多；论残忍，四大狠人杀的人比杨玄感见过的活人还多。

八月一日，杨玄感率领手下兵马进行最后一搏，结果又是一败涂地，白条鸡们彻底崩溃，四散而去，跟随杨玄感逃亡的只剩下十几个骑兵。追赶最快的隋军已经追上了杨玄感，但很快被杨玄感驱散了，因为论单兵作战能力，四大狠人也未必是杨玄感的对手，然而此时即使项羽再生，也逃不出漫天遍野大军的围捕。

马越跑越累，人越跑越少，等跑到葭芦戍（今河南省灵宝市西南）时，杨玄感的队伍只剩下两个人，一个是他的老弟杨积善，一个就是他自己。雪上加霜的是马已经累死了，再想跑路只能靠两个人自己开动 11 号了（徒步走）。

天苍苍，野茫茫，不知何处是天堂，东南西北都是追兵，都是绝路，都是不归路，一切该结束了，杨玄感的路已经到了尽头。

走在前面的杨玄感无力地瘫倒在地上，用最大的力气对杨积善说："我不能接受别人的侮辱，你帮帮我，杀了我！"

这是世界上最无奈的事情，也是最悲惨的事情，在生命的最后时刻居然要求自己的同胞兄弟杀掉自己，这就是杨玄感自导自演的悲剧。

手起刀落，杨积善完成了最不可能完成的任务，哥哥解脱了，可自己呢？杨积善把刀对准了自己，他知道这一刀下去，自己的一生也将结束，既然已经无可留恋，那就变成绝恋吧！

手起刀不落，杨积善自杀居然没有成功，因为他的刀已经钝了，钝到砍在身上只有白印却没有血。就在杨积善遍地找石头想自杀的时候，追兵已经追上来了，在生命的最后时刻他连自杀的权利都没有了，至于怎么死，那得皇帝杨广说了算。

在杨广的指挥下，杨玄感的遗体被切成碎块，示众三天，三天后这些碎块变成了肉酱。古龙说，一个最恐怖的杀手应该是这样的，让被杀的人看不出原来的模样，甚至被怀疑曾经作为人类存在过。按照这个标准，杨广就是最恐怖的杀手，杨玄感则是他的试验品。

同杨玄感相比，杨积善更惨。他被绑在了野外的木桩上，用车轮套住头，九品以上的所有文武官员每人分发一件兵器，可以用刀砍，也可以用箭射，总之每人必须在杨积善的身体上来一下。在文武百官的努力下，杨积善变成了一只刺猬，随后这只刺猬被实施车裂，然后焚化成灰，就地扬撒（一年后，投降高句丽的斛斯政也遭受同样的酷刑）。

实际上在杨积善被杀之前，他曾经向皇帝杨广求过情，他说："念在自己亲手杀死杨玄感的分上，还是宽大处理吧。"杨广闭上眼睛想了一会儿，然后对杨积善说："这么说你就是一只枭鸟了，那我就赐你姓枭吧！"

枭鸟据说是一种没有人性，准确说是一种没有鸟性的鸟，六亲不认，残忍至极，连亲娘都吃。

杨积善刚想蒙混过关，叩头谢恩，杨广又说了一句："小枭，准备上

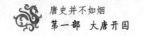

路吧!"

至此，杨素的所有儿子，杨玄感，杨万石，杨玄纵，杨玄挺，杨积善，杨玄奖，杨行仁，全部被杀，同他们的老爹一样，死无葬身之地。

起错了一个儿子的名字（杨万石），高估了一个儿子的智商（杨玄感），看错了一个所谓的神人（李密），杨素这一辈子，也挺糊涂。

怨谁，怪谁，恨谁，又是为了谁？

至此杨玄感起义被彻底扑灭，六月三日起兵，八月一日失败，历时不到两个月，杨素一门就此消失殆尽。杨玄感用自己的亲身案例告诉后面的人们，起义是要讲时机的，而起义之后绝不能首鼠两端，三心二意。

灭了杨素满门，砍了李子雄一门，皇帝杨广乐观地认为，一切就此结束了，然而恰恰相反，所有的一切才刚刚开始。不久，杨玄感的智囊李密在押解的途中逃脱，正是他，让隋末的农民起义烈火烹油！

第八章　几家欢乐几家愁

李渊的机会

有人欢喜有人忧，有人欢乐就有人愁，随着杨玄感的覆灭，清算杨玄感党羽的工作随之展开。在这个多事之秋，有一个人渐渐得到了皇帝的信任，这个人就是本朝表哥李渊。

李渊在外放任上顺风顺水，先后出任过谯、陇二州刺史，杨广继位后他又先后任岐州刺史，荥阳、楼烦太守。按照隋朝官制，岐州、荥阳都是上等的大郡，仅次于大兴、洛阳、江都这样的特别郡，李渊能做到岐州和荥阳的太守，说明表弟杨广对他还比较信任。

然而表兄弟之间的信任并没有维持多久，在李渊出任荥阳太守后不久，他就被调任到了楼烦，从一个发达大郡一下调到了一个偏远小郡，说明表弟杨广开始不信任他了，而李渊的宦海生涯似乎也到了头。在这段时间里，李渊一直很郁闷，天天生活在朝不保夕的日子里，他始终不明白，为什么表弟会把他从大郡荥阳调到偏远的楼烦？

其实什么都不为，只因为杨广的猜忌心。忌妒是杨家女人的天性，而猜忌是杨家男人的天性。李渊的妻子窦氏曾经劝李渊送皇帝几匹马，李渊摇摇头拒绝了，他知道皇帝杨广的猜忌并不是几匹马可以去除的，他所能做的只能是听天由命了。

后来，李渊被皇帝调回京城大兴，先后出任殿内少监（宫廷供应部副部长）、卫尉少卿（军械供应部副部长），跟以前地方大员的身份相比，现在的角色相当于宫廷打杂。人生的落差巨大，然而李渊也只能坦然面对。在他看来，假如你无力改变生活，那么不妨换一个角度，学会享受生活。

几年的宫廷生活下来，李渊适应了混在宫内的日子，如果不是杨玄感谋反，混子李渊可能会继续混下去，而现在日子混不下去了，杨广要起用他。

在清算杨玄感余党的过程中，杨广认定弘化郡留守元弘嗣是叛徒斛斯政的亲戚，既然是亲戚那就是同党。盘算了一圈身边的人，杨广悲哀地发现，值得他信任的人根本没有几个，没有办法，只能起用那个长得像老太太的李渊了。

为什么说李渊长得像老太太呢，这里面有一个典故。

李渊正跟其他大臣一起朝见皇帝，杨广也很平易近人地跟大家聊天。大家说得兴起，突然杨广死盯着李渊看，李渊顿时被他看得发毛，以为有什么大事要发生，朝廷之上顿时安静了下来。突然杨广大笑了起来，指着李渊大声说，"阿婆目"，意思说李渊的脸长得像老太太。

当时李渊的皮肤有些松弛，可能是因为饮酒过多。皇帝一笑，大臣们也跟着笑了起来，叫了起来，自此"阿婆目"的外号就一直伴随着李渊，一直伴随到他登基称帝。后世很多人怀疑李渊的能力，部分原因可能也跟李渊长得像老太太有关。

现在"老太太"李渊终于枯木逢春，杨广派他前往弘化郡逮捕元弘嗣，就地接替元弘嗣的弘化留守职位。弘化留守权力非常大，辖区下辖潼关以西的一十三个郡，这一十三个郡的军队全由李渊指挥。这样李渊的身份就从一个宫廷打杂变成了大军区司令，久违的春风得意终于又回来了。

上任伊始，李渊继续了自己的好人缘，很快就跟当地的官员和将领打成一片，然而屁股还没坐热，皇帝杨广的命令又来了：就地免去弘化留守职位，回京复职。得，做梦娶媳妇，醒来都是梦。

然而，事情一旦开头就不会结束，尽管杨广对李渊还是猜忌，但形势的恶化已经不容许他继续猜忌下去。两年之后杨广还是再次起用李渊，等待多年的李渊终于等到了机会。

机会本无所谓有，也无所谓无，只要肯努力，总会有机会。

匪，越剿越多

静下心的杨广准备关注一下国内的剿匪大业，在他看来，剿匪不过是走个过场而已，以政府军的雄壮，拍打几只苍蝇绰绰有余。然而令他没有想到的是，几轮拍打下来，苍蝇非但没有减少，反而越来越多，这究竟是为什么呢？

为什么？方法不对！

杨广先后派出了三路人马，一路由左屯卫大将军吐万绪和光禄大夫鱼俱罗率领，一路由右候卫将军冯孝慈率领，另一路由心腹爱将、江都郡丞（扬州政府办公厅秘书长）王世充率领，结果三路人马，一路惨败，两路惨胜。

惨败的一路由右候卫将军冯孝慈率领，他惨败得很彻底，自己兵败被杀；惨胜的两路是吐万绪和王世充，尽管都是惨胜，然而过程完全不同，吐万绪一路用的是力，王世充一路用的则是诈。

吐万绪和鱼俱罗都是久经考验的大将，吐万绪南下平过南陈，北上征讨过杨谅，跟随皇帝杨广讨伐过高句丽，总体来说，是一个能力过硬、组织信赖的大将。

吐万绪的大将生涯比较坎坷，之所以遭受坎坷是他的人品比较好。大业三年，大将贺若弼因妄议朝政遭遇谗言，无奈之下贺若弼拉着吐万绪为自己做证，于是正义的吐万绪用自己的人格担保：贺若弼清白，应该无罪。这次做证没有保住贺若弼的命，却罢了吐万绪的官，后来几经周折才重新获得杨广的信任。

鱼俱罗也是一员猛将，长得很有特点，史载，"目有重瞳"，就是说一般人眼睛只有一个瞳孔，而他比较特别，一只眼两个瞳孔。在中国历史上长相如此奇特的还有两个名人，一个是舜，一个是项羽，因此从长相上看，鱼俱罗就是个狠角色。

这个狠角色，"身长八尺，膂力绝人，声气雄壮，言闻数百步"，隋唐名将中绝对能排上号，在某个版本的"隋唐十八名将"中，鱼俱罗榜上有名！而在隋与突厥的边塞上，鱼俱罗更是成名已久，在这个地方，突厥人不怕死神，却怕鱼俱罗，没有一个突厥人能说清鱼俱罗长得什么样，因为见过他的突厥人都死了。在突厥妇女哄孩子很好哄，只要说一声"鱼俱罗来了"，孩子立刻吓得乖乖睡觉，比催眠曲管用一百倍！

吐万绪和鱼俱罗接受命令后不敢含糊，与农民起义军连续对阵一百多天，战果也很明显，久经考验的政府军打得农民起义军没有还手之力。吐万绪的队伍连战连胜，所向披靡，按说这样的形势非常喜人，然而吐万绪和鱼俱罗很快发现了问题：匪不是越来越少，而是越来越多。

每次政府军进攻，农民起义军就四散逃去，政府军一走，农民起义军就回，而且漫山遍野，即使每次大开杀戒，下一次再去，农民起义军比上一次还多，杀都杀不完，杀到政府军已经筋疲力尽，农民起义军还是人声鼎沸。慢慢地，吐万绪和鱼俱罗发现，如此剿匪不是往烈火中泼水，恰恰相反，泼的全是油。

既然火一时半会儿灭不了，吐万绪请示皇帝，请求全军休整，让砍人砍累了的士兵休息一段时间。然而这个人性化的请求并没有得到皇帝的批准，反而受到了皇帝的责难："不抓紧砍人，朕就砍了你！"

没有办法，吐万绪只能率领全军加班加点剿匪，加班加点砍人。就在全军上下一心、齐力剿匪的时候，光禄大夫鱼俱罗有了活心眼。

原来鱼俱罗跟吐万绪一样，早就看出剿匪战役将会很漫长，没有一两年根本就剿不完，这样下去什么时候是个头呢？想到儿子们还在东都洛阳，如果将来民变无法控制，道路不通，儿子们可就生死不保了。于是鱼俱罗动了活心眼，想把儿子们接到身边，以后万一剿匪不利，皇帝追究下来，全家一起出逃也比较方便。

在鱼俱罗的安排下，他的家仆奉命前去东都洛阳接鱼俱罗的儿子们，同时办了点小事，什么小事？

事也不大，也就是倒卖了几船军粮！当时东都缺米，米价居高不下，反正军粮放着也是放着，追求利润的鱼俱罗就顺便倒了几船米！

鱼俱罗算盘打得精，也没有杨广的算盘精，他的一举一动全在皇帝的掌控之中。在这个敏感的时刻，鱼俱罗居然派人接家属，而且倒卖军粮，分明是居心叵测！

皇帝怒发冲冠，后果自然很严重，盛怒之下杨广下令斩鱼俱罗，召吐万绪面见训话。

吐万绪接到诏书，胆已经被吓破，他知道皇帝的肚量，也知道皇帝的手段，这次面圣会是什么结果呢？会不会落得跟杨积善一样的下场呢？

　　吐万绪用行动证明，人是可以愁死的。在从前线返回大兴面圣的路上，吐万绪忧愁悲愤，于半路上病逝，说白了，是被皇帝的诏书给愁死的。看来，想当杨广的手下，心理素质一定要过硬。

　　鱼俱罗被斩，吐万绪病逝，这一路政府军的剿匪虽然获胜，也只能算是惨胜。

　　吐万绪的这一路已经指望不上了，杨广又派出了他的心腹爱将、江都郡丞王世充。

　　王世充，其实不姓王，就跟安禄山其实不姓安一样。王世充的祖上其实是西域人，本姓支，祖父支颓耨早逝，祖母就带着他的父亲改嫁到了霸城的王家，因此本来应该姓支的王世充就姓了王。

　　王世充这个人非常聪明，涉猎经史，泛读兵法，还会占卜算命。大业中，王世充混到了江都郡丞兼江都宫监的职位，从而与杨广有了近距离接触。江都宫监用现在的话说就是扬州国宾馆总经理，职务之便使王世充有了在杨广面前表现的机会，结果聪明的王世充很得杨广赏识，剿匪的重担也就落到了他的肩上。

　　同吐万绪用蛮力不同，王世充用的是诈。

　　王世充调动江南淮南军队数万人再去攻打农民起义军，结果还是政府军大胜，反政府武装惨败，四散逃去。取得大胜的王世充并不满足，他还要一网打尽，只有一网打尽，他才能获得杨广的充分信任。

　　王世充召集最先向他投降的起义军士卒，大家一起在佛像前盟誓，王世充发誓对起义军一律从宽处理，既往不咎，只要放下武器，政府还当大家是黎民百姓，给大家一条生路。得到这个利好消息，四处跑路的起义军士兵不跑了，准备改行当海盗的也不改行了，毕竟只要有条活路，谁愿意往死路上走呢。

　　消息越传越开，向王世充投降的起义军士兵也越来越多，大家都相信这个王大人跟以前的官员不一样，会给他们一条活路。

　　按照王世充的安排，投降的起义军士兵被集中到了一个叫黄亭涧的地方，已经投降的起义军士兵以为只是办一个投降仪式，再看看黄亭涧这个地方，两边道路都是通的，应该是条活路。

　　然而几分钟之后，活路变成了死路，王世充的士兵迅速封锁了四周，然后开始屠杀起义军士兵。

砍杀过后，三万多投降的起义军士兵变成了三万具仍带有余温的尸体。

王世充虽然使诈成功，然而对于隋朝而言是惨败。自此，政府在起义军眼中再无信任可言，招抚已经成为不可能完成的任务，匪越剿越多。

民心可用，但民心不可欺！

强弩之末，再战辽东

尽管国内的剿匪大业还如火如荼，皇帝杨广的精力已经游移，在他看来，匪终究成不了气候，有聪明的王世充在那顶着，剿匪只是时间问题。皇帝精力游移，再一次游移到了辽东。对于辽东，他一直有个心结，在他的脸上始终有三个字：不甘心。

想想也是，前两次征辽东都是因为各种问题无疾而终：第一次是因为宇文述、于仲文上了人家的当；第二次是因为杨玄感在后方造了反。这两次失败让杨广始终不甘心，所以他还要进行第三次。杨广用他的行动证明，人可以被同一块石头绊倒三次。

大业十年（614年）二月三日，皇帝杨广下诏，命文武百官会商征讨高句丽事宜。诏书一出，满朝沉寂，一连几天都没有人提征讨的事情，甚至连"高句丽"三个字都不提。谁都知道，此时的皇帝已经成了一根筋的疯驴，谁不识趣拦他，那是找踢外加找灭门。

沉默了十几天，皇帝杨广一看，没有人表示反对，那就是都同意了！二月二十日，杨广下诏，全国紧急动员，再征辽东。

杨广一路向北，手下的士兵却一路向南，不断地逃跑，前两次已经有三十多万人战死沙场，天知道这一次又会有多少人战死异国他乡呢？尽管皇帝杨广象征性地斩杀了一批逃跑的士兵，希望杀鸡给猴看，结果鸡杀了，猴却跑得越来越多。

七月十四日，杨广抵达了怀远镇（今辽宁省辽中县），从这里再往东就是高句丽地盘，三征辽东大战如箭在弦。

从十三岁出任晋王以来，杨广南征北战已经有三十三个年头了，对于带兵出征他从来没有含糊过，这一次似乎与以往不同。以前大隋的军队都是士气高涨，阵容整齐，这一次却给他杂乱无章的印象。在行军路上零零散散跑掉一部分，而由于各地民变的阻隔，还有一大部分应该出征的军队没有赶到怀远镇，即使赶到的士兵，士气也非常低迷，这是为什么呢？难道他们不想建功立业吗？杨广摇了摇头，他想不明白。

三征辽东的计划跟以往一样，采取两路进发战略，一路大军从怀远镇出发一直向东，一路大军由来护儿率领从山东莱州出发，在辽东半岛的毕奢城（今辽宁省大连市）登陆。来护儿大军在毕奢城没有受到多大抵抗，全军很快向北推进，一直推进到鸭绿江边，按照战略部署，这一路大军将渡过鸭绿江直逼平壤。

来护儿大军驻扎到鸭绿江边，高句丽国王高元终于撑不住了，前两次交战都是侥幸获胜，然而事不过三，以高句丽的弹丸之地对抗隋朝，实在力不从心。既然隋朝皇帝只是想要一个面子，那就给他一个面子：高句丽主动请求投降。

七月二十日，高元派使臣前往隋东征军大营请求投降。为了表示高句丽百分之百的诚意，他们还给皇帝杨广带了一件礼物，这个礼物是个活人，这个活人的名字叫作斛斯政，原隋朝兵部侍郎。

看着高句丽国的投降书，再看看他们的礼物——斛斯政，皇帝杨广紧皱几年的眉头终于舒展了，折腾了这么半天不就是等高句丽的投降书吗？有了这道投降书，自己就能超越自己的父亲，站在巨人的肩膀之上。

接受投降书后，皇帝杨广也拿出了自己的诚意，派人通知已经到了鸭绿江边的来护儿，"哥几个都回吧，高句丽投降了！"

然而，"高句丽投降"这样的说辞骗骗杨广还可以，骗来护儿这样在战场上九死一生的大将就差了点意思。在来护儿看来，这不过是高句丽的缓兵之计，日后必定还会反复，怎么能轻易接受他们的口头投降呢？

来护儿坚持全军渡过鸭绿江挺进平壤，然而部将们全部反对，一是如此孤军深入没有取胜把握，再者这么做是违反皇帝命令。既然皇帝想要和平，那做属下的还是跟着享受和平吧。其实两条理由都是说辞，最根本的原因是大家都已经厌战，前两次失败的阴影还在眼前徘徊，何必再去找第三次呢？

在部将们的一致反对下，少数派来护儿只能服从大多数的意见，既然皇帝说撤，那咱就撤。

此时的隋朝和高句丽都已经到了强弩之末，如同两个体力耗尽的拳击手，任何一个人只要举起拳头就可以把对方击倒，只可惜双方都再也没有举起拳头的力气。

八月四日，皇帝杨广下令班师回朝，三征辽东干打了两声雷，下了几滴雨，以高句丽口头投降收场。在班师路上，皇帝杨广心情很好，在他看来，他已经完成了媲美汉武大帝的功业，即便没有在高句丽直接设置郡县，但这同样是了不起的战绩，一个足以告慰祖庙的战绩。

十月二十五日，杨广回到大兴，把高句丽使节和斛斯政都送到祖庙，以此告慰祖先：后人杨广终于做到了前人没有做到的事情，大隋终于把高句丽"打败"了。

此情此景，杨广有些熟悉，恍然间他又回到了二十五年前，那一年也是在这里，他向祖庙献上了南陈的亡国君臣。那一年他才二十岁，风华正茂，而今他已经四十五岁，白发出现，真是岁月无情催人老。

皇帝杨广的好心情没有维持多久，不久他下诏要求高句丽国王高元到大兴朝见，然而这次诏令迟迟没有得到回音。原来杨广的诏书早已被高元扔进了垃圾堆，"投降"，那就是逗你玩！

这年头什么都是假的，烟是假的，酒是假的，连投降都是假的。

王八倒是真的，可还叫一个倒霉名字，"甲鱼"。

第九章　一地鸡毛的日子

历史上的小人物

大业十年（614 年）的大事就是三征辽东，受骗而终，而在大事的背后，有两件小事。这两件小事很小，小到几乎无人提起，这两件小事却又很大，大到让人感慨历史的造化。

第一件小事：剃度。

杨广一方面是大隋的皇帝，一方面是虔诚的佛教徒。在这一点上，杨家是有传统的，隋文帝杨坚就是在寺庙里被一个尼姑养大，并不是因为经济问题，而是传说他小时候就被认定"贵不可言"，所以需要在一个特殊的地方养大。有一次他的生母来看他，他的头上长出了犄角，吓得母亲一失手把他摔到了地上，这时看养他的尼姑进来了，抱起杨坚说："已惊我儿，致令晚得天下。"（忽悠，接着忽悠！）

同父亲一样，杨广也是虔诚的佛教徒，公元 591 年，他在江都给一千名南方僧人设立斋席，斋席之后，他跪受当世高僧、天台宗四祖之一的智顗为他做的居士"佛戒"，并接受佛号：总持菩萨。

在杨广的影响下，隋朝每隔一段时间就要以国家的名义剃度一些和尚。被国家剃度的和尚不是一般的和尚，而是享受国家待遇的和尚，也可以说是国家级的储备大和尚。

公元 614 年，皇帝杨广下令，在洛阳剃度二十七个和尚，这二十七个和尚在剃度后将享受国家供养的待遇，也就是说国家出钱供你学习研究佛法。

为了争取这二十七个名额，想要出家的人竞争得水深火热，经过海选，被认定为成绩优秀的还有数百人。这时候一个十三岁少年掺和了进来，他也想竞争那二十七个宝贵名额。由于十三岁的年纪实在太小，那数百个成绩优秀的还筛选不过来，谁还顾得上这个十三岁的黄口少年呢？

然而少年并不灰心，就在复试考场的大门口等，一直等到了主考官，隋朝大理寺卿郑善果。

少年迎上郑善果，阐述了自己想要剃度的想法，郑善果看少年眉清目秀，眉宇之间有一种常人没有的超然与淡定，于是耐着性子跟少年对话，时不时地抛出几道问题，而少年应答如流。

郑善果问少年为什么要学习佛法，少年说："意欲远诏如来，近光遗法。"此言一说，郑善果频频点头，一个十三岁的少年能有如此远大理想，他日必有所成，此人定是"释门佛器"。

有的时候改变命运的就是因为一句话！

在郑善果的建议下，十三岁少年被破格录取，成为享受国家待遇的剃度僧，郑善果为少年起了一个法名，"玄奘"。（玄奘剃度也有一说是在 612 年。伯乐就是郑善果，这一点没有异议。）

"玄奘"俗姓陈，名祎，出生于河南洛阳洛州缑氏县（今河南省偃师市南境）游仙乡凤凰谷陈河村，祖父和父亲都是博学多才的知识分子。玄奘出生时，母亲梦见一个白衣法师向他辞行，母亲对他说："你是我的儿子，要到哪里去？"白衣法师说："为了求法，要西行！"看来玄奘法师就是为了西行而生。

玄奘法师十岁的时候父亲与世长辞，玄奘从此跟随早已出家的二哥（法号长捷）在洛阳寺庙里做少年行者，到皇帝杨广下诏剃度的时候，玄奘法师就去争取剃度名额。

历史有时候就是这样的奇妙，如果没有大理寺卿郑善果的慧眼识珠，恐怕世间只有陈祎，再无世人口口称颂的玄奘法师。

从隋唐两朝传承来看，玄奘法师可以说是"隋朝出生，唐朝成长，隋朝的供养造就唐朝的高僧"。从另外一个角度讲，也可以说是杨广栽树，唐太宗和唐高宗乘凉。

在国家的供养下，玄奘法师勤奋用功，废寝忘食，不久就能开坛讲座。后有感于隋末唐初民间诸多苦难，又偶遇印度高僧讲述那烂陀寺讲学的盛况，于是有了西行的求法。值得一提的是，玄奘法师西行并没有得到官方认可，并不像《西游记》里所说受唐太宗委托，实际上他是在申请不下签证的情况下，混在西行逃荒的灾民之中蒙混过关，历尽磨难到达那烂陀寺。

不知道日后佛法有大成的玄奘法师是否还会记得当年那个伯乐，不知道他是否还记得那个伯乐的名字叫作郑善果？

郑善果本人也算是种善因，得善果，母亲被载入《隋书》作为教子良母的典范，他本人先后事隋、宇文化及和唐朝，后在唐朝为官，得享天年。能在一个乱世中有这样的结果，也算善果。

说完了第一件小事，再来说第二件小事，这件事情也很小，小到只是一次极为普通的对话。

这次对话的双方是皇帝杨广和太史令（天文台长）庾质，他们的对话已经有过多次了，只是这一次更加不同。

一征辽东时，杨广就跟当时下放当甘肃合水县令的庾质有过一次对话，庾质的看法是皇帝应该坐镇涿郡，放手让大将们随机应变，这样即使失败，也不损皇帝英名。（第一回庾质胜！）

二征辽东，庾质依然坚持自己的观点，杨广却回答：我亲自去还没取胜，我要不去，更没指望了。（第二回庾质胜！）

杨玄感谋反之后，杨广又一次咨询庾质，杨广认为杨玄感很聪明，平叛恐怕很难。庾质摇摇头："玄感地势虽隆，德望非素，因百姓之劳苦，冀侥幸而成功。今天下一家，未易可动。"（第三回庾质胜！）

第三次征辽东，满朝文武不敢说话，庾质也不敢去触霉头，没有表态。（第四回双方0∶0战平）

然而到了大业十年的十二月，君臣之间又有了一次对话，这一次主要是庾质说，皇帝杨广支着耳朵听。当时杨广准备前往东都洛阳，随后北巡，满朝文武再次集体失语，只有庾质站出来说了实话，价值无法用金钱衡量

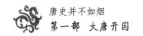

的实话。

庾质说："比岁伐辽，民实劳敝，陛下宜镇抚关内，使百姓毕力归农。三五年间，令四海少得丰实，然后巡省，于事为宜。陛下思之。"金玉良言，一顶一的金玉良言，如果杨广听得进去，隋朝的国运绝不会那么短，长得像老太太的李渊也未必有机会，只可惜，皇帝一点也没有听进去。（第五回合庾质狂胜！）

尽管对皇帝杨广保持着四胜一平的好战绩，庾质并没有得到任何奖赏，反而得到了灭顶的牢狱之灾。事情的起因很细小，只是一次装病。

杨广于十二月九日启程前往东都，按照规定，太史令庾质应该伴驾随行，庾质就在这个节骨眼上装起了病。古往今来，大凡有才的人必定很有性格，庾质就是这种有才有性格之人，既然皇帝听不进去劝告，那伴驾东游还有什么意义呢？

庾质装病，杨广心里顿生厌恶，敢跟朕耍态度，抓起来，跟着走！

装病的庾质自此被拘押起来，跟随皇帝一直走到了东都洛阳，到了洛阳别的官员都安顿了下来，该回家的回家，该住宾馆的住宾馆，庾质却被送进了监狱。由于皇帝事情实在太多了，把他扔进监狱的杨广再也没想起还有庾质这个人。庾质从此过上了没有刑期、没有盼头的牢狱生活。

在暗无天日的等待中，庾质病死于狱中，一个对皇帝说了无数实话的天文台长就这样结束了自己的一生。假设杨广能够采纳他的意见，那么历史将有可能完全改写。

湖南岳麓书院有一副对联，"惟楚有材，于斯为盛"。实际这副对联是从不同的典故中抽出来的，"惟楚有材"出自《左传·襄公二十六年》，原话是"虽楚有才，晋实用之"。

虽楚有才，晋实用之，这样的话同样可以用于隋唐两代，"虽隋有才，唐实用之"。杨广的治下不是没有人才，而是杨广缺乏发现人才的眼睛和使用人才的度量。

郑善果，庾质，他们都是历史上的小人物，一个发现了举世称颂的玄奘法师，一个向皇帝说了无数的实话，结果他们都在隋朝被湮没。郑善果尚能辗转于唐朝延续自己的宦海生涯，而庾质，著名星象家庾季才之子，却只能无声无息地死于黑狱。人生之起伏，命运之坎坷，只能一声叹息。

隋唐的历史转了个弯

大业十一年，皇帝杨广的巡游还在进行，这一年他东游到了洛阳，北巡到了塞北，隋朝的一切看起来都比较正常。

在这一年里，两户姓李的人家登上了史书，一户被满门抄斩，另一户却为未来的富贵埋下伏笔。被满门抄斩的一户是隋朝明公李穆一家，而为未来埋下伏笔的不是别人，正是被杨广称为老太太的李渊。

这一年三月五日，明公李穆一家被满门抄斩，此时距离李穆去世已经有十九个年头，曾经富贵得让世人感叹的李穆一门自此变成了被人唏嘘的一门。富贵至极时，隋文帝杨坚封李穆为司徒，一门内连正在吃奶的孩子都授予五品官，一门上下五品以上的官一百多人，基本上是每个人头上都有一顶官帽。

李穆一家被满门抄斩的真正原因一直有争论，有人说是因为隋文帝杨坚的那个梦。这是个什么梦呢？

据说隋文帝杨坚曾经梦到大兴城被洪水淹没，醒来后吓出了一身冷汗，所以就有了在故长安城边上另选新址建大兴城的举动。后来有人把这个梦与人名联系了起来，名字里带水的就成了重点怀疑对象，而李穆的孙子李敏乳名叫洪儿，名字里带水，李穆的儿子李浑当时正担任右骁卫（天子十六禁军第九军）大将军（正三品），位高权重，名字里也带水，而且符合街边流言"李姓将当皇帝"。几个条件一综合，不斩李浑一家更待何时，因此李浑、李敏就被控告谋反，全家三十二人全部被斩。

在我看来，说李浑被斩是因为"名字带水而且姓李"可能是李渊登基之后附会的说法——前朝斩了半天"名字带水而且姓李"的也没有斩到我，说明我李渊有天命。值得一提的是，李渊登基之后还隆重地追封了李浑一家，言下之意是，"感谢兄弟为我顶了雷"！

其实李浑一家被斩的起因很简单，就是李浑不按合同办事，严重违约！

李穆去世之后，嫡孙李筠继承了爵位，这让做叔叔的李浑闷闷不乐，再加上李筠刚刚继承爵位就得意忘形，对叔叔们也不够尊重。粗人李浑就派侄子李善衡把李筠做掉，然后嫁祸给一个堂弟，并迅速杀了这个堂弟灭口。

李筠死了，爵位又空置了下来，李浑开始积极运作，找谁合适呢？他想到

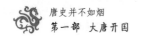

了一个人，自己的大舅哥宇文述，他可是太子杨广面前的红人。

李浑找到了宇文述，郑重承诺：假如爵位由我继承，每年拿出一半的采邑田赋税收给你。无利不起早的宇文述觉得有利可图，再加上李浑是自己的妹夫，于是委托杨广帮李浑争取到了爵位。

继承爵位的头两年李浑还是重合同守信用的，每年都按时按量地把承诺的那一半转给了宇文述。然而两年下来，李浑开始不乐意了，凭什么自己家的收入白白让宇文述拿走一半呢？

想来想去，李浑非常不平衡，再加上他本人在朝中步步高升，见了宇文述不再低一头，于是承诺中的一半收入就没有了下文，这一下亲戚就变成了仇人，尽管没有撕破脸，但宇文述在心中暗暗发誓：走着瞧。

等到李浑出任右骁卫大将军时，皇帝杨广对李浑已经有所猜忌，再加上有杨玄感的例子摆在前面，猜忌成性的杨广对李浑的厌恶已经开始慢慢积累。此时，街边流言也开始论斤称，"名字里带水的对皇帝不利""姓李的将当皇帝"。虽然说流言毕竟是流言，不过一旦皇帝信了流言那就不再是流言，而是流感，不治可不行。

"位高权重，位置敏感，符合流言，皇帝猜忌"，有了这四条，宇文述的大仇就可以报了，在那个年代捏造个造反的罪名太容易了，说你意欲谋反，这就足够了。请注意是"意欲"，并不要求有事实，至于到底有没有"意欲"，那就是天知道了。

按照皇帝杨广的指示，宇文述将李浑一家老小都下了大狱，虽说诬告他们谋反就可以了，但毕竟得有证人证言，总不能在大街上随便拉个人就来指认李浑一家谋反吧。将李浑的一大家排查一遍，宇文述找到了突破口，就是李敏的妻子，前朝公主宇文娥英。

宇文娥英是北周皇帝宇文赟和皇后杨丽华的女儿，也是隋文帝杨坚的亲外甥女，长大后嫁入当时恩宠无边的李穆一门。这次全家都下了大狱，宇文娥英也不能幸免。就在宇文娥英孤立无助的时候，宇文述来了，他是来给宇文娥英指一条"明路"的！

宇文述忽悠宇文娥英说："你丈夫一门谋反已经查实，皇上肯定要诛杀他们，谁也救不了，但你不同，你是当今皇上的亲外甥女，你只要坦白，还愁没有好日子过，嫁不到好人家吗？毕竟皇上是你舅舅啊！"

宇文娥英一头雾水，不明就里，只能对宇文述说："我实在不知道，拿什么坦白呢？"

看着宇文娥英已经上钩，宇文述开始启发她："你就说他们叔侄俩策划过谋反！"

在宇文述的教导下，宇文娥英写好了一份符合规定的揭发状，称李浑与李敏叔侄二人曾计划在杨广渡辽河时率领李氏子弟攻击皇帝御营，事成之后由李敏当皇帝（乳名里有水，而且姓李）。

明明是条死路，宇文娥英却以为是条活路。拿到揭发状后，杨广怒发冲冠之后又感动得流泪。怒的是李浑、李敏的恶毒，感动的是宇文述的"忠诚"，由此可见杨广的智商已经直线下降。

一纸揭发状让李浑一家灭了门，也毁灭了宇文娥英自己的幸福。数月后，宇文娥英被毒死，杨丽华唯一的血脉就此终结。

想想宇文娥英这一辈子也挺可怜的，有一个爹，是暴君（宇文赟）；有一个姥爷，是野心家（杨坚）；有一个舅舅，是六亲不认（杨广）；有一个丈夫，名字起错了（李敏乳名洪儿）；有一个长辈，却是个忽悠（宇文述一家侍奉宇文泰，随主人姓了宇文，按照辈分，宇文述是宇文娥英的长辈）。

一个李姓灭了门，另一个李姓却迎来了崛起的契机，这个幸运的李姓就是李渊。其实李渊在大业九年得到过重用，那一年他奉命去弘化郡逮捕留守元弘嗣，然后就地代理留守职务。只是皇帝对他依然有所猜忌，不久就让他回大兴继续担任卫尉少卿，这一待又是两年。

在这两年里，形势又发生了变化，李浑一家被满门处斩了，吐万绪愁死了，狠人鱼俱罗也被满门处决了，皇帝杨广信得过的人扳着手指头就能数过来。数来数去，还只有那个长得像老太太的表哥靠得住。

处决完李浑一家后，皇帝杨广任命李渊担任山西河东慰抚大使，辖区范围包括现在整个山西省。在这个区域内，李渊全权代表皇帝任免郡县官员，从此山西就是李渊的地盘。

接到任命，李渊心里狂喜，毕竟自己不当老大很多年了，能到山西这么大的地盘上当老大，这个馅饼的分量实在太足了。

或许正是在得到这个任命之后，老实人李渊的心眼动了，因为古往今来山西在王朝的格局中都占有极为重要的地位，尧帝在这里建立唐国进而得到天

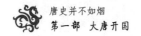

下，"五胡乱华"时期谁得到了山西谁就有望进而夺得天下。如此敏感一个地区，杨广却偏偏给了李渊，或许就因为李渊是本朝表哥，而且这些年当殿内少监和卫尉少卿都是兢兢业业，交给他总比交给别人放心。

自此隋朝的历史开始转弯，隋朝日薄西山，唐朝已在酝酿之中。

第十章　民心渐失，军心已远

雁门，梦碎的地方

如果两个李家的兴衰是隋朝转弯的开始，那么"雁门之围"就是隋朝转弯的加速。正是"雁门之围"摧毁了皇帝杨广的雄心壮志，一个自信满满的皇帝从此变得意兴阑珊，隋朝国运急转直下。

天欲取之，必先予之，虽然这一年发生了"雁门之围"，然而这一年还是有祥瑞的。

这一年，亲卫府指挥官高德儒率领十几人奏报杨广，声称在洛阳宫城东南的金殿之前亲眼所见，有鸾凤落过。杨广一听，大喜过望，"鸾凤降临"那是吉兆，象征江山永固，千秋万代，这可是大大的祥瑞！

兴奋之余，杨广擢升高德儒为朝散大夫，级别由正六品升为从五品，另赏绸缎一百匹，另外参与汇报者统统有赏。赏赐完毕，杨广下诏，在鸾凤落脚之处兴建仪鸾殿，希望吉兆永驻。

鲁迅先生说过，世上本没有路，走的人多了也就成了路。祥瑞也是一样，世上本没有祥瑞，说的人多了也就成了祥瑞，杨广的这次鸾凤祥瑞也就属于这一种，属于炒作的祥瑞。

根据我的分析，高德儒看到的肯定不是鸾凤（世上根本没有鸾凤这种鸟，是中国人臆想出来的），很有可能是洛阳西苑散养的孔雀，高德儒他们是把孔

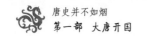
雀当成了鸾凤，经过炒作就成了举国庆祝的"鸾凤降临"祥瑞。

然而上小学的时候老师都教导过我们，"撒谎不是好孩子"，列宁承认自己打碎过花瓶，华盛顿承认自己砍过樱桃树，所以一定要做诚实的孩子。

按照诚实的标准，高德儒就不是一个好孩子，而坏孩子一定会遭到报应的！两年之后，一个叫李世民的老师给了高德儒一个终生难忘的教训——斩立决，理由就是"把野鸡当鸾凤欺骗皇上"。当时李世民攻下了不听指挥的西河郡，全郡上下好几万人，李世民偏偏就斩了高德儒一个，他是要用这个人的人头告诉全国的老百姓：撒谎不是好孩子。

孔雀？野鸡？鸾凤？皇帝杨广已经分不清了，他也不准备分清，只要他认为是鸾凤，那就是鸾凤。

有鸾凤祥瑞映衬，皇帝杨广巡游四方的脚步没有停止，公元615年的八月五日，杨广出塞向北巡视。令他没有想到的是，一个久违的老朋友正在塞外等着他，这个老朋友就是东突厥始毕可汗阿史那咄吉。

前面我们已经说过，裴矩试图采用分化的方式瓦解东突厥，然而被始毕可汗阿史那咄吉识破，因此裴矩提出的"以突厥打高句丽"的狗咬狗计划没能实现，最后只能是杨广亲自上阵，三征辽东，结果三次都以失败告终。

在杨广征高句丽的同时，背后有一双眼睛始终在盯着他，这双眼睛属于始毕可汗。三征高句丽隋朝损兵折将，三征高句丽隋朝国内民变四起，现在东突厥与隋的实力对比已经悄悄发生变化，双方也到了掰掰手腕的时候。

八月八日，杨广继续前行，此时他接到堂妹义成公主的线报：阿史那咄吉集结骑兵数十万，很有可能对皇帝不利。接到线报，杨广不以为然，以大隋军队的雄壮还怕小小的突厥不成？不管它，继续前进！

八月十二日，皇帝杨广抵达雁门郡，一切正常，杨广若无其事地笑了。

八月十三日，始毕可汗阿史那咄吉突然出现，包围雁门郡，一切不正常了。雁门郡治下四十一个城池被打下了三十九个，只剩下雁门郡和崞县还在坚守。原本杨广还指望次子杨暕能从崞县赶来救驾，现在看来不可能了，崞县也被包围了。

此时雁门郡城内共有军民十五万人，而粮食仅仅够维持二十天，二十天后即使城不破，十五万人也得饿个半死，怎么办呢？

士兵们开始拆民房构筑城防工事，高层们则正在进行紧张的讨论。形势越来越危急，之前的一次进攻，已经有冷箭落到了皇帝杨广的脚下，皇帝都不安全了，谁还能安全呢？

宇文述率先表态：集中数千精兵拥簇皇帝突围，这个馊主意刚出就被纳言苏威给否决了："守城我们的力量足够，而以骑兵突围正是突厥的强项，皇帝是万乘之主，怎么能如此盲动？"

民部尚书樊子盖也支持苏威的观点，皇帝身处险境不能有侥幸心理，万一突围被擒，后果不堪设想，眼下，只要皇帝宣布不再征高句丽，能对守城将士大加赏赐，雁门郡自会固若金汤。

苏威和樊子盖说的都有道理，但他们立足的都是守，万一阿史那咄吉迟迟不退兵，就在"沙家浜"扎下了怎么办？他那边后勤供应简单，喝点马奶、羊奶一天就过去了，而皇帝杨广这边可就不同了，这十五万人只有二十天的粮食，二十天后怎么办呢？

就在众人一筹莫展之际，萧皇后的弟弟、内史侍郎萧瑀提到了一个人，让杨广如梦方醒。萧瑀提到的这个人就是杨广的堂妹，始毕可汗阿史那咄吉的皇后义成公主。

萧瑀说，义成公主作为隋朝皇家女儿嫁到突厥当皇后，皇后在突厥很有地位，按照突厥的风俗，皇后有权参加军事会议，也就是说义成公主说话是有分量的。为今之计只能派人去试一试，看看义成公主能否想办法让始毕可汗撤军。

杨广沉重地点了点头，事到如今只能死马当活马医了，试试看吧。

于是杨广两手准备，一方面派密使沿小路到突厥寻求义成公主的帮助，另一方面诏令天下兵马勤王，各郡县官员都有义务组织兵马前往雁门郡救驾。

诏令一出，天下雷动，此时皇帝还是有号召力的，李渊的次子李世民就在这次救驾的军中，这一年他十七岁，隶属于屯卫将军云定兴。

云定兴就是独孤皇后讨厌的太子小老婆云昭训的父亲。杨勇当太子时他天天往太子府跑，杨勇被赐死之后，他有感于自己受杨勇连累，居然在几年后建议杨广除掉杨勇的所有儿子，这样他就跟废太子没有任何关系了（人也能无耻到这个程度）。

虽然初次参军，李世民却已经表现出他的军事天才，他建议云定兴多带旌旗，这样会让突厥误以为救援的兵马很多，晚上再安排人定点敲鼓打锣相互呼应,这样就会让突厥人以为隋朝援军已经源源不断地赶来(吕思勉先生认为,这个情节可能是御用文人们为了拍李世民的马屁杜撰的)。

事实上,隋朝的援军确实源源不断地赶到了,各郡的援军已经赶到了山西忻口,离雁门郡已经近在咫尺。

就在此时,义成公主的假情报也准确无误地送到了始毕可汗的大营中,假情报显示:边境告急,速回!始毕可汗一看,心里有些着急,出来打别人自己家里还告急了,再听探马报告,各路隋军已经云集忻口,这下形势又朝着有利于隋朝的方向发展。

打得着就打,打不着就跑,九月十五日始毕可汗下令,全军撤退。

得到始毕可汗撤退的消息,皇帝杨广来了精神,命令出击,一定要把丢掉的脸面夺回来。当然出击只是一个姿态,此次出击的只有两千骑兵,一路追击,连匹马都没追到,倒是在马邑郡追到了两千多个老弱病残的士兵,估计还是始毕可汗不想要,索性甩包袱遗弃的。

"雁门之围"从八月十三日开始到九月十五日结束,历时一个多月,不知道只有二十天粮草的十五万人是怎么坚持下来的。解围之后每个人都庆贺劫后余生,杨广却在庆贺的同时陷入了深思:为什么贵为天子会这么狼狈?为什么雄心壮志却连高句丽都平不了?以前的雄才大略哪去了?难道这一切是假的?

人这一辈子遭遇挫折并不可怕,怕只怕挫折来得不是时候:年轻时受点挫折并不可怕,哪怕头破血流,却能够愈挫愈勇;进入中年之后,挫折还是少点为妙,因为人已经不起失败。

杨广一路春风得意,没有想到进入四十岁以后却接连失败。三征高句丽失败,北巡遭遇"雁门之围",国内民变弹压不住,文武百官人心思动,以前这些都不是问题,现在却都是问题。

"雁门之围"短短的一个月,然而对杨广的触动非常大,这次被围让他认识到原来自己并不是无所不能,自己似乎也不是雄才大略,媲美秦皇汉武或许只是一个梦。自此乐观激进的杨广变得消极保守,隋朝的历史在"雁门之围"之后大转弯,国运也开始急转直下。当一个人对自己都丧失了信心,那么无论多么大的庞然大物,都会轰然倒塌。

温室里只能长出花朵,永远长不出参天大树。没有经历磨难的杨广遭遇挫折就此颓废，而经历风雨的李渊即将迎来属于自己的彩虹。

大业十一年，看似平淡，隋唐的历史却在这里转了一个弯。

迷途不知返，找不到回家的路

大业十一年九月十八日，杨广从雁门郡抵达太原郡，是从太原直接回大兴，还是先回洛阳再回大兴，文武百官发生了分歧。在纳言苏威看来，大兴是京城所在，关中则是全国大局的棋眼，只有关中这个眼做活了，安抚住了，全国的棋局才能活。事实证明，苏威是对的，跟前太史令庾质的观点一样，他们都知道大兴对于王朝的重要性，杨广却恰恰体会不到。

其实杨广并不是完全体会不到，主要还是大兴这个城市给了他太多的压力。从十三岁封晋王开始，他就离开了大兴，从此对这个城市没有了认同感，而当他镇守江都时，大兴对他而言就是父皇居住的城市，是他的上级城市。每逢听到有使臣从大兴来，他既兴奋，又忐忑，兴奋的是可以趁机在使臣面前好好表现，忐忑的是不知道使臣传达的是好消息还是坏消息。在压力中，杨广度过了十年镇守江都的生活，也正是在那时，他认定大兴不是他的城市。

现在苏威建议直接回大兴，尽管他也知道关中的重要性，但皇帝的心事又有谁能读懂呢？

还是有人能读懂，这个人就是老搭档宇文述。宇文述这个人打仗是个狠人，不过给杨广出的主意一般都是馊主意，别的不说，先看他给杨广出的最后四个主意。

第一个主意：数千骑兵拥簇杨广突围。真要那样，杨广的结局可能就是被东突厥俘虏，想在江都被弑都没有机会。

第二个主意：从太原郡先回洛阳，然后回大兴。自此杨广再也没有回过大兴，再也回不去了，关中的眼没有做活，隋朝的棋局只有等死了。

第三个主意：三下江都。自此全国政局不在皇帝掌握之中，在交通和通信都不发达的隋朝，以江都遥控大兴和洛阳，那是痴人说梦。

第四个主意：请皇帝厚待三个儿子。这个主意使得杨广重新起用宇文化及，并委任为右骁卫将军，正是在这个职位上，宇文化及发动江都兵变，最后弑君。

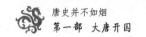

四个主意，四个馊主意，馊率达到百分之百，真可谓"宇文述出品，必是废品"。

在宇文述的建议下，杨广决定先回洛阳，择机再回大兴。

抵达洛阳之后，杨广开始慵懒起来，以前"言必信，行必果"的皇帝变得言而无信，原本在雁门郡做出的承诺基本都不作数了。

按照在雁门郡的承诺，将士们只要认真守城，皇帝全部重重有赏，守城有功的人，无论是平民还是士兵，直接升为六品，赏绸缎一百匹。有功的官员按品级逐级升迁。现在到了论功行赏的时候，杨广却变得小气起来，当时参加守城的士兵总共有一万七千人，全部兢兢业业地守城，杨广却只给了一千五百个嘉奖的指标，嘉奖率居然不到 10%。

就是这一千五百个士兵也没有得到当初约定的赏赐，杨广规定：第一次作战建功的升官一级；原先不是军官的此次只能升为从九品的立信尉（当初承诺是六品）；累计立三次战功的可以升为从八品；参加作战但没有立功的，累计参加四次战役才能官升一级。

本来不能按约升官已经让将士们非常郁闷，令他们更郁闷的还在后面，皇帝居然赖账了！每人赏绸缎一百匹的承诺居然作废了，一千五百人连个布头都没得到！

仅此一项，杨广省下了十五万匹绸缎，却寒了全军的心。民部尚书樊子盖还在坚持给士兵赏赐，被皇帝一句话噎回去了："难道你想收买军心？"

"收买军心"，这顶帽子太大了，樊子盖万万戴不起，只能叩头请罪，仓皇离去。

雁门承诺已成泡影，四征高句丽却又成了皇帝的话题，自此皇帝威信日下，"出尔反尔，言而无信"却成了将士们议论的话题。

士气可鼓不可泄，自此民心渐失，军心已远。

剿匪的 N 种方法

大业十二年（616 年）正月初一，本来应该是个喜庆的日子，然而这一天杨广高兴不起来。按照惯例，这一天全国各郡都应该派代表向皇帝祝贺新年，这一年情况却有所不同，全国居然有二十多个郡的代表没有到。经过调查发现，这二十多个郡的代表分为三种情况：一种是所在的郡已经被乱民占领，压根儿不可能派出代表；一种是贺岁代表在路上已经被乱民杀掉；一种是贺岁代表还被堵在路上，进退两难。

到了这个时候，杨广才意识到国内民变的严重，随即派出十二路特使奔赴各地，督促各地迅速平叛，以维护安定团结的大好局面。

关于平叛，其实有很多种方法，隋朝的官员们也实验了很多种，结果没有一种是真正有效的。

第一种方法：残酷镇压。这个方法吐万绪和鱼俱罗用过，就是用蛮力强势弹压，结果人杀得越多，匪反而越多。民部尚书樊子盖也采用了这种方法，而且比吐万绪他们更绝。吐万绪只打变民，而樊子盖是见人就打。

樊子盖弹压绛郡的变民首领敬盘陀，为了斩草除根，樊子盖不分平民还是乱民，从汾水北岸开始，见人杀人，见村屠村，遇到有投降的，概不接受，就地活埋。本来樊子盖以为，这样可以斩草除根，没想到适得其反，原本造反的只是极少数，现在变成了大多数，整个绛郡遍地都是乱民，数万平叛军队根本无济于事。

第二种方法：镇压与要诈并行。这是王世充的方法，事实证明非常失败，要诈只能侥幸成功一次，第二次就不灵了。

第三种方法：镇压与招抚并用。这种方法还能管点用，不过只能局部成功。在樊子盖剿匪不利的情况下，杨广派出了山西慰抚特使李渊。李渊一接手剿匪，马上采用镇压和招抚并用的方法，一方面对坚持抵抗的乱民残酷镇压，另一方面对已经投降的变民尽量安抚，一手硬，一手软，结果变民陆陆续续前来投降，累计下来居然有好几万人。李渊手下聚集的人多了，乱民头领敬盘陀手下的人就少了。两相对比，敬盘陀吃不消了，索性脚底抹油，到别的郡继续自己的反叛事业，而绛郡在李渊的招抚下恢复了平静。

不过李渊的方法只能在一个郡起作用，并不能推广到全国，原因就在于皇帝杨广并不认可。在杨广看来，天下只分两种人，一种是良民，一种是乱民，良民不能杀，而乱民不能不杀，所以他主张，对乱民一杀到底，越多越好，看谁以后还敢造反。

杨广并不知道，所谓良民与乱民之间其实没有严格的界限，良民可以变成乱民，乱民同样能变成良民，那就是看老百姓能否维持正常的生活。如果百姓还能够维持正常的生活，那么谁都愿意当良民，毕竟没有风险；反之，如果民不聊生，良民就会迅速转化成乱民——反正造反是个死，不造反也会被饿死。

因此历代王朝的皇帝都有条底线，就是要让老百姓维持基本的生活，这条底线也是历代王朝的红线，谁碰到了这条红线，这个王朝的路也就到了尽头。

遗憾的是，杨广恰恰不知道，因此就注定他在歧路上越走越远，不能回头。

从中国大历史的角度看，隋末的农民起义其实完全可以安抚下去，因为杨广有两大优势，一是此时尚能保持对全国的威信，二是隋朝的国库依然充盈。贞观年间，马周上书唐太宗说，隋朝储备的米和布匹至今没有用完，而那时隋亡已经将近二十年。对比唐朝末年对藩镇的无奈，对黄巢的恐惧，杨广所面临的形势好太多了，只可惜被他一一错过了。

虽楚有才，晋实用之；虽隋有才，却不用之。尽管隋朝的国运很短，但隋朝的大臣还是不乏远见卓识的能臣，纳言苏威就是其中的一个，如果杨广能采用他的方法，历史必定要重写。

得知民变四起之后，杨广对民变敏感起来，每天都会追问民变的情况，也会追问到底还剩下多少变民。

大忽悠宇文述为了让皇帝安心，随口应道："应该是逐渐减少。"杨广追问："减少了多少？"宇文述只能接着忽悠："剩下的不到原来的十分之一。"

听到宇文述的回答，苏威在心里痛骂宇文述无耻，不过现在在皇帝面前，还能有什么选择呢？要么说实话，要么说鬼话，要么装聋作哑打死也不说话。

苏威不想触皇帝的霉头，因此挪动步伐，尽量站在柱子后面，好让皇帝看不到自己，这样自己就可以装聋作哑不说话。

然而皇帝还是看到了他："苏威，你来说说，到底还剩下多少？"

苏威一看躲不过了，良心驱使他实话实说："这不是我的业务范围，我不知道到底剩下多少，我只知道变民离我们越来越近了！"

杨广一听，愣了一下："你这话什么意思？"

苏威壮着胆子继续说道："以前他们只在山东邹平闹事，现在已经闹到了河南汜水，难道不是越来越近了吗？"

看皇帝没有反应，苏威接着往下说："从前那些给朝廷缴纳田赋出劳役的平民都到哪里去了呢？是不是都当了乱民？我认为各地报来的变民数字根本不可信，朝廷根据这些数字无法作出准确的判断。再说当初在雁门郡的时候，皇帝已经承诺不再征辽东，而现在又在征集粮草准备再战，这样民变怎么可能停止？乱民怎么可能消失？"

杨广被苏威的话给噎住了，他无法找出合适的语言来辩驳他，只能恨恨地看着他："这老小子怎么把实话都说出来了！"

无数的史实告诉我们，大臣对皇帝不能说太多的实话，否则就会对自己很不利，苏威的遭遇又一次证明了这一点。

这一年五月五日端午节，大臣纷纷向皇帝贡献宝物表达自己的心意，别的大臣送的都是奇珍异宝，而苏威送了皇帝一本书——《尚书》。本来皇帝端午节收礼物也就是图一个高兴，没有指望靠收礼物发财，所以对苏威的小气也没当回事。

然而每个王朝只要有忠臣就一定会有佞臣，两者如同是猫和老鼠，缺了哪一个都不行。有苏威这样的忠臣，就有一些佞臣。看着苏威送皇帝《尚书》，佞臣们开始在这本书上做文章，很快找到了把柄。

《尚书》里有一篇文章题目是《五子之歌》，记录的是夏朝第三任帝姒太康的母亲和五个兄弟在河边唱的五首歌，歌的主要内容是对暴虐的姒太康的一些抱怨和指责。佞臣们就把《五子之歌》与苏威联系到一起，把杨广和姒太康联系到一起，最后得出结论：苏威指责皇帝跟姒太康一样的暴虐，献《五子之歌》绝对是不怀好意。

佞臣们把小报告打到了杨广那里，杨广对苏威的怒气就积累了下来，不是不报，时候不到。

又过了一段时间，杨广命苏威做一份"四征高句丽"的计划书，苏威接过话头，想借此机会让皇帝知道国内的民变到底有多严重。

苏威说，我认为这次征高句丽，朝廷根本不用出动军队，只要皇上下一道诏书赦免全天下的变民，让他们戴罪立功，那么马上就会有数十万的军队。用这些军队打高句丽，高句丽没几天就完了！

杨广一听又扯到了国内的民变上，脸上已经露出了不高兴的神情，苏威见状只能点到为止，告退出宫。

苏威一走，杨广的怒气还没有消，御史大夫裴蕴开始劝慰皇帝："这个人说话实在不靠谱，天下变民哪会有那么多，这不是让皇上操心吗？"此时的杨广长出了一口气："老家伙，我忍他已经很久了，我真想当面抽他一顿！"

话说到这个份上，近臣裴蕴明白了皇帝的意图，不就是整人吗？简单！

在裴蕴的指使下，苏威很快被控告"随意任用官员，临阵畏敌"，有这么几条，苏威就被削去官职，贬为平民。又过了一个月，苏威又被控告，"勾结东突厥"，这可是一顶铁帽子，谁戴上，谁就是铁帽子"亡"。

经过审理，苏威被判处死刑，百口难辩的苏威只能拼命地叩头，一直叩出了血，嘴里反复为自己的罪过向皇帝道歉。

还好，皇帝杨广网开一面，听说苏威认罪态度良好就把苏威给释放了，并让人传话说："不忍心诛杀！"真是皇恩浩荡，热烈鼓掌！

不过死罪可免，活罪难逃，连同孙子这一代，苏威一家被剥夺三代公权，有点剥夺三代政治权利的味道。耐人寻味的是，从此之后的苏威在历史上再没有留下实话，留下的都是鬼话，遇到王世充和李世民，苏威说的都是鬼话，什么好听说什么，就是不说实话。李世民厌恶苏威光说鬼话，将他永久搁置，于是苏威在冷落中了此一生，在家终老！

人为什么不说实话了？环境逼的！

忠臣用不了，实话听不进，杨广的路只能越走越窄，越行越迷茫。这一年的五月一日，发生了日全食，在古代，这是不祥的征兆，虽然是迷信，但当时的老百姓都信。

这一年的五月九日，杨广命人寻找萤火虫，总共找到了数斛之多，等到黑夜外出游山的时候，杨广命人放掉所有的萤火虫。刹那间，萤火虫漫山遍野，萤火布满高山深谷。这一刻，最是浪漫；这一刻，也是迷茫。

萤火虽多，却点不亮山谷；萤火虽亮，却照不亮皇帝前方的路。

不能解决，那就逃避

国内剿匪形势依然没有好转，征高句丽也遥遥无期，对于皇帝而言，现在的他已经无所事事了，在洛阳实在憋闷坏了。根据统计，在杨广统治的十四年里，他停留在大兴和洛阳宫中的时间只有四年多一点，剩下的时间他都在路上，而他的心，也是"驿动"的心。

大业十二年（616 年）七月，江都新建造的龙舟运抵洛阳，皇帝的心又动了。大忽悠宇文述又一次看出了皇帝的心事：想去江都了。于是宇文述提议，杨广批准，三下江都就这么定了下来。

文武百官的家属都在大兴和洛阳，禁军士兵的家属也都在洛阳和大兴，除了皇帝，没有人愿意远行，然而谁又能阻挡住皇帝"驿动"的心。

左候卫大将军赵才第一个站了出来，他说，如今民变四起，国内已经政令不通，请皇帝速回大兴，安抚天下百姓。话是实话，情是真情，只可惜已经慵懒、失去锐气的皇帝不想再搭理这些烦心的事了，洛阳已经让他拘谨，大兴会让他更加紧张。对于已经丧失斗志的人来说，要紧的不是天地伟业，而是"哪舒服哪待着"！

对于大兴和洛阳，杨广做了相应的部署：年迈的卫文升协助十二岁皇孙杨侑留守大兴，光禄大夫段达、太府卿元文都协助十三岁皇孙杨侗镇守洛阳，此前镇守洛阳的有功之臣、民部尚书樊子盖于七月八日病逝。在杨玄感之乱中力挽狂澜的樊子盖不在了，下一个樊子盖又在哪里呢？

七月十日，告别的时刻到了，皇帝杨广作诗向洛阳的宫女告别，诗曰：我梦江都好，征辽亦偶然。这算是对自己一生的总结吗？或许是吧。

此时还有一个不知死活的人在做最后的努力，这个人是从九品奉信郎（初级巡察官）崔民象。崔民象在洛阳罗城正南门执着地阻止皇帝出行，执着程度堪比当年阻止杨坚出行的章仇太翼。

然而执着并没有感化皇帝的心，皇帝却发怒了，前几天已经在朝会上当场打死一个正六品任宗，也就不差你崔民象这一个了。杨广下令，用刀砍碎崔民象的面颊，拖出去，斩了！

从七月十日启程，皇帝杨广一路在反对声中前行，一路走，一路砍，砍得差不多了，这个世界也就安静了。

在朝会上打死正六品任宗，在洛阳罗城正南门斩从九品崔民象，在氾水斩从九品王爱仁，在梁郡（今河南省商丘市）斩一群劝驾回大兴的梁郡人。

每一个牺牲的小人物都永垂不朽，大人物杨广却遗臭万年。

杨广顺利抵达江都，这是他三下江都，也是最后一次。公元 600 年他从这里出发到大兴，开始他的储君生涯，十六年后，身为皇帝的他又回来了，江都是他的起点，也是终点，他的人生就是围着江都画的一个圈。后世的人无法想象杨广当时的心境，已经心灰意冷的杨广三下江都究竟是为了东山再起，还是为了彻底逃避呢？

这一年发生了很多事情，隋唐交接的雏形已经悄然出现。

这一年剿匪英雄张须陀阵亡，剿匪颇有功绩的大将杨义臣因为被皇帝猜忌解除兵权，民变形势不可阻挡；

这一年十月六日，大忽悠宇文述病逝，哀痛之下的杨广起用宇文述之子宇文化及担任右屯卫将军，皇家杀手横空出世；

这一年，被杨广赶出仪仗队的李密辗转与翟让联合，江湖声名鹊起；

这一年，右骁卫将军李渊被正式任命为太原留守，有地有兵有权有谋有胆，李老虎从此插上了翅膀（此前山西慰抚特使只是皇帝任命官员的全权代表，太原留守则是地方全方位的一把手）。

人这一辈子，无论是福是祸，其实都是自己作的。

第十一章　问天下谁是英雄

英雄辈出的年代

皇帝三下江都，大兴和洛阳交给两个年幼的皇孙看管，此时的隋朝已经处于准无政府状态，因为皇帝的政令已经不能通行全国，隋朝版图民变四起，数人称王。

大业十三年（617年）年初，窦建德和李密已经各自拥有了数万兵马，势头压过其他的起义军。

窦建德的经历显示，其实人都是被逼出来的。

窦建德，河北人，年轻时胆量和膂力都超过常人，行侠仗义，救危济困。有一次他正在田间耕地，遇到一个同乡丧亲无力安葬，窦建德一声叹息，随即解开自己的耕牛对同乡说："把这头牛卖了吧，好好给老人家安葬！"自此，同乡们对窦建德有了新的认识。后来窦建德父亲病故，同乡一千多人前去送葬，场面宏大，然而送葬过后，一千多人赠送的安葬费都被窦建德原封不动地退了回来。只许他帮别人，不许别人帮他，这就是传说中的大侠吧！

不过好人在窦建德那里能得到好处，坏人在那里得到的就全是苦头了，一伙盗贼就在窦建德家里遭遇了有来无回的结局。

这伙盗贼一起到了窦建德的窗前，弄出的响声让窦建德早就察觉，却不作声躲在窗户下面，三个盗贼相继从窗户跳进了屋内，结果三个人都有来无回。

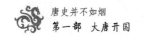
剩下的同伴被吓破了胆，不敢再进，只能哀求窦建德把三人的尸体还给他们，窦建德从屋里喊了一声：扔绳子进来往外拖！

盗贼们把绳子扔了进来，过了不久，窦建德又喊一声："拖吧！"盗贼们赶紧放下手中的刀用力往外拖，正拖着发现不对劲了，怎么绳子上的人还动弹呢？莫非是诈尸？

不是诈尸，绳子上的人正是窦建德本人！趁着盗贼一愣神的工夫，窦建德松开绳子抢过地上的刀，一阵乱砍，整个世界安静了，盗贼们啥没偷着，反而把命搭进去了。

自此窦建德更加有名，窦建德的家也成了盗贼们心中永远的禁区，惹不起，躲得起！

皇帝杨广一征高句丽，声名在外的窦建德被政府招募为随行的壮士，并被任命为一支二百人队伍的队长。如果事情正常发展，窦建德很有可能为隋朝建功立业进而成为隋军将领，然而事情没有按照预期发展。

窦建德有一个同乡叫孙安祖，也被招募为随行的壮士，然而就在队伍出发的前夕，孙安祖的家里发生了变故，家里遭了洪灾，房屋和土地都被洪水冲走，妻子儿女也因此被饿死。发生如此大的变故，孙安祖无心出征，心情跌落到低谷。

伤痛中的孙安祖申请免役，当地的县令却不同意，还把孙安祖抓起来拷打。

人死了，家没了，申请免役还要被拷打，孙安祖终于忍无可忍，杀死县令逃了出来，直接投奔到窦建德的家里。

此时的窦建德已经看出隋朝的乱象，他预感到这个王朝已经长不了，因此没有向官府举报孙安祖，反而把他藏了起来。按照孙安祖的想法，从此只能亡命天涯了，然而窦建德不主张他当亡命徒，他认为男子汉要干就干大事，怎么能当亡命徒呢？

当夜，窦建德集合了几百人交给孙安祖，让他带领这些人出去干一番大事，这个大事就是抢劫，后来孙安祖入高鸡泊为盗，号称"摸羊公"。

窦建德安排孙安祖出去抢劫，他自己却依然准备随军出征，毕竟有光宗耀祖的路谁也不想去走绝路，然而窦建德光宗耀祖的路还是被官府掐断了，因为官府怀疑他私通盗匪。

当时河北景山县人高士达在河北清河附近集合了很多变民，这些民变士兵经常到窦建德所在的漳南郡抢劫，令人奇怪的是，他们从来没有进入窦建德所住的那条街。

漳南郡并不大，民变军每次抢劫的财物都能统计出来，然而历次统计，窦建德所住的那条街都是零损失，这让官员们很奇怪。一次、两次还可以理解为变民们地理不熟，不知道路，然而次数多了，"地理不熟，不知道路"就解释不通了。全郡都被抢了个遍，有的还是好几遍，为什么单单窦建德所在那条街却秋毫无犯呢？

经过官员们的逻辑推理，只有一个解释：窦建德私通盗匪。

有了这个逻辑推理，官员们如同奉了圣旨，因为按照皇帝杨广的指示，凡是变民的家产一律没收，因此一些官员非常渴望本地出变民，这样就能没收变民家产当自己的小金库了。

趁着窦建德不在家的时候，官员们把窦建德的家给抄了，人一个没留，然后心安理得地没收了窦建德的全部家产。

官员们不知道，无形间他们已经制造了冤案。窦建德私通孙安祖那是铁案，而私通高士达那就是彻头彻尾的冤假错案了（两人当时根本不认识）。

家没了，军也不能参了，背上冤假错案的窦建德只能将错就错了，当下就带着手下的二百人直接投了高士达，这下私通就变成了明通，冤假错案也就变成了铁案。

在高士达的队伍里，高士达自称东海公，窦建德任司兵（类似参谋长的角色）。不久孙安祖被更大的一个民变头领张金称杀害，他的手下就归了窦建德，这样窦建德直接指挥的人数已经达到了一万多人，从初期二百人的小队长直接升任军长了。

经过不断接触，高士达发现窦建德的才能远在自己之上，然而他不但不忌妒，反而放心大胆地把军权都交给了窦建德，这就是农民起义的可爱之处。

农民起义的初期一般都非常质朴，头领之间的关系非常简单，也很可爱，可以称作纯粹的革命友谊，这种友谊一度存在于高士达与窦建德之间，也曾经存在于翟让和李密之间。

得到高士达的信任，窦建德放开了手脚，并亲自上演了一出无间道。

窦建德挑选出六七千人作为自己的部属，然后带着这些人去拜见涿郡的副

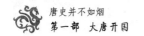
郡长郭绚，此行的目的只有一个——诈降！

窦建德见了郭绚纳头就拜，声称自己没活路了，已经跟高士达闹翻了，愿意向政府军投降，争取为政府戴罪立功。

要说郭绚这个人，智商也不高，窦建德几句骗鬼的话还真把他蒙住了，窦建德声称愿意做先锋前去剿灭高士达，郭绚还真相信了！（这种智商也能当副郡长。）

窦建德在前面走，郭绚在后面跟，等到郭绚已经完全放松警惕时，窦建德的人却掉转方向杀了回来。郭绚看着凶神恶煞的窦建德向自己冲来，心里还在想，这是唱的哪出呢？一愣神的工夫，窦建德已经冲了上来，低智商的郭绚没抵抗几下就被窦建德砍下了脑袋。

哪出？无间道！

首战告胜，窦建德名气更大，然而人怕出名猪怕壮，高士达和窦建德这支民变军名气太大了，随即引来了政府军的高度关注，带队前来剿匪的正是太仆卿杨义臣。

别看杨义臣担任的是文职太仆卿（畜牧部长），实际他是武将出身。他的祖上本姓尉迟，曾跟随杨坚征战立下大功。杨义臣的父亲阵亡后，杨坚把他养在宫中，赐姓杨，名义臣，因此杨义臣对隋朝皇室的感情是带血的。

在攻打高士达之前，杨义臣已经消灭了一支规模有数万人的民变军，民变军的头领就是杀死孙安祖的张金称。

杨义臣对付张金称的方法就是虚实结合，玩命忽悠，根本不跟张金称的军队接触，而是深挖壕沟，高垒营墙，却不轻易出战。张金称每次来挑战，杨义臣就先跟张金称约定一个交战时间，然后命令全军戒备，穿上铠甲准备战斗。

然而到了约定的交战时间，杨义臣却反悔了，紧闭营门，就是不战。

第二天张金称又来挑战，杨义臣还是照葫芦画瓢再来一遍，末了，还是不出战。

就这样磨叽了一个多月，张金称把所有的脏话都骂完了，杨义臣出来了，斩钉截铁地说了一句："明天你再来，我一定跟你决一死战！"

等了一个多月，终于等到了一句痛快话，这下张金称满意了："这才是男人说的话！"

当夜，张金称回营睡了一个好觉，杨义臣却一夜没有睡；这一夜张金称没有任何准备，这一夜杨义臣准备了一夜，忍了一个多月就看明天了。

第二天一早，脸色红润的张金称如约出发，他要赶赴与杨义臣的约会，然而杨义臣压根儿就没打算跟他约会。

张金称率军离开大营，还没有走出几里，杨义臣的两千骑兵就从张金称大营旁边的隐蔽处冲了出来，这两千骑兵是昨夜渡河赶到这里的，目的就是给张金称大营一个惊喜。

杨义臣的两千骑兵冲进了大营，对着起义军的家属开始屠杀。

得到消息的张金称火速回军救援，然而已经晚了，杨义臣的两千骑兵已经从大营中杀出，而杨义臣的大军也从本方大营冲杀出。张金称很快想到了一个终生难忘的成语："后有追兵，前有堵截。"

两路夹击，张金称的队伍很快就作鸟兽散，而他本人也在一个月后被隋清河郡郡丞杨善会抓获，并在闹市区受到了千刀万剐。不过他死得很有气概，到断气之前，他一直在唱歌，在那个年代，无论胜败，都是英雄。

借着剿灭张金称的锐气，杨义臣挥军直指高士达和窦建德。

对于杨义臣，窦建德还是听说过他的很多事迹，尤其是消灭张金称的过程，甚至可以写进军事教科书。然而粗人高士达并不这么看，听说杨义臣是畜牧部长，一个管养猪的怕他做啥。

高士达错了，虽然杨义臣是管养猪的，但他的智商非常高，远远在他高士达之上。

看着窦建德无间道建功，高士达的心也痒了，所以这一次他决定亲自出征，让窦建德留下来看守大营。

第一次交战，杨义臣的部队败得落花流水，一触即溃，高士达喜出望外，原来这个养猪的不过如此，当夜犒赏三军，以示庆祝。

窦建德没有亲临战场，他没有看到真实的战况，但是从旁人的描述中他知道，杨义臣很有可能在诈败，背后一定有阴谋。高度兴奋的高士达却不这么看，他认为这是他指挥有方，管养猪的杨义臣不过徒有虚名，来日一定把他斩落马下。

其实高士达说对了，五天后果然斩落马下，不过主语换了，被斩落马下的不是杨义臣，而是高士达。

斩落高士达之后，杨义臣乘胜冲进高士达的大营，整个大营溃散，窦建德

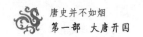

抵挡不住，只能带着一百多骑兵逃走，一路跑到了饶阳，从军长一下子又变成了百人队的小队长。

眼看窦建德只带着一百多人马逃走，杨义臣乐观地以为，这股民变军就算消灭了，然而这一次错过就是永远，之后他再也没有机会剿灭窦建德，让他遭祸的居然是一纸剿匪报告。

按照朝廷的规定，杨义臣将剿匪报告呈交给皇帝，结果杨义臣汇报的数字把杨广吓了一跳。

"数十万？哪来这么多变民？"

看到皇帝忧虑，近臣马上上来减压，此时在杨广面前的近臣是内史侍郎虞世基，这个人相当于杨广肚子里的蛔虫。

虞世基接过杨广的话头："小股盗匪已经不需要皇上操心了，杨义臣都剿灭了。倒是杨义臣手握重兵长期在外，时间长了恐怕对朝廷不利！"

一句话触到了皇帝的软肋，是啊，变民并不可怕，闹腾半天也上不了天，倒是带兵的大将最为致命，带兵的大将才是杨家防范的重点，绝不能让别人照着杨家取代北周的剧本再演一遍，绝不！

一声令下，杨义臣班师，解除兵权，遣散部队，很抱歉，你的任务结束了！

杨义臣不明不白地被解除兵权，自此再也无法登上剿匪的舞台，而被他视作无足轻重的窦建德则东山再起。经过招募，一百多骑兵的队伍迅速扩充到了三千人，三千人又扩充到了十万余人，从此窦建德成为隋末起义军中极为重要的一支，从二线演员跃升到一线。

风云际会瓦岗山

介绍完窦建德，再来介绍另外一位一线演员，这个演员的名字叫李密。

说起来，在隋朝造反行里，李密算是资深演员了，早在大业九年杨玄感造反时，他就是高参了。

当时李密给杨玄感提供了三套方案：第一套夺取幽州（北京），把皇帝阻隔在辽西走廊地带，与高句丽联手，擒获皇帝；第二套方案进攻大兴，夺取关中；第三套方案攻取洛阳，再图发展。杨玄感选择了第三套方案，最终失败。

其实仔细想来，李密的方案有纸上谈兵之嫌，即使杨玄感采用第一套方案，李密所说的情况也不可能发生，高句丽没有胆量一路追击隋军，而杨玄感的乌合之众其实也守不住幽州，因为他们只是一群没有经过军事训练的民工，从战争装备看，其实就是一群白条鸡。

第二套方案看起来不错，但实施起来也值得商榷，以杨玄感的白条鸡部队，即使镇守关中，能抵挡住宇文述、来护儿、卫文升、樊子盖这四大恶人吗？恐怕也很难。

通读隋唐交接的历史，赫然发现李密这个人其实很矛盾，明明知道关中的重要性，自己却一直与王世充在洛阳纠缠（部分原因是他的手下关东人居多，对关中没有兴趣）；明明知道谁得关中谁就有望得天下，对李渊入关却熟视无睹，反而自我感觉良好；明明已经投降李渊，却又选择中途逃跑。这些都说明，李密这个人充满了矛盾。

矛盾归矛盾，公平地说，李密还是很聪明的，他的智商首先体现在一次关键的逃跑上。

杨玄感兵败后，李密也被抓获归案，被官府押解前往洛阳，不出意外的话，等待他的就是砍头。聪明的李密自然不甘心被砍头的结局，在押解的路上，他就开始策划越狱，越狱靠什么呢？一是靠忽悠，二是靠钱！

走到高阳郡的时候，李密和同伴拿出身上所有的黄金放在了押解官的面前，李密做出一副可怜巴巴的样子，声明将所有黄金送给押解官，另外只有一个小小的条件：帮忙料理后事！

世界上有什么东西一下子可以拉近两个人的距离？黄金！

一看有黄金，再看所提的要求也不高，押解官心动了。在随后的押解路上，李密和同伴每天都要求供应酒菜，每晚都会喝酒，一喝就是一宿，一喝就会耍酒疯胡言乱语，毕竟是快死的人了，喝一顿少一顿了。

渐渐地，押解官对他们产生了一些同情，接触了一段时间后，押解官也就放松了警惕，而李密的机会就来了！

李密一行人等被押到了河南安阳的石梁驿，离洛阳已经不远了，再不逃就没有机会了。当晚李密称兄道弟地将押解官灌醉，然后在墙上挖开了一个大洞，从这个洞口一探身，李密就算脱离虎口了。酒醉醒来的押解官欲哭无泪，

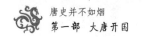

此时他才发现，应该同情的不是李密，而是他自己（走脱钦犯杀无赦）。

大难不死，必有后难！虎口脱险的李密并没有从此过上幸福的生活，相反却走上了九死一生的险路。此时的他，全国通缉，图上有影，任何一个公开的行业都无法从事，想要糊口，就只能继续在造反圈里混了。

李密先投奔的是平原郡的民变首领郝孝德，没想到郝孝德没有发现他的特长，只是把他当成一个来蹭饭的，尊重根本无从谈起。

此处不留爷，自有留爷处，李密辗转跳槽到了齐郡民变首领王薄的帐下，没承想王薄也没有发现他的优点，李密得继续寻找下家。

没有工作的日子，李密穷困潦倒，忍饥挨饿，最惨的时候还啃过树皮，后来实在没有办法，只能躲到淮阳郡的一个村庄里，隐姓埋名当起了教书先生，这才吃上了几顿饱饭。

刚吃上饱饭没几天，李密就让饭给撑着了，吃饱撑着的李密闲极无聊居然作了一首诗，这首诗就是流传千古的《淮阳感怀》。

淮阳感怀

金风荡初节，玉露凋晚林。
此夕穷涂士，郁陶伤寸心。
野平葭苇合，村荒藜藿深。
眺听良多感，徒倚独沾襟。
沾襟何所为，怅然怀古意。
秦俗犹未平，汉道将何冀。
樊哙市井徒，萧何刀笔吏。
一朝时运会，千古传名谥。
寄言世上雄，虚生真可愧。

此诗一出，看到的人都对李密竖起大拇指："先生有才！"在群众有才的呼声中，李密有点沾沾自喜，却没想到这首诗很快就长了腿，到了淮阳郡官员的案头，这下李密的麻烦大了。

官员们通读此诗，发现反意扑面而来，这是反诗啊。再一问，"此人面黑，瞻视异常"，甭说了，此人就是李密，快抓！

幸亏当地民风淳朴，李密的群众关系比较好，官府刚来到村里，村民们就提前给李密报了信，这才提前从教室跑了，刚吃了几顿饱饭又得浪迹天涯跑路了，教书先生又变成造反从业者。

李密辗转投奔了自己的妹夫、雍丘县令丘君明，身为官员的丘君明自然不敢收留，一转手又把李密介绍给了当地的侠义之士王秀才。

王秀才与李密倒是惺惺相惜，与李密攀谈后非常欣赏他的才华，一激动就做主把自己的妹妹嫁给了他。这下跑路的李密就成了有家室的人，从他的内心讲，他实在不想再折腾了，如果能这样平平淡淡过一生，那该多好啊！

然而折不折腾李密说了不算，得政府说了算。

没过多久，李密又被人告发了，告发他的正是妹夫丘君明的堂侄。邱堂侄道听途说了陌生人李密的到来，然后把李密和通缉令对上了号，随后向政府告了密，一张无形的大网又向李密扑来。

事实证明，英雄人物在初期总是能幸运躲过几次灾难，这一次抓捕李密又躲了过去。官府来收网时，抓到了王秀才，抓到了丘君明，唯独没有抓到李密，李密当时恰巧没在家。

庆幸之余，李密还得继续跑路，还好当时河南一带起义军比较多，多得就跟现在广东一带的小加工厂一样，这样李密还能在起义军的圈里来回寻找工作机会，客观地讲，初期的李密是很不顺的！

初期李密反复跟各个首领谈平定天下，夺取全国，然而那些粗人首领自保还来不及，谈"统一天下"，那是痴人说梦，而李密就是一个疯子。眼看工作又没有着落，这时"李姓当王"的江湖流言无形之中帮了李密一把。

粗人首领们仔细分析了李密的出身和经历，发现此人出身高贵，曾祖是北周八柱国之一李弼，经历坎坷，曾经被杨广赶出过仪仗队，曾经陪杨玄感造过反，曾经在政府的监狱中越过狱，总之屡遭磨难，屡屡脱险。

经过一通分析，粗人首领们得出结论，"莫非真命天子就是他？"

然而猜测始终只是猜测，在没有成为现实之前谁又能当真呢？不过经过一通分析之后，大家不再把李密当成疯子，而是当成了有升值空间的潜力股，对他也不再是呼来喝去、大呼小叫，谁知道李密这朵云彩下面会不会有雨呢？

良禽择木，能人择主，此时的李密已经没有当初的狼狈，他也有了选择雇主的权利。经过观察，他把重点放在了韦城人翟让身上。

翟让同李密一样，原先也当过公差，李密是给杨广当差，翟让是在东郡政府当法曹（司法官）。与李密一样，翟让的职场生涯也很失败，因为得罪同僚，居然被指控有罪，而且一判就判处了死刑。

执过法的翟让当然懂法，他知道这个案子已经被人做成了铁案，天王老子也翻不了，他能做的只是一天一天等死了。就在翟让痛苦绝望的时候，监狱看守黄君汉悄悄地替他翻了案，不过不是通过法律，而是通过自己的钥匙。

黄君汉一向佩服翟让的为人，知道他被人冤屈，在无法翻案的情况下，他决定牺牲自己，私放翟让。

走出监狱的门口，翟让跪倒在地向黄君汉表示感谢，随后关切地问黄君汉：“我走了，您怎么办？”

黄君汉闻言大怒：“我敬重你是大丈夫，你却在这里婆婆妈妈，赶紧走，不用管我！”（可惜史书上没有留下黄君汉的最后踪迹，很有可能是替翟让顶了罪。）

从此翟让逃到了瓦岗山，聚众起兵，麾下有两员大将，一员是单雄信，一员是徐世勣（李世勣）。在三人的共同努力下，翟让迅速聚集了一万多人，随后翟让也就成了李密眼中的理想雇主。

初期的翟让对李密不以为然，李密则是不动声色，用自己的行动证明。首先，李密帮翟让扩大队伍，自己担任说客，前往附近小股起义军的根据地，对大小首领们摆事实、讲道理，经过他的说服，附近的小股起义军都投到翟让的麾下，翟让的队伍越来越庞大。

和平的时候没有人跟钱过不去，兵荒马乱的时候，没有一个占山为王的会跟人马过不去。有了收编人马做见面礼，翟让就对李密有了好感，李密随即开始造反形势教育。

经过李密的分析，翟让发现，大兴和洛阳确实戒备空虚，而北方的突厥也在蠢蠢欲动，如果顺势攻打大兴和洛阳，很有可能成就一番大业，对于李密的建议，翟让频频点头。

看着翟让频频点头，李密以为翟让已经同意了，然而翟让接下来的表现让李密大失所望。

翟让诚恳地看着李密，搓了搓手：“吾侪群盗，且夕偷生草间，君之言者，非吾所及也。”

完了，讲了半天，完全是鸡同鸭讲，李密被自己煽动沸腾的热血又凉了。

是啊，怎么能跟蚂蚁讲万里长征，怎么能跟井底之蛙讲阿波罗登月呢？

然而李密在摇头叹息的同时，一个大胆的想法从心头涌起，"翟让这个人头脑简单，目光短浅，如果他领导我必败无疑，反过来，如果我领导他呢？"

疯了，简直是疯了，刚接触几天，就想骑到翟让的头上，怎么可能呢？

世上无难事，只要肯用心，没有做不到，只有想不到。

硬碰硬当然不行，翟让一个能打李密十个，而且身后有一万多兄弟，然而李密有的优势翟让没有，这两大优势，一是头脑，二是忽悠的功夫。想要骑到翟让的头上，智取为主，舆论先行。

正巧此时一个叫李玄英的人从东都洛阳来，四处寻找李密，找到李密之后就指着李密说："此人当接收隋朝天下！"（李玄英如果不是疯子，就是李密安排的托！）

李玄英跟大家解释说，现在东都有一首很流行的歌谣——《桃李章》。《桃李章》是这样说的："桃李子，得天下。皇后绕扬州，宛转花园里。勿浪语，谁道许。"从字面一拆解，"桃李子"就是"逃跑的李姓"，"勿浪语"就是"要保守秘密"，组合起来就是李密。而"皇后绕扬州，宛转花园里"就是说"皇帝皇后一去无回了"。这样组合起来不就是"李密当得天下"？

忽悠，接着忽悠！

至此可以确定以及十分准确地断定，李玄英就是李密安排的托。坦白地说，水平真的很一般，基本上就是初中顺口溜的水平，而且这个顺口溜同样适合李渊，"桃李子"指李姓，"勿浪语"让大家把话放肚子里，城府深一点，就像万丈深渊一样深，这不同样可以组成"李渊"两个字吗？

拿这种顺口溜蒙文化人不行，蒙翟让这些粗人已经足够了，毕竟他们认识的字也就比自己的手指多。

李玄英的忽悠属于点对面的忽悠，目的是在起义军里造成"李密有望大富大贵"的舆论，而要达到骑到翟让脖子上的目的，还需要进行点对点的忽悠。

点对点的忽悠可不容易，因为并不是谁的话翟让都听。经过观察，李密发现了一个叫贾雄的人，此人擅长阴阳卜卦，是翟让的智囊，他的话翟让基本都听，因此贾雄就成了李密的公关对象。

　　按说此时的李密一无所有，根本没有能打动贾雄的金银财宝，那么李密靠什么来打动贾雄呢？李密想来想去，只有一种东西：理想。

　　理想？没有搞错吧？对，就是理想，千真万确！

　　贾雄和李密一样，也是识文断字的人，别人参加起义是为了混口饭吃，他们参加起义却是有着自己的理想。

　　通过长时间的接触，贾雄断定翟让不是能做大事的人，跟着翟让混口饭吃没有问题，然而只能温饱，想要奔小康甚至大富大贵还得跟李密这样的人，毕竟这样的人有头脑、有计谋，更关键的是出身还高贵。

　　李密没有费多大周折就征服了贾雄，从此贾雄摇身一变，成了李密的死党，对李密的话言听计从。眼下最重要的一件事，就是对翟让进行点对点的忽悠，只有把翟让忽悠住了，李密才能上位，未来的富贵才有盼头。

　　正巧这几天翟让也在为如何使用李密发愁，于是叫来贾雄一起商量，点对点的忽悠就此开始。

　　翟让：你说李密这个人怎么样，能不能为我所用？

　　贾雄：此人大吉大利，贵不可言。依我来看，你如果自己当王，未必成功，如果拥护李密当王，一切困难会迎刃而解。

　　翟让不悦：照你的意思，李密自立门户就可以了，还来投奔我做什么？

　　贾雄和颜悦色：世间万物都是有因有果，李密投奔你是因为你们有缘分。李密的封号是蒲山公，而你姓翟，翟与泽同音，泽有水的意思，蒲草离开水就不能生长，因此蒲山公要来投奔你这个水，有了你他就如鱼得水，你们俩的关系说到底是鱼和水的关系！

　　经过贾雄点对点的忽悠，翟让终于相信了，相信他和李密会成为亲密的革命战友，至于谁当一把手，其实并不重要。

　　有贾雄的忽悠作铺垫，李密随即向翟让灌输军事思想，一席话让翟让佩服得五体投地，他确信李密就是他的福星。

　　之前翟让的队伍没有固定的粮源，主要靠抢劫维持温饱，断粮是常有的事，而现在李密给他指出了一条明路：攻占荥阳郡，盘踞洛口仓。攻占荥阳郡，大军就有了稳定的根据地；盘踞洛口仓，大军就有了稳定的粮食来源，那么庞大一国家储备粮仓，足够翟让的军队吃几十年。毛主席曾经说过：手中有粮，心中不慌。而在解放战争时期更有一句名言，"手里有多少粮食，手下就会有多少兵"。因此李密帮翟让解决了粮食这个硬通货，这支队伍就不再是仅仅为粮食作战的饥民部队，而是有望夺取天下的生力军。

然而要攻克荥阳郡，谈何容易？李密和翟让面前横着一只拦路虎，这只虎的名字叫张须陀，隋朝有名的剿匪英雄，曾经上过杨广的连环画（杨广曾命画师亲临战场，描绘张须陀剿匪的场景）。

提起张须陀，翟让的第一反应就是跑，没办法，被打怕了，彻底服了。对于翟让的胆怯，李密不以为然，在他的眼中，张须陀属于典型的有勇无谋，而手下的兵都是欺压百姓的骄兵，只要略施小计，张须陀不在话下。

对付张须陀，硬拼不行，还得用智。李密让翟让带兵迎战张须陀，他自己则带领一千兵马埋伏到荥阳北的树林里，就等张须陀往自己的口袋里钻。

忐忑不安的翟让壮着胆子与张须陀接战，结果他的散兵游勇根本抵挡不住张须陀的方阵，很快就败下阵来，全军后撤。这样的场景对于张须陀而言太熟悉了，几乎都成了他剿匪的固定程序，没有多想，就带领着兵马掩杀过去。

然而这一次情况有了不同，追到荥阳北树林时，突然有一支人马杀了出来，与此同时先前一直败退的翟让也回马围了上来，瞬间形成了李密、翟让、徐世勣、王伯当四路人马围攻张须陀的局面，一比四，张须陀遭遇包围。

然而张须陀太生猛了，四路人马愣是没围住他，他居然突围了。

就在李密有些失望的时候，张须陀自己从外围杀了回来，这又是为什么呢？原来张须陀发现自己的一些部将还被围困，他不能丢下他们一个人突围，因此又回来了。

张须陀不愧为隋朝的一员猛将，三次杀出，三次杀入，来去自如，无人可当。

然而凡事都有一个度，"事不过三"，在张须陀准备第四次的时候，他没能突围成功，此时张须陀手下已经败散，他自己也陷入了绝境，张须陀仰天曰："兵败如此，何面见天子乎？"乃下马战死，时年五十二岁。

张须陀阵亡后，所部将士彻夜痛哭，数天不能停止，他们不相信他们的将军已经阵亡，在他们心中，始终相信张须陀不死的神话。

然而神话终究是神话，终究有破灭的那一天，张须陀还是死了，一个神话以英雄的阵亡收尾，同时成就了另外一个人的神话，这个人就是李密。

经此一战，李密声名鹊起，翟让、徐世勣、王伯当从此更加相信李密，因

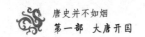

为从李密那里他们都恍然大悟："原来仗是这么打的！"（知识就是力量，此言不虚。）

虽然李密声名鹊起，翟让还是不愿意就这样俯首听命。

翟让分出一部分士兵，单独为李密成立了"蒲山公营"，他还是握着自己的兵马不放。翟让是个粗人，对士兵们不知道体恤，他的士兵们经常受到虐待，却敢怒不敢言。不过作为翟让的士卒还是有特权，可以欺负其他首领的士卒，毕竟他们是翟大头领的王牌军，腰杆要硬很多。

与翟让的粗暴不同，刚刚拥有自己队伍的李密却爱兵如子，每次行军打仗收获的金银珠宝，他分文不取，全部分给手下士兵，对待士兵态度诚恳，如同家人，相比之下，士兵们更愿意跟随李密，因为跟着他有肉吃。

翟让不甘心俯首听命，就跟李密交代，我准备回瓦岗了，你愿意回就回，不愿意回就随便，就此别过。说完，翟让带兵东行，李密则继续西进，一路连哄带打又攻下了几座城池，形势一片大好。

就在李密以为翟让不会回头时，翟让居然又回来了。原来东行到半路他就后悔了，他不想再回瓦岗当土霸王，也想跟着李密做一番大事，这一次，他是真的服了！

尊号魏公，剑指天下

统一了思想，壮大了队伍，李密开始着手做大事了，他的目标是洛阳。

此时的洛阳由十四岁皇孙、越王杨侗镇守，辅助他的是光禄大夫段达和太府卿元文都，这些官员当官还凑合，打仗就提不起来了，更关键的是，管用的士兵都被皇帝杨广带到了江都，留下镇守洛阳的其实都是充数的兵，据说这些兵常年不训练。

李密召来翟让一起商议，决定先攻占离洛阳一百里的洛口仓。李密断定，洛口仓此时必无准备，而一旦攻打，一百里之外的洛阳也来不及救援，因此拿下洛口仓不在话下，这就叫"先发制于己，后发制于人"。

此时的翟让已经心悦诚服，他决定死心塌地追随李密。为了防止自己把事情办砸了，他建议李密自任先锋，自己担当后卫，一切唯李密马首是瞻。

事实果真如李密所料，李密、翟让率领七千人马从阳城（今河南省登封县东北）北出发，翻过方山（今河南省荥阳市西南），进入罗口（今河南省巩县西南），攻击洛口仓，不久攻克。

攻下洛口仓，李密慷皇帝之慨，打开粮仓各窖，由附近的灾民随意搬运，李密要用宝贵的粮食，赢得天下民心。

听说洛口仓被攻占，越王杨侗差点儿哭了出来，只能紧急调派虎贲郎将刘长恭、光禄少卿房崱率领骑兵、步兵共两万五千人讨伐李密。

两万五千人听起来数目庞大，实际上却是鱼龙混杂。东都百姓听说政府募兵，又听说李密一伙不过是一群盗米的贼，因此参军积极性空前高涨，洛阳城内的国子学、太学、四门学的学生，皇亲国戚、贵族子弟纷纷报名参加，他们都要为国效力。然而这些人典型的特点是中看不中用，上阵前斗志高昂，上阵后四散败落，用这么一帮人去打仗，不赢正常，赢了反而不正常。

大业十三年二月十一日，虎贲郎将刘长恭率领这两万五千人攻击李密部队的正面，河南道讨捕大使裴仁基绕到李密部队后面进攻，显然大家都是读过兵法的，只不过李密读得更精而已。

由于政府军太高调了，他们的合围计划很快传到了李密的耳朵里。李密当下将全军分成十队，四队向后转，构筑有利地形，等待裴仁基的部队，六队向前挺进，直接迎战刘长恭的大部队。

历史总是充满着巧合，二月十一日这一天也有巧合，按照约定，刘长恭和裴仁基的部队要一起发动进攻，然而刘长恭的部队到了，裴仁基的部队还没有到，两路夹击只能变成一路迎击了。

刘长恭部队刚刚抵达，全军还没有吃早饭，看到李密的部队衣衫不整、阵容稀松，刘长恭认为李密的部队只是乌合之众，打完仗再吃饭，一点儿不耽误。然而就是因为这个想法，很多人自此再也没吃上饭，刘长恭自己也险些加入这个大名单。

两军甫一接触，李密让翟让打前部，很快翟让就抵挡不住了，士兵们纷纷败退，形势一度非常不利。就在刘长恭得意的时候，李密率领另一支人马从侧翼杀了出来，将刘长恭的人马拦腰斩断，分片包围，政府军一下子就乱了。

占据洛口仓多日的起义军已经饱餐多日，士气高涨，还没有吃早饭的政府军则是浑身无力，动作变形，再加上本身就是杂牌部队，学生、皇亲国戚、贵

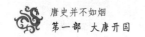

族子弟怎么能抵挡住视死如归的乱民，很快两万五千人崩溃了，四散逃难，而虎贲郎将刘长恭也火速加入了他们的行列。

刘长恭先生打仗不行，逃难还是很有经验，在逃难之前，他脱下了扎眼的大将战袍，极其低调地混入了逃跑的小兵行列中。经过不懈努力，刘小兵成功突围，全身而退，而且得到了越王杨侗的赦免。

只不过两万五千人的装备辎重全部友情赠送给了李密，其中还包括刘长恭那件扎眼的大将战袍。

旗开得胜，所向披靡，李密的事业达到了一个高峰。

经过翟让的提议，众人一致推举李密当盟主，尊号魏公。

二月十九日，也就是大胜的第八天，李密设立高坛，当日即位，年号称永平元年，宣布大赦，魏公府设立"三司""六卫"，任命翟让为上柱国、司徒，封东郡公。

自此赵魏地区以南、江淮以北起义军纷纷响应李密，宣布接受李密的领导，李密设立《百营名册》，做遥控统制，这些起义军都相当于李密旗下的加盟店。

在粮食的召唤以及李密人格魅力的影响下，各地的变民络绎不绝地前往投奔，李密的直营店部众多达数十万，场面宏大，规模惊人。

形势还在发展，利好还在继续，李密再接再厉，策反了原河南讨捕大使裴仁基。

裴仁基原本一心一意为隋朝效力，在军中很得军心，每次的战利品全部赏赐给士兵，然而即使裴仁基很得军心，他还是受到掣肘，因为皇帝还给他配备有监军御史，萧怀静。

萧怀静的任务不是打仗，而是监督裴仁基，然后直接向皇上汇报。有了这层关系，两人的关系自然不会好，而现在裴仁基又有更大的把柄落在了萧怀静手里，这个把柄就是没有按时出兵。

按照当初与虎贲郎将刘长恭的约定，裴仁基应该在二月十一日一早抵达洛口仓攻击李密部队，他却没有按时抵达，等他快到洛口仓的时候刘长恭的部队已经崩溃，因此裴仁基的部队没有参战就掉头回来了。这样裴仁基就成了一个有罪之人，只要萧怀静的报告送上去，裴仁基这辈子就算完了。

经过儿子和部属的劝告，再加上当年杨积善和斛斯政受酷刑的景象不断浮现在他的面前，一咬牙，一跺脚，裴仁基杀了萧怀静，降了！

得到了裴仁基，李密随后又得到了两员猛将，一个叫秦叔宝，一个叫程咬金（程知节），这两个人都成为李密的骠骑将军，同另外两个骠骑将军一起，率领八千壮士，这八千人是李密的亲兵，称为"内军"。对于这八千人的战斗力，李密还是很低调的，只是经常说，"此八千人足当百万"。（这就是八千个兰博。）

兵多了，将广了，李密的胆也壮了，那个曾经啃过树皮、步履维艰的逃犯不见了，重新站在世人面前的是一个意气风发的元帅。

以前的李密曾被皇帝赶出了亲兵卫队，现在的李密则要跟皇帝叫板了。在他授意下，幕僚祖君彦写出了《为李密檄洛州文》，檄文洋洋洒洒，历数隋室皇帝十大罪，从杨坚一直骂到杨广，酣畅淋漓，痛快之至，可以说杨广的名声主要是被李密给败坏的。

檄文中有一句，"罄南山之竹，书罪未穷；决东海之波，流恶难尽"，这就是成语"罄竹难书"的由来。

公平地说，《为李密檄洛州文》的攻击力要远远高于骆宾王的《为徐敬业讨武曌檄》，只不过后者简短而且更加优美一些，尤其是那一句，"一抔之土未干，六尺之孤何托"，让被讨伐的武则天都击节叫好，连连称骆宾王是个人才。看来好文章还是很有市场的，无论阅读者是你的朋友，还是你的敌人。

檄文发了，皇帝骂了，李密拉开架势要与隋室决裂，隋朝的上空，风起云涌。

生逢乱世，疑问连连，全天下的百姓都在疑惑，问苍茫大地，谁主沉浮？

第十二章 晋阳起兵

晋阳，梦开始的地方

当李密壮志满怀的时候，晋阳监狱的一间牢房里，有一个人正在遭受牢狱之灾，这个人的牢狱之灾是因李密而起，因为他是李密的连襟（两人的夫人是亲姐妹），政府无法抓到李密，就先抓他的亲戚充数。

这个人叫刘文静，捕前系晋阳令，时年五十岁。

刘文静也是官宦子弟，祖父做过石州刺史，父亲为隋作战牺牲，被追授上开府仪同三司，刘文静本人则受父亲的荫泽袭仪同三司，宦海沉浮，五十岁才做到晋阳令。

五十岁才做到县令，对于混迹官场的人来说这份成绩只能算勉强及格，然而刘文静不这么看，在他看来，富贵就在他的手中，他只是在等待机会而已。

刘文静有一个朋友叫裴寂，时任晋阳宫监（晋阳行宫总经理），两人关系甚笃，到了无话不谈的地步。身逢隋末乱世，裴寂悲观，刘文静却很乐观。曾经有一次两人一起下榻宾馆，夜晚谈话谈到了很晚，透过窗户裴寂看到长城烽火台上熊熊燃烧的烽火，不禁感慨："贫贱如此，复逢乱离，将何以自存！"

刘文静微微一笑，接过话头："时事可知，吾二人相得，何忧贫贱！"

裴寂不明就里，而刘文静是话有所指，刘文静的话只说了一半，埋下一个伏笔，剩下的另一半他暂时还不想说出来，因为时机还不成熟。不过刘文静很清楚，裴寂的朋友叫李渊，等时机成熟，这个叫李渊的朋友就能带领他们一起做一件大事。

现在受李密牵连，身为晋阳令的刘文静变成戴罪的囚犯，不过刘文静依然乐观，因为他知道一副枷锁是锁不住他的，他就是要做大事的人。

这几天刘文静一直在等一个人，只要这个人能来，大事就成了一半，荣华富贵都不在话下。按照刘文静的推算，这个人应该来了。

刘文静正在胡思乱想的时候，一个人走了进来，这个人不是别人，就是唐公李渊的次子李世民。

说起李世民，可不简单，单从血缘看，此人就很了不得。他的曾祖父是八柱国之一李虎，他的曾外祖是八柱国之首的宇文泰（母亲窦氏是宇文泰的外孙女），他的祖母是八柱国之一独孤信的女儿，从血缘上看，李世民身上流淌着三个柱国的血液，分别是宇文泰、李虎、独孤信，他也相当于三人的合资产品。此时与他同样神奇的还有李建成、李元吉，而到玄武门之变后，有这种血缘的只有他一个人了，自此唯独一人，再无分号。

刘文静是通过裴寂的引荐认识李世民的，一见李世民他就觉得这个青年非常与众不同。在他看来，李世民有刘邦的大度，有曹操的神采，绝非凡人。裴寂却不这么看，这是因为他跟李世民太熟了，李世民就是他看着长大的孩子，一个十九岁的大孩子，哪里谈得上英明神武？什么刘邦的大度，曹操的神采，别逗了，我看也就长得像一个人，谁？他爹——李渊。

刘文静没有理睬裴寂的反应，他在心中已经断定李世民是个非凡的人物，因此在屈指可数的几次交流中，他争取给李世民留下深刻的印象。他在言语中流露出对时局的关心和对天下的关注，而这些正是吸引李世民的地方。

现在刘文静身处牢狱，李世民还能不能想起那个只有数面之交的朋友呢？

刘文静的判断没错，李世民不仅想起来了，而且亲自来了，目的就是与刘文静来一次"狱中对"。当年诸葛亮与刘备"隆中对"，定下了"三分天下有其一"的基调，现在刘文静与李世民也在筹划自己的天下大事。

两人刚一开始还有点含蓄，刘文静还有点遮掩。

李世民：时局这么乱，可怎么办呢？

刘文静：天下大乱，除非有刘邦、刘秀的才能，否则无法平定。

李世民：你怎么就知道没有这样的人呢？别跟我绕弯子了，我这次来不是婆婆妈妈地来看你，而是来跟你商量大事的，你要信得过我，就说，信不过，我转身就走！

刘文静一看，机会来了，赶紧将自己的计划和盘托出。

"如今皇帝远在江都，李密包围洛阳，天下的乱民数以万计。在这种情况下，如果有一个能拯救天下的人出现，挥动义旗，天下的乱民都会听从他的命令，然后以这些人为基础，妥善使用，夺取政权，易如反掌。我当晋阳令已有数年，而太原城内有很多百姓都是逃难而来，我知道他们中谁是豪杰，谁可以加以使用，只要义旗一举，十万人马瞬间可以召集。而你父亲手下还有数万军队，两股力量合到一起，趁大兴政府空虚，长驱入关，号令天下，顶多半年，大业可成！"

刘文静刚说完，李世民激动地握住了他的手："君言正合我意！"

刘文静确实是一个军事天才，在随后起事中，一切都按照刘文静预计的发展，从公元617年五月十五日李渊逮捕副留守长官王威、高君雅开始，到这一年十一月九日攻破大兴，整个起事过程，历时不到半年。

走出监狱的李世民踌躇满志，他知道在未来的几个月中一定会有大事发生，而他和他的父亲将成为历史的主角。

尽管李世民的活动都是在私下进行，可这一切都被李渊看在眼里，他不是不知道，而是装作不知道。对于隋室，他有着复杂的感情，他所有的一切都是独孤姨妈给的，自己作为外甥去争夺姨妈家的天下，感情上他有些接受不了。再者，年轻气盛的李世民可以不考虑家族的利益，头脑一热就举旗造反，而自己呢，自己从七岁就袭了唐国公，自己的所作所为要对得起祖上的血汗，也要照顾到家族的利益，一百多口人的身家性命毕竟不是闹着玩的。

造反看起来只是一咬牙，一跺脚，事实上没有那么简单。如果侥幸成功，荣华富贵不愁，如果不幸失败，那么整个家族连个立锥之地都没有，而且要背上千古骂名，不到万不得已，走投无路，谁又愿意造反呢？

踌躇满志的李世民暂时没有顾及李渊的态度，他准备先从父亲的外围做工作，做通了外围的工作，父亲的工作就好做了，而外围工作的重点就是晋阳宫监裴寂。

裴寂这个人其实比较平庸，宦海浮沉多年，脾气早就磨没了，现在担任晋阳宫监也就是混个日子，平常没有别的爱好，就是爱赌点小钱，这一点跟杨素的弟弟杨约一样。

有爱好就好办，而且裴寂这个爱好用钱就能解决。李世民动用了父亲给自己的私房钱，并把这些钱提供给龙山县令高斌廉，让高斌廉每天都找裴寂赌钱，条件只有一个：只许输，不许赢。

以前裴寂只是把李世民当成半大小子，从来没有把他当回事，因为和他爹李渊太熟了。现在通过解除监禁的刘文静牵线，裴寂与李世民有了接触，经常四个人一起厮混，刘文静与李世民喝茶聊天，高斌廉和裴寂一旁赌钱。时间久了，裴寂就赢得盆满钵满，跟李世民也是越混越熟。眼看时机成熟，李世民把自己的大计划与裴寂交了个底，而拿了人家钱财的裴寂也终于答应，跟李世民一起做李渊的工作。

正巧此时，李渊也在为自己的前途发愁，因为他收到了皇帝杨广的问责诏书。事情的起因是去年一年与东突厥作战的失利。

当时李渊刚刚上任不久，东突厥派骑兵进犯马邑郡，得到急报的李渊安排副留守长官高君雅会同马邑郡太守王仁恭出兵抵抗，结果屡战不利，后来就被御史到皇帝杨广那里参了一本，现在皇帝追查了下来。虽然失利不是李渊的直接责任，但他毕竟是高君雅的上级，追查起来他是要负领导责任的。现在他和高君雅都被暂停职务，等候调查。

听说李渊被暂停职务，李世民觉得机会已经来临，壮着胆子向父亲试探。

"现在皇上无道，民变四起，晋阳城外都是战场，如果您还拘泥于做臣属的小节上，下有盗匪你杀不完，上有皇帝的严刑在等着你，危险时刻随时可能来临。然而如果现在起兵，反而可以转危为安，这可是天赐良机，不能错过！"

听完儿子的话，李渊吃了一惊，他知道儿子在背后做小动作，但是他不知道已经筹划到这个地步了。

李渊顿时表现得很愤怒："汝安得为此言，吾今执汝以告县官！"作势拿起笔，却又放下了，无奈地对李世民说："吾岂忍告汝，汝慎勿出口！"

李世民走后，李渊陷入了沉思，他知道儿子的话很有道理，然而起兵的风险太大了，自己承担得起吗？

第二天李世民又来了，父子间又有了一次深谈。

李世民缓缓地对父亲说："现在乱民越来越多，国家已经失控，以父亲您的一己之力，能把盗匪都抓完吗？即使都抓完又怎么样，太仆卿杨义臣不就是一个例子吗？他剿匪算成功吧，可现在呢，还不是被皇帝冷落，朝不保夕。再说现在外边都在传李姓当王，右骁卫大将军李浑没有什么过失就被满门抄斩，现在皇帝对李姓的大臣和将军都动了杀机，父亲您还以为自己高枕无忧吗？眼下之计，只有采用我昨天说的方法才能转危为安，事不宜迟，不要犹豫了！"

其实不用李世民说，李渊也很清楚这些道理，他知道，无论是在战场，还是在现实中，只有刀把握在自己手里才是最安全的。如果刀把握在别人的手里，需要依赖别人的宽恕才能活命，那就始终是不安全的。

李渊悠悠地对李世民说："吾一夕思汝言，亦大有理。今日破家亡躯亦由汝，化家为国亦由汝矣！"

这是李渊第一次比较清楚的表态，实际上他知道，不到万不得已绝不能造反，实在是已经没有安全感了，那就跟儿子一起反了。

李渊正在烦恼的时候，老友裴寂又来了。裴寂先给他交了一个底，这次交底让李渊吓了一跳。裴寂告诉李渊，上次喝酒之后他安排陪李渊上床的那两个美女其实是晋阳宫的宫女，也就是说，李渊睡了皇帝杨广的宫女。

裴寂的话让李渊直冒冷汗，"侵犯宫女"可是死罪啊，那是给皇帝戴绿帽子啊。

看李渊有些含糊，裴寂又加了一把火："你家二小子李世民最近正在私下招募兵马，打算创立大业，这事如果让皇帝知道就是死罪；我安排宫女陪侍你，如果让皇帝知道也是死罪。我跟世民已经通过气了，我们决定一起干，就差你表个态了！"

看着一本正经的裴寂，李渊意识到，自己是被裴寂和自己的儿子算计了，只可惜他们的算计多余了。

即使他们不算计、不筹划，李渊也在心里筹划，他比李世民他们更清楚国内的形势，至于直指关中的布局他也曾盘算过，别忘了当年杨玄感起义的全过程他都关注过，杨玄感的棋没做活，主要就是关中的眼没有做活。

事已至此，李渊就坡下驴："吾儿诚有此谋，事已如此，当复奈何，正须从之耳。"

就在李渊着手准备的时候，皇帝杨广的诏书又来了，着太原副留守王威将李渊、高君雅解赴江都问罪。

得知消息之后，李世民火速拜见李渊，敦促父亲马上起兵，只要大旗一举，各地起义军必定纷纷归降，再加上裴寂在晋阳宫积累的财富，大事必成，千万不能拘泥小节，被朝廷使节抓走，那可就什么都晚了。

忍无可忍，那就无须再忍，没有安全感的李渊决定起兵，命李世民暗中准备。

就在这时，杨广的使节又来了，宣布赦免李渊，既往不咎，即日起官复原职！得，这下起兵又没有理由了，暂时又安全了，李渊紧急通知李世民，稍安毋躁，先观望一段再说。

平静下来的李渊没有停止思考，他又想起了很多往事。

前年当河东讨捕使时，大理司直夏侯端当他的副手，两人曾经有过一次深谈。夏侯端精通天象、占卜、面相，对李渊非常看好。他告诉李渊，夜观天象，帝星不稳，晋阳上空却有异象，恐怕对应的就是你，现在皇帝忌恨李姓大臣和将军，李浑已经死了，下一个有名望有能力的可就是你了！

当然天象可能就是说辞，乱世之中很多人都想押宝，寻找大富贵的机会！

去年李渊当上太原留守之后，鹰扬府司马许世绪也曾经劝过李渊：“外面都在传言李姓当王，而你又拥有太原郡、雁门郡、马邑郡、楼烦郡、西河郡五郡的兵马，如果以这些资源起事，可以成就帝王的大业，如果待在原地不动，这些地方四周都可能受到攻击，轻而易举地被人灭亡。对着这些，你可要自己考虑清楚！”（又一个思变的投机分子！）

屈指一数，劝说李渊起兵的还有好几个，分别是行军司铠参军武士彟（武则天的父亲），前任太子左勋卫唐宪，以及唐宪的老弟唐俭。这些人一个共同的特点都是对现实不满，人心思变，他们都想把宝押在李渊身上，一旦大事成功，他们就是开国元勋了。

对照当时的记载，有些史书声称晋阳起兵是李世民一手策划的，其实太武断了。李渊并不是毫无准备，也不是完全被李世民牵着鼻子走，只是他比李世民考虑的事情更多，顾虑的事情更多，因此一直拖延，迟迟不肯起兵！

看着李渊迟迟不肯起兵，刘文静急了，熟读兵法的他明白“先发制于己，后发制于人”，如果就这么拖延下去，消息一旦走漏，大家全得完。现在只有

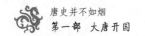

一个办法，逼迫裴寂找李渊摊牌。

刘文静找到裴寂，揪着裴寂的衣服警告说："你是晋阳宫监，居然提供宫女供客人奸淫，这可是死罪！再说，你是不是诚心想害唐公呢？是不是想拉着他给你垫背呢？一句话，唐公不起兵，大家全完蛋！"

本来裴寂心里就打鼓，经刘文静一说，心里更怕了，赶紧去找李渊摊牌："大哥，求你了，赶紧起兵吧！"

经过几天思考，李渊终于想通了，自己留在皇帝手里的案底太多了，指望皇帝的怜悯活命几乎不可能，而且会让人耻笑。这不是李渊做事的风格。

自此，李渊下定决心：起兵！

公元566年出生的李渊，到617年已经五十一岁了，有人一直强调晋阳起兵是李世民倡议，李渊响应，其实并不尽然。看待这个问题，不妨对比一下两个人的年龄。

李世民十九岁，血气方刚；李渊五十一岁，已经是知天命的年龄。李世民可以不管不顾，自己拍板，立即执行，反正所有的问题自己扛；而李渊呢，五十一岁的年龄容不得他有年轻人的冲动，不到万不得已，不到安全感尽失，他断不能盲动！对于李世民来说，起兵属于第一次创业，而对于已经走过大半辈子的李渊来说，这一次则是艰难的二次创业，不到万不得已，谁又愿意在年过半百的时候二次创业呢？现在历史将李渊推到了风口浪尖，他要带领自己的子弟兵去争夺自己曾经誓死捍卫的隋室江山。历史，就是这么善变！

对于表弟杨广，李渊一直怀着复杂的感情，他必须承认表弟比他有才华，比如写诗绘画；比他有能力，比如治理国家。然而李渊自信他有一点强过表弟，那就是他比表弟更懂民心。

杨广一出生就含着金钥匙，虽然也在很多地方接受过锤炼，但他的身份注定他始终高高在上，不可能真正了解民心，李渊则有所不同，虽然他也出身官宦人家，但他七岁丧父，懂得了世态炎凉，人世疾苦，他历任谯州、陇州、岐州刺史，荥阳、楼烦两郡太守，在这些地方他都接触过当地的百姓，他比杨广更知道人心的向背。再加上数年的军旅生活，他悟出了一个真理：军心可鼓，民心可用！只要做好"民心"的文章，起兵大业必成。

李渊决定起兵后，立即找来了刘文静，让他火速伪造一道诏书，并把诏书的内容贴遍晋阳的大街小巷，务必让这道假诏书的内容路人皆知。

这是一份什么样的诏书呢？是一份强制征兵的诏书。

诏书上说，皇帝决定四征高句丽，责成太原、西河、马邑、雁门四郡二十岁以上、五十岁以下的男子年底前到涿郡集合，违令者斩！

这是一份空前绝后的征兵令，历史上没有一个王朝曾经出台过如此不近人情的征兵令，一般而言，多是采用"逢二抽一""逢三抽一"，顶峰到"逢五抽三"。

百分之百的征兵根本就不可行，然而当地的老百姓相信，这就是皇帝的意思，在他们看来，不体恤民情的皇帝什么事都做得出来。

谣言很快传遍了晋阳的大街小巷，大家都相信这是真的。李渊和副留守长官王威、高君雅派人向百姓解释，结果越解释越像是真的。

看着民心思变，谣言四起，副留守长官王威和高君雅想破脑袋也没有想明白事情的起因，李渊却暗暗看在眼里，记在心中，他知道在这个敏感的时刻，一切必须是慎之又慎。眼前的这两个家伙，表面上看是自己的下属，实际上却是皇帝安插的眼线。

李渊下定决心要反，然而手下的那点兵还不够，想要大张旗鼓的征兵又不行，因为在历朝历代，征兵都要得到皇帝批准，没有经过皇帝同意而征兵，那就不是征兵了，而是谋反。

就在李渊左右为难的时候，马邑的起义军首领刘武周帮了李渊一个忙。

刘武周本来是河间景城（今河北省沧州市交河镇）人，父亲刘匡举家迁徙到了马邑郡。刘武周本人骁勇善骑射，在豪侠圈里很有人缘，原本在当地担任鹰扬府校尉。后来马邑郡太守王仁恭看他骁勇，就提拔为自己的亲兵队长，平时驻扎在王仁恭的内宅，负责王仁恭的安全。

原本刘武周对王仁恭还是忠心耿耿，直到一个女人的出现。

这个女人是王仁恭的小妾，长得颇有姿色，刘武周常年驻扎内宅，两个人的接触就多了起来，一来二去，就有了瓜葛。

在那样的大宅院里，风流韵事是藏不住的，渐渐地就有人知道了他们的不正常关系，这下刘武周麻烦了，奉命守卫内宅却给太守戴绿帽子，这是诚心恶心太守吗？

眼看奸情就要暴露，刘武周决定不逃避了，索性一不做二不休，要得罪就把王仁恭得罪到底。

刘武周的第一步跟李渊一样，从舆论下手，先在群众中制造愤怒的情绪，他派出自己的亲信去四处煽动："如今百姓饥饿，饿殍遍野，王太守却紧闭粮仓不给救济，哪有这么当官的，诚心不管大家的死活。"

愤怒的情绪一经煽动就无法控制，这时刘武周又对外声称自己病了。

刘豪侠生病了，大家自然很关心，附近的豪侠都来探望，而"生病"的刘豪侠就在"病榻"上做豪侠们的思想工作。几天下来，豪侠们统一了思想，定下了主题，主题很简单，两个字："抢粮。"

要抢粮就得先搬开王仁恭这块石头，只要搬开这块石头，粮仓推门就进。

公元617年二月八日，太守王仁恭还像往日一样在衙门里办公，刘武周进见。王仁恭挥手示意刘武周稍等片刻，他把手头的工作处理完再说，然而刘武周没有等，大步冲了过来，王仁恭刚要发火，先看到了刘武周手里的刀，还没喊出声，刀已经下来了。到死王仁恭都不明白刘武周的真实目的，为什么呢？

为什么？往大了说是为了粮食，往小了说是为了一个女人！

砍死了王仁恭，剩下的人都安静了，他们都知道刘武周是个狠人，在狠人面前只有听话才是最好的防弹衣。

带领大家做大事的刘武周没有食言，下令打开粮仓，救济贫苦百姓，随后向马邑郡下辖的各县发布文告，宣布刘武周接管马邑郡，只要大家服从管理，粮食管吃。有"粮食管吃"这四个字，没过几天，刘武周的麾下聚集了一万多人。

与李密他们热衷于自立为王不同，刘武周当王之前要给自己找一个靠山，这个靠山是谁呢？东突厥。

杀掉郡长王仁恭之后，刘武周派人去向东突厥始毕可汗阿史那咄吉表忠心，这下让始毕可汗兴奋不已，给汉人当了几十年孙子，今天终于轮到汉人给我当孙子了。高兴之余，始毕可汗赏赐给刘武周狼头大旗一面，并封为定杨天子，从此刘武周就是东突厥的加盟商了。

与刘武周一样加盟东突厥的还有朔方郡起义首领梁师都、榆林郡起义首领郭子和，梁师都的封号是解事天子，郭子和的封号是平杨天子，这样一来，始毕可汗既是刘武周他们的上家，也是"天子"封号的批发商。

说起来，刘武周、梁师都这些人挺没品的，要起义就起义，非要格外当一回

汉奸，同李密他们相比，李密顶多是乱民，他们则是乱民加汉奸。（双料的）

现在汉奸刘武周无意间帮了李渊的忙，帮了什么忙呢？

原来刘武周攻占了汾阳宫，而汾阳宫也归李渊管辖，这下李渊就有了征兵的理由。

李世民是第一时间得到了汾阳宫被攻占的消息，他意识到这是一个可以利用的机会，赶忙找父亲李渊商量。

"父亲您是留守长官，现在盗匪攻占了皇帝的离宫，皇帝怪罪下来就是死罪，不早定大计的话，全家的灾祸马上来临！"

听了李世民的话，李渊明白了问题的严重性，同时意识到这是一个难得的征兵理由，连夜召集副留守长官王威、高君雅，通报了刘武周攻占汾阳宫的消息。

通报完消息，李渊颓废地往椅子上一靠："我们没能阻止刘武周攻占汾阳宫，皇帝怪罪下来，我们都是灭族的罪，大家说怎么办呢？"

李渊一摊手，王威、高君雅全都没了主意，一个劲看着李渊，那意思是说，大主意还得你拿，你是一把手。

李渊接着抱怨："我们如果要大规模地动用军队跟刘武周作战，肯定要报皇上批准，可江都离这里三千多里，一路上都有盗匪，消息能不能送到都是问题。就算送到了，等皇帝批准了，盗匪早就打进来了，咱们肯定都被粉碎了。"

听着李渊的分析，王威和高君雅频频点头，等李渊说完，马上接过李渊的话头："您既是皇亲国戚（皇帝的表哥，外甥女王氏是皇帝的小老婆），又是皇帝信任的官员，您不做主谁做主？现在向三千里之外的皇帝请示根本不现实，为了消灭盗匪，就应该独断专行！"

听到这里，李渊知道一切尽在自己掌握了，顺势做出一副很勉强的表情："那好吧，我就听你们的，独断专行一次。眼下这点兵马肯定不够，得马上招兵买马！"

此时的王威和高君雅已经被李渊卖了，还在乐呵呵地帮李渊数钱，听李渊说要招兵买马，两个人一个劲地点头："应该的，应该的！"

有了征兵的由头，李渊马上命令李世民、刘文静、长孙顺德、刘弘基等人到各地招兵买马，仅仅十多天的时间，一万多人马已经募集到麾下。与此同时，李渊派出亲信兵分两路，一路去河东传唤李建成、李元吉，一路去大兴传唤女婿柴绍，这三个人是起事不可缺少的人物。

一万多人召集完毕，副留守长官王威、高君雅察觉出了一些问题，为什么招募来的这些兵马不交给政府管理而是交给李渊的宾客长孙顺德和刘弘基管理呢？再说长孙顺德、刘弘基这两个人是征辽东的逃兵，按律可是当斩的！

两个人把疑惑说给了行军司铠参军武士彟，武士彟赶紧替李渊掩饰："长孙顺德他们都是李渊的宾客，如果把他们抓起来，李渊肯定不会答应。一闹起来，政府肯定就乱了，到时不用盗匪打，咱们这些人内乱就完了！"

王威和高君雅想一想也有道理，变乱时期当有非常之法，不妨就让长孙顺德他们先带着吧。

武士彟刚把王威他们安抚住，留守司兵田德平又跳了出来，他也觉得长孙顺德有问题，想建议王威深入调查，结果也让武士彟给按住了："你懂什么？剿匪的军队一向是李渊负总责，王威他们就是随从，让二把手调查一把手，亏你想得出来！"

尽管武士彟左右抵挡，还是挡不住王威和高君雅怀疑的心，毕竟他们上任的时候是怀有特殊使命的。皇帝当时给过他们特权，如有变故，可先行处理，再做上报。现在到了使用这项特殊权力的时候了。

事不宜迟，王威和高君雅火速作了部署，经过策划，他们准备在李渊到晋祠祈雨的时候实施抓捕。

一切都已安排妥当，就等李渊落网。

然而即便王威等人已经张好了网，他们还是没有等到收网的那一天。他们并不知道，在他们进行精心布置的同时，有一双眼睛正在背后偷偷地观望，并把这一切与李渊联系到了一起，这个人就是李渊的朋友，晋阳乡长刘世龙。

当时刘世龙正在晋祠附近，偶然看到王威和高君雅的亲兵在晋祠进进出出，神情诡异，有着丰富斗争经验的他很快意识到其中一定有不可告人的目的，因为他知道，过几天李渊将到这里祈雨。刘世龙将这个消息通知了李渊，李渊只是微微一笑，他知道撕破脸的一天迟早会来，那就不如来得早一点吧！

五月十五日上午，李渊和王威、高君雅一起在衙门里办公，此时刘文静领来了开阳府司马刘政会，两个人站在庭院中，声称有要事禀报。李渊示意王威去接刘政会的状纸，然而刘政会避开了王威的手，嘴里高喊："我要举报的就是两位副留守长官，状纸只能由唐公亲自过目！"李渊假装非常疑惑："能有什么呢？"

等李渊展开状纸看完，瞬间变脸："王威和高君雅暗中勾结突厥，近日就来攻城，赶紧把这两个奸细拿下！"

看到李渊变脸，高君雅顿时明白发生了什么，大声指着李渊叫骂："分明是你这个叛贼要谋杀我们！"

高君雅说得没错，只可惜明白得太晚了，一旁等候多时的刘文静、刘弘基、长孙顺德已经扑了上来，李世民则带领军队封锁了晋阳城的各条街道，晋阳城的百姓已经被告知：两位副留守官员勾结突厥，近日就将攻城！一时间紧张的情绪弥漫在晋阳的上空，大家都把希望寄托在他们心目中的救星——李渊身上。

拿下了王威、高君雅，放出了突厥将来攻城的消息，李渊没有如释重负的感觉，反而更加紧张，下一步应该怎么办呢？如果突厥不来，怎么办？如果老百姓反过来怀疑自己，又该怎么办呢？

历史就是由无数的巧合组成，李渊盼望的突厥很快就出现了。两天之后，东突厥军队数万人攻击晋阳城，轻骑兵从外城北门冲入，又从外城东门冲出，一切就跟约定好似的。这下王威和高君雅傻眼了，全城的百姓都相信就是他们引来了突厥，恨不得杀之而后快。李渊也很善解人意，他要用这两个人的人头赢得更多的民心，随即命人在闹市区将二人斩首示众，晋阳城内一片拍手称快之声。

斩了王威、高君雅，可以忽悠住晋阳城的百姓，可是忽悠不走东突厥的兵马，怎么办呢？李渊很快想到了两条计策，一条叫空城计，一条叫疑兵计。

李渊命裴寂等人动员军队进入战斗状态，同时命人打开内城的所有城门，城门附近没有一兵一马，想进随便进，就看你敢不敢进！

东突厥的兵马一看城门大开，以为有诈，纷纷勒住马，不敢进城，只在城外徘徊，进又不进，走又不走。

空城计只能玩一次，玩多了就不灵了，李渊一看突厥进又不进，走又不走，空城计已经不管用了，两军对垒，还得靠真刀真枪。李渊下令部将王康达率一千人出战，务必给东突厥一个下马威。

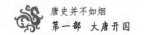

理想与现实往往是相反的，王康达没有给东突厥下马威，反而被人家来了个下马威，一千多人有去无回，全当了炮灰。

李渊一看硬拼不行，还得跟突厥使诈，当天深夜派全军秘密出城，第二天再高举旌旗，擂动战鼓，轰轰烈烈地入城，东突厥的兵马一看，坏了，隋朝的援军这么快就到了！

相持两天，东突厥兵马见无机可乘，索性在城外胡乱抢了一圈，贯彻了"贼不走空"的原则，扬长而去。

逼走了东突厥，李渊着急地等待儿子和女婿的到来。十几天后，李建成、李元吉、柴绍都赶到了，李渊的另一个儿子李智云没有到。原来李建成、李元吉、李世民是李渊的嫡出，李智云则是庶出，平时李建成和李元吉就不喜欢这个弟弟。此次接到李渊的传唤，事出紧急，两个人仓促之间只顾自己逃出，居然忘了通知李智云。

听了李元吉的汇报，李渊一声叹息，他知道李智云已经凶多吉少了，只要河东那边知道自己起事，当地的官员一定会将李智云斩首。果不出所料，在他举起义旗不久，李智云就被当地官员押到大兴斩首，这也是继李玄霸早夭之后李渊失去的又一个儿子。

联盟东突厥

人都齐了，马也差不多了，李渊觉得还差点东西，差什么呢？联盟。

在起兵之前，李渊一直在研究晋阳的地理位置，他发现对晋阳威胁最大的其实不是刘武周、梁师都那些起义军，也不是附近忠于隋王朝的郡县，而是东突厥。以李渊现在的兵力，跟东突厥死磕是不现实的，而像刘武周那样加盟又会让天下英雄耻笑，怎么办呢？

这时刘文静提出一个建议："不死磕，不加盟，我们结盟。"

加盟和结盟有区别吗？有！

加盟是服从东突厥的领导，承认与东突厥是下级与上级的关系，而结盟只是松散地结成同盟，彼此独立，只不过借对方的旗号虚张声势，用现在的话说就是，结成战略合作伙伴关系，而不是战略合作上下级关系。

听了刘文静的建议，李渊马上表示同意，显然这是一个比较理想的做法，既可以保证晋阳地盘的稳定，又可以借突厥的旗号虚张声势，一举两得。

说干就干，李渊动笔给始毕可汗写了一封极为恭敬的书信，言语极其谦卑，随信还附上一份厚礼。李渊在信上说："我准备发动正义之师，迎接皇帝从江都返回，随后咱们两国还互相结成姻亲，继续兄弟般的友谊。这次如果您愿意跟我一同前往，千万别随意抢劫百姓；如果不愿远行，只愿意将来接受和亲，等我供奉金银财宝，也可以。您自己选择吧！"

始毕可汗接到李渊的信后，召集官员讨论，他本人非常愿意与李渊合作，但是他比较反感杨广这个人。他认为即使李渊迎接杨广回大兴，杨广也不会念及李渊的好处，时间一长就会害死李渊，紧接着就攻打东突厥，所以李渊提出迎接杨广回宫他不同意。反过来，如果李渊自己称帝，他倒是很愿意合作。

始毕可汗把自己的意思写到了信里，然后传递给了李渊，这下李渊的手下胆气更足了，有这么多军队，还有东突厥的支持，大事必成。于是大家都鼓动李渊顺应东突厥的意愿立即称帝，这样大家就有盼头了。

称帝？谁不想，问题是时机还不成熟。李渊知道如果自己现在称帝，那么所谓的正义之师就师出无名了，所以现在还不是称帝的时候。

然而如果李渊不称帝，东突厥不支持怎么办？毕竟李渊的兵多数是步兵，要组建骑兵部队还需要东突厥的战马。

经过商议，李渊决定，继续与东突厥和谈，对于杨广的问题采用折中的办法，尊称杨广为太上皇，拥护皇孙杨侑即皇帝位。这样对隋朝的各郡县可以宣称李渊继续尊隋，对东突厥也能有所交代，至少保证皇帝不再是东突厥厌恶的杨广。

远在江都的皇帝杨广不会想到，自己的帝位就这样被表哥当成了交易，这个"蔫老太太"的心地是这样的坏。

历史总是充满轮回和讽刺，李渊把杨广排挤成太上皇，然后自己当了皇帝，然而他没有想到，有人已经悄悄把他当成了榜样。仅仅九年之后，李渊就遭遇了盗版，与表弟杨广的愤怒不同，他愤怒不起来，反而是哭笑不得，因为盗版的正是他的亲儿子——李世民！最后李渊只能发出由衷的感慨："父母是孩子最好的老师！"

定下了忽悠的主题，吹响了忽悠的号角，民间外交官刘文静再次奉命出使东突厥，此行的目的是继续忽悠突厥人，既要使突厥出兵，又要使突厥出战

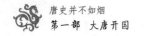

马，而且马要多，人要少。

为什么要"马多人少"呢？因为李渊的麾下马少人多，让突厥出人就是借个势，对外是个震慑，而又不要突厥人多，因为考虑到战后不用回报太多。说到底，李渊就是一个老奸巨猾的猎手，习惯用最小的投入获得最大的回报。

稳住了突厥，定下了尊隋的旗号，李渊的二次创业真正开始了。

小试牛刀

公元 617 年六月五日，李渊正式向下属各郡县发布文告，宣布起兵，目的是尊隋，号召各郡县服从行动，听从指挥。

接到文告，下属的郡县全部表示唯李渊马首是瞻，唯独西河郡除外，于是西河郡就撞到了枪口上，成为李渊杀鸡儆猴的鸡。

同一天，李建成、李世民率军出征，开始为自己的家族事业打拼，这是李唐王朝的第一次出兵，也是李唐王朝争夺江山的开始。行军路上的李建成、李世民兴奋不已，在他们看来，父子同心、兄弟齐心，天下大事，半年可成。然而哥俩谁也没有意识到，仅仅几年之后，他们就要为当初一起夺得的江山兵戎相见，兄弟也要变为仇敌，如果知道是这样的结局，当初的他们是否也会有犹豫呢？

行军路上的李家军士气高涨，人心整齐，一支仁义之师呼之而出，一路上秋毫无犯，百姓无伤，即使偶有损耗，李建成与李世民马上自己掏钱补贴百姓，然而补贴完后从不追查肇事者。仅此一举，人心收齐，李渊的两个儿子算是得到了李渊的真传，收买人心的功力让杨广只有给他俩提鞋的份。

气势高昂的李家军没有费太多周折，仅仅五天，固守的西河郡就被攻破，西河郡人人自危，大家最担心的就是屠城，因为隋末的一些起义军首领有一个很不好的习惯，一旦攻下固守的城市，屠城就成了他们的第一选择。那么李家军会不会也拿出屠城的手段来杀鸡儆猴呢？

进入西河郡，李世民派人抓住了固守的西河郡丞高德儒（两年前报告鸾凤祥瑞的那家伙），一下子人心惶惶，连郡丞都抓了，何况平头百姓呢？西河郡的人们在等待李世民的下一步棋。

看到被捆绑的高德儒，李世民变了脸色，指着高德儒的鼻子痛骂："你把野鸡当鸾凤，欺骗皇上，骗取官位，道德极其败坏。我等起义军就是要消灭你这等马屁精！"言罢，李世民下令处斩，悬首三天！可怜的高德儒因为前年的一次谎话，换来了两年后的灾祸，他的经历也在告诉我们：好孩子不能说谎。

杀了高德儒，西河郡的百姓还在疑惑，下一个倒霉的会是谁呢？大家瞪大眼睛看着李世民。而李世民呢，向民众挥一挥手，都散了吧，该干吗干吗！农民种地，商人开张，学生上学，老人晒太阳，总之原来干啥，现在就干啥！

惊愕了半天的人们终于明白，原来李家军不是来屠城的，而是来拯救天下苍生的。早知道这样，防守个什么劲呢！

无疑，李世民是聪明的，只用一个人的人头就起了数重作用，第一重宣告李氏起兵是义军，以诚信为本；第二重宣告李氏起兵只诛杀害群之马，不扰一般百姓；第三重宣告李氏起兵是为皇帝清理害群之马，李氏的目的是"清君侧"。

一个人头，三重宣告，善于经营的李世民收到了奇效。此次出征西河郡，来回只用了九天，只杀了一个人，却得到了一个城市，真可谓锻炼了队伍，扩大了影响，连一向稳重的李渊都兴奋地说："以此行兵，虽横行天下可也。"

公元 617 年六月十四日，对于李渊而言是值得纪念的一天，李唐王朝的草台班子于这一天正式成立了。虽然成立之初条件有点简陋，待遇有些寒酸，然而从此打下了武德年间高层政治结构的基本框架，几乎可以肯定地说，能够进入这个草台班子的人，日后都能算作开国元勋，也就是说，这些人持有的是李唐王朝的原始股。一年之后，李唐王朝上市，持有原始股的人们也成了最幸福的暴发户。

这一天，李渊设置了大将军府，死党裴寂出任秘书长（长史），鬼精灵刘文静出任军政官（司马），唐俭（日后讽谏李世民不能马上治天下的那位）和前长安尉温大雅出任记录官，武士彟出任铠曹（军械军事参议官），刘政会等人为户曹（民政军事参议官）。

上阵亲兄弟，打虎父子兵，同刘邦依靠汉初三杰不同，李渊在军事上依靠的主要是自己的儿子和女婿。世子李建成封陇西郡公，左领军大都督，指挥左翼三军；次子李世民封敦煌郡公，右领军大都督，指挥右翼三军；女婿柴绍为右领军大都督府长史（秘书长）。

从这个配置来看，李唐王朝初期的军事体系可以概括为：李渊自任总司令，李建成和李世民为排名不分先后的副总司令，各自率领一支方面军，女婿柴绍为李世民方面军的总参谋长。这个体系就是一个家族体系，明白人知道这是李氏义军的军事指挥体系，不明白的还以为是李家狩猎的人员分配图。

梳理好军事指挥体系，安顿好大将军府的草台班子，李渊的精力又转到了东突厥身上，因为东突厥是李氏起兵胜负的关键，处理好是锦上添花，处理不好则是雪上加霜。

有些人一再强调晋阳起兵是李世民一个人的功劳，其实失之片面。以晋阳起兵形势的复杂性，年轻的李世民是应付不了的，李世民不缺锐气，不缺信心，缺的是人生的经验和岁月的历练，因此在晋阳起兵的时候，把握全局的是李渊，运筹帷幄的是李渊，忽悠突厥的是李渊，招降纳叛的是李渊，收买人心的是李渊，掩耳盗铃的主角也是李渊，这一点容不得别人的抹杀。

草台班子成立四天之后，李渊接见了一个特殊的客人，这个客人的名字叫康鞘利，官职是东突厥的柱国，身份是东突厥始毕可汗的使节。

康鞘利此行带来了一千匹战马，始毕可汗传话说随便挑、随便选，买多买少李渊自便，另外如果有需要，东突厥愿意出兵护送李渊入关。

看着康鞘利带来的战马，听着始毕可汗的承诺，李渊的大脑开始高速运转。五十年来的人生经历告诉他，天下没有免费的午餐，天上掉馅饼的事情也许会有，但那样的馅饼要么是陈化粮做的，要么里面埋着鱼钩。

老到的李渊没有被战马扰乱了思绪，也没有被始毕可汗的承诺冲昏头脑，他很清楚自己的实力，也很清楚突厥人的真实目的。眼下借重突厥人的实力看起来很轻松，然而借人家的是要还的，今天的借贷必然会成为未来的包袱，甚至会是李唐王朝永久的包袱，因此这个包袱绝不能轻易背。

中国象棋里有一个评价棋手水平的简便方法：如果一个人下棋的时候能够看到随后的一步棋，那么这个人不算个臭手；如果一个人能看到随后的三步棋，那么这个人算个高手；如果一个人能看到随后十步以上的棋，那么这个人是个天才。按照这个方法算，李渊就是能够看透十步以上棋的天才。

李渊态度谦卑地接见了康鞘利，然后从一千匹战马中挑出了五百匹，剩下的五百匹就以囊中羞涩为由拒收了。将领们一看李渊哭穷，不知道李渊葫芦里卖的什么药，纷纷给李渊使眼色："我们哥几个自己凑份子，把剩下那五百匹买了吧！"将领们把眉毛都快挤掉了，李渊那边却好像死机了，压根儿没收到将领们的短信息。

打发走康鞘利，将领们开始跟李渊抱怨，为什么不要那五百匹马呢？我们宁愿自己埋单。

李渊看着诚恳的将领们，缓缓地解释了自己的做法："突厥人有的是马，而且贪财，如果我们这次买了他们一千匹马，他们必定马上送来两千匹、三千匹，到那时候我们就不用打仗了，天天就跟他们贩马玩了。我说我们囊中羞涩，这就绝了他们的念想。另外那五百匹马你们也不用担心，肯定还是咱们的，我跟康鞘利商量过了，那五百匹马可以分期付款，咱们不用给钱，马先骑着，等有了钱再给！"

听完李渊的话，将领们纷纷在心里竖起了大拇指："还是你奸诈，你称天下第二，谁敢称天下第一？"

处理完一千匹马的交易，李渊又安排民间外交家刘文静上路了，此行的目的是忽悠东突厥出人，不过人不需要多，五百就够，多了一个都不要。此时的东突厥人就是给李渊看门的阿三，就是用来充个门面，另外向刘武周那些加盟商表明：李渊跟东突厥的关系好着呢，就别打晋阳的主意了。

事实证明，李渊的策略相当成功，经过李渊和刘文静的累次忽悠，总计从东突厥那里忽悠来五百个人、一千匹马，同时消除了晋阳的后顾之忧，又装饰了李氏义军的门面，说一箭双雕那是谦虚，一箭多雕才是事情的本质。

万事已经俱备，东风也不缺少，李渊义军箭上弦，剑出鞘，大事已在眼前，天下谁与争锋！

第十三章 出征，李唐大旗高高飘扬

散官童子李渊

公元 617 年七月五日，此前在太原窝里横的李渊正式出征。出征前一天他任命十五岁的李元吉担任太原留守，负责看家，而他与李建成、李世民率领三万大军，开拓李氏江山基业。

出兵之前，李渊率领三万士兵高喊口号，宣称忠于隋室，拥护代王杨侑。口号喊得山响，小兵们纷纷在心里偷笑：都要抢人家江山了还说拥护人家的领导，真够不要脸的。带头喊口号的李渊何尝不知，可是没有办法，该唱的样板戏照样要唱，总不能让天下的英雄挑理！

李渊一行先到了西河郡，到时已经是七月八日。这一天是一个开天辟地的日子，对于西河郡来说，这一天上天给他们派来了一个"散官童子"。

"散官童子"，没听说过，不都是"散财童子"吗？

这一天，李渊接见了一千多人，在他接待的人中，七十岁以上的一律被授予散官（有官称无官位），也就是说，只要在西河郡，而且是七十岁以上，那么你就是五品老头了。

五品老头有什么好呢？也没有什么实惠，只不过听着舒坦，以后再见着五品官就不用下跪了，还可以理直气壮地从他面前走过，坦然地说："怎么着，兄弟我是五品老头！"

五品老头获得的是心理安慰，而西河郡的青年才俊们获得的是真正的实惠。只要是青年才俊，只要面见了李渊，李渊当场面试，当场任命官职，办事效率之高，天下少见。

经过李渊一天不间断的努力，任命了一千多人，按满负荷工作十二小时计算，每小时任命八十人，平均每分钟任命 1.3 个人，简直是工业化流水线作业。

当然由于创业初期条件非常简陋，被任命的官员没有拿到正规的任命状，只是拿着李渊手写的白条就上任了。一时间在西河郡内，李渊的白条满天飞，在路上遇到的人们经常掏出彼此的白条比较一下官职，按照规定，官职低的给官职高的敬礼，官职高的给官职低的训话，总之，西河郡上下一片热火朝天的官场景象。

李渊任命得热火朝天，裴寂等人看得心有余悸，生怕李渊写顺了手把自己的官职也任命出去，到时人家拿着白条来上任那就闹笑话了。裴寂担心到最后，自己的官位总算保住了，庆幸之余就开始提醒李渊：老伙计，您这官职是不是太泛滥了啊，恨不得卖菜的都是四品啊！

李渊听后，不以为然地摇了摇头，说出了一句让裴寂佩服终生的话："创业初期要啥没啥，不用官职忽悠别人，我还能用什么忽悠呢？"裴寂仔细一想，也是，草台班子大将军府一穷二白，全部的积蓄都变成了军饷和军粮，不用官职来画饼充饥，李渊还能拿什么画饼呢？

有过这次交流，此后的裴寂坚决支持李渊的滥封，因为滥封虽然滥，至少能省下粮食和军饷，只要能省下这些东西，大业终究还是有希望的。

在李渊大肆滥封的第六天，也就是七月十四日，李渊全军抵达了贾胡堡（今山西省汾西县北），此地南距霍邑（今山西省霍州市）五十余里，而在霍邑此时驻扎着一只拦路虎——虎牙郎将宋老生。宋老生正带领两万人马在这里等待着李渊，左武候大将军屈突通则驻守河东郡与宋老生交相呼应，他们的任务就是将李渊堵截住，然后分割包围消灭。

这一天，天下着连绵大雨，李渊全军无法前进，只能就地驻扎，然后命人回太原运送一个月的粮草来救济。

李渊正进退两难的时候，东突厥的使节到了，这个使节是来报喜的，他告诉李渊，始毕可汗已经同意了李渊的外交条件，同意出兵五百人，陪同李渊进军。

虽然只有五百名突厥兵，也是来之不易，因为李渊开出的条件其实很屈辱。李渊派刘文静向始毕可汗表示：愿意跟东突厥一起出兵攻打大兴，事成之后，土地和人民归李渊，金银财宝则归东突厥所有。可以说这个条件相当无耻，还没进大兴就把大兴的百姓给卖了，没办法，那个年头，老百姓不值钱！

历史总是有惊人的相似，安史之乱时，李渊的后人同样以这样的条件向回纥借兵平叛，平叛后土地和人民归唐，搜刮出的金银财宝归回纥。如果从根源来找，这种饮鸩止渴的方法其实始于李渊。

斗智，忽悠与反忽悠

有了东突厥切实的表态，李渊总算把心放回了肚子里，此时他又开始寻找下一个同盟，找来找去，他在一个人的名字上画了一个圈，这个人就是李密。

说起来，李渊和李密的祖上还是有渊源的，李渊的祖父是李虎，李密的曾祖父是李弼，李虎和李弼都是北周初期的八柱国，两个人既是同事，也是亲密的战友，不过两人并不是同宗，虽然都姓李，五百年前也不是一家。李渊的李姓出自陇西郡狄道（今甘肃省临洮县），而李密的李姓出自辽东襄平（今辽宁省辽阳县），可以说此李非彼李也。

现在两个八竿子打不着的李姓为了造反的大业准备走到一起来，不过谁领导谁是一个大问题，李渊觉得自己起兵前级别高，李密则认为自己的造反资格老，到底应该谁领导谁呢？

在贾胡堡的连绵大雨中，李渊给李密写了一封信，信中召唤李密共同起事，拥护杨侑，共成大业，同享富贵，一起迎接中庸和谐美满的新生活，总之一句话，二李联合好，好，好！

接到李渊的召唤，李密颇不以为然，因为此时李密的形势不是小好，而是大好，就在二十多天前他又打了一个大胜仗。在这场战役中，李密采用了多兵种联合作战，在他的阵容中，左边是骑兵，中间是弓箭兵，右边是步兵，一路平推过去，隋军土崩瓦解，李密一举收复隋军攻占的洛口仓。

手中有洛口仓，有多兵种联合作战的阵容，有逐渐积累的造反经验，从哪一方面比，李密都比李渊高出一筹。现在让李密服从李渊，姥姥！

李密立刻命写手祖君彦给李渊回信，信中先是很亲热地认李渊为同宗，进而谦虚地表示自己的实力不足，紧接着强调自己已经是盟主了，最后表明态度：我愿意跟你一起成就大事，不过是我领导你，而且需要你带领你的兵马到我的地盘上当面盟誓。

话说到这个份上，李密的态度已经很明确，我李密已经是参天大树了，你李渊还是一棵小草，如果想借树荫就得低头，不想低头就哪凉快哪待着！

看完李密的来信，李渊能够想象出李密意满志得的样子，以他五十年的人生经验来看，这个李密八成是成不了事的，因为做人要稳不能狂，狂是没有好处的。李密呢，造反大业刚刚上路，表现出的狂妄却不可阻挡。

看出了李密的狂妄，李渊决定把忽悠进行到底，他这个人一向把自己放得很低，做人非常低调，而这一次他准备把低调进行到底，力争把李密忽悠得找不着北。

李渊在信中坦诚地说，自己出身名门，受朝廷厚恩，此次起兵主要是为了保护隋室，拥立更值得拥立的人，然而由于已经五十多岁了，不中用了，只能死马当活马医了，恳请李密兄弟成功之后拉老哥一把，能把老哥一脉列入皇室的家谱就感恩戴德了。在信的结尾处，李渊还强调"李密"符合神秘的《桃李子》预言，盼望李密早点让预言成真，最后一句话：我很看好你哟！

什么是忽悠，这就是忽悠，什么是脸皮厚，这就是脸皮厚。春风得意的李密不会想到，在这封卑躬屈膝的来信后面，掩盖的是李渊争夺天下的雄心。

当李渊跟随老狐狸杨坚鞍前马后时，李密还在撒尿和泥；当李渊在地方呼风唤雨时，李密还在杨广的仪仗队里当大头兵；当李渊在皇宫内卧薪尝胆时，李密还在某一个偏僻的山村里啃树皮。从人生经验来看，李渊吃的盐比李密吃的米多！

李渊的低姿态马上赢得了李密的信任，当然这个信任也是表面的，能在那个时代成为呼啸一时的英雄，没有两把刷子是不行的。在李渊与李密的相互忽悠中，两人都藏着心眼，李渊希望通过忽悠把李密牢牢地拴在洛阳，这样李密就不会跑到大兴与自己争；李密想的是通过忽悠让李渊向自己表示臣服，这样自己的盟主地位就会更有号召力。

通过忽悠，两个人都达到了目的，李渊向李密表示了臣服，李密也"听话"地扎根于洛阳周围，各取所需，各自争夺自己的天下。尽管在这一刻，

两人不分高下，然而就在这一刻以后，两人面临的形势是天壤之别，结局更是天涯之远。

就在李渊和李密相互忽悠的同时，远在江都的杨广发布了一个任命，任命王世充率领江淮精锐部队会同其他几支部队，援救洛阳攻击李密。看似一个简单的任命，却在无意间左右了隋唐的历史走势。自此之后，扎根洛阳周围的李密陷入了无边的混战，他的对手有洛阳城内的越王杨侗和他的部属，有远道而来的王世充联合军队，还有后来想要进入洛阳的宇文化及。李密的军队要先后应付三方面的势力，而李密毕竟只是李密，不是吕布，以一敌三那是吕布的专利，却不是李密的专长。

李渊呢？他极其明智地选择了攻击大兴，在大兴城内，他的对手只有垂垂老矣的卫文升和少不更事的代王杨侑，攻击的难度系数远远小于李密，一旦攻下大兴，成功系数则是100%；李密呢，四方混战的成功系数理论上只有25%，实际到最后变成了0%。

李渊和李密的境遇是隋末历史走势的一个缩影，也是两人战略眼光的较量，李渊定计大兴，李密定计洛阳，虽然只是几百公里的差距，到最后却是天涯海角的距离。

其实两人还有一个极其重要的区别，李渊的部队骨干是整齐划一、听从指挥的正规军队，李密的队伍则是靠着大米聚合的乌合之众，以乌合之众聚众造反易，夺取天下却难。

事实上李渊的棋路李密也曾想过，只不过他的队伍以大米为黏合剂，离开了洛口仓，几十万军队立刻分崩离析，到那个时候别说大兴，就是近在咫尺的洛阳也是无能为力。说到底，困死李密的不是李渊的忽悠，而是洛口仓的大米，大米让李密雄心壮志，同时让李密鼠目寸光，离开了大米，他寸步难行。

分歧，起兵路上的进退两难！

雨一直下，李渊和将领们抬头看看天，脸上是掩饰不住的无奈，因为他们不知道雨什么时候会停，也不知道下一次行动会在什么时候，但他们都知道，粮仓里的粮食已经不多了，这几天发到手里的干粮已经开始缺斤短两了。手中有粮，心中不慌，没有粮的部队别说打仗，就是打猎都成问题了。

就在大家为粮食发愁时，小道消息又开始传播，而且说得有鼻子有眼。小道消息说，刘武周准备趁晋阳空虚向晋阳发起进攻。这个消息可是晴天霹雳，晋阳是李渊大军的基地，粮草全靠晋阳供应，而将士们的家小也都在晋阳，一旦晋阳失守，后果不堪设想（晋阳是太原城的组成部分，并州政府所在地）。

愁眉不展的李渊召集将领们开会，会场上空愁云不散。裴寂先给李渊分析了目前的形势：粮食一天比一天少，快见底了；宋老生、屈突通横亘在前不宜攻破，李密虽然结盟但为人狡诈，东突厥虽然号称出兵但可能出尔反尔，刘武周是东突厥的加盟商，有可能跟东突厥一起行动。最后总结陈词：权宜之计，先回救太原，稳定后方。

裴寂喋喋不休的时候，李世民有些不耐烦了，心里暗自叫骂：有朝一日我当家，一定废了你！（他真是说到做到！）

等到裴寂说完，李世民腾地站起来，一条一条反驳裴寂："满地都是庄稼，还用担心没有军粮；宋老生轻率急躁，一战就能把他擒住；李密尽管狡诈，但是他舍不得洛口仓的粮食，走不远，不会对我们构成威胁；刘武周和东突厥表面穿一条裤子，实际各怀鬼胎，刘武周就算想袭击太原，也担心别人抄他的后路。现在最关键的是，不能回撤。一旦回撤，大军必定四散崩溃！"李世民斩钉截铁地说完，李建成当即附和赞成，在这一点上，兄弟俩的看法是一致的。

从当时的形势以及后来的发展看，李世民的分析句句在理，这说明他确实是一个军事天才，然而他的话没有得到李渊的认可，李渊听从了老搭档裴寂的话，下令左翼大军先行返回，右翼大军伺机回撤。

当天夜里，左翼大军开拔，李世民依然不死心。他又来到了李渊的大帐前，试图说服李渊回心转意，但侍卫通报，李渊已经睡下了，明天一早再来吧！

悲愤的李世民没有办法，只能围着大帐团团转，最后忍不住，放声大哭，这一哭就惊动了本来就没睡着的李渊。

听到儿子痛哭，李渊让人把李世民叫进了大帐内，父子又一次讨论撤军的问题。李世民痛心疾首地跪在李渊面前，激动地对他说："我们的大军为大义起事，进攻一定获胜，后退一定失败。一旦撤军，宋老生和屈突通追击，太原

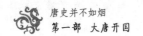
周围忠于隋室的兵马堵截，我们必定死无葬身之地。"

看着痛哭流涕的李世民，李渊在心中紧张地盘算着，原本撤军是为了求稳，现在看来撤军不会稳，反而会更险。一旦全军崩溃，李氏全族可就等着灭族了。李渊突然想到了四年前的杨玄感，杨玄感起义初期如火如荼，后期却一味求稳，最后导致灭族。看来起义这种事情只能破釜沉舟，有进无退，想要寻求稳妥，反而可能死得更快！

罢！罢！罢！眼下只能一条路走到黑了！

李渊上前扶起正在痛哭的李世民："事情成败都在你了，我不多说什么了，听你的！"

当夜，李世民和李建成快马加鞭，追回已经后撤的左翼大军，全军统一思想，有进无退，为了正义地拥护隋朝大业，坚持到底。

七月二十八日，从太原运来的粮食到了，全军摆脱了缺粮的困扰，而太原基地也安然无恙，吃饱了饭的李渊大军上下再也不提回撤的事，这也就验证了：手中有粮，心中不慌。

我要当五品老头

连绵的大雨一直下了十几天，到八月一日终于停了，天终于放晴了。看着雨后的彩虹，李渊在心里念叨：不经历风雨怎能见彩虹，没有人能随随便便成功！

在雨停后的第二天，李渊下令在阳光下暴晒铠甲、军械、武器、衣服，总之能晒的一起都晒了，有风湿病的顺便晒晒也行。

八月三日，李渊开始进兵，从贾胡堡沿着东南山麓小路一直到了霍邑城下，在霍邑城内驻扎着拦路虎宋老生，不过在李渊看来，宋老生其实是只纸老虎。

在长达半个多月的雨天中，处于有利地形的宋老生居然一直没有出战，甚至连次象征性的骚扰都没有。在李渊看来，这就是纸老虎，只敢在原地吓唬人，却从来不敢主动出击。

怀着对宋老生的蔑视，李渊到了霍邑城下，此时的他又产生了一个疑虑：

如果纸老虎宋老生坚守不出战，又该怎么办呢？

对于李渊的担忧，李建成和李世民却不以为然："这个很容易，我们先用单薄的兵力引诱他出战，宋老生有勇无谋肯定会出战。假如他不出战，我们就在城下散布谣言，说宋老生准备跟我们私通，到时宋老生怕被同僚弹劾也会出战。总之，这个纸老虎一定会出来送死！"

听着儿子们的话，李渊觉得很有道理，宋老生确实没有头脑，儿子们的方法或许可以尝试一下。

李建成和李世民带领几十名骑兵到了霍邑城下，指着霍邑城大骂，刚开始他们准备骂宋老生的祖宗十八代，结果刚骂了两代，宋老生就受不了。一声令下，三万兵马从东门和南门呼啸而出，凶神恶煞地向李世民和李建成的几十名骑兵冲了过来。

完成了诱敌出战的任务，李建成和李世民飞奔回了大营，此时李渊的后续人马陆续抵达，是先交战还是先吃饭成了一个问题。李渊主张全军先吃饭，吃饱饭才有力气战斗，李世民却坚持机不可失，如果先吃饭，宋老生可能就变卦回城了。

在李世民的坚持下，李渊下令先交战，打胜了，请大家吃大餐。此言一出，大营内欢声雷动，"吃大餐，吃大餐！"士气就这样被激励了起来。

李渊和李建成在城东列阵，李世民在城南列阵，双方力量对比基本是一比一，战斗力基本差不多，因为原本都是隋军的战斗序列。

双方开战之后，李渊方面有些吃紧，毕竟他们是远道而来，又在雨中驻扎了将近二十天，宋老生的部队则是休整多时，体能上明显占优。在宋老生部队的冲击下，李渊和李建成稍向后退，形势非常危急。就在这时，李世民赶过来增援，直扑宋老生的阵地，从背后攻击。

随同他一起来的是鹰扬指挥官段志玄，两个人冲在前面为士兵们作示范，李世民先后砍卷了两把刀，身上全是血。开始段志玄还以为李世民受了伤，劝李世民撤退，而李世民摇摇头，甩甩刀上的血："放心吧，这都不是我的血，我跟他们血型不一样！"

得，领导说接着砍，就接着砍。

如果没有意外发生，李世民和段志玄还会不知疲倦地砍下去，只不过即使他们砍到抽筋也未必能取胜，因为隋军三万多，要砍到什么时候才是个头呢？

就在李世民已经累得抬不起手臂时，李渊阵营中有个聪明的家伙歇斯底里地大喊了一句："已经活捉宋老生了！"一声大喊之后，整个战场陷入了瞬间的沉静，瞬间沉静之后，战场又如同炸了锅，所有的人都在奔跑，三万隋军在前面跑，三万义军在后面追。仗没法打了，隋军的信心已经崩溃。

被人造谣的宋老生此时正在阵中，一看兵败如山倒，已经无法控制了。本来宋老生还想站到高处大喊一声：我在这呢，刚才那人是在造谣。可转念一想，李渊可是神射手，一旦自己登高一呼，那肯定就成了他的肉靶子，想想还是算了吧，跑吧，逃命要紧。

然而已经来不及了，隋军崩溃之后，李渊的军队直扑城门，反应敏捷的城内守军马上关闭了城门。就在城内守军暗自庆幸的时候，他们却发现大事不好，原来主将宋老生还活着，而且就在城门之外。

就在城内守军犹豫开不开城门时，宋老生极其低调地下了战马，跳入护城壕沟，只要过了壕沟，城上扔下一条绳索，他就算虎口脱险了。这个环节他很熟悉，成竹在胸。

宋老生百般算计还是漏算了一步，他没有想到他的背后有人，而且这个人的速度比他快。

就在宋老生跃上壕沟寻找绳索时，刘弘基已经赶了上来，宋老生还在东张西望时，刘弘基不打招呼，一刀砍了下来。宋老生寻觅了半天也没有找到绳索，却等来了兜头一刀，理想和现实的差距怎么总是那么大呢！

宋老生死了，以头为证，城内外的隋军都吓破了胆，李渊的大军却炸了锅，山呼海啸地叫喊："吃大餐，吃大餐！"

李渊帅旗一指："攻城！攻下此城，城内吃大餐！"

重赏之下必有勇夫，重饿之下必有饿鬼，饥肠辘辘的义军士兵开始攻城，在他们眼里，城上的隋军就是他们的包子。尽管没有攻城工具，然而这也没有难住想吃饭的义军，够不着城墙就拼命地跳，再不够高就搭人梯，几轮反复之后，霍邑城终于攻下了，饥饿的义军终于吃到了梦想中的大餐。

攻进了霍邑城，李渊开始论功行赏，当场兑现。当时有人提出士兵中有人以前的身份是奴仆，这些人是不是就不用赏了呢？听了这个提议，李渊当场大发雷霆："什么话！冲锋陷阵的时候飞石和流箭齐下，石头和箭头认识你是奴仆还是贵族吗？"一句话把全军说得眼泪汪汪的："还是李大人知道尊重人啊！"

赏完自己人，李渊开始重复西河郡的故事。什么故事，就是滥封的故事。

在霍邑城内，李渊又任命了一大批五品老头，大批青年才俊揣着李渊的白条走上了领导岗位，另外一大批青年才俊则加入了李渊的义军。

成为俘虏的隋军也得到了宽大处理，想要参加义军的，欢迎；家在关中想要回家的，欢送，临走还给个五品散官的白条，回到关中即使是种田，你也是五品农民了！

可以说，霍邑的故事完全复制了西河郡的故事，然而效果非常好，无论是西河郡还是霍邑都在称颂李渊的恩德，而那些没有得到滥封的郡产生了期待："什么时候李渊到我们这里呢？什么时候我也能当个五品老头呢？"

一边是粮食，一边是婚姻

就在李渊不停攻城略地的同时，李密也没有闲着，也在不停地招降纳叛。这一年九月五日，武阳郡（今河北省大名县）郡丞元宝藏献出郡城投降李密，被任命为上柱国，封武阳公。

按照一般的程序，元宝藏让自己的宾客给李密写了一封感谢信，这封信写得洋洋洒洒，很有文采，让李密看得如痴如醉，李密索性写了一封信："老元啊，把帮你写这封信的人给我吧！"

既然领导喜欢，那就拿去吧，元宝藏火速安排这位宾客到李密的总部报到。报到之后，这个宾客迅速被任命为元帅府文学参军、掌记事（总记录官），一天之内从一个蹭饭吃的宾客变成了李密跟前的红人，看来这人实在不简单。

这个宾客确实不简单，在唐朝声名显赫，在后世影响深远，他就是唐太宗的那面镜子——乡巴佬魏征。

魏征这个人从小丧父，家中贫寒却喜欢读书，虽然胸怀大志，却被周围的人当成怪人，主要是他这个人不按常理出牌，家里穷得叮当响也不在乎，成天都琢磨一些奇怪的东西，而且丝毫不管别人怎么看。本着精神层面的追求，他早年间还当过道士，后来觉得当道士没前途，才又出来混了个差事，给元宝藏当宾客，负责文书工作，平时为元宝藏整理整理文件、写写信，结果给李密写的那封感谢信让李密看中了他的文采，从此小文书魏征就站到了历史舞台的正中央。

应该说李密这个人还是很有眼光，比如说他能从一封感谢信中挖掘出魏征；然而李密又是没有眼光的，日后魏征为李密设计了"守株待兔，以逸待劳"的计策，李密没有采纳反而贸然出击，最终输掉了争夺天下的资本。从这个角度而言，李密在魏征面前就是半个瞎子，一只眼睛读懂了魏征的文采，一只眼睛却无视魏征的良策。

收编完魏征，李密又在打黎阳仓的主意，为他提出这个策划的，则是徐世勣。

在徐世勣看来，黎阳仓是比洛口仓更大的粮仓，也是更大的争夺天下的资本，因此主张李密夺取黎阳仓。只要有了黎阳仓，兵就会越来越多，势力就会越来越大。

听完徐世勣的提议，李密在心中飞速地盘算了一下，决定马上执行"黎阳仓计划"。李密派徐世勣率领五千人马，自河南阳原县西南的原武镇渡过黄河，会同元宝藏等共同攻击黎阳仓，结果稍遇抵抗，轻松攻克。也难怪，一个国家储备粮仓库哪能经得住上万人的攻击。

攻克黎阳仓之后，李密的人马马上据守设防，同时大开仓门，附近的饥民随意搬运，愿意留下参军的粮食管够。这样十几天的时间，李密的帐下又多了二十万人马，势力得到了进一步的壮大。

就在李密沾沾自喜时，泰山道士徐洪客的来信却让李密陷入沉思之中。道士在信中说："几十万士兵长久聚集在一起，粮食才是他们的黏合剂。到最后粮食吃完了，队伍也就散了。即使有留下来的，也会厌恶战争，难堪大用。现在士兵们还有锐气，为什么不顺运河东下，直扑江都，活捉暴君号令天下呢？"

道士的话深深敲打着李密的心坎，李密很想与道士当面交谈，极有诚意地邀请道士，然而道士始终没有露面。终其一生，李密没能见到这个有见解的道士，而这个道士只给历史留下了这样的一封信，再也没有留下其他踪迹。

李渊用封官许愿收买人心，李密用粮食聚合人气，皇帝杨广却在用婚姻维持日益下降的人气。

原来随同杨广到江都的大多数骁果卫士都是来自关中，家属也都在关中，已经结婚的想念远在关中的家小，没有结婚的则在思念家乡的未婚妻或女友。如此一来，逃亡就挡不住了，经常会有三五一伙的骁果卫士逃回关中，而逃跑的人数多了，终于惊动了皇帝杨广。

杨广赶忙让裴矩想对策，裴矩想了一想，说了两个字："配婚。"

裴矩为皇帝分析："骁果卫士的老家大都在关中，如果是单身的就更思念家乡，这都是人之常情。如果让他们在本地成婚，他们的心就可能定下来，逃亡也就不会发生了！"

杨广一想很有道理，不就是给骁果卫士配婚吗，这个还不简单，一道诏书就解决了。

杨广说干就干，随即下令，着江都郡境内真心想结婚的寡妇、大姑娘以及想还俗的尼姑，即日起到江都行宫前集合，供骁果卫士进行速配，速配成功后即日成婚。另外强调，如果原本就有骁果卫士与驻地姑娘、寡妇或者尼姑谈恋爱的，只要向组织坦白，即视为速配成功，准予正式结婚。

诏令公布之后，骁果卫士欢声雷动，江都郡内的大姑娘、寡妇和想还俗的尼姑也欢呼雀跃，"终于有机会嫁给骁果卫士了"，无疑，皇帝杨广做了一件大好事。

然而，杨广没有想到的是，即使配婚也没有锁住骁果卫士的心，在配婚热乎劲过去之后，骁果卫士对家乡的思念与日俱增，思念恰如春草，更行更远还生！

公元 617 年九月，李渊、李密、杨广，三个隋朝的中年男人正在做着各自的事情，目标只有一个：天下。李渊靠的是滥封，李密靠的是大米，杨广靠的是婚姻，然而从成绩来看，李渊优秀，李密及格，杨广却是扎眼的不及格。

隋朝的三个男人，走在历史的三岔口上。

李渊的变通

从八月三日攻下霍邑郡之后，李渊的好消息不断。

先是刘文静终于带着突厥的五百名士兵、两千匹战马赶上了大部队，这就意味着与东突厥的战略合作伙伴关系正式形成，太原基地暂无后顾之忧。另外各地来投效的人越来越多，附近起义军首领也纷纷归附，孙华是其中最大的一支。

在黄河沿岸，来投效李渊的也非常多，这些人还主动贡献船舶，每天数以百计。没几天的工夫，这些船就足够组成一支无敌舰队了，李渊索性趁热打铁，李氏水军宣告成立。

好消息虽然不断，李渊依然保持着清醒的头脑，他知道虽然纸老虎宋老生已经解决了，但是另一只拦路虎屈突通还在。

屈突通这个人性格倔强，执法严格，跟弟弟屈突盖是隋朝两大硬茬。当时有一段顺口溜说的就是这哥俩，"宁食三斗艾，不见屈突盖。宁服三斗葱，不见屈突通"。

然而在李渊看来，现在的屈突通已经不比当年了，自己近在咫尺，屈突通却不敢主动进攻，这说明他已经没有了当年的锐气。另外，屈突通对军队的控制可能也不如从前了，这样算下来，李渊的机会就来了。

李渊叫来左统军王长谐，与王长谐约定分两路进攻屈突通据守的河东郡。如果王长谐约战，屈突通怕背"临阵畏敌"的黑锅一定会出战，到时候李渊就直扑河东郡，抄屈突通的老窝；如果屈突通坚守不战，王长谐就拆掉蒲津桥，阻断屈突通过黄河的退路，而李渊依旧攻击河东郡，困兽屈突通一定被活捉。

战事确实按李渊的预想发展，屈突通果然派出部将桑显和攻击王长谐的大营，幸亏有孙华等人抄了桑显和的后路，不然王长谐这一路就算报销了。

孙华一包抄，桑显和的部队顿时溃乱，一路狂奔逃回了河东郡。本来孙华准备一鼓作气拆毁蒲津桥，谁知到蒲津桥一看，不用动手了，人家桑显和已经把活干了，撤退的时候顺手把蒲津桥的绳索给砍了！看来屈突通那边已经作好了固守的准备。

伴随着王长谐的胜利，李渊挥军到了河东城下，将河东郡团团围住。出乎李渊意料的是，屈突通倒是不慌不忙，从容登城固守，像是早就等着李渊来包围。

现在难题出来了，李渊面对屈突通这个刺猬，到底是下口还是不下口呢？如果下口，很有可能被这只刺猬扎住，而且一扎就是好几个月；如果不下口撤围而去，这只刺猬很可能尾随李渊，趁机乱咬。

生存还是毁灭是哈姆雷特的问题，下口还是不下口成了李渊的问题。

李渊的部将们也分成了两派，一派主张当即下口，宁可冒着被扎的危险也要马上下口，一派则主张不下口，绕过河东直取大兴。当然还有一派，两面派，看哪派赢了他就跟哪派走，两派僵持不下，他就满地溜达，无疑这一派是大多数。

主张下口的代表人物是裴寂，他认为必须马上解决屈突通，不然一旦绕开河东郡，屈突通必会一路尾随，到时大兴城内守军跟屈突通里应外合，李渊大军就成了饺子馅。

主张甩开屈突通的代表是李世民，他认为屈突通的目的在于自守巢穴，目光短浅，绝不敢从背后袭击义军。而今之计兵贵神速，必须乘胜进攻大兴，沿途召集各路起义军，如果困在河东城下，大好的机会将一一错过。

从军事角度而言，裴寂和李世民都有道理，都从各自的角度考虑了问题，现在皮球又踢回给了李渊，该是他最后拍板的时候了。

李渊不愧是老奸巨猾的平衡高手，他同时采纳了两种意见，留下一部分将领继续围困河东，缠住屈突通，自己则亲率大军直扑大兴，花开两朵，兵分两路，两手抓，两手都要硬，结果证明两手抓策略非常成功。相比之下，李密的策略就相形见绌，李密只能固守一条路实行一手抓策略，因此跟李渊相比，李密就是一个残疾人，一个只会用一只手工作的残疾人。

历史是最好的审判官，后来的事实证明李渊的决定是正确的，李渊亲率的大军直扑大兴，沿途投降的城市接二连三，蒲津、中潬、华阴三座城市先后归顺，而首都大兴下属的各县也纷纷派来使节向李渊表示归顺的诚意，至此，首都大兴已经成为一座孤城，而通往大兴的路成了李渊的自由通道。

历史用雄辩的事实表明，人不能在一棵树上吊死，当僵持不下时，不妨换个角度，绕开这个难题，或许前方就是一片阳光灿烂。

汇流，天下归心

绕过了河东郡，李渊前方一片坦途，九月十六日李渊抵达了朝邑（今陕西省大荔县东），在这里又发生了与西河郡、霍邑同样的故事。一天之内，朝邑又多了一批五品老头和揣着李渊白条上任的人，而投奔李渊的人还是源源不断，从四面八方赶来，势头如同在赶集。不明白的人还以为朝邑有便宜货在甩卖，而明白人知道，因为这里有一个天下归心的李渊。

九月十八日，李渊作出部署，派李建成、刘文静、王长谐率军数万进驻永丰仓，把守潼关，防范从东方过来的隋军；李世民带领刘弘基、殷开山等人前往渭水以北攻城略地，目标是把做局的眼做活。

此时，三个在唐朝留下大名的人出现了，他们分别是冠氏县令于志宁，安养县尉颜师古，李世民的大舅子长孙无忌。这三个人一同拜见了李渊，拿到了三张白条，于志宁任记室（记录官），颜师古任朝散大夫（从五品），长孙无忌跟随李世民任渭北行军典签（渭北大军司令部收发室主任）。

一切刚安排妥当，李渊的一个老朋友尾随而至，这个老朋友的名字叫屈突通。

屈突通得知李渊已经渡过黄河到达朝邑之后，马上命令副将尧君素兼任河东郡副郡长防守河东郡城，自己亲率数万大军增援大兴。令屈突通没有想到的是，这一任命成就了尧君素的忠诚，却映衬了自己的渺小，日后已经投降李渊的屈突通返身回来游说尧君素，却遭到了尧君素的斥责，尽管尧君素最后也没有保住河东郡，但至少他与河东郡共存亡。

屈突通一路追击到了潼关，眼看过了潼关就可以直通大兴，然而他也遭遇了拦路虎，这只拦路虎的名字叫刘文静。潼关这个地方易守难攻，插翅难进，没有长翅膀的屈突通只能看着刘文静望城兴叹。

本来屈突通打算投奔驻扎潼关都尉南城的守将刘纲，到了南城之后发现自己又来晚了，李渊部将王长谐已经早早斩杀刘纲驻扎在南城了。屈突通想进南城也可以，不过前提是缴械投降当俘虏。

不愿当俘虏的屈突通只能掉头再奔北城，暂时驻扎在都尉北城，与王长谐、刘文静遥遥相望。

屈突通驻扎潼关都尉北城，孤立无援，来看他的别说是人了，连条狗都没有，而李渊这边，别说凑热闹的狗了，来拜见的人都是数以万计。在这期间，李渊又迎来了几股生力军，分别是堂弟李神通的队伍，女儿（后来被封为平阳长公主）的队伍，以及女婿段纶（前兵部尚书段文振的儿子）的队伍。

这三支队伍中最神奇的当属平阳公主的部队，这支部队是平阳公主一手拉起来的。当初李渊派人召唤柴绍到晋阳报到，柴绍交代平阳公主："你爹要造反了，你赶紧撒丫子跑吧！"平阳公主丝毫没有慌乱，反而安慰丈夫："你就安心上路吧，别管我，我一个女人好办！"

柴绍奔赴晋阳之后，平阳公主立刻变卖家产，逃亡山林之中，聚集部众，对远近的起义军召唤拉拢，渐渐地部众越来越多。此时一个叫何潘仁的人进入了平阳公主的视线，他也有一些部众，在平阳公主看来，他可以为己所用。

说起来何潘仁这个人有点意思，他本来是外国商人，是到隋朝经商的。后来天下大乱，何潘仁用商人敏锐的头脑发现，原来造反的利润比经商高得多，因此就义无反顾地拉起队伍，集合了数万人，干起了无本买卖——打家劫舍。何潘仁跟一般的起义军首领不一样，他尊重知识，尊重知识分子，他的秘书就不是一般人，尚书右丞李纲。让国务院事务秘书长做自己的秘书，何潘仁的谱真够大的。

不过何潘仁这个人的眼光还是很独到，当平阳公主派家奴马三宝前来游说时，他马上就动了心，他知道平阳公主本身不简单，而平阳公主背后的老爹李渊更不简单，因此马上服从命令、听从指挥，跟随马三宝一起按照平阳公主的指令投入李神通的帐下，一个专门利己的外国人从此成了李氏大军的重要将领，看来造反也是没有国界的。

在平阳公主等人向李渊报到之后，李渊命令平阳公主率军前往渭北与李世民会师，在这里平阳公主见到了弟弟李世民，也见到了自己的老公柴绍。按照一般的做法，平阳公主该把自己的部队交给老公柴绍了，平阳公主却不，自己亲率精锐一万多人，与柴绍各自设立总部，自己的总部有一个响亮的名字：娘子军。这个娘子军可比明末李信夫人红娘子的部队早了一千年，也比后世的"红灯照"早了近一千三百年，谁说女子不如男，女子都是花木兰！

在各路人马奔流汇入李渊大海的同时，李世民也在汇聚着自己的江河，在渭北征战过程中，只要遇上有才干的人，他就收入自己的帐下，尽管不能像老爹李渊那样打白条，但他用自己的真诚笼络着这些将来必定有用的人才。

在李世民收拢的这些人才中，有一个人是主动送上门的。这个人就是十七年前跟老爹说隋朝一定会亡的那个人：房玄龄。

房玄龄时任隰县（今山西省汾阳县）县尉，听说李世民礼贤下士，就到李世民的大营外叩门请见。两人见面一交谈，李世民当即意识到这是一个不可多得的人才，房玄龄也把李世民当成了不可多得的潜力股，两人一见如故，自此房玄龄成为李世民的记室参军（军事参谋），开始了为李世民打工的生涯。

李氏大军聚拢到现在，已经有了二十万人的规模。以这二十万人进行改朝换代，或许已经足够了。

中国大历史的朝代兴亡还是有着一定的规律，一般都是旧王朝滋生了自己的掘墓人（元朝和清朝的建立除外）。此时在李渊的大军中，骨干力量都是隋朝的各阶层官员，这些人生于隋朝，长于隋朝，吃着隋朝的米，却造起了隋朝的反。

李渊大军从上到下，隋朝官员遍布其中。李渊最高官职是禁军大将军，裴寂、刘文静也是地方官员，段纶则是前兵部尚书段文振之子，丘师利、丘行恭则是隋朝马屁郡长丘和之子，房玄龄的父亲房彦谦也是隋室的官员，而像他们这种出身的人还有很多。

人心向背，王朝兴替，杨广怎么也不会想到，仅仅十几年的时间，他就失掉了天下民心。远在江都的他不会想到，当他还在处心积虑地为王朝拆东墙补西墙的时候，他的老实表哥李渊已经屯兵到了大兴城下，只要一声令下，大兴就成了李渊的铁桶。

九月二十七日，李世民派出使节向李渊请示合围大兴的日期，与此同时李渊得到消息，狗都不理的屈突通已经悄然率军东去，潼关警报就此解除，再无后顾之忧。

兴奋中的李渊沉思了片刻，他知道合围的这一天迟早会来，但从没有想到居然是如此之快，以前的他总以为通往大兴的门是紧闭的，然而一路走来他发现，原来通往大兴的门一直是虚掩的。

历史上的改朝换代总是有些无法解释的现象，为什么改朝换代的一方看似势力贫弱却能成功？为什么隋朝上百万的军队都不能扑灭李渊的星星之火呢？

其实一切又很好解释，不外乎三个原因。

第一个原因是，隋朝的上百万军队看似众多，却因为中国的地大物博给摊薄了。天下大乱，政令不通，部队就无法大规模集中，因此与李渊对阵的不是整体的一百万，而是零散的数万人小部队。

第二个原因是人心的向背。一旦人心背离，数十万的军队也会土崩瓦解，更可怕的是，土崩瓦解的势头如同瘟疫，一经传染就无法抵御。

第三个原因更简单，四个字，此消彼长。被打败的隋军迅速又被集中起来，相同的是人马，不同的是旗帜，自此隋军变义军，隋军消亡，义军增长。

此消彼长，人心向背，远望大兴城的李渊知道，合围的时候到了，拿下大兴，天下从此落入自己的手中。

十月十四日，李渊下令各军围城，此时距离晋阳起兵仅仅五个月的时间！

大兴，大兴

李渊一声令下，大兴城就变成了铁桶，桶的里面是大兴城，桶的外面是李渊的二十万军队。

在合围之前，李渊命人向大兴的守军解释：此次远道而来不是为了攻城，而是为了更好地拥护隋朝政府。当然这些都是骗人的鬼话，自然是没有人信的。

此时的李渊就如同一只站在羊圈外的大灰狼，反复向里面的羊群解释：我是来保护你们的，不是来吃你们的。然而谎话终究是谎话，即便说了一千遍还是谎话。要想拿下大兴城，还得靠实战。

李渊来势汹汹，大兴城内兵荒马乱，此时城内已经没有了主心骨，因为原来的主心骨刑部尚书卫文升已经在一个月前病倒了，不能执行公务。

没有了卫文升，代王杨侑只能委派左翊卫将军阴世师与京兆郡丞骨仪以代王的名义登城据守，然而这两个人跟卫文升相比，能力不足，威望不足，想要靠他们力挽狂澜，基本不可能。

杨侑如坐针毡，叫天不应，叫地不灵，叫远在江都的祖父也没有回应，二十万大军围城，数万守军守城，城内人心思变，城外孤立无援。如果皇帝杨广在，还可以下诏号令天下勤王，而杨侑呢，恰恰没有下诏的权力。一个十几岁的孩子，独立面对丧乱的危局，应对过去是奇迹，应对不过去才是正常。

小孩子杨侑终究没能创造奇迹，大兴城在僵持了二十多天后还是没有保住。

十月十四日李渊下令围城，十月二十七日李渊下达总攻令。在攻城之前李渊强调，不准冒犯隋室七庙，不准冒犯代王和其他皇室成员，如有违背，屠灭

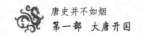

三族。（十足的作秀）

攻城开始之后，李渊新归属的部将孙华冲到了最前面，结果很不幸，一支流箭飞来正中孙华。孙华就此倒下，没有看到大兴城"解放"的那一天。

攻城一直持续了十三天，到第十三天时，也就是十一月九日，李建成的部下军头雷永吉把自己的名字刻在了史书上。这一天，雷永吉率先爬上城墙，攻入了大兴城内，大兴城自此告破。

李渊大军一路杀进了太子宫，此时太子宫的部属已经纷纷逃跑，只有侍读姚思廉还陪在杨侑的身边。李渊的士兵冲进了大殿，正要冲向杨侑却被姚思廉大喝一声："唐公举义兵，匡帝室，卿等毋得无礼！"

这一声大喝镇住了冲昏了头脑的士兵，也保住了杨侑最后的尊严，实际上在场的人都知道，"李渊拥护隋室"只是装大尾巴狼的口号，只是谁也不愿意去捅破这层窗户纸。

听说杨侑就在太子宫内，李渊马上赶来迎接，丝毫没有摆自己姨姥爷的谱，反而非常诚恳地给杨侑行大礼（装，接着装）。行完礼后，姚思廉扶着杨侑一直到了大兴后殿，再往前姚思廉进不去了，只能就此告别，流泪哭泣，叩拜而去。

家贫出孝子，国难见忠臣，在丧乱的动荡时刻，别人纷纷逃亡，只有这个普通的侍读还坚守在自己的岗位上。他用最后的机灵为皇室保住了象征性的尊严，然而他能为隋室做的也只有这么多。

安顿完杨侑，李渊住进了长乐宫，宣布撤销隋政府的所有严酷法令，颁布临时约法十二条，此时他心中的偶像是汉高祖刘邦，不同的是刘邦约法三章，而他约法十二条。

处理完公事，该处理点私事了，李渊的私事就是报仇。

尽管史书上说李渊这个人性格豁达，但是具体到私事上他还是睚眦必报的。此次他复仇的对象是左翊卫将军阴世师、京兆郡丞骨仪等十几人，这十几人怎么得罪李渊了呢？

原来在李渊起兵之后，卫文升等人得到了消息，本着一视同仁、公平处理的原则，卫文升等人就派人挖了李渊家的祖坟，毁了李家的家庙，让李家享受了跟当年杨素一样的待遇。现在带头的卫文升已经病死，那么剩下的阴世师、骨仪这些核心成员就得接受李渊的报复了。

其实李渊的仇不仅仅是祖坟被挖，还有一个杀子之恨。当时他起兵后，遗落在河东的儿子李智云就被绑送到了大兴，代王杨侑下令卫文升等人处死了李智云。现在旧仇新恨一块儿算，阴世师这些人在劫难逃。

公平地讲，阴世师和骨仪算得上隋朝里的好官良将，阴世师忠厚，骨仪清廉，只可惜他们所在的位置得罪了李渊，只能以身殉国。在被行刑的一瞬间，他们都在感慨："还是卫文升好啊，至少能带着脑袋入土！"

猛人李靖

尽管李渊睚眦必报，还是有猛人能躲过李渊的老李屠刀，这个人就是日后的卫国公李靖。

李靖本名药师，从名字上看，他小时候的理想是当个道士。事实上他确实对道教很有研究，世传他精通占卜之术，能够呼风唤雨，这都是他研究过道术的缘故。

李靖少有盛名，既有文才也有武略，性格也颇为自负，常对朋友说，大丈夫立世，倘能遇到知遇之主，时会相凑，就当立功名以取富贵，何必学儒人，斤斤于辞章造句。这种抱负有点像躬耕于南阳的诸葛亮，看来有才的人都有点狂。

对于李靖的才气，当时的很多名人都很欣赏，他的舅舅、名将韩擒虎曾经摸着他的脑袋说："当今之世，可以谈大军战略的，只有这个孩子了！"一向自视甚高的司空杨素曾经指着自己的位子对李靖说："将来你必坐此位。"

在唐朝传奇小说《虬髯客传》中更有离奇的情节：李靖以布衣身份干谒杨素，会见的过程中一妙龄女子一旁伺候。等李靖回到客店之后，仰慕李靖英俊才气的妙龄红拂女接踵而至，进而舍弃杨素与李靖一同私奔，这个情节真够香艳的！

这么有才的李靖是如何与李渊结仇的呢？起因是李靖的一次自费告状。

当年李靖在马邑郡担任郡丞，而李渊担任太原留守，李靖对李渊早已闻名，因此格外关注李渊的动态。随着李渊的反意越来越浓，李靖已经察觉出来，无奈自身能量有限，只能走上远赴大兴告密的道路。

要说李靖这次告密也不容易，先是伪装成囚徒坐囚车出了李渊的管辖范围，然后一路小跑到了大兴。到大兴汇报完毕之后又准备下江都当面向杨广汇报，结果道路不通，只能滞留大兴城内，顺便帮助大兴守军守城。大兴城破，李靖就成了俘虏，李渊一盘点，呀，这个人也在啊，那就凑个数，跟阴世师他们一起斩了！

这样李靖与阴世师一起被押上了刑场，如果没有奇迹发生，等待他的必定是兜头一刀。

刀一次一次落下，前面已经砍了几个，奇迹还是没有发生。

既然没有奇迹，只能自己制造奇迹了，轮到李靖时，李靖冲着李渊大喊了一声："公兴义兵，欲平暴乱，乃以私怨杀壮士乎！"这一幕是不是特别眼熟呢？没错，当年韩信也曾经有过这样一声高喊，后来就有了点兵多多益善的韩大将军。在李靖之后还有一个人有过这样一声高喊，这个人就是安禄山，不过跟韩信的"多多益善"不同，他给历史留下的是"安史之乱"。

李靖一声大呼，惊动了正在看行刑的李渊，李渊在心里暗自为他叫了一声好。不过叫好之后，李渊又犹豫了，这个人到底留还是不留呢？

李渊正犹豫的时候，李世民来了，他早就听说过李靖的大名，也知道一旦自己把李靖从刀口下拖出来，以后这个人的命就是自己的了。

盘算完毕，李世民大喊一声："刀下留人！"然后去跟父亲求情。李渊便做了个顺水人情，把李靖交给了李世民，从此"刀下冤鬼"李靖摇身一变，就成了李世民的死党，再后来就成了青史留名的卫国公。

从李靖的身上也验证了一个道理，每一个风光人物的背后，其实都有一段不堪回首的往事。

第十四章　李渊向左，李密向右

原 地 踏 步

在前面的章节曾经说过，在公元 617 年九月，李渊，李密，杨广，三个隋朝的中年男人正在做着各自的事情，走到了历史的三岔口。

在李渊进军大兴的同时，李密没有闲着，他也试图向自己的目标洛阳进发，然而与李渊的一片坦途不同，李密面临的是步步雷区，苦战了几个月，李密依然原地踏步。

公元 617 年九月十一日，越王杨侗派虎贲郎将刘长恭等率洛阳守军出城与王世充的联合部队会合，大家合兵一处，兵力总计十万人，与李密隔着洛水对峙。与此同时，皇帝杨广下令，洛阳联军由王世充节制，自此洛阳混战就成了王世充与李密两个人的交战。

说起来两个人还有点渊源，居然还是同门师兄弟，因为他们有一个共同的老师——徐文远。对于这两个学生，徐文远老师这样评价："李密是正人君子，有包容的雅量；王世充乃一卑鄙小人，对故友旧人照样下手，我不敢冒犯！"

就是这样一个卑鄙小人，却得到了杨广的无限信任。在杨广的计划中，他把王世充当成高手派给杨侗，然而他没有想到，王世充有另外一个身份：皇家杀手。

王世充来了，十万大军也来了，李密的麻烦真的来了。从此李密与王世充陷入混战之中，没有人说得清楚他们的交战细节。《略记》中记载，王世充攻击李密所向无敌，没有一次不胜利。《蒲山公传》记载凡三十余战，王世充大多失败。《河洛记》记载，四十余战王世充没有胜绩。弄到最后，我们也弄不清到底谁的战绩更好，只知道王世充与李密谁也没能消灭对方，对峙一直在延续。

十月二十五日，李渊已经完成了对大兴的包围，李密还在跟他的苦主王世充混战。这一天夜里，王世充在夜色的掩护之下渡过洛水，进驻黑石（今河南省巩县南）。第二天，王世充留下一部分部队守卫大营，自己亲率精兵在洛水北岸列阵。李密得知王世充出战，求之不得，马上率领兵马渡过洛水迎战。然而这一次李密失算了。在他渡河渡到一半时，王世充开始进攻，这在兵法上就叫"半渡击之"。这一仗李密损失惨重，高参柴孝和也落水身亡。

李密一看不好，只能带领骑兵向南渡过洛水，命令其他残余部队撤退到月城（洛口仓附近新筑的偃月城），而自己带领骑兵保持机动。正是保持机动的骑兵让李密转危为安。

王世充大军一路追击到了李密屯兵的月城，将月城团团围住，只要假以时日，月城必破无疑。此时李密即使想从外围援救也不可能，因为王世充的兵实在太多了，李密根本冲不破王世充的包围圈。

怎么办？难道眼看着王世充攻占月城？

李密飞速地盘算了一下，瞬间想到了一个办法，不过这个办法也有点冒险。

李密率领骑兵直扑王世充的黑石大营，骑兵反复冲击，黑石大营的士兵恐怕大营失守，一连燃起六柱烽火向王世充告急。看着熊熊燃烧的烽火，王世充叹了一口气，只能草草收兵，原来李密用的是"围魏救赵"！

就在王世充狼狈回军的同时，李密带领骑兵们又给王世充扎好了口袋，当王世充如约进入口袋时，李密给了王世充迎头一击，顺便上了一课，这堂课的名字就叫"口袋计"。不过李密老师的课时费很贵，杀了王世充三千多士兵！

经此一战，王世充紧闭营门，拒不出战。

就在王世充情绪低落时，越王杨侗的使节来了，向王世充表达了洛阳全体同人的关爱和支持，虽然嘴上没说，但慰问的潜台词在说：老王，什么时候再战呢？

到这个时候再不出战，那就太没脸了，王世充心一横，给李密发了一封信，来，接着打！

公元617年十一月九日，在李渊大军成功攻占大兴的这一天，李密与王世充又进行了一场大战，这场大战让李密一度看到了进驻洛阳的曙光。

这一天王世充与李密在夹石子河（今河南省巩县东南洛水支流）列阵交战，李密的营垒南北相连十余里。这一战依然由翟让打前锋，一如惯例，翟让进攻不利，向后撤退。王世充以为遇到了软柿子，驱动兵马追击，这一追击，又进入了李密的口袋。王伯当和裴仁基从两旁横切而入，王世充后军被隔断，与前面的部队无法呼应。此时李密亲率中军主力直扑王世充，王世充大军又乱成一团。

大军被切成两段分割包围，王世充的命令根本没有人听，他只能率领骑兵冲破包围圈，一路向西逃窜。

经此一战，李密全军信心大增，上下一片乐观，进驻洛阳指日可待，届时当可与大兴的李渊一较短长。然而，仅仅在两天之后，意外发生了，李密期待的曙光瞬间消失，再也没有出现。

人的一生，关键的时候只有一两步！

内讧，无法治愈的绝症

绝症是什么？绝症就是无法治愈的病。

什么是农民起义的绝症？内讧！

现在李密和翟让也走到了内讧的边缘。正是十一月九日的那一场大胜，让李密下定了最后的决心，在他看来，洛阳已在眼前，不能跟一个与自己不和的人分享胜利的果实，毕竟胜利的桃子只能由自己来摘，不容别人沾手，这个别人就是翟让。

投奔翟让以来，李密和翟让曾经一起走过火红的日子，他们兄弟同心，所向披靡，队伍也一天天壮大起来。攻占洛口仓之后，李密和翟让的队伍如日中天，素有容人之量的翟让也心甘情愿地当起了李密的下属。公元 617 年二月十九日，经翟让提议，李密被推举为盟主，尊称魏公，翟让则成了他手下的上柱国、司徒。

尽管在李密和翟让看来，两个人位置的更迭其实很正常，然而在别人看来，有些不正常，翟让的嫡系更是不能理解，为什么翟让要让位给李密这个空降兵呢？

翟让的司马叫王儒信，这个人一直有着自己的小算盘。在他看来，如果翟让能压过李密，那么自己的地位也会水涨船高，如果翟让始终处在李密的下面，那么自己恐怕再无出头之日。在小算盘的驱使下，王儒信一直鼓动翟让自任大冢宰（相当于国务院总理），剥夺李密的大权。然而每当王儒信提起时，翟让都会笑着摇摇头，不让王儒信再提。就这样，王儒信提起，翟让摇头，王儒信再提，翟让再摇，王儒信的计划始终没有成功。然而这一切都悄悄地传进了李密的耳朵里，进而放在了他心里。

王儒信并不是唯一劝翟让夺权的人，翟让的哥哥、柱国、荥阳公翟弘也是王儒信的同道。在他看来，翟让简直不可理喻，哪有把权柄往外让的？因此经常跟翟让吵："天子汝当自为，奈何与人！汝不为者，我当为之！"然而这仅仅是吵吵，这些粗人什么事都不放在心上，而远远地，一个心思缜密的人把这一切都记到了心里，这个人就是李密。

如果仅仅是这些话也就罢了，问题是翟让的粗暴性格让他得罪了太多的人，而更不幸的是，痛恨他的人恰恰围绕在李密的身边。

翟让得罪的关键人物总计有四人，总管崔世枢，记室邢义期，左长史房彦藻，左司马郑颋。值得一提的是，翟让得罪这四个人的方式还不一样。

总管崔世枢在起义初期投奔的是李密，不过翟让听说崔世枢很有油水，就把他弄到了自己私宅拘押了起来，责令他吐出银子为自己赎身。崔世枢把能找的钱都找了，能挖的老鼠洞都挖了，最后还是凑不齐翟让索要的数目。翟让大怒，准备给崔世枢动刑，这时李密及时赶到求情，才把崔世枢给捞了出来，不过两个人的梁子就算结下了。

邢义期与翟让结怨的起因其实很琐碎，只是一场赌局。翟让招呼邢义期一起赌博，邢义期担心输钱没有来。被放了鸽子的翟让大为光火，一怒之下打了邢义期八十军棍，这梁子也算结下了。

房彦藻的结怨更琐碎，居然因为一句话。有一天翟让恶狠狠地对房彦藻说："前些日子打汝南郡的时候，听说你掠了不少银子，你居然只送给魏公，不分给我，你什么意思呢？要知道魏公是我让他干的，大事最终如何，还不一定呢！"说者或许无心，听者一定有意，受了恐吓的房彦藻把这句话记到了心里，顺便上报了李密。

至于左司马郑颋，他跟翟让并没有多少私人恩怨，主要是他跟李密走得太近了，因此无形中成了讨厌翟让的人。

现在四个人出现在李密的面前，主题只有一个，做掉翟让！

四个人七嘴八舌地向李密诉说翟让的恶行，最后总结陈词：翟让贪婪成性，刚愎自用，目无君王，应该早图！

四个人说的这些，李密都知晓，然而他担心的是形势尚未稳定，一旦做掉翟让，手足残杀，怎么给远近归附的英雄们做榜样呢？

四个人并不管李密的态度，他们决定杀人杀到底，送佛送到西，索性把翟让得罪到底，"毒蛇咬手，壮士断腕，为的是保全性命。现在您仁慈了，一旦翟让率先发动，后悔可就来不及了！"

这句话说到了李密的心坎里，抓住了一个关键词：安全感。这让安全感不足的李密深有同感。是啊，我不杀他，他就有可能杀我，得，那就杀吧！

胜利可以让一个人陶醉，也可以让一个人冲昏头脑，十一月九日的胜利让李密迷失了方向，也让他最终错过了攻占洛阳的曙光，因为在两天后，他犯下了一生中最大的错！

两天后，也就是公元617年十一月十一日，距离李密当上盟主不到九个月的时间。在这九个月里，李密和翟让的友情发生了快速的质变，到这一天，两人已经变得不共戴天。蒙在鼓里的翟让依旧把李密当兄弟，李密却悄悄地把翟让当成了天敌。是兄弟，更是天敌！

这一天，李密宴请了翟让和翟让的几个亲密兄弟，包括翟让的哥哥翟弘，侄儿翟摩侯，亲信王儒信、单雄信、徐世勣。毫无疑问，这是一场货真价实的鸿门宴。

按照座位的安排，李密和翟让、翟弘、裴仁基、郝孝德共坐一席，单雄信等人担任翟让的护卫，痛恨翟让的房彦藻和郑颋则来回张罗，现场一片欢声笑语。

　　李密先故作姿态地说了一句话："今天都是高层官员聚会，就不用那么多人侍卫了，都出去吧！"说完，李密的侍卫带头走出了现场，但单雄信等人还没有动。如果单雄信不动，李密没有动手的机会，这时给李密捧哏的房彦藻出来了："大家都在饮酒作乐，可天气寒冷，不妨让司徒的侍卫们也喝杯酒吧！"

　　逗哏的李密接过话头："这你得请示司徒大人了！"司徒翟让不疑有他，随意地挥了一下手："很好，下去吧！"就这样一句话，翟让就把死的希望留给了自己。

　　侍卫们都出去了，唯独剩下了一个人，李密的死士蔡建德，此时他正拿着一把单刀，站在一旁护卫。翟让看了他一眼，没发现什么异常，也就把这个人当成了空气。

　　李密的计划开始实施。

　　开席之前，李密拿出一把良弓，交给翟让把玩，喜欢兵器的翟让爱不释手，而李密在一旁说："拉开试试！"翟让下意识地拉满了弓，他觉得这张弓还是有缺点，得跟李密交代一下。

　　然而他不知道，他一张弓，就是暗号，身后的蔡建德突然举刀砍下，原来李密这次玩的不是"摔杯为号"，改了，"张弓为号"。

　　翟让瞬间栽倒在地，半砍断的脖子里发出牛嚎般的吼声，然而一切都晚了。

　　做掉了翟让，翟弘、翟摩侯、王儒信一个也没有跑掉，他们都成了翟让的陪葬。

　　就在这混乱的时刻，还是有一个人趁乱跑了出去，这个人就是徐世勣。不过徐世勣刚跑到门口，就被门口的卫士一刀砍到了脖子上，卫士刚想砍第二刀时，徐世勣的朋友王伯当出现了，马上喝令住手，这下才保住了徐世勣的命。正在外面饮酒的单雄信知道变故之后，马上跪在地上求饶，李密挥挥手，把他和翟让的侍卫都放过了。

　　李密对着周围扫视了一圈，发现徐世勣的脖子还在流血，赶紧叫军医拿药，亲自给徐世勣上了药。李密以为此举一定会为自己赢得一个死党，然而他想错了，徐世勣脖子上的伤可以治愈，心中的伤却无药可医。自此两个人一直暗存芥蒂，直到李密溃败，也不敢投奔徐世勣。

　　李密独自一人进入翟让大营，向翟让的士兵解释了发生的一切，随即下令，徐世勣、单雄信、王伯当三分翟让士兵，一切跟从前一样。

然而事情已经发生，怎么可能跟从前一样？

其实对于翟让等人的死，将领们并不是十分在意，因为翟让等人确有恶行。翟让为人残暴，翟摩侯猜疑忌妒，王儒信贪污腐败，这三个人被杀并不值得同情。然而中国有一句古话，"物伤同类，兔死狐悲"。从翟让的身上，部将们仿佛看到了自己的结局，而这种担心直接导致了安全感的丧失。

自此，李密的部将们开始离心，尽管从外面看还是铁板一块，然而内部的裂痕越来越深。

翟让之死，本来没有一个人同情，洛水岸边却有个人一声叹息，他就是翟让的敌人，卷毛将军王世充。（豺声卷发，忌刻深阻。）

其实王世充早就分析过翟让和李密，以他丰富的人生阅历和知识判断，翟让和李密必定不会长期和睦，一定会有火并的一天，因此在王世充的心里，他一直盼望着这一天，这样他就有破敌的机会了。

然而当机会真正来临时，王世充却因为之前的失利而无力组织反扑，只能在洛水岸边一声叹息。在他看来，李密天资聪明，做事果断，将来成龙还是成蛇，难以预料，尚未可知。

王世充或许是对的，但他似乎忘记中国还有一句老话，"天作孽，犹可活；自作孽，不可活！"

这句话适合李密，同样适合王世充！

大业的终结

公元 617 年十一月十五日，对于李渊这是值得纪念的一天，在这一天以前他为杨家打工，从这一天开始，杨家为他打工。

这一天李渊准备好法驾（皇帝出门的二级仪仗队），迎接代王杨侑到大兴殿，隆重举行登基大典，杨侑也就成了历史上的隋恭帝。登基之后，十三岁的杨侑宣布大赦天下，改年号为义宁，自此杨广的大业成为历史。于是公元 617年十一月十五日之前为大业十三年，十一月十五日之后为义宁元年，一年两年号，真够乱的。

乱的不仅是年号，还有杨广的身份。明明杨广还健在，还在江都活蹦乱跳，压根儿没有辞职下野的念头，李渊就单方面宣布杨广的皇帝职称作废，从这一天起，你杨广就是太上皇了。

两天后，李渊从长乐宫进入大兴城，正式接手隋王朝的权力，当然从形式上看，这个权力还是隋王朝授予的。十三岁的中学生杨侑授予姨姥爷李渊：假黄钺、使持节、大都督内外诸军事、尚书令、大丞相，晋封唐王。

假黄钺就是拥有皇帝诛杀时专用的铜斧，使持节就是代表皇帝全权的符节，大都督内外诸军事就是全国各军区的司令长官，尚书令相当于国务院总理，总之，一个国家总共有这么多最高权力，现在全归了李渊，因此李渊也就成了不是皇帝的皇帝。从中国大历史来看，权臣一旦到了这个地步，下一步就是登基，至于是不是选择登基，那就看权臣愿不愿意捅破这层窗户纸。

当然十三岁的杨侑也不是什么权力都没有，他还有一样非常重要的权力：祭祀。也就是说除了到郊外祭祀天地和一年四季祭祀隋室祖先这个权力，剩下的权力都让姨姥爷李渊包圆了，中学生杨侑就不用太操心了，集中精力长身体就可以！

杨侑忙着长身体，姨姥爷李渊不能闲着，他得马上开始打赏跟随自己起事的人。不当家不知柴米贵，拿别人的东西送人不心疼，李渊几天的工夫就把宫里的库藏赏赐空了，这下麻烦大了，政府没有办公经费了。这可怎么办呢？

关键时刻，右光禄大夫刘世龙站了出来，轻轻给李渊支了一招，这一招还相当管用。

刘世龙的方案很简单，用木材换绸缎。当时大兴城内木材紧缺，绸缎过剩，刘世龙建议李渊把大兴城内和皇家林苑的树木都砍了，然后加工成木材出售，以木材换绸缎，这一揽子计划估计能换到几十万匹绸缎，届时发工资用绸缎，政府采购也用绸缎，几十万匹绸缎支撑一段时间肯定没问题，至少能让政府完全运转起来。

本着先公后私的原则，李渊处理完"木材换绸缎"计划就着手处理自己的家事。在他看来，家事还是很简单的，只不过是三个儿子的待遇问题，发个任命就可以了。

十一月二十二日，李渊宣布了一项任命，明确李建成为唐王世子（拥有天然继承权），次子李世民为京兆尹，封秦公，李元吉封齐公。

任命一出，李渊一身轻松，在他看来，只要按年龄排序，儿子们的问题就会迎刃而解。二十年前他耳闻目睹了两个表弟的夺嫡争斗，二十年后他坚信这一幕不会在自己的儿子身上发生，毕竟自己的家教一直很严。然而，春风得意的李渊怎会想到，这项看似简单明了的任命会为日后埋下祸根，十年后的他居然也会步表弟杨广的后尘，被人尊称为太上皇。

历史，是轮回，也是反复。

两个人的选择

最高权力已经集于一身，在别人看来，李渊已经成功了。然而一向为人低调的李渊保持着清醒的头脑，每次得到别人的赞誉，他都会表现得诚惶诚恐，然后极其谦虚地说一句："成功？我才刚上路呢！"

的确，攻占大兴只是李渊的第一步，他还有太多的路要走，还有太多的难题需要解，老冤家屈突通就是其中一个，因为这个老冤家离大兴实在太近。

原本在李渊起兵时，屈突通的任务是围追堵截加以消灭，结果围堵了半天，李渊还是进了大兴，而屈突通在潼关的都尉北城当自己的"狗都不理"将军。现在屈突通的部队与刘文静的部队已经相持了一个多月，谁也无法吃掉谁，但此时双方的心态也悄悄地发生了变化：刘文静有大兴作为后援，因此并不慌乱，而屈突通孤立无援，期待速战速决。

在速战速决心态的支配下，屈突通派部将桑显和率军冲击刘文静的大营，这次冲击很彻底，除了桑显和，其他人一个也没能回来。

原本桑显和是可以收获一场大胜的，却因为一顿不该吃的饭与胜利无缘。

桑显和的大军来势凶猛，刘文静几乎抵挡不住，三个大营已经被攻破了两个，剩下一个也是岌岌可危，此时的刘文静大营就如同一个病入膏肓的人，只要轻轻吹一口气，病人就会倒地，大营就会攻破。

就在这个关键时刻，桑显和作出了让他后悔一生的决定：既然对方已经没有还手之力，全军就地开饭，吃完饭直接打扫战场！

打蛇的时候不仅要打七寸，而且一定要打死，桑显和将军恰恰忽略了这

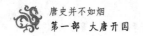

一点。

就在桑显和全军就地开饭之际，回过味的刘文静整合起自己的部队，重新竖起被桑显和军队冲垮的营门栅栏，全军开始死守。与此同时，一支二百多人的精锐骑兵从桑显和部队的背后杀来，正在吃饭的桑显和大军一下子乱了。

这支突然杀来的骑兵部队是昨夜刘文静派出的侦察部队，连他自己都已经忘在了脑后，没想到这个危急时刻起了关键作用。

刘文静随即挥军出击，两路攻打正在吃饭的桑显和大军，这一战，桑显和手下很多士兵再也没有吃上饭，而桑显和本人也成了光杆司令，一个人灰溜溜地跑了回去。本来屈突通的本钱就在日益减少，现在就更少了。

到了这个时候，摆在屈突通面前的只有三条路：投降，死扛，自杀。他会选择哪一条呢？

此时有人劝屈突通投降，屈突通却摸了摸自己的脖子："我一身侍奉两位皇帝，拿人俸禄却不能救人于危难，我不能这么做，我这个脖子迟早为国家挨这一刀！"

主将如此，小兵跟从，屈突通下定决心，先死扛到底，实在不行，自杀殉国。

然而屈突通选择哪条路由不得他，因为老冤家李渊很惦记他。对于屈突通，李渊操碎了心，磨破了嘴。到了大兴之后，李渊就找到了屈突通的家仆，并交给他一个光荣的任务：劝降。接到任务的家仆兴冲冲地去见屈突通，本来以为会得到屈突通高规格的接待，没想到的是，屈突通给了他一个惊喜：就地斩首。由此可见，屈突通是铁了心跟李渊杠到底。

大兴陷落之后，屈突通的家属全被李渊俘虏，这让屈突通的日子雪上加霜。想来想去，屈突通已经没有别的路，最现实的路就是东下洛阳，联合洛阳的部队反击大兴，这样才可能报国仇家恨。

屈突通随即出发，留下部将桑显和镇守潼关都尉北城抵挡刘文静。屈突通临走时，一再嘱咐桑显和坚守到底，桑显和也庄严地对天发誓，屈突通这才满意地率军东下。

然而，令屈突通没有想到的是，他前脚刚走，桑显和就投降了刘文静。有些人的誓言保质期是一生一世，而桑显和的誓言保质期只有三秒钟，看来人和人确实不一样。

罢，罢，罢，从此各走各的路吧！

屈突通一路东下，刘文静的骑兵却一路尾随。在这个骑兵队伍中，还有两个特殊的成员，一个是说话不算数的桑显和，一个是屈突通的儿子屈突寿，这两个人将在关键的时刻起到关键的作用。

屈突通与刘文静两军终于在稠桑（今河南省灵宝市）遭遇，已经无路可走的屈突通压住阵脚想要死扛到底。就在此时，从刘文静阵中出来了一个人，屈突寿。

屈突少爷是出来现身说法的，目的是让老爹放下屠刀，立地成佛，然而屈突老爹丝毫不领情，冲着儿子骂道："这个蟊贼从哪里来的（问你自己好像更合适耶）？你我过去是父子，今日是仇敌！"随即冲手下一挥手："准备放箭！"

屈突通手下士兵正在左右为难时，桑显和冲了出来，一句话胜过了千军万马。桑显和冲着这些士兵大喊了一句："京师已经陷落，你们的家都在关中，还要到哪里去？"

一语惊醒梦中人，屈突通的队伍瞬间崩溃，士兵们齐刷刷地放下武器，脸上只有两个字，"回家"！

事情到了这个份上，屈突通也无能为力了，自己已经是光杆司令，还能做什么呢？三条路变成一条路，投降！

应该说每个人内心中都有一种壮士情结，在事情没有出现时总想着自己会壮烈殉国，然而事到临头，对生的渴望就会极大地遏制殉国情结，因此古往今来，多的是叛徒，少的是壮士。

屈突通的投降是很悲壮的，心如死灰的他跳下马，冲着东南方向下拜，放声大哭："臣力屈至此，非敢负国，天地神祇实知之！"这是一次悲壮的投降，这也是一次推卸责任的投降，冲东南的一拜与其说是在向皇帝杨广诉说，不如说是在抵御自己内心的责备。

其实也怪不得屈突通，他毕竟不是神，他只是一个普通人，一个对生活充满渴望的普通人。

怀着对生的渴望，屈突通被押往大兴见他的老朋友李渊。没想到的是，老朋友李渊居然热情得像团火，热情得让屈突通找不到北。一番寒暄之后，李渊任命屈突通为兵部尚书，封蒋国公，同时兼任秦公（李世民）元帅府秘书长。

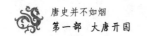
啊，不会吧？投降还能连升三级？

疑惑的屈突通看着李渊，而李渊正满怀诚意地看着屈突通。屈突通看清楚了，这回李渊手里拿的不是白条，而是货真价实的任命状，真知今日，何必当初呢？

投降时痛哭流涕，投降后连升三级，屈突通自己也云里雾里，恍如隔世，然而屈突通很明白，李渊这是拿自己当模特呢，就是要用自己的案例告诉那些还在顽抗的隋朝官员：赶紧投降吧，保你连升三级！

连升三级的广告对很多人管用，对一个人却一点不管用，这个人就是屈突通以前的部将尧君素。

当初屈突通为了追赶李渊，留下尧君素镇守河东城。现在自己这个猎人投降了兔子李渊，李渊却交给屈突通一个任务，说降尧君素。屈突通以为这次说降是一个轻松的任务，然而他没有想到，这将是一次不可能完成的任务。

来到河东郡城下，屈突通叫出尧君素对话。尧君素一看屈突通的装束，再看身后的义军，他明白了，自己的老领导已经跳槽了。尧君素忍不住泪流满面："都说要忠于国家大义，为什么要落到这副田地呢？"

看着自己的镜子尧君素，屈突通压抑已久的泪水也止不住了："但凡有出路，谁愿意投降呢？时局已经如此，老弟还是早早投降吧！"

尧君素擦干眼泪，冲屈突通一瞪眼："你是国家高官，皇上委以守卫关中的大任，代王依靠你保卫国家祭坛，你怎么能辜负国家，偷生投降，而且给人当说客呢？你胯下的马还是代王赏赐的，你还有脸骑！"

听完尧君素的话，屈突通更加痛苦："君素啊，我也是力量枯竭，不得已才到这一步啊！"

"是吗？我的力量还没有枯竭，就不用说太多了！"说完，尧君素转身离去。

这是屈突通和尧君素的最后一次直接对话，这次对话后两个人各奔东西，屈突通一路平步青云，成为唐朝的开国功臣，后来还享受了凌烟阁画像的待遇，尧君素则选择了困守河东郡城。终其一生，河东郡城都是忠于隋室的孤城，看来即使一个政权再不得人心，也总会有一些坚持理想的忠臣。

尧君素的忠诚是货真价实的。屈突通做完说客之后，李渊先后派出吕绍宗、韦义节、独孤怀恩进攻，但都无法攻克，只是将包围圈越缩越小。

　　尽管包围圈缩小，尧君素的忠诚依然没有改变，他甚至亲手制作了一只木鹅，将奏章装到了木鹅的脖子里，将木鹅顺黄河漂流而下，一直漂到了洛阳。洛阳的守军捞起来上交给政府，当时已经称帝的杨侗看了，一声叹息，随即擢升尧君素为金光禄大夫（正三品）。当然这个封赏没有实际意义，只不过是杨侗用这种方式表彰一个忠臣，那一刻少年杨侗的心是热的，毕竟在山河破碎的时节，还有一个忠臣在坚守着杨家的大旗。

　　困境中的尧君素随后又拒绝过三批说客。

　　第一批是投降李渊的洛阳官员庞玉和皇甫无逸。他们告诉尧君素，东都朝不保夕，我们已经投降了，你也抓紧吧。尧君素听了，摇摇头。

　　第二批是李渊的特使，他给尧君素带来了李渊钦赐的免死金券，他告诉尧君素，李渊承诺，只要投降，永远赦免你的死罪。尧君素还是摇摇头。

　　第三批是一个特殊的人物，尧君素的妻子。妻子对他说："隋王朝已经灭亡，你何必自找痛苦！"尧君素的表现出离大多数人的预料，大喝一声："天下名分和大义，不是你们女流之辈所能知道的！"说罢，拉弓射箭，弦声响处，妻子倒地而死，尧君素还是摇摇头。

　　尧君素一直坚守到公元618年十二月六日，在这期间，外边发生了很多事：唐王朝建立，宇文化及弑君，王世充东都割据。在这期间，他已经得知皇帝死于江都，他也知道唐王朝建立，然而他还是选择坚守，在他看来，他不仅仅是在忠于皇帝，更是在忠于自己的名分和大义，他不仅仅是在坚守隋室的大旗，更是在坚守自己的信念。

　　公元618年十二月六日，尧君素被侍从薛宗、李楚客刺死，头颅被送往唐朝都城长安。然而河东郡城的坚守仍然在继续，尧君素的部将王行本从解县赶回清理了门户，然后开始了新的坚守。

　　王行本一直坚持到公元620年正月十四日，内无粮草，外无援军，他准备突围，然而没有一个人愿意跟随。无奈之下，王行本向唐军投降，然而一切都已经晚了。早已失去耐心的李渊下令处斩，河东郡城的坚守到这一天也终于终结。虽然王行本以投降告终，但终其一生，他还是坚守了自己的原则。

　　人的一生，放在浩瀚的历史中只是短短的一瞬，个人与历史相比，也只是沧海一粟。然而在那个特殊的历史瞬间，不同的人作出了不同的选择，有的人选择妥协，有的人则选择了坚持。

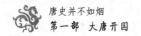
鹬蚌相争

大兴城内已然是李渊的天下，洛阳城外还是李密和王世充的战场，鹬蚌相争的李密和王世充不会想到，他们的相争只不过是在替李渊打扫战场。

黑石城一战之后，李密和王世充消停了一段时间，这段时间出奇地安静，安静得让人几乎忘掉了战争。

安静一直持续到公元 617 年的十二月二十四日，这一天李密接见了几个从王世充那边过来投诚的士卒。

李密有一搭没一搭地问几个士卒："你们那个卷毛王大人这些天在忙什么呢？"

士卒们忙不迭地说："这段时间有不少新兵入伍，王将军还一个劲儿用酒肉给我们改善生活，至于他想干什么，我们就不知道了！"

说者无心，听者有意，李密知道王世充一向很小气，对士兵很苛刻，这段时间却经常为士兵改善生活，看来是有所图了。根据李密调查，王世充的粮草根本支撑不了几天，而这几天全军还在大吃大喝，为什么呢？只有一个理由，准备采取行动了。

想到这里，李密的手心已经渗出了汗，"差点被这个孙子蒙了，这几天他肯定有行动！"

随即李密开始行动，赶紧命郝孝德、王伯当、孟让带各自的人马进入城边设伏，而守城总管鲁儒登城据守。

应该说李密这个部署是押宝的，他不是王世充肚里的蛔虫，怎么知道王世充哪天来呢，只能赌一把，听天由命了。

李密这一赌可苦了手下这些弟兄，农历十二月二十四日，正是数九寒天，能把鬼都冻哭了，而李密偏偏安排他们设伏，这不是跟自己过不去吗？

大家一边设伏一边抱怨，一直抱怨到晚上三更，王世充真的出现了，这下大家不抱怨了。

王世充也是读过兵法的，知道兵法讲究"出其不意"，所以他准备给李密来一个出其不意。然而王世充没有想到的是，他的同门李密也是读过兵法的，李密的兵法就是"兵来将挡"。

王世充一行冲到城边，率先来迎接他们的是王伯当。不过养精蓄锐的王世充太猛了，好客的王伯当没能拦住，这道防线被王世充轻松突破。只要王世充顺势攻下城，李密就得搬家了。

幸好，城上也有准备，王世充的士兵攀城攀到一半时才发现，城上迎接他们的是冷冰冰的弓箭。人家居高临下占据有利地形，王世充的士兵仰攻，难度重重，地势上就落了下风，很快攀城的士兵纷纷坠落，攻城没有指望了。

望着城墙，王世充叹了口气，算了，走吧！

想走？已经来不及了，王伯当竟然把游兵散勇集合了起来，趁黑又发起了冲锋。这下王世充抵挡不住了，被杀的连同掉到河里冻成冰棍的又有一千多人，本来想出来打兔子，结果又被兔子咬了！

在这之后李密和王世充又纠缠了多个来回，一直纠缠到公元618年正月，得到七万人增援的王世充士气大振，一鼓作气竟然把李密打得没有还手之力。王世充乘胜推进，驻扎到了巩县北郊，此时两军大营几乎到了面对面的程度。

正月十五日，王世充又驱动大军，这一次他要与李密决一死战，然而一个小小的疏忽影响了战争的走势。

这一天王世充派出大军进攻李密，大军被分为了几个部分，每部分军队在洛水边自行建造浮桥，先造完浮桥的先过河，后造完的后过河，结果各军造浮桥的进度不一样，动作快的已经渡过了洛水，而动作慢的浮桥刚造了一半。这下可就乱了套，全军分成了好几部分，洛水两岸都是王世充的人，但行动已经错乱，统一指挥更谈不上了。

即使混乱如此，虎贲郎将王辩还是攻破了李密大营外围栅栏的拒马，只要再前进一步，李密的大营就要攻破了。此时李密的大营内已经乱作一团，濒临崩溃！

就在这时，倒霉的卷毛将军王世充出现了，他不知道王辩的剑马上就要刺中李密的咽喉，居然作出了一个让他后悔终生的举动：鸣金收兵！

原本王世充是想把队伍撤回来整顿一下，然后全建制出击，这样他就能用这块大石头狠狠地砸向李密的脚，他没有想到，高高落下的大石头，砸的却是自己的脚。王世充鸣金收兵让濒临崩溃的李密有了喘息的机会，瞬间就组织好反扑的部队向后撤中的王世充部队反击，现在轮到王世充崩溃了。

全军数万士兵撤退到洛水边，然后去争抢那几座浮桥，结果光是掉进洛水淹死的就有一万多人。

悲剧到此还没有结束，大败的王世充不敢回东都洛阳，转道奔向河阳（今河南省孟津区），而倒霉的是，要到河阳必须渡过黄河，更倒霉的是，这一段黄河居然没有桥，要想过河只能蹚水过了。

还好，黄河正处于枯水期，蹚水是可以过的。然而这是正月十五的晚上，天气又发生了点小变化，变化确实也不大，也就是狂风夹杂着暴雨。渡河浑身湿透的士兵顶着狂风、冒着暴雨行军，在这个鬼都会冻哭了的冬夜，有数万人倒在了去河阳的路上。这样想追击王世充根本不需要向导，顺着冻僵的尸体，一路就能找到王世充的老巢。

出兵时好几万，回来时好几千，卷毛将军王世充成了一个败家子。想来想去没脸见人，一到河阳王世充就找了个监狱自己住了进去，这是向越王杨侗请罪的真人秀，那意思说，我没脸了，你处理我吧！

然而此时的杨侗还能处理王世充吗？洛阳上下能用的只有王世充一个人了，剩下的就是段达那些嘴皮子，不用王世充他用谁去呢？无奈之下，杨侗派出使节特赦王世充，命他回军洛阳，外加金银美女赏赐，以示安抚。

结束监狱秀的王世充壮着胆子回到了洛阳，驻扎在含嘉城（洛阳北城内），此时他手下的全部人马拼凑起来，才一万多人，这就是王世充全部的棺材本了。

王世充落魄了，李密就发达了，发达的李密乘胜夺取金墉城（古洛阳城西北角），顺势把总部迁到了这里。

此时的李密与洛阳内城只有一步之遥，大营的鼓声逆风都能传到洛阳城中，这是李密一生中距离成功最近的一次。然而他没有想到，眼前这短短的路，却是他始终无法跨越的鸿沟，看似咫尺之遥，却是天涯之远。

李密的军队此时已经达到了三十万，这三十万人就在邙山北麓列阵，向南直逼洛阳的上春门。

洛阳城内自然又是乱成一片，经过部署，金紫光禄大夫段达、民部尚书韦津联合出战。城内实在是没人了，只能弄这两个棒槌出来凑数了。段达一看李密浩浩荡荡的三十万人，倒吸一口凉气，来不及跟韦棒槌打招呼，自己紧急掉头，溜了。

李密一看，帅旗一挥，两大棒槌的部队立刻崩溃，韦棒槌也死于乱军之中，他的死告诉人们，"是棒槌，就别出来溜达了！"

经此一战，李密的影响更大，河阳都尉独孤武都，检校河内郡丞柳燮、职方郎柳续等人纷纷向李密投降，连同手下的部队一起打包投降了李密。此时李密手下的那些加盟商也纷纷派出使节、携带奏章信，要求李密称帝，这些加盟商包括窦建德、朱粲、孟海公、徐圆朗。与此同时，从隋军投诚过来的裴仁基也建议李密，早日确定皇帝的位号。

看着这些奏章，李密却保持着固有的清醒，他知道现在的繁荣只是表面，拿不下东都一切都是虚空。洛阳就是李密一生中的关键之眼，做活了这个眼，李密就会存活，做不活这个眼，李密也就不存在了。于是李密淡淡地对裴仁基说："东都还没有平定，这些事还谈不上！"

李密没有想到，这句谦虚的话竟然为自己的一生定了调。自此之后，洛阳局势发生了巨大变化，再也不由李密一个人掌握。

此时洛阳粮食已经紧缺，政府开始招募自带干粮守城的士兵。只要你愿意当兵，只要你愿意自带干粮，那么恭喜你，你就是散官二品了。随即洛阳就多了这样一批兵，一手拿着武器，一手拿着上朝用的象牙板。

不久，李建成、李世民打着救援的旗号东下洛阳游弋，而宇文化及也从江都赶来，再加上原来的死敌王世充，李密陷入一个巨大的旋涡之中。

谁将从旋涡中成功脱身，谁又将成为最后的胜利者，一切都是未知数，而等待李密的将是茫茫未知的旅程，李密，你准备好了吗？

第十五章　最后的江都

死　结

都说三个女人一台戏，其实三个男人何尝不是一台戏。李渊、李密、杨广，三个有故事的男人构成了一出王朝更替的大戏。在这出大戏中，没有绝对的主角，也没有固定的剧本，每个人都可能赢，又都可能输。于是在隋朝末年，三个举足轻重的男人走到了历史的三岔口，李渊盘踞大兴，李密争夺洛阳，杨广则徘徊在江都，历史的牛耳将由谁执，充满着巨大的变数。

抛开盘踞大兴的李渊，放下争夺洛阳的李密，该集中精力说一说徘徊在江都的杨广了。毕竟此时的他有两个头衔，一个是皇帝，一个是太上皇，皇帝是他本身就有的，太上皇则是李渊封的。

由来只闻新人笑，有谁听得旧人哭，历史就是一个势利眼、二百五。在这段历史中，大幅篇章记录的是李渊的春风得意，很少有人去关注杨广的失落，人们只看到李渊把杨广尊为太上皇，很少有人关注杨广的内心感受。

杨广知道李渊谋反吗？他又是在什么时候知道这一切的呢？史书没有给出明确的答案，那么不妨由我来给大家进行逻辑推理。

首先按照杨广对投降李渊的官员家属的处理来看（李孝常投降李渊，杨广逮捕其两个弟弟准备处死），杨广是知道李渊谋反的，那么他又是隔了多长时间知道的呢？我推测时间差应该是两个月。

　　根据历史的记载，江都政变是在公元618年三月十一日，而李渊是在这一年的五月十四日命令杨侑禅让皇位的，两件事隔了两个月零两天。可以肯定的是，到五月十四日之前的一两天，李渊确认了杨广的死讯。这样算来，消息从江都传到大兴历时两个月。

　　按照消息对等传递的原则，李渊在公元617年十一月十五日立杨侑为帝，尊杨广为太上皇，大约在公元618年正月十五日，杨广听到了这个骇人听闻的消息，原来自己的皇帝职位竟然被李渊盖了注销的黑章，从此自己的皇帝职位就算过期了，这又算哪门子的事呢？

　　"李渊，你这个死老太太，看我怎么收拾你！"杨广只能在心里每天问候一下李渊，而在现实中，他又能拿入室抢劫的李渊怎么样呢？除了苦笑，他什么也做不了。

　　杨广的苦涩其实由来已久，当然这杯苦酒都是杨品酒师自己酿造的。当初力排众议、义无反顾三下江都其实已经埋下伏笔，因为在帝国的地理中，江都和大兴的地位实在不能同日而语。

　　打个比喻，大兴就是帝国的心脏，江都只是帝国的手掌，以心脏控制手掌易，以手掌控制心脏难。杨广放弃大兴这个心脏，却直奔江都这个手掌，这一切只能说是自己惹的祸。现在李渊登堂入室，而杨广孤零零地漂在江都，当然这个漂也是自找的。

　　公元618年的杨广是孤独的，也是无助的，这一年他的帝国四分五裂，数人称王，偌大的帝国被大家切了蛋糕，而他只分得了江都那一角。这一年参与分蛋糕的人很多，有大兴的李渊，洛阳的李密，武威郡的李轨，天水郡的薛举，榆林郡的郭子和，朔方郡的梁师都，涿郡的罗艺，马邑郡的刘武周，上谷郡的王须拔，乐寿的窦建德，齐郡的王薄，鲁郡的徐圆朗，济阴郡的孟海公，海陵的李子通，历阳郡的杜伏威，豫章的林士弘，巴陵郡的萧铣，冠军的朱粲，总之来的都是客，就是没有谁再把杨广当成主人。

　　主人不再是主人，客人也不再是客人，主客之道一旦乱了套，天下自然也就乱了套。值得一提的是，这一年也是年号最混乱的一年，把各式各类的年号都算上去，这一年有形形色色的年号二十一个，而原本，这一年应该只有一个年号：大业十四年！

　　大业已经谈不上了，大孽或许还有可能。杨广不断反思着过去，却丝毫看不到未来。尽管口中不愿意承认，但他比谁都清楚，大业已经离他而去，帝国也在风雨飘摇。

怎么办？怎样才能渡过人生的难关？此时的杨广就是在过独木桥，前面有狼，后面有虎，他能过去吗？

答案是能，昏过去！

杨广的确采用了昏过去的方法，具体来说就是用酒精的休克疗法。自从三下江都以来，他将工作的重心进行了重大转移，以前的他以国家建设为主，寻欢作乐为辅，而现在，寻欢作乐成了主旋律，国家建设成了边角料。

为了乐出风格，乐出水平，杨广在行宫内设立了一百余房，每一房内都是豪华装修，美女装饰，按照单循环的原则，每天抽出一房做东宴请杨广，一轮下来一百多天就过去了，然后重新开始循环。别人过日子是按天，杨广过日子是按轮，别人的一年是 365 天，杨广的一年其实就是三轮。

在江都的每一天，杨广都是在酒中睡去，在美女丛中醒来，陪同他酗酒的美女有一千多人，这一千多人通常一天只喝一顿酒，而一顿酒喝一天。然而酒精麻醉的只是杨广的神经，不是他的大脑，每次酒醒之后，他更加苦恼，只能接着用酒麻醉自己的神经，冲淡自己的意识，只有在酒里他才能回过去，找到从前的自己，也只有在酒里他才能记起曾经的大业。谁说酒不是好东西呢？

当然杨广也有清醒的时候，清醒后的杨广如同一个癌症晚期的病人，怀着对这个世界的深深眷恋，退朝之后他会扎上头巾，穿上短衣短裤，提着手杖，一个一个游遍宫里的舞榭歌台，从白天一直走到夜晚，从日中一直走到日落，此时的他赫然发现，原来宫里是如此之美。

夜深人静时，杨广经常做的一件事是看天象和算命，这一直是他的业余爱好，居然达到了业余九段的水平。看着天象，杨广经常对萧皇后说："天象异常，象征着我的那颗帝星黯淡，看来外边有很多人想害我。不过话又说回来，即使做不了皇帝，我也可以像陈叔宝那样当长城公，而你至少也是沈皇后（陈叔宝妻子）那样的待遇。不必过于烦恼了，喝酒，喝酒！"

夜已深，酒已残，星空黯淡。

沉醉后醒来的杨广突然拿起镜子端看自己，他看的不仅是韶华逝去的脸，还有经历岁月沧桑的脖子。这高贵的脖子曾经在晋州吹过风沙，在江南历过大雨，在百姓面前仪态万方，在四夷面前豪气干云，而现在，这么好的脖子又该谁来砍呢？

一旁的萧皇后惊愕地看着丈夫，不知道用什么样的语言来安慰，而此时，杨广反过来安慰萧皇后："富贵贫贱，痛苦欢乐，轮流交替，又何必过于悲伤！"

这就是杨广，皇帝杨广，太上皇杨广，丈夫杨广，佛教徒杨广，老者杨广，普通人杨广。历代都说皇帝是真龙天子，其实那都是骗人的，皇帝也是人，皇帝也是逃不出七情六欲的普通人。无论曾经辉煌，无论曾经神武，到最后，都抵抗不住岁月侵蚀的苍老。

假使挫折早来十年，杨广不至颓废如此！

假使年轻十岁，天下之事未为可知。

挫折对李渊而言是人生的阅历，对杨广而言却是难以愈合的伤痕；李渊是生命力顽强的野草，愈挫愈勇，杨广则是温室里的花，一旦温度变化，就是灭顶之灾。因此李渊能以五十一岁的高龄起兵，杨广却在四十五岁那一年心灰意冷，李渊五十岁的人三十岁的心，而杨广，五十岁的人八十岁的心。

北方已乱，心意已散，一国之君杨广没有气力去恢复山河，却在酝酿东南割据。大国天子颓废到此，不知道到黄土之下他还有没有脸跟老爹杨坚打招呼。如果杨坚地下有知，恐怕会马上找块豆腐撞上去再死一回，一了百了。

然而皇帝杨广不管别人怎么说，他是一心一意想迁都了，从地理位置而言，江都四通八达、无险可守，不适合建都，眼前最合适的地方就是丹阳郡（南京）了，毕竟在南北朝时，这也是一国之都，而且据有长江天险。

迁都论一出，满朝文武七嘴八舌，内史侍郎虞世基代表拥护派，而右候卫大将军李才是反对派，两个人当着杨广的面大吵一架，武将注定吵不过文官，李才败北愤愤退出。

其实李才代表着很多人的观念，他们认为杨广应该火速返回大兴，只要回到大兴，天下依然是杨家天下，而如果退保江东，那样只能眼睁睁看着国土流失，四分五裂，到最后江东也守不住。

无疑，李才的观念是正确的，如果杨广迷途知返，如果杨广能放下身段二次创业，天下并没有到不可收拾的地步，毕竟到现在为止，杨广还是货真价实的皇帝，李渊的手里只有自己私刻的萝卜章。假使杨广大赦天下，号令天下各郡起兵勤王，那么握有萝卜章的李渊很可能形势急转直下，天下权柄将再回杨广手中。

然而，假设仅仅是假设，皇帝杨广已经累了，也颓废了，再也没有征陈的霸气和征高句丽的勇气了，因为他的霸气和勇气已经在过去十三年里用完了。

地主和长工永远不会是一条心，此时杨广这个最大的地主也遇到了不同心的问题，他手下的骁果卫已经跟他不是一条心了。

皇帝酝酿着迁都，从关中来的士兵却酝酿着返乡，迁都和返乡于是形成了巨大的矛盾，这个矛盾不断发展，不断扩大，到最后成为死结，一道杨广永远解不开的死结。

惊　变

江都的形势已经是黯淡一片，大兴沦陷，洛阳被围，政令不通，全国各地的供奉无法转运到江都来，因此江都也逐渐出现了粮荒的迹象，而粮荒动摇了骁果卫原本坚定的心。

骁果卫隶属于杨广的禁军部队，在皇家部队中属于待遇好、地位高的一支，主体是关中子弟，而问题也就出在了关中子弟的身上，因为这些人都想家了。

想家在现代看来不是问题，交通发达，信息通畅，然而在那个年代，信息不通，交通艰难，一封信需要走几个月甚至几年，在这种背景下，思乡的情绪就会蔓延开来。

自从杨广于公元 616 年三下江都以来，全军思乡的情绪就一直在蔓延，除了杨广，剩下的人其实都有思乡的心。这些思乡的心原本指望着过一两年就能回到故乡，然而一年多过去了，杨广依然没有回大兴的意思，于是回乡成了一种奢望。

思乡到最后就发展成逃亡，士兵们聚在一起窃窃私语。不过多数人也只是说说，毕竟军令如山，逃亡可不是闹着玩的。

终于还是有人带头吃了螃蟹，这个人就是禁卫郎将窦贤，他带着直属部下集体逃亡。他这一逃，江都就炸了锅。杨广可以原谅个人的逃亡，但他无法原谅窦贤的打包逃亡，在他看来，这不是逃亡，而是背叛。

"追回来，斩！"

杨广以为斩了窦贤这只鸡，剩下的猴也就老实了，没承想，鸡杀了，猴更闹腾了，逃亡的人更多，杀鸡儆猴居然起了反作用，什么世道啊！

杨广用他聪明的脑袋想了又想，终于又想出了一个办法，这个办法很绝："逃亡者斩，部属有逃亡的领军者斩，另外赠送灭族！"

这个方法太绝了，对任何人都很绝，甚至包括杨广本人，正是这个决绝的方法，让杨广引火烧身。（倒霉孩子，告诉你别玩火！）

在杨广的酷令下，有三只猴子活跃了起来，为了自身的安全，他们走到了一起来。三只猴子分别是虎贲郎将司马德戡，虎贲郎将元礼，直阁将军裴虔通。

当时司马德戡正奉杨广的命令率领骁果卫驻扎在东城，任务是保卫皇帝的安全。然而司马德戡已经无法集中精神，因为他发现自己已经没有安全可言了，摆在他面前的只有一条路，死路。

为什么说是死路呢？这都是杨广造成的。

首先，司马德戡准备履行自己的职责，向皇帝报告骁果卫中有人想逃亡，然而司马德戡又担心杨广说他夸大其词，龙颜一旦不悦，当场打死也就是分分钟的事。这是死路。

其次，如果不报告，只要骁果卫有人逃亡，那么作为领军的虎贲郎将是负有领导责任的，不用啰唆，斩立决，打包赠送灭族。也是死路。

最后，即使手下无人逃亡，同时不需要向皇帝汇报，但是谁能保证远在关中的家属不投降李渊呢？只要家族中有一人投降李渊，那么不好意思，斩立决，外送灭族。还是死路。

司马德戡、元礼、裴虔通分析完形势后颓然发现，皇帝杨广留给他们的是一道三选一的选择题：你们是死呢，死呢，还是死呢？选来选去都是死，还选什么呢？

那么如何才能逃出杨广设立的死亡选题呢，想来想去只有一个办法：弃考！这道题老子不答了！

弃考说白了就是逃亡，逃出生天，让杨广抓不着。

想到了弃考这个秘方，司马德戡等人就开始寻找同盟军，这一找不要紧，弃考的队伍越来越壮大，有内史舍人元敏，鹰扬郎将孟秉，门下省符玺郎牛方裕，勋侍杨士览，虎牙郎将赵行枢，等等。

渐渐地，弃考成了公开的秘密，大家不再窃窃私语，而是在大庭广众下讨论，明白人知道这是研究逃亡方案，不明白的还以为他们在召开选举大会呢。

这时候有个机灵的宫女听说了猴子们的弃考计划，本着对皇族的忠诚，宫女迅速报告了萧皇后，萧皇后不敢怠慢，赶紧带着宫女去见杨广。令她们大吃一惊的是，她们面对的不是皇帝杨广，而是鸵鸟杨广。

杨广听完宫女的汇报，勃然大怒："这说的是什么话？太平世界都被你们这些人说乱了，推出去，斩了！"

得，机灵宫女没得到封赏，倒得到了兜头一刀，这个世界已经不正常了。

在这之后，还是有责任心强的宫女向萧皇后汇报，而萧皇后只能苦笑地告诉宫女，天下已经不可挽救了，多说只能让皇帝烦恼，不必了。

此时的杨广就是一只鸵鸟，把自己的头埋在沙子里，然后跟自己说："我什么都没看见耶！"

笛卡尔说，"我思故我在"，像杨广这样的，"我不思，所以我不在！"

如果猴子们仅仅执行弃考方案，那么鸵鸟杨广至少暂时安全，毕竟逃亡的不是全部，而剩下的名额可以在当地招募填充。

然而，不久之后，弃考方案发生了变故，这一切都是因为一个人的介入，这个人就是将作少监宇文智及。

宇文智及的名头不够响亮，而他老爹的名头很响，就是杨广的死党宇文述。

宇文述有三个儿子，按着长幼的顺序分别为宇文化及、宇文智及、宇文士及。从智商和学识来看，宇文士及是最高的，杨广最喜欢，顺便还把自己的女儿嫁给了他。

相比之下，宇文化及和宇文智及则不太受待见，两个人曾经因为私自与突厥贸易被杨广判处死刑，直到被斩前的一刻才下令赦免，而且赦免是看在宇文述的份上。在赦免死刑后，宇文化及和宇文智及一直被软禁，直到宇文述去世，杨广大发慈悲，才把哥俩放了出来，并委以重任。然而他没有想到，这一放竟然是后患无穷。

宇文智及是怎么知道弃考方案的呢？他从两个朋友那里得到了消息。这两个朋友，一个是赵行枢，一个是杨士览。前者是他的铁杆哥们，后者是他的外甥。赵铁杆和杨外甥把弃考的方案告诉了宇文智及，并且约定三月十五日一早执行。

初听弃考方案，宇文智及很兴奋，同时对两人充满了感激，不过转念一想，他又觉得这个方案有个巨大的漏洞，就是忽视了杨广的威望。

在宇文智及看来，尽管杨广无道，但毕竟还是有人执行他的命令，一旦杨广下令追捕弃考的猴子，那么猴子必然逃无可逃，最终还是死路。

不逃是死，逃也是死，难道就没有活路了？

宇文智及缓缓地说："有，但必须修改方案，不能弃考了！"

"不弃考，那不是死吗？"

"方案很简单，做掉出题人！"宇文智及缓缓地抛出了最关键的一句。

是啊，做掉了出题人，考题也就不存在了，死路也就变成了活路。

宇文智及的话让赵铁杆和杨外甥茅塞顿开，他们不知道，这其实是宇文智及的经验之谈。在那次不遂的斩首中，宇文智及明白了一个道理，刀把只有握在自己的手中才最安全，靠别人的怜悯在刀口下生活，刀随时可能落下。而现在，他就是要争取把刀把握在自己的手中。

赵铁杆和杨外甥回去把宇文智及的建议传达给了司马德戡一干人等，大家一盘算，准备参与逃亡的猴子有好几万人，如果在逃亡路上遭遇杨广其他的部队，胜负没有把握，但如果用这些人直接对付杨广，胜负就在自己的手中。

盘算完毕，总觉得还缺点什么，想了半天才想起来，原来还差一个领袖，谁来当呢？经过赵铁杆的建议，就让宇文智及的大哥宇文化及来当吧，没有人比他更合适。

天将降大任于斯人也，必先苦其心志，而现在被天降大任的宇文化及在瑟瑟发抖，抖了半天，他还是答应了，因为抵御不住当老大的诱惑。

老大搞定了，中层干部也到位了，剩下的问题就是发动群众了。虎贲郎将司马德戡知道，杨广的威信已经降到了冰点，只要在群众中点一把火，一定会让杨广在烈火中得到永生。

同历史上的很多起义和兵变一样，这次兵变也是从一段谎言开始的。

司马德戡从中层干部中挑选出两个人，直长许弘仁，医正张恺。这两个人都是小官，不过他们有个共同的特点：人缘好。他们的任务就是到骁果卫中传播小道消息。

许弘仁和张恺进入军营，鬼鬼祟祟地把小道消息传递给认识的骁果卫，每传播一次总会强调一下，"我只告诉了你，你可千万要保密。"就这样，我只告诉了你，而你只告诉了他，没多大一会儿，小道消息就成了众所周知的秘密。

众所周知的秘密是什么呢？众所周知的秘密是这样说的："皇帝听说骁果卫准备叛逃，正在酿造大量的毒酒，准备利用宴会的时机将骁果卫全部毒死，只留下南方人陪他守护江都！"

没有比这更恶毒的小道消息，也没有比这更好的导火索。

三月十日，虎贲郎将司马德戡召集了全体骁果卫军官，进行最后的动员，已经在心中完成动员的军官们一脸的悲愤，异口同声："全听将军命令！"

其实，在骁果卫们酝酿兵变的时候，还是有一些异象发生的，不知道是天意如此，还是迷信使然。

这一段时间，异象连连。

动物方面：有乌鹊在杨广的幄帐筑巢，驱不能止。

星象方面：荧惑犯太微，按照星象说法，象征人间有帝王被弑。

水文方面：有石自江浮入于扬子——石头莫名其妙漂起来了，世界不正常了，秩序要乱。

太阳方面：日光四散如流血。

这些异象综合到一起，《隋书》记载：上甚恶之（杨广很不高兴）！

三月十日这一天，也是有异象的，天突然刮起了大风，天色阴暗，白昼如同黄昏。放在现在的北京，也就是一场极为普通的沙尘暴，而放在隋末的江都，这就是一个王朝的灭亡异象。

这一天，杨广其实还有救赎的机会，只可惜被秘书虞世基给耽误了。当时有忠于杨广的官员已经察觉了异常，并把消息通报给了虞世基，然而虞世基说"再研究，再考虑"。这一研究，一考虑，兵变就发生了，所以说，官僚主义真是害死人！

错过了救赎的机会，司马德戡等人已经磨刀霍霍，元礼和裴虔通当晚正好在皇宫内值勤，这是天然的内应；城门校尉唐奉义跟裴虔通约定，当晚所有城门都半掩，都不上锁。（要了亲命了！）

当晚三更，司马德戡在东城集结数万骁果卫，燃起火把，与城外的部队遥相呼应，兵变开始。

火光惊动了神经衰弱的杨广，连忙问裴虔通："发生了什么事？"

"没啥事，草料库起火了，外面的人正在救呢！"忽悠死人不偿命！

闻听此言，杨广将信将疑，他不知道此时宇文智及已经在宫城外劫持了忠于杨广的虎贲郎将冯普乐，并封锁了各条街巷。

随同杨广在江都的皇孙、燕王杨炎发现情况不对，连忙从城门侧的水洞爬了进去，一溜小跑跑到了玄武门前，正面撞上裴虔通。杨炎不知裴虔通是敌是友，顺势撒了谎："我得了急病快死了，请让我见祖父一面！"可惜他遇到的是净忽悠别人的裴虔通，小忽悠想忽悠住老忽悠，下辈子吧！

裴虔通不跟杨炎废话，只说了两个字："拿下！"

三月十一日一大早，天还没有亮，司马德戡把军队交给了裴虔通，这些军队将接替宫城侍卫，全面控制局势。裴虔通带领数百骑兵进入成象殿，护卫士兵一看有骑兵闯入，大声招呼："有贼！"

裴虔通一个激灵，立刻后退，同时下令关闭所有城门，只留下东门未关，算是给护卫士兵一个出路。裴虔通率领骑兵进逼，殿内的护卫士兵发现情况不对，又不愿意死磕，纷纷放下武器出城，然后找个角落看热闹去了。

然而并不是所有的人都选择看热闹，右屯卫将军独孤盛就选择了死磕。

独孤盛眼见全副武装的骑兵出现，不明就里地对裴虔通说："哪来的军队，好像有点奇怪啊！"裴虔通轻蔑地看了独孤盛一眼："形势至此，跟你无关，谨慎一点，别乱动就行了！"

如果是一般人，可能就此走开，独孤盛选择了抗争到底，对着裴虔通大骂一声："老贼！你说的是什么话！"说罢带领十几个侍从冲杀了过去。一番厮杀之后，独孤盛等全部被杀，以十几人对阵数万人，精神可嘉，结果残酷。

御前带刀侍卫独孤开远也选择了坚持。独孤开远带领数百士兵冲到了宫城的玄览门前，敲门大喊，在他看来，军队武器还都齐整，如果杨广能出来鼓舞士气，仍有可能击退叛军，倘若不然，必定大祸临头。

然而任凭独孤开远喊破了嗓子，杨广还是没有出现，而独孤开远手下的士兵也开始有人逃散。几百人对阵裴虔通的数万人，自然是螳臂当车，独孤开远很快被俘。令人意想不到的是，兵变的士兵倒也敬重他的忠诚，随即把他释放，条件是不要多管闲事。

历史总是由无数的巧合组成，这一次兵变的士兵也遇到了巧合。

原本宫城的玄武门是宫城最重要的一个门，易守难攻，只要能守到天亮，杨广就有可能转危为安，然而等到兵变士兵抵达玄武门时，他们发现，玄武门居然空无一人！

战略要地空无一人，这是唱的哪一出呢？

这一出戏叫里应外合。

原来宇文化及在宫中有一个内应，一个姓魏的女官。当天魏女官利用职务之便假传圣旨，宣布在岗的士兵可以自由出宫，休息一天。有此等好事，自然没有人愿意错过，这一下玄武门就空了，加锁的防盗门一下子就成了摆设。司马德戡等人轻轻一推，抬脚就进，弄了半天，兵变如此简单啊。

在内应魏女官的策应下，兵变军一路杀进了宫城内的小巷，正苦于找不到杨广时，一个美女走了出来，指指西阁，杨广这下藏不住了。

杨广被兵变军押了出来，迎头就看到了裴虔通，这让杨广很纳闷，这个人从自己当亲王时就是自己的亲信，怎么今天就谋反了呢？裴虔通坦然地说："我不敢谋反，只是士兵们想念关中，我们一起请你回大兴而已！"杨广一听马上回应："嘿，我也一直想回呢，走，现在我就跟你们一起动身！"

有些事错过了就无法回头，现在才想起回大兴，晚了！

此时名义上的领袖宇文化及已经被兵变军迎到了宫城门外，此时的他依然抖作一团，手扶着马鞍不敢抬头。

宫城内，裴虔通正要求杨广上马出城。杨广却矫情了起来，原来他嫌裴虔通的马鞍太旧了。裴虔通心中暗笑："死到临头还摆谱呢！"也罢！

换上了新马鞍，杨广骑上了马，裴虔通一手提刀，一手牵马，一路出了宫城。宫城外的兵变军欢声雷动，这次轮到杨广瑟瑟发抖了。

宇文化及一看裴虔通押着杨广出来，大惊失色，急忙吩咐："还把他弄出来做什么，赶紧带下去下手！"

杨广怒视着宇文化及，试图用皇帝的威严吓住他："宇文化及，如果你就此停止，我可以饶你不死！"

宇文化及不敢与杨广对视，只是连连向裴虔通摆手，拉下去，拉下去！

寝殿之中，杨广的路走到了尽头，眼前的这些人他都有些印象，而且对这些人不薄，在生命的最后时刻他实在想不通，为什么这些人会背叛自己呢？在生命的最后时刻，他想弄清带头的究竟是谁，但司马德戡说，领头的不是一个人，而是无数愤怒的灵魂附体。

此时隋唐著名的老油条封德彝奉宇文化及之命前来公布杨广的罪状，杨广看着这个老油条，黯然地说："你一个知识分子怎么能做这种事！"一语既出，老油条也有羞耻感，默默地退到一旁。

该结束了，一切都该结束了。幼子杨杲还在哭泣，却被裴虔通一刀砍死在杨广的跟前，鲜血溅到了杨广的衣服上。杨广心痛地看着惨死的幼子，瞬间闪过一个念头，"孩子，下辈子别投胎帝王家了！"

刀又冲杨广举了起来，杨广保持着皇帝最后的尊严，一字一句地说道："皇帝自有皇帝的死法。诸侯死于刀锋，天下还要大旱三年，何况是皇帝？拿毒酒给我！"然而急切之间，宫城之内居然找不到一杯毒酒。富有四海的皇帝最后居然连一杯毒酒都得不到，讽刺，辛辣的讽刺。

杨广颓然解下自己的丝巾，交给了兵变军校尉令狐行达，他选择了跟大哥杨勇一样的死法，缢死！

在杨广的身后，慌乱的萧皇后与宫女一起用床上的木板拼凑成一个棺材，杨广与杨杲就挤在了里面，浮厝在西院的流珠堂。五个月后，江都郡守陈棱找到杨广的灵柩，葬在了江都宫西郊吴公台，一生只爱江都好的杨广终于把自己永远留在了江都。

自此隋朝实质上已经结束了，远在大兴和洛阳的皇孙杨侑和杨侗不过是权臣手中的傀儡，他们也将步祖父的后尘。隋朝总计四个皇帝，杨坚、杨广，两个都被称为恭帝的杨侑、杨侗，四人都不能善终，杨坚疑似被弑，杨广被兵变军缢死，杨侑、杨侗的结局都是一杯毒酒。四个皇帝，四代杨氏，死于非命，皆非善终。

江都兵变并不是杨广一个人的悲剧，在这次兵变中，被软禁多年的蜀王杨秀和他的七个儿子被诛杀，杨广那不受待见的次子杨暕及其两个儿子被诛杀，皇孙杨炎被诛杀，隋朝杨姓皇族以及皇亲国戚一个不留（杨暕的遗腹子杨政道是杨广血脉的唯一延续）。

同时被诛杀的有内史侍郎虞世基，御史大夫裴蕴，左翊卫大将军来护儿，给事郎许善心（许敬宗之父）等人。

历史，有时候无法理喻，有时候啼笑皆非，江都兵变后不久，不少兵变将

领后悔不已。不久之后，宇文化及居然痛恨兵变士兵将自己赶鸭子上架。

历史就是一个旋涡，旋涡内的人情不自已，旋涡外的人袖手旁观，情不自已的宇文化及最终没有修成正果，反而为袖手旁观的李渊做了嫁衣。

人这一辈子，看清别人容易，看清自己却难！

第十六章　唐国兴，理万年

苦孩子也能当皇帝

历史的三岔口有悲伤也有惊喜，悲伤留给杨广，惊喜送给李渊。

从公元617年十一月十七日开始，李渊已经成为不是皇帝的皇帝，全国所有的最高权力都收集到了李渊的手里，只留给杨侑郊外祭祀天地和四季祭拜祖先的权力。

然而，在追求权力的路上没有终点，二次创业的李渊自然深信这一点。

公元618年正月初一，杨侑下诏，授予李渊两项权力：剑履上殿，赞拜不名。

剑履上殿就是上殿时不用解佩剑，可以随身携带；别人必须脱了木屐，而你可以大摇大摆地穿着木屐上殿。

赞拜不名就是向皇帝奏事的时候不用称呼自己姓名了，说个"臣"就可以了。

熟悉历史的人都知道，一旦到了"剑履上殿，赞拜不名"的地步，那么权臣的权力已经达到顶峰了，而皇帝的皇权也快到头了，篡权的火车也即将抵达终点。

公元618年三月二十三日，杨侑再次下诏，拨出十个郡，增加唐国封地，封唐王李渊为相国，加"九锡"。

封相国，加九锡，这些都是篡权的规定动作，李渊也不能免俗，不过他还是极其低调地退回了九锡，只是将丞相府改成了相国府，其他的都是外甥打灯笼——照舅（旧）。

此时的李渊远远地望着杨侑的皇位，他知道那个位置早晚是自己的，只是他并不知道，这个时间到底有多长，这一切都取决于他那位皇帝表弟能够活多久。如果杨广活着，李渊就不能悍然称帝，毕竟杨广作为皇帝对于天下还有号召力，而如果杨广死去，尊隋就失去了意义，道具杨侑的号召力还不如李渊呢，何必继续挂着杨侑的羊头卖李渊的狗肉呢？

那么杨广到底什么时候死呢？天知道，问村长去！

等待中的李渊还不知道，他的皇帝表弟已经于三月十一日被兵变军缢死了，到三月二十三日封相国时，杨广已经去世十二天了，此时的李渊却还在焦急的等待之中。

人生不能长久等待，皇位也不能长久等待，时间慢慢地走到了五月上旬，杨广被杀的消息终于传到了大兴，李渊胸中的大石终于放下了。

解脱了，释然了，再也不用陷入婊子和牌坊的两难之中了，该是撤下面具、隆重登场的时候了。

五月十四日，李渊给表外孙杨侑下了命令：乖孙子，把你的板凳让给姨姥爷，回家当你的小屁孩吧！

杨侑接到命令，没有丝毫犹豫，火速禅让了皇位，此时距离他登基正好半年，而这半年中他时刻准备着，始终生活在恐慌之中。现在腾出了皇位，傀儡的生涯结束，等待他的又是什么呢？

看着杨侑腾出的皇位，李渊陷入了对往事的深思之中。

他想起了自己当千牛备身的日子，想起了自己外放当官的日子，想起了独孤姨妈的好，也想起了杨广表弟的坏。对于杨家，他的情感复杂，对于姨妈他想说声对不起，对于表弟他想说声活该，谁让你当年说我长得像老太太。

回首晋阳起兵，一切如同在梦中，谁能想到起兵居然会如此顺利，偌大的帝国会如此的不堪一击。

此时他又想起了自己的亡妻窦氏，窦氏在少女时期就憧憬着为舅舅家复仇，而现在窦氏已经作古，自己作为丈夫，总算替她了了心愿，九泉下的窦氏，可以瞑目了。

就这样称帝吗？不再犹豫了？李渊又找来老搭档裴寂商量，要不要再拿杨侑当几年挡箭牌呢？裴寂倒是心直口快，拉倒吧，当年夏商周交替的时候不也是这样吗？自己称帝，谁还拿前朝当挡箭牌呢，还不够累赘的！

是啊，杨广已经长眠地下，绊脚石已经不存在了，该是自己创立朝代的时候了。

那么新王朝用什么名字呢？就按惯例吧，就叫唐。

李唐，发迹于北周，起源于李渊的祖父李虎，传承于李渊的父亲李昺，而六岁的李渊接过了唐的大旗。从唐国公到唐王，从唐王再到唐朝皇帝，两步飞越，三代传承。

公元 618 年五月二十日，五十二岁的李渊在大兴太极殿登基，派刑部尚书萧造在大兴南郊祭祀，给上天发了一条短消息：隋亡唐兴，改年号为武德。从五月二十日开始，公元 618 年就是武德元年。

不久，太行山传来了祥瑞，有人报告说太行山居然自己说话了，而且一下子说了六个字，哪六个字呢？"唐国兴，理万年"。李渊听说后激动得热泪盈眶，这太行山，真懂事！

唐朝开国，去年草台班子大将军府的成员都成了唐朝的大股东。裴寂和刘文静这两个曾经发愁出路的小官终于找到了登峰造极的感觉，其他人也得到了相应的封赏。

六月一日，李渊发布任命，李世民为尚书令，裴寂为左仆射，刘文静为纳言，唐俭为内史侍郎，独孤怀恩为工部尚书，屈突通为兵部尚书。

同时还有格外赏赐，诏尚书令秦王、尚书左仆射裴寂、纳言刘文静恕二死；另有长孙顺德、柴绍等十四人免一死。这也就意味着在李渊的手下，这十七个人至少多了一条命，而李世民、裴寂、刘文静每个人累计就达到了三条命，也就是说在李渊的治下，至少有两次犯大错误的机会。然而刘文静没有想到的是，一年后，仅仅因为一次犯错，李渊就收回了免死金券，闹了半天，皇帝说话也能不算话。

其实刘文静错怪李渊了，跟唐中宗李显相比，李渊是个实诚人。

李渊宣布免刘文静二次死罪，唐中宗李显宣布免夺位功臣张柬之等人十次死罪，承诺免二死的李渊出尔反尔，而承诺免十死的李显也没能守住自己的承诺，总之一句话，"君无戏言"不是实话实说，而是保健品广告，信不得的！

六月六日，李渊追尊四代祖先，高祖、曾祖、祖父、父亲一律被追尊为皇帝，去世多年的母亲独孤氏终于被追尊为元贞皇后。这样独孤一门凑齐了三个皇后。以朝代更替来论，李渊的母亲独孤皇后最为尊贵，只是不知道在异度空间里，她们姐妹三人是不是这么认为。

追尊完以前的，再分封现在的。六月七日，李渊正式分封皇子和皇族，封世子李建成为皇太子，秦公李世民为秦王，齐公李元吉为齐王。从此李建成、李世民、李元吉分别以太子、秦王、齐王的身份走上历史舞台，兄弟三人将在整整八年后上演一出大戏，《玄武门》。

海到天边云做岸，山登绝顶我为峰。春风得意的李渊终于领略到了高高在上的味道，这个味道很陌生，又让人一经接触就无法抵御。放在一年前，自己还在为生存还是毁灭担忧，而一年后，自己已经高高在上，雄视天下，人的命运究竟是天注定，还是人决定的呢？

命运或许在天，或许在人，总之从今以后，我就不是我，而是朕。李渊也不再是凡人李渊，穿上天子马甲的李渊，朕，天子！

洞房花烛夜——隔壁

这几天，李密的心情一直不太好，因为他感觉自己被人耍了。

当初与李渊的亲密书信中，两个人一直称兄道弟，李渊甚至请求李密称帝时别忘了他们五百年前都是李姓猴子，顺便把李渊加入皇族家谱之中。兴奋中的李密愉快地接受了李渊的申请，并邀请李渊方便的时候前来盟一下誓，共赢天下。当时李渊也愉快地接受了邀请，两人书信之中言谈甚欢。

现在李密发现，自己是小忽悠见到老忽悠了，跟李渊这个炉火纯青的老忽悠相比，自己这个小忽悠才刚刚上路。自己这边还跟杨侗、王世充水深火热呢，而他居然登基称帝了，真应了那句话：洞房花烛夜——隔壁。

李密的郁闷还没有结束，洛阳城内传来的乐声更让他郁闷，五月二十四日东都留守官员集体拥护越王杨侗即皇帝位，改年号为皇泰，这下李密的郁闷几乎要达到顶点，这得叫"洞房花烛夜——眼前"。

隔着那道城墙，李密只能观望着洛阳城内短暂的幸福，而这一切与他也没有交集，尽管咫尺之近，而到现在为止，还是天涯之远。

洛阳城内，此时丧事与喜事一起办，杨侗追尊祖父杨广，谥号明皇帝，庙号世祖。此谥号验证了我之前的推论，皇帝的身后如果是自己的后人，那么谥号一定会很美好，而如果是外姓旁人，那么谥号肯定好不了。对比一下杨侗与李渊给杨广的谥号，杨侗追尊为明皇帝，李渊追尊为炀帝，一字之差，天差地别。曾经的表兄弟，为何要怜惜一个字呢？是政治，还是心胸的问题？

与李渊的部属相比，杨侗的身边棒槌居多，当时显贵的总共有七大棒槌，号称"七贵"。七大棒槌分别是，纳言段达，纳言王世充，内史令元文都，兵部尚书皇甫无逸，内史令卢楚，内史侍郎郭文懿，黄门侍郎赵长文，这七个人中心机最深的就是卷毛将军、纳言王世充。不久之后，王将军就让另外六人改了名号，六贵不再是六贵，而是六贱！跟王世充比心机，六个人一起也不是对手！

有好玩的智力游戏自然需要大家一起玩，李密也很有兴趣加入洛阳七贵的智力游戏，在他看来，洛阳迟早是他的囊中之物，总有一天他会让隔壁的李渊听一听他的洞房花烛夜，也让他知道伤心的味道。

李密终究没有等到机会，不久之后就陷入了"狗咬狗"的泥潭之中，同时遇到了他一生中的另一个苦主——宇文化及。

第十七章　洛阳，谁家天下

领导，冒号！

江都兵变之后，发抖的宇文化及承担起领导的职务，只可惜领导这么庞大一支队伍实在委屈他了，智商不够的他不仅穷于应付各种事务，还要忙中偷闲躲过两次暗杀，真是难为他了。

在江都兵变后的第十六天，也就是三月二十七日，宇文化及宣布率军西返大兴，所有排场跟杨广在世时一样，只不过主人由皇帝杨广换成了大丞相宇文化及。

智商不够的宇文化及以为西返只是简单任务，却没有想到对于他来说，西返就是不可能完成的任务。

大军抵达行宫显福宫，刺杀宇文化及的暗流开始涌动，领导者是两个熟人，一个是民间杂技高手、杨广的韩信、死士沈光，另外一个是神人麦铁杖之子麦孟才，皇帝的两个死士一拍即合，含泪发誓，做掉宇文化及。

让人啼笑皆非的是，之前宇文化及居然认为沈光勇猛过人，特别委任沈光率领"给使营"专门负责自己的安全，这就是传说中的老鼠找猫当保安吧！

然而，最后的事实证明，暗杀这种高难度的工作只适合小规模行动，大规模行动就不叫暗杀了，得叫明杀。

此次沈光动用的部属有数百人，而麦孟才联络的老部属和朋友达到了数千人。暗杀这种东西，人数超过两个就有可能走漏消息，更何况人数达到了数千人。

果然，宇文化及和他的心腹连夜得到消息，金蝉脱壳，留下虎贲郎将司马德戡等待沈光等人上钩。沈光看到大营内兵马混乱，知道消息已经走漏，这个时候有困难要上，没有困难制造困难也要上了。

沈光带领自己的人马冲进了宇文化及的营帐，结果整个营帐只有一个人，倒霉的内史侍郎元敏。这个倒霉催的不知道什么原因正好进入了宇文化及的大营，而沈光早就对这个投降宇文化及的马屁精起了杀机。沈光一条条述出了元敏的罪行，最后才来了痛快一刀，没砍到宇文化及，就用元敏先磨磨刀吧！

沈光转身再出营帐，迎面撞上埋伏已久的司马德戡，又是一番恶斗，沈光及其手下数百人无一投降，全部战死，这个被杨广慧眼识珠的猛将用自己的方式回报了杨广，虽不成功，忠心天地可表。与沈光同时遇难的还有麦孟才，父子二人，忠诚一脉相承。

躲过了第一次暗杀，宇文化及还在暗自庆幸，然而庆幸没有维持多久，又一次暗杀开始悄悄酝酿，这一次酝酿暗杀的居然是江都兵变的发难者虎贲郎将司马德戡。

司马德戡发难的根本原因，是没有分到设想中的蛋糕。

当时宇文化及自称大丞相，立秦王杨浩（杨广三弟杨俊的儿子）为傀儡皇帝，杨浩只有一项权力，按照宇文化及的要求签字，在宇文化及看来，杨浩也就是一个用来唬人的橡皮图章。

尽管宇文化及智商比较低，但他比较会唬人，遇到部下向他请示时，他从来不当场表态，甚至不说一句话，这样留给对方的是不可侵犯的领导尊严和高深莫测的想象。正如普希金的长诗《欧根·奥涅金》对诗中主人公的描写：

> 装着很有知识的样子，
> 在重要的争论中，
> 保持着沉默。

等到大家都下班以后，宇文化及再召来自己的几个所谓智囊，唐奉义，牛方裕，薛世良，张恺。这些人往大了说是群英荟萃，往小了说就是萝卜开会，水平偏低，人品偏次，马屁功夫则是恰好成反比。

有这么一群人围绕在宇文化及身边，司马德戡自然得不到理想中的蛋糕，反而受到了宇文化及的猜忌。也是，司马德戡连皇帝都敢反，更何况宇文化及这个草头大丞相呢。随即宇文化及擢升司马德戡为礼部尚书，堂而皇之地剥夺了他的兵权。

恼怒万分的司马德戡找来了当初一起商议的赵行枢，两人一起交流了兵变之后的感受，一致发现，兵变之后的待遇居然还不如兵变前，忙活了半天竟是给别人做了嫁衣。

还是赵行枢有想法，眼珠一转就有了新想法："咱们能捧起他，咱就能摔死他！"

两人密谋之后，展开行动，司马德戡拿出全部家当贿赂宇文智及，要求担任全军的后卫将军。见钱眼开的宇文智及跟老哥宇文化及一商量，得，后卫就后卫吧！这一下，兵权又回到了司马德戡的手中，他的手下又有了一万多人。

按说这一万多人已经够成事了，但司马德戡还觉得不够，他准备再找个外援，这一找就给蛇添了足，把事情生生给耽误了。

司马德戡派出密使去联络附近的起义军首领孟海公作为外援，谁知道这孟海公居无定所，走位飘忽，不容易接上头，这一下时间就耽误了。

巧合的是，当年负责到骁果卫中散布小道消息的直长许弘仁和医正张恺得到了司马德戡即将兵变的消息，两个人遵循大力传播的新闻原则，亲口把小道消息传给了事件的主角宇文化及，这下司马德戡的暗杀就变成了明杀，遗憾的是，司马德戡自己不知道。

宇文化及派宇文士及以外出打猎的名义来到了司马德戡的后卫军大营，不明就里的司马德戡走出大营迎接，却没有想到，宇文士及的猎物正是他。

临刑前，司马德戡痛斥大丞相宇文化及："我们诛杀杨广就是因为无法忍受他的荒淫残暴，然而没想到，你比他更差！"

悲哀，司马德戡的悲哀，皇帝杨广的悲哀，隋朝的悲哀。

躲过两次暗杀的宇文化及继续西上，一路上他受到了司马德戡虚拟盟友孟海公的酒肉款待，也遭到了据守巩洛的李密的冷脸。宇文化及将目标锁定了李密部将徐世勣据守的黎阳，不为别的，黎阳有别的地方没有的东西——粮食。因为粮食，宇文化及与李密兵戎相见，相互残杀，情不自已的李密和宇文化及同时陷入了粮食的旋涡，也成了"狗咬狗"计划中两个争夺骨头的狗！

来自民间的"狗咬狗"

说起来，"狗咬狗"的计划还是来自民间智慧。

当时洛阳城正处于李密的包围之中，政令出不了洛阳城，外援也没有指望，要想活命只能靠洛阳城的生产自救。原本洛阳城内的杨侗与李密处在微妙的平衡之中，双方正在不断地拉锯，现在大丞相宇文化及率领数万骁果卫从江都逼近，他们的目的是回家，那么洛阳就是他们的目标之一。

一个李密已经够让人头疼的，再加上一个令人讨厌的宇文化及，这还让人活吗？

正当杨侗与几个棒槌心烦意乱时，一个叫盖琮的人给杨侗上了一道奏章，声称只要按照他的方案办理，李密和宇文化及都不足为虑。

什么方案有这么神奇呢？很简单，就是"狗咬狗"，游说李密死磕宇文化及，两狗相争，不死也伤。

棒槌元文都和卢楚一合计，此计甚妙，现在以洛阳城内的军事力量肯定打不过宇文化及。如果让李密去打宇文化及，两个人必定两败俱伤，到那时既赶走了宇文化及，又可以策反李密的部将擒获李密，天底下还有比这更好的空手套白狼的买卖吗？

两个棒槌一撺掇，"狗咬狗"计划就这么定下了，然而这么大一方案派谁去实施呢？

想来想去，还是盖琮合适，既然由你提出，还是由你实施吧！

盖琮的级别不够怎么办？这个不难，现场加封，弄一件正四品的官服，从今以后你就是正四品通直散骑常侍了，另外一个身份是皇帝杨侗的钦差。

火线提干的盖琮走上了游说李密的道路，然而他心里其实没有底，"狗咬狗"计划说白了是一个策划，能否变成现实不仅取决于骨头，更取决于那两只正在对阵的狗。如果李密不理会东都抛出的骨头，又该怎么办呢？

事实证明盖钦差的担心是多余的，在他来之前，李密想东都的骨头已经想疯了。

李密不是以东都为囊中之物吗？为什么又惦记东都的骨头呢？

都是形势逼的。

原本李密以为自己会夺取洛阳，席卷天下，然而一年多的混战下来，李密陷入了苦战之中，比他后起兵的李渊已经占据了大兴，而李密还在洛阳的郊外当"洛漂"。从形势上看，李密短时间内攻取洛阳根本不现实，因此他一直在考虑着变通。在李密看来，建都称帝当然是第一选择，如果能进入洛阳"挟天子以令诸侯"，也是理想的第二选择，最不济也可以结束自己的"洛漂"生涯。

李密的想法有了变化，盖琮的游说就变得简单起来。盖琮刚刚说完，李密当即表示同意，爽快得让盖琮有点吃惊。吃惊的盖琮看着兴奋的他，心中甚至有点同情他："可怜，八成是想骨头想疯了！"

与洛阳达成了和解，李密彻底解除了后顾之忧，这下他可以放心地跟宇文化及决一死战了。

当时的形势是这样的，徐世勣率军固守黎阳仓城，宇文化及率数万骁果卫进逼黎阳仓城，李密则率领两万步兵和骑兵驻扎在清淇（今河南省淇县东南），双方因为粮食纠缠到了一起。

每次宇文化及率军攻城，徐世勣都会燃起烽火向李密报警，这时李密就负责冲击宇文化及的后卫部队。三方分工极为明确，徐世勣负责报警，李密负责袭击，宇文化及负责挨打。几次战事下来，还是宇文化及挨打的次数多。

说起来，宇文化及这个人实在是智商很低，低到了有点弱智的地步。

有一次李密与宇文化及隔着淇水对峙，两方主帅出阵对话，这次对话让宇文化及的低智商变成了众所周知的秘密。

李密这个人文才了得，口才同样了得，骂人也有特长，基本不用打草稿。

李密指着对面的宇文化及开骂："你们家本来就是匈奴人的家奴，本来姓个鳖姓'破野头'，后来恬不知耻地跟着主人姓了'宇文'。你们父子二人，在隋朝受到的富贵天下没有人能比，杨广有错，你不能冒死进谏，反而大逆不道地弑君，还想篡夺皇位，天下谁能容你？你现在如果早点投降，或许还能保全后代子嗣！"

李密骂得酣畅淋漓，痛快之至，两方阵营都期待着对方辩手宇文化及有出色的反驳，这样才能让这场辩论更加精彩。

谁知道等了半天，宇文化及憋得满脸通红，眼睛死盯着地面半天，猛然间又抬起了头，这一抬头引起了众人的期待，大家都在等待宇文化及的精彩辩论。

不承想，宇文化及瞪着眼睛就高喊了一句话："我跟你要说的是厮杀，谁要听你那些书本上的话!"要了亲命了，这孩子没得救了!

这时李密落得一身酒脱，轻松地跟身边的随从说："就宇文化及这智商，我拿根树枝就能让他满地找牙!哦，不对，我犯了个错误，应该叫他破野头化及!"

这一场阵前辩论以李密的狂胜收场，也让李密对宇文化及充满了轻蔑，然而李密忽视了一点，尽管宇文化及是一只愚蠢的羊，他手下的骁果卫却是一群战斗力极强的狼。

李密与宇文化及进入了暂时的相持之中，李密与东都洛阳则进入了短暂的蜜月期。在蜜月期里，杨侗任命李密为太尉、尚书令、东南道大行台行军主帅，封魏国公，虽然这个封赏与李密的皇帝梦还有距离，但毕竟已经是位列三公，位极人臣，如果真能实现，在洛阳政府内李密就是一人之下，万人之上。一个啃过树皮、教过私塾的起义军首领能到这个境界，已经相当不易了，无疑，杨侗抛出的这块骨头已经相当诱人。

然而在杨侗抛出诱人骨头的同时，洛阳城内又是暗流涌动，辅政的七贵迅速分化为两派，一派以元文都为首，一派以王世充为首，著名的棒槌段达则成了骑墙的两面派。

元文都等五贵对李密持欢迎态度，王世充则是坚决抵制。王世充怀疑元文都等人会把洛阳城送给李密，而元文都等人怀疑王世充会把洛阳城送给宇文化及，两派自此开始猜忌，尽管还保持着表面的和平，但在和平的下面，就是双方的磨刀霍霍。

伴随着与东都的蜜月期，李密与宇文化及开始了真正的决裂。

在真正决裂之前，李密还是对低智商的宇文化及要了个心眼，派出使节向宇文化及表示和解，并在字里行间表露，如果有需要，李密将不遗余力地进行供应。

和解?供应?李密没有疯吧?

李密没疯，宇文化及疯了!

李密没疯，李密的此举旨在加快宇文化及粮草的消耗，让没有"后顾之忧"的宇文化及大加吃喝，快速将粮草消耗殆尽。

宇文化及疯了，他居然相信了李密的和解，放心大胆地让手下士兵放开肚皮"造"，反正李密有黎阳仓，吃光了李密自会供应!

耗子给猫当伴娘?你信吗?宇文化及就信!

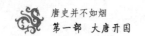

然而宇文化及的错觉并没有维持多久，不久他迎来了一个客人，这个人是从李密大营逃过来的，犯了死罪，不逃就会被处死。本着试试看的想法他投奔了宇文化及，而且给宇文化及带来了见面礼。

见面礼只有四个字："你被耍了！"

在客人的阐述下，宇文化及才明白，原来自己又被李密给耍了，这个世界上耗子是不会给猫当伴娘的，即使是有，要么是演样板戏，要么就是无间道！

智商受到第二次侮辱的宇文化及再也控制不住自己的情绪，他要向李密证明，不管是宇文化及也好，破野头化及也罢，一样能把你李密打得满地找牙！

宇文化及率领数万骁果卫渡过永济运河，直扑李密设在童山的大营，发起猛烈冲击，战事从早上7点一直延续到晚上7点，整整进行了十二个小时。

有句名言说，"一头绵羊带领的一群狮子往往打不过一头狮子带领的一群绵羊"，然而理论仅仅是理论，宇文化及尽管很面，他率领的却是货真价实的骁果卫，绵羊和群狼的组合几乎冲垮了狼和群羊的组合。

在骁果卫的冲击下，李密大军伤亡惨重，连他自己都中了冷箭，从马上跌落昏厥了过去。眼看主帅落马，随从们心急如焚，一咬牙，一跺脚，竟四散逃去！

眼看李密就要被骁果卫包了饺子，一员猛将在关键的时刻出现。这个人就是秦琼秦叔宝。

秦琼向李密冲了过去，奋力将李密救上马，然后带李密冲出了包围圈。紧接着秦琼一声大吼，喝住了败退的残兵败将，后撤改冲锋，群羊开始了反冲锋，这一冲终于逼退了群狼，毕竟战事已经进行了十二个小时，狼也有累的时候。

这一战在历史上着墨不多，其实惨烈无比，这一战打灭了宇文化及的士气，也打残了李密的精锐部队。在日后与王世充的决战中，李密一败涂地，根源其实在这一场恶战！

狗咬狗，一嘴毛，骨头依然若隐若现，只留下童山大战的一地狗毛。

梦碎！两个人的悲剧

童山大战，毙敌一千，自损八百，旋涡中的李密和宇文化及都损伤惨重，相比于李密，宇文化及更早地看到了自己的悲剧。

大战后的宇文化及进入汲郡，此时他的眼中只有粮食，因为全军已经断粮了。

宇文化及不仅在汲郡挖地三尺，同时派人到已经投降的东郡征缴粮草，无论官员还是百姓，交了粮草就是人，交不出粮草就不是人，一直打到交出粮草变成人为止。

如此一来，东郡城内哭声一片，当初举城投降的副郡长（通守）王轨开始动摇，他早知道宇文化及智商低，却不知道宇文化及的智商如此之低。

想来想去，跟着宇文化及恐怕是没活路了，投降李密呢？或许是条路！

下定决心，王轨派出自己的特使、内史省通事舍人许敬宗，此人就是在武则天面前八面玲珑的那个许敬宗。

说起来许敬宗也是从刀口下活过来的。江都兵变时，他的父亲许善心不买宇文化及的账，被宇文化及诛杀。原本宇文化及想顺便把许敬宗给收拾了，结果架不住许敬宗一个劲地求饶，心一软就把许敬宗给放了。这件事也成了许敬宗一生的污点，经常被老油条封德彝拿出来说事。

封德彝经常把许敬宗跟虞世南进行对比："人家虞世南面对危险敢于请求替兄长虞世基去死，许敬宗看着老爹被诛杀却只是一个劲儿为自己求饶！"

货比货得扔掉，人比人得羞死。

经常被羞辱的许敬宗一直隐忍，终于还是等到了报复的机会。封德彝尽管一生左右逢源，小心谨慎，然而在他死后，还是有人向太宗李世民揭发，封德彝其实拥护过李建成。感觉受骗的李世民愤怒异常，剥夺了封德彝的谥号，让他在身后斯文扫地。而封德彝这样的重要大臣还是要收入《实录》的，《实录》的撰写者就是许敬宗，因此在许敬宗的笔下，我们看到的是一个小人封德彝。

杀不死你，也要写死你！

许敬宗奉命进见李密请求投降，李密大喜过望，马上任命王轨为东郡军事总管，至于许敬宗，就别回去了，留下来跟魏征一起管理文书吧。从这时起，许敬宗与魏征成为同事，然而两个人在历史上的名声永远不可同日而语。

王轨投降，东郡得而复失，尽管宇文化及智商低，但他也看出汲郡已不是久留之地。

西进暂时没有可能，南下又是回头路，东进前途未卜，东南西北，现实的

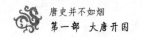

只有北上。

然而同杨广一样，宇文化及此时也失去军心，跟随他的骁果卫开始离心离德。部将陈智略率岭南籍骁果卫一万余人，樊子盖之子樊文超率领江淮籍短矛勇士，张童儿率江东骁果卫数千人一起投降李密，自此宇文化及大军只剩下两万余人。

看着剩下的两万余人，宇文化及只有苦笑，事已至此，无可奈何，只能北上寻找机会了。

宇文化及不会想到，在他的前方，一个隋末英雄正在等待他的到来，他正在一步一步走向自己生命的终点——聊城。

有些路，看起来是死路，其实是活路；有些路，看起来是活路，其实是死路！

破碎的肥皂泡

逼走了宇文化及，招降了近两万骁果卫，此时的李密正朝着自己的太尉梦逼近，只要返回洛阳，他就不再是民间的李密，而是庙堂上的李密。虽然当年被杨广从仪仗队中赶出，现在却能以太尉的身份进入洛阳政府，这或许就叫命运，就叫轮回吧！

李太尉的梦正在酝酿，希望的肥皂泡也在膨胀，然而一个人就在这个时候不合时宜地出现，不由分说地扎破了李密希望的肥皂泡，这个人就是卷毛将军王世充。

伴随着李密的节节胜利，洛阳城的五贵开始手舞足蹈，在他们看来，"狗咬狗"的计划已经大获成功，接下来他们将迎接功臣李密。

在五贵欢呼雀跃的背后，一双眼睛正在默默地注视，这双眼睛的主人就是王世充。

在王世充看来，元文都这些人就是一些棒槌，只会动动嘴皮子，一旦李密入朝，一定会把这些人生擒活捉。而他王世充，是注定与李密不共戴天的，自己杀死对方那么多人，不是一身官服就能化敌为友的。

王世充把自己的想法在部属中传达，同时掐灭了媾和李密的念头，全军上下依然保持着对李密死磕的势头，而防御的矛头也偷偷地指向了倒向李密的五贵。

出人意料的是，首先准备发难的不是王世充，却是以元文都为首的五贵。

元文都耳闻了王世充的骚动，于是召来卢楚一起商量计策，很快大家达成一致，计划就在王世充上朝拜见时下手，神不知鬼不觉地把他诛杀。

神确实不知，鬼也没有察觉，可是那个叫段达的棒槌知道了，这个人虽然也号称五贵派，但还有一个身份，"骑墙派"。

在段棒槌的通知下，王世充很快就知道了五贵的计划，王世充准备先出手了。

七月十五日子夜三更（传统的起事时刻），王世充率军攻打皇宫的含嘉门。

王世充出手，元文都等人马上应变，他们的王牌是皇帝杨侗。元文都等人进入皇宫，请杨侗出，登乾阳殿，同时关闭宫城所有城门，严防死守。

仅仅防守还是不够的，元文都派出将军跌野纲出战王世充，然而没想到，跌野纲一遇到王世充就奋不顾身地冲了过去，然后熟练地下了马，投了降。

一个不行，再派两个，元文都又派出了两个将军，这两个倒是信得过，没投降，不过也抵挡不住王世充。

怎么办？危急时刻只能再出一军迂回包抄了！

元文都亲自率军出发，计划从玄武门冲出，袭击王世充军的后背。然而到了玄武门下，城门上着锁，找来长秋监总监段瑜一问，元文都的鼻子气歪了，"钥匙找不着了！"

钥匙没了，怎么办？

掉头，奔太阳门！

要说元文都这个人智商实在太低了，钥匙没了不还有刀吗？谁说开门一定需要钥匙呢？

元文都等人原路返回，等回到乾阳殿时，王世充已经从太阳门冲了进来，这下元文都等人没辙了，只能各想各的活法了！

皇甫无逸无疑是智商最高的，说时迟，那时快，人家迅速冲到了宫城西门，三下五除二砍开了西门，一路往西投了李渊，随后当上了李渊的刑部尚书。智商决定命运，此言不虚！

卢楚的智商就低了一些，他躲进了宫廷膳食部皇家烹饪局（太官署），没多久，就被王世充的士兵给抓住了，马上乱刀剁了，看来是因为躲的地方不对，又是膳食部，又是烹饪局，不挨刀等啥呢？

此时躲得最好的就是元文都了，他跟段达一起躲在杨侗的身旁，这或许是最安全的地方了。

杨侗命人询问王世充："大半夜的带兵来干啥呢？"

王世充立刻下马道歉，极其委屈地说："元文都、卢楚等人无缘无故想害我，只要杀了元文都，我听从处罚！"

王世充说是道歉，实际上是威胁，把他逼急了天知道会做出什么来。

杨侗正在犹豫不决时，骑墙派段达已经下令把元文都抓了起来，此时留给元文都的只有死路一条。

大祸临头的元文都试图做最后的挣扎，对着杨侗大喊："我早上死，晚上就会轮到陛下。"

一语惊醒梦中人，垂死的元文都说出了最后的实话。然而小孩子杨侗又能做什么呢？眼前就是磨刀霍霍的王世充，身旁是指望不上的棒槌段达，国难至此，过一天算一天了！

在杨侗的泪眼中，曾经的七贵之一元文都走出了兴教门，他的结局与卢楚一样，乱剁！

在元文都之后，赵长文、郭文懿也被王世充斩首，至此七贵有了各自不同的人生结局，皇甫无逸当上李渊的刑部尚书，王世充控制洛阳朝政，段达继续在洛阳当棒槌，卢楚、元文都、赵长文、郭文懿全都变成了刀下之鬼！

所谓富贵，难以到头，浮华过去，一切成灰！

最后的死磕

辉煌总是短暂，洛阳七贵就这样成为过去。

此时洛阳主政的不是别人，正是卷毛将军王世充，这个江都郡郡丞出身的将军在不经意间取得了洛阳政府的权柄。杨广当时以为王世充会成为隋朝皇室的帮手，却没有想到，这个帮手有一天会变成皇室杀手。

诛杀了以元文都为首的五贵，杨侗已经感觉到了王世充日益逼近的刀锋。然而凭借高贵的皇室血统和与生俱来的帝王教育，杨侗还是壮着胆子问王世充："怎么着，你还敢杀我吗？"

闻听此言，王世充心中暗笑，他知道帝王的尊严其实是与实力成正比的，有实力的帝王自然神圣不可侵犯，没有实力的帝王跟一只带毛的猪又有什么区别呢？

不过王世充毕竟不是一般人，而是国家一级演员，看家的本领就是演啥像啥。

王世充伏地磕头，痛哭流涕，一边深情追忆了与杨广的君臣际遇，一边强调了元文都对自己的刀剑相逼，最后还声泪俱下地对天发誓，如有异心，天诛地灭。

什么是好演员，这就是好演员，明明一肚子的男盗女娼，表现出来的永远是德艺双馨。

发完毒誓，王世充趁热打铁，顺便与杨侗一起到后宫拜见了杨侗的生母刘太后。王世充把发誓的程序又走了一遍，这一次更郑重，甚至解开了自己的头发，披散两肩，据说这样的发誓很灵验，如果不遵守诺言就会天打雷劈。

发誓时，王世充一定不会相信毒誓也会灵验，他只是把发誓当成了顺口溜。

然而冥冥之中还是有天意，日后的王世充虽然得到了李渊和李世民父子的宽恕，却没有躲过仇家的追杀。

搞定了杨侗，忽悠了刘太后，洛阳朝政正式落入了王世充的手中，以前是七贵并存，现在是王世充一股独大，老棒槌段达只负责给王世充打打杂！

在王世充的努力下，洛阳政府很快成了王氏家族企业，王世充的大哥王世恽出任内史令，王氏子弟盘踞洛阳政府的各个要害部门，著名电影《少林寺》中的大反派就是王世充的侄子，他的名字叫王仁则。

事实上，王世充是真的，《少林寺》是假的，李世民是存在的，而历史上也没有十三棍僧救唐王的史实。不过王世充的确有一个侄子叫王仁则，正是这个人奉命毒死了越王杨侗。

历史与戏剧之间有联系，也有区别，在多数时候戏剧掩盖了历史。

经过王世充不断地改制，洛阳政府其实与杨家已经没有关系了，杨侗剩下的权力与当年的杨侑一样：郊外祭天，四季祭祀祖先。而现在的洛阳政府，也只是隋朝延续的一个虚拟符号，权柄已经归了王世充，隋朝大业名存实亡！

一直蒙在鼓里的李密此时还在前往东都的路上，一路上他追忆了自己的奋斗岁月，追忆了那些艰苦的造反历程，现在看来那些奋斗都是值得的，毕竟他为自己赢得了在洛阳政府的庙堂高位。

然而，梦总有一天会醒，等李密走到河南温县时，他得知了洛阳城内的变故：七贵已经成为过去，王世充成了洛阳的主宰。

没有比这更糟糕的消息，也没有比这更恼火的结局。闹了半天，太尉是假的，魏国公也是假的，自己跟宇文化及死磕了半天，居然为王世充做了嫁衣！

这叫什么事，爱人结婚了，新郎居然不是我！

洛阳是去不了了，还是回自己的基地吧，看来有王世充在，自己的"洛漂"生活就要继续。然而李密知道，自己与王世充之间一定还有一场决战，不是他王世充死，就是我李密活！（横竖都是王世充死啊?!）

李密没有等待多久，两个月后他就迎来了与王世充的决战，而在这两个月的平淡期里，有一件极其荒唐的事情发生。

这件事情荒唐到了极点，在世界军事史上都极为罕见。

这件荒唐的事情就是，李密和王世充居然互相交换了军事物资！

当时的情况是这样的，李密占据黎阳仓有米无衣，而王世充占据洛阳有衣无米。本着"思想有多远，我们就能走多远"的宗旨，王世充创造性地提出"绸缎换大米"计划，这个计划无异于与虎谋皮，但凡有点智商的人都不会同意，李密也有智商，李密当场没有同意。

如果事情如此发展下去，也就没有了戏剧性，然而历史终究不会平淡发展，一个小人物的掺和让事情有了转机。

这个小人物叫郑元真，时任李密的秘书长。郑元真原本也是隋朝政府的公务员，天下大乱之后就投了翟让的起义军，因为有在政府工作的背景，因此深得翟让的赏识。等到李密成立起义军总部时，郑元真就被翟让推荐给了李密，当然这个推荐是有深意的，从此郑元真就有了一个新身份——卧底。

然而郑元真的卧底生涯非常艰难，从一开始李密就像防贼一样防着这个秘书长，因此郑元真一直被排斥在李密的核心层之外，过着自己的"狗不理"生活。翟让被杀之后，郑元真的卧底功能终结了，然而也没有赢得李密的信任。

既然不被信任，那么就另找出路。找来找去，邴元真又找到了一条路，什么路？无间道！谁的无间道呢，王世充的！

事实上，无论是李密还是王世充，他们都不是邴元真灵魂的主宰，那么什么是邴元真灵魂的主宰呢？

一个字，钱！

"绸缎换大米"计划对于别人来说只是一个计划，对于邴元真来说却是天大的商机。因为有流通就有机会，有交换就能有利润，而"绸缎换大米"让邴元真看到了自己的回扣！

邴元真加大了对李密的游说力度，经过他不断的游说，头脑不清醒的李密居然答应了这个"天才"计划，以绸缎换大米，即日生效！

于是我们会看到一幕非常搞笑的场面，王世充的军队兴高采烈地将绸缎布匹运到李密大营，李密的军队则把成车的大米源源不断地运入王世充的大营，明白人一看知道是敌我双方的战略物资交换，不知道的还以为是一场蓝军对红军的军事演习。

经过运作，李密的军队穿上了新衣服，王世充的部队吃饱了肚子。两相对比，王世充大胜，李密大败，自此王世充军队军心稳定，再也不需惦记投降李密吃顿饱饭，而李密面对的不再是饿着肚子的士兵，而是吃饱了肚子的虎狼之师！

绸缎换食品，换来了王世充的生机，换来了李密的末日！

仓廪实而知礼节，饱暖则思淫欲，吃饱了肚子的王世充开始酝酿对李密的反击。

此时的李密已是强弩之末，与宇文化及的大战虽然将对方逼退，但本方精锐也几乎损失殆尽，幸存的残余部队也疲惫不堪，战斗力急剧下降。

王世充的情况也好不到哪里去，不过狡猾的王世充还是有自己的办法。

王世充军队的问题出在士气上，此时全军士气低落，主要原因还是被李密打怕了。那么如何重整旗鼓，鼓舞士气呢？王世充想到了一个办法，求助鬼神！

王世充安排了一个群众演员，左翊卫军的卫士张永通。王世充安排张永通四处跟人说自己做了一个梦，梦里周公让他转告王世充：死磕李密，最后的胜利属于王世充。（难为周公了，既得知道王世充，还得知道李密。）

一级演员王世充装作第一次听说的样子，然后极其虔诚地为周公搭建了一个庙，每次出军都要到周公庙前祭祀打个招呼，这就是给全军暗示：我们已经得到了周公的保护。

周公的牌亮出后，王世充又亮出了另一张牌：巫师！

巫师接着张永通的小道消息继续传播，这次传播更加吓人，巫师说："周公命王世充进攻李密一定会成功，如果不出击，则会瘟疫流行，全军死光！"

出兵则大胜，不出则瘟死，二选一的选择题摆在了相信鬼神的士兵面前，结果没有犹豫，全军骚动，纷纷求战，不一会儿，两万精兵集结，两千战马齐备，入选的精兵暗自庆幸这下不会瘟死了，留守的士兵则在忐忑不安地准备着："快让我上战场吧，我宁愿战死，也不愿瘟死！"

兵不畏死，则不可战胜！

尽管王世充集结好精兵，磨刀霍霍，其实战争的主动权还是掌握在李密的手中，此时的李密依然有两个选择，一个是打，一个是不打！

打，还是不打，李密的大营中分成两派。

李密、裴仁基、魏征是不打派，新归降的陈智略、樊文超以及老资格的单雄信则是打派。

行伍出身的裴仁基建议分出一军进逼东都，王世充一进攻，这支军队就攻打东都逼王世充回援，这样就让王世充军跑折返，累死了算！

李密认可裴仁基的建议，不过他觉得事情应该更简单：只要坚守不出，不出十天，粮食吃光的王世充军就会瓦解，王世充的脑袋也会送到李密的面前。

从事文书工作的魏征也站在了李密的一边，他的建议很简单："深挖沟，高垒墙，等粮尽，再出击！"

现在的我们可以说魏征的策略非常正确，可惜当时的大多数人并不这么看。

魏征刚说完，老资格的郑颋就噎了老魏一句："你这也叫计策，老生常谈！"一向富有斗争性的魏征生硬地回了一句："这是奇妙计策，怎么叫老生常谈！"说完，拂袖离去。

有说打的，有说不打的，李密的头脑里也有两个小人在打架，最后李密一统计，赞成打的有百分之八十，赞成不打的有百分之二十，听从哪一派意见呢？

《孙子兵法》云，倍则击之，意思说人数超过对方两倍就可以主动出击，更何况我军现在超过对方不止两倍！

李密心中默默地背着《孙子兵法》，目光却在众将的脸上扫过，众将的脸上激愤的是大多数，冷静的是极少数，少数服从多数，还是多数服从少数呢？

还是少数服从多数吧，毕竟这是一条组织原则！

李密说服了自己，也说服了绝大多数。然而行伍出身的裴仁基始终坚持着自己的观点，最后对李密说："你一定会后悔的！"

裴仁基是对的，魏征是对的，历史就是这样真实地存在，真理有的时候确实掌握在少数人手中。

决战开始，李密在北邙山上扎营，单雄信在偃师城北扎营，单雄信首先遭到了攻击。

得知单雄信被围攻，程知节（程咬金）与裴行俨前往支援。这次支援，裴行俨出了意外。

裴行俨骑马冲在最前面，不料一支冷箭袭来，裴行俨中箭落马。此时如果没有人援救，裴行俨就算报废了。

就在裴行俨绝望时，程知节冲了上来，这下裴行俨有救了，因为程知节是个宁舍命不舍兄弟的主。程知节将裴行俨扶上自己的马，然后两人共骑一马往外冲，一路上王世充的骑兵在后追杀，程知节左抵右挡，然而百密一疏，一支长矛还是洞穿了程知节的铠甲。

程知节究竟是个狠人，一咬牙，一瞪眼，再一转身，抓住长矛，"咔嚓"一声将长矛折断，顺手一刀把刺自己的小兵砍落马下。整套动作一气呵成，干净利落，看得王世充的骑兵不由自主地往一旁躲。

狠人程知节终于把兄弟裴行俨救了出来，正巧此时太阳落山，双方各自收兵，这一天基本是你死我伤，谁也没有占到便宜。

入夜，李密还在筹划明天的战事，王世充则悄悄地在李密的大营中搂入了一枚关键的棋子。

原来李密大败宇文化及之后，自信心膨胀到了极点，此时再次见到手下败将王世充，心理上不由自主地轻视这个对手。在他看来，宇文化及的骁果卫都不是对手，更何况你王世充的杂牌军呢？

毛主席说过，在战略上要藐视对手，在战术上应该重视对手。李密呢，战略战术双藐视，根本没有把王世充放在眼里。

王世充却把李密放在了心里，这是他一生中最重要的对手，自然要把这个人彻底摸透！

经过侦察，王世充惊讶地发现，李密的大营竟然漏洞百出，军营的四周不建营垒，连基本的观察哨都没有设。见过不要命的，没见过这么不要命的！

既然李密的门户大开，王世充自然也不跟他客气，当夜二百名骑兵一路畅通地进入北邙山，潜伏在水洞山谷之中。他们的任务是等李密出营之后，居高临下，冲击大营，趁乱放火！

王世充还给李密准备了一样礼物，这样礼物特殊而神秘，在关键的时刻亮出将会有石破天惊的作用，这将是一件什么样的礼物呢？

九月十二日黎明，王世充向全军作了最后的动员，动员令很简单，"胜则荣华富贵，败则在劫难逃"，随后全军抢渡洛水，进攻李密大营。

就在这个时候，农民起义军业余的本性又暴露了出来！

原本李密计划在王世充半渡洛水时发起进攻，打王世充一个措手不及，因此安排了侦察兵在洛水设哨，一有情况马上汇报！

然而，就在这关键的时候，关键的岗位，负责侦察的侦察兵居然离岗了！

等侦察兵回到岗位发现异常，火速报告李密，王世充已经抢渡成功，逼近了李密的大营。惊慌中的李密还没有列阵，王世充的大军已经扑了上来。

如果此时单雄信能够及时增援，李密还有一线希望，然而在这个关键的时刻，单雄信居然抗命不来了！看来当年残杀翟让在他心中还是留下了不小的阴影。

外援靠不住了，阵形靠不住了，只能靠面对面死磕了，李密与王世充陷入了混战之中。很快，王世充送给了李密两个礼物，一个是昨晚二百名潜伏骑兵放的大火，祝愿李密一生红红火火；紧接着王世充送给李密另外一个礼物，一个相貌与李密极其相像的人！

王世充命人把克隆李密押到高处，然后全军一起鼓噪："抓住李密了！抓住李密了！"

这一喊石破天惊，这一喊闻风丧胆，这一喊军心涣散，王世充军士气高涨，李密军纷纷溃败，主帅都被人抓了壮丁，小兵还有什么希望呢！

远远地看着与自己非常相像的克隆李密，真李密的心中百感交集，自己奋斗了半辈子，居然被一个假李密全给毁了！

这个假李密到底是谁？是李密失散已久的兄弟，还是世上确有毫无血缘关系的相像之人？我们想不明白，李密也想不明白。

盘点手下的兵马，只剩下一万多人，这些人该往哪里去呢？哪里才是下一站呢？

去黎阳？去找徐世勣？

李密刚提出这个想法，就被部将们给否定了："拉倒吧，当年你杀翟让时，徐世勣脖子上被砍了一刀，差点死了！"

"我当时给他敷伤口了，而且一直待他不薄！"李密无力地争辩了一句。

其实李密也知道，脖子上的伤口容易愈合，心中的伤口却可能随着时间的推进越来越深。

这时王伯当已经放弃金墉基地，进驻河阳，李密带着一万多人又奔了河阳。

按照李密的最初想法，他准备坚持到底，向南以黄河为界，向北以太行山为界，东方连接黎阳，先求稳定，再图发展。

然而部将们的反应出乎李密的意料，众人只有一个表情，"人心散了，队伍不好带了！"

所谓强盛时一呼百应，衰败时分崩离析，李密的想法仅仅能停留在表面上，他的新根据地计划也只能胎死腹中，以李密军衰败的迹象，人心的恐慌，一万多人用不了几天就会溃散逃光。

黎阳去不了，河阳留不得，天下之大，哪里又是李密的家呢？

正当李密苦恼到极点时，"五百年前是一家"的念头从他的脑海中闪过，对啊，去长安找老哥李渊！

有些路，看起来是断的，实际是通的；有些路，看起来是通的，其实却是断的！

投奔李渊对于别人来说可能是明路，然而对于李密而言，这是一条不折不扣的不归路！

李密的末路

接到李密的来信，已经称帝的李渊乐得合不拢嘴，虽然他并非真的看重这个所谓的同宗兄弟，但他非常看重李密投降的符号意义。

此时的李密尽管惨败，尽管落魄，但是他的身份依然是一方盟主，李盟主向李皇帝投诚，无形之中就增加了李皇帝的号召力，更何况李密的手下还有两万多人马，另外有一批依然听命于李密的城市。

手里握着这么多人马，这么多城市的资源，李密对自己的前景非常看好，毕竟自己是带着资源入股，在李渊的政府里怎么也应该能算核心层兼大股东。对比东汉初年投奔刘秀的窦融，我李密的资源可要强多了，如果历史可以类比的话，在李渊的政府里享受个宰相级别也并非不可能！

然而，"享受宰相级别"只是李密的一厢情愿，李密期待着李渊的盛宴，到头来却发现，李渊给他的只是俩发了霉的窝头。

前往长安的路上，李密的错觉在继续，李渊派出的使节络绎不绝，每个使节都在传递着李渊对李密的热情问候。在使节们的共同忽悠下，李密的错觉达到了顶点，他满心以为只要到了大兴，他就将迎来自己的大时代。

公元618年十月八日，满怀希望的李密抵达长安，在这里他没有得到想象中的鲜花，也没有热情欢迎的人群，他的大哥李渊也迟迟没有出现。在长安的宾馆里，李密成了"狗不理"。

先前络绎不绝的使节都消失了，宾馆中也根本没有专门接待他的人。李密的饮食能凑合就凑合，能将就就将就，那架势，根本就没把李密当盘菜。

李密总算还有口吃的，李密的士兵可就惨了，一天吃一顿饭成了家常便饭，有时甚至一天都得不到一顿饭。辛辛苦苦跟着李密投奔李渊，居然是这个结局，看来无论什么时候，投降这种事情都要想清楚了，别看广告，看疗效！

不久，李渊总算热情地接待了李密，宾主双方还愉快地回忆了当年书信来往的日子，然后一起感叹时光飞逝，转眼间两人都年长了一岁。

见完了面，叙完了旧，双方谈话总算进入实质阶段。李渊对李密的工作进行了安排，任命李密为宫廷膳食部长（光禄勋）、上柱国，封邢国公。

光禄勋是干什么的呢？说白了就是宫廷打杂的，业务是负责安排调配宫廷的膳食，往好听了说是宫廷膳食总管，往难听了说就是一堆厨子和服务员的头，用现在的话说就相当于李渊家庭食堂的大堂经理！

理想是宰相级，现实是大堂经理级。

理想与现实之间，差距为什么那么大呢？

如果换成别人，能当上光禄勋已经算是光宗耀祖的事情，对于李密，这却是十足的耻辱。怎么说自己也是八柱国之一李弼的曾孙、显赫一时的盟主，让李盟主给李皇帝当大堂经理，这不是屈才，而是太屈才了！

原本李密也告诫自己要淡定，然而现实工作中的耻辱让李密无法忍受。

由于光禄勋的级别相对偏低，因此能对口管辖到李密的官员还有好几个，更要命的是这几个官员还有一个毛病：喜欢跟下属索贿。光禄勋李密就是他们的索贿对象之一！

如果李密识相地贿赂这几位大爷领导，那么这几个领导也会客气地说："小李，真懂事！"倘若李密没贿赂到位，那么这几个大爷就会给李密几张冷脸，然后不断地抱怨："小李，太不懂事！"

在几位大爷领导的挤压下，李密迎来了上任以来负责的第一场大型宫廷宴会。在这一场宴会上，李密不是尊贵的座上宾，而是总跑堂，负责催酒跑菜，总之酒没了找李密要，菜没上找李密催。一场宴会下来，在座的贵宾都知道，原来这个总跑堂的就是当年赫赫有名的魏国公李密。

让盟主、魏国公李密跑堂，李皇帝很有面子，李盟主很没面子。

宴会结束后，比狗还累的李密回到了家里，他的兄弟王伯当早已等候在那里。

同李密一样，投诚的王伯当也生活在失落之中，尽管李渊给他的职务是左武卫大将军，但这与他的梦想也相去甚远。当初李密的梦想是太尉等三公的高位，而王伯当的梦想是至少当一个尚书，无论兵部还是户部。然而李渊任命的只是左武卫大将军，而且这个大将军还被李渊当贼一样防。

看着李密一脸的失落，王伯当知道，一代盟主李密绝不甘心为李渊催酒跑菜，在李密的心中，一定还有重整旗鼓的雄心。

王伯当轻轻地说出了两个人名，镇守黎阳的徐世勣，镇守罗口的张善相，只要把这两个人联系过来，黄河以南依然大有可为！

是啊？难道就这样当一辈子大堂经理？难道就这样一辈子当个总跑堂的？不，这不是我李密的性格。

王伯当的几句话点燃了李密心中熊熊燃烧的火焰，他要用心中的火点燃自己，进而照亮整个天下！

不过要想从李渊的眼皮底下跑掉也不是一件很容易的事，毕竟不能直接对李渊说："老板，你被炒了！"

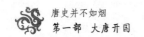

　　找借口自然难不倒聪明的李密，很快他就提出一个李渊难以拒绝的借口，"替李渊招降旧部"。

　　听说李密要去招降旧部，李渊的大臣们纷纷反对，在他们看来，让李密招降旧部无异于鱼回大海，虎归深林，一旦有机会，李密一定会背叛。

　　大臣们看破了李密的棋局，老到的李渊何尝没有看透。此时的李密尽管机关算尽，但他的一举一动早在李渊的意料之中。我们曾经说过，能提前看到以后十步棋的人就是天才，那么李渊就是天才，而李密呢，他的眼睛顶多看到后三步棋，他跟李渊的差距不是一两步！

　　单纯从棋力上讲，高段位的李渊要摆平李密只是分分钟的事，然而李渊并不急于出手，因为一切都在他的掌握之中。现在的李密已经是鸡肋，弃之可惜，留之无用。既然自己想走，李渊自然也不会留。

　　以后的事实证明，放李密归山从头到尾都是李渊的刻意安排，目的就是让李密自投罗网、自取灭亡，而李渊还赚得宅心仁厚的美誉，李密则背上小肚鸡肠的骂名。最后的结果是，李渊成功，李密再一次上当。

　　在给李密的饯行酒宴上，李渊邀请李密和他的智囊贾闰甫一起登上御座，坐在自己的身旁，席间还不断地给两人夹菜，不断地敬酒，亲密无间的表情很容易让人产生错觉，以至于好几次李密都差点脱口而出："老大，我不走了！"

　　这次酒宴进行得很成功，很尽兴，老谋深算的李渊充分展示了特级演员的功力，而李密和贾闰甫也表现了一级演员的实力。

　　一顿酒两种心情，一顿酒两种心眼。

　　酒喝到了，话说透了，为了表示对李密的充分信任，李渊还大方地任命王伯当为李密的副手，哥仨一起启程吧，记得早点回来，省得当大哥的惦记！

　　走出大兴的李密兴奋不已，在经历了屈辱之后他终于又找回了自己，这一次他要重整旗鼓，东山再起，然而他并不知道，他已经掉进了李渊的圈套。

　　原本按李密的想法，他准备带走全部部下，这样才能走彻底，然而李渊早就料到了这一点，他给李密下了一道指令：一半人马留在华州待命，一半人马跟随李密出潼关。这样兵还没动，李渊就拆分了李密的人马，而且制造了李密士兵中的紧张空气。毕竟走一半留一半就是一个损招，剩下的一半就是留下来做抵押的人质，全看另一半能不能按期回来赎回。

　　历史有时候充满了极大的戏剧性，按常理来说，"走一半留一半"，吃亏的应该是留下的那一半，着急的也应该是那一半。然而这一次，着急的居然成了走的那一半。

李密的秘书长张宝德被安排在出走的那一半中，别人都惊喜不已，他却一声叹息。在他看来，李密此次出走必然一去不返，他可能又要跟着李密一起过着风雨飘零的生活。这种生活他太熟悉了，也厌倦了，他不想再当"洛漂"，他想留下来当长安土著。

想当长安土著，摆在张宝德面前的只有一条路——告密，只有通过李渊才能阻止李密，而只有阻止李密才能避免成为"洛漂"的生活。

一声叹息之后，张宝德给李渊上了一道亲启密奏，明确指出，李密将一去不返，请李渊早作打算。

事实上，这一切都在李渊的预料之中，接到张宝德的密奏，李渊顺势就坡下驴，派出使节召回李密，另有任用。

这一召就是杀机四起，这一召就是逼反李密，那个年月，谁都知道皇帝临时变卦准没好事，聪明的李密焉能不知。

接到李渊诏书时，李密已经走到稠桑（今河南省灵宝市），在这里他进退两难。

进，没有诏书，寸步难行；退，凶多吉少，在劫难逃。

进不得，退不得，傻子都知道只有第三条路：背叛。

对于李密计划背叛，贾闰甫和王伯当一致反对，在他们看来，李密已经没有背叛的资本了。如果假以时日，徐世勣和张善相或许还可以利用，然而仓促之中，逃亡路上，徐世勣和张善相都指望不上。再者李渊已经应验神秘预言，登基称帝，或许这就是天意，好汉不能与天争！

贾闰甫和王伯当的话并没有说动李密，在李密看来，神秘预言既适合李渊，也适合自己，毕竟大家都姓李。况且既然李渊已经放出自己，那就意味着自己是真命天子，可以化险为夷。现在山东地区依然挥旗可定，又何必再当李渊的大堂经理呢？

贾闰甫无法说服李密，甚至差点儿挨了李密的刀，王伯当也无法说服李密，只能一声叹息，跟随李密。同裴仁基一样，王伯当也跟李密说了一句大实话："你不接受我的建议，我还是会跟随你，同你死在一起，只可惜我的死对你恐怕也没有帮助！"

贾闰甫的话是明智之言，王伯当的话是肺腑之言，只可惜都没有说动李密倔强的心。人一旦倔强起来，真是不如一头驴，现在李密就是那头不如驴的倔驴！

下定了背叛的决心，李密召来了传诏的使节。到这个时候使节依然没有意识到李密已经背叛，还在不断催促李密赶紧上路，李密冲着他微微一笑："你不是急着上路吗？马上！"

等李密的手下抽出了刀，使节才明白，原来该上路的是自己。

手起刀落，一刀两断，李密用使节的脑袋向李渊宣布：兄弟反了，不再是你的大堂经理了！

处理完使节，李密就地转身，扑向了就近的桃林县，在这里李密将就地取得给养，裹胁士兵。

十二月三十日凌晨，李密敲开了桃林县的城门，用极尽忽悠的话语告诉县令：我奉命返回大兴，请安排我的家属先住进贵县的政府宿舍！

李密开口，桃林县令自然没有拒绝的理由，至少李密现在的身份还是光禄勋，论级别来说还是县令的上级，他一挥手，李密带领着所谓的家属就进了县政府。

这些所谓的家属都是些什么人呢？其实是李密麾下的一些死士，这些人穿着女人的衣服，戴着女人的面纱，裙子里藏着叮叮当当的兵器，遮遮掩掩地进了县政府。

桃林县令总觉得这批女人有些奇怪，可就是说不出哪里奇怪，还没想明白时，这些女人动手了，十几个人一起揭开了面纱，操起了家伙，县令一看傻了眼："完了，又被耍了！"

那时县城一般都是很小的，县政府也没有多大的规模，十几个人一冲击，桃林县政府就算报销了。李密指挥手下占领整个县城，就地获得给养，同时裹胁一部分壮丁成为自己的士兵，这些壮丁也未必真管用，不过能起到壮声势的作用。

尽管占据了桃林县城，然而这里也不是久留之地，必须火速离开，不然准被包了饺子。李密一面指挥士兵直奔熊耳山，沿险要路段向东进发，一面派人通知镇守河南汝州的张善相前来接应。另外，李密没有忘记声东击西的伎俩，明明要前去投奔张善相，却大造舆论说要杀奔洛阳，死磕王世充。

　　尽管李密虚虚实实、真真假假，他的意图还是被一个人早早看破，这个人就是熊州行军总管盛彦师。

　　盛彦师当时正跟随右翊卫将军史万宝镇守熊州，两人一起听到李密背叛的消息。在史万宝看来，李密这个人贴上毛比猴还精，现在又有王伯当给他当参谋，一时之间恐怕很难抵挡。

　　面对史万宝的忧虑，盛彦师却只是微微一笑，在他看来，李密是徒有虚名。只要给自己一点信任，他将还史万宝一个惊喜；只要给他一支人马，他就可以让李密死无葬身之地。

　　史万宝半信半疑地将人马交给了盛彦师，因为眼下已经没有别的办法，只能死马当活马医了，姑且相信盛彦师一回！

　　盛彦师马上出发，率军越过了熊耳山，封锁了南方的道路。两边高地都埋伏好了弓箭手，剩下的士兵全部手持刀和盾牌埋伏到了山谷，盛彦师下令，等李密部队走到一半时发动攻击，往死里打，打死李密的有重赏！

　　尽管部将们毫无怨言地进入了指定位置，但他们对盛彦师依然有怀疑，"凭什么你就断定李密会走这里呢？这不就是守株待兔吗？李兔子如果不来怎么办？"

　　盛彦师看着部将，脸上露出高深莫测的表情，继而徐徐道出了自己的理由："洛阳已经没有了李密的落脚之地，眼下他能投奔的只是张善相，而要投奔张善相，这里就是必经之路！"

　　完了，李密的悲剧已经注定了，费尽心机的假动作早已被盛彦师识破，等待李密的则是盛彦师布下的口袋阵！

　　没过多久，那只叫李密的兔子出现了，他如约地翻过熊耳山，进入了盛彦师的口袋阵。一生经历大风大浪的他不会想到，这个看起来普普通通的山谷，竟然就是他辉煌一生的终点。

　　李密的部队刚过了一半，盛彦师的伏兵四起，将李密的部队分割成两部分，令其首尾不能相救，然后两个包围圈越围越紧，包围半径越来越小，直到包围的半径变成了零。

　　出人意料的是，盛彦师根本没有要活口，他干净利落地斩杀了李密和王伯当，让王伯当实现了跟李密死在一起的誓言，也让李密明白了两个成语，一是"虎落平阳"，一是"死不瞑目"。

更加出人意料的是，当李密和王伯当的人头被送到长安时，"大哥"李渊却是大喜过望，看着"兄弟"李密的遗像居然笑出了声。

这场二李的博弈，李皇帝轻松获胜，李盟主一败涂地，虽然说五百年前是一家，然而皇权面前哪有兄弟，更何况李密是那种原本八百竿子打不到的兄弟。

李盟主惨败，李皇帝兴奋，而熊州行军总管盛彦师也踩着李密的脑袋升了官。李渊兴奋之余重赏了盛彦师，然后又来了一句金口玉言："从今以后，你就是葛国公了！"

靡不有初，鲜克有终，公元 617 年成为盟主的李密一定不会想到这样的结局，他猜中了故事的开头，却没有猜中故事的结尾。

三十七岁的人生路不长，李密却经历过人生的大起和大落、大喜和大悲，辉煌时他当过盟主甚至一度接近太尉，落寞时他当过老师啃过树皮甚至被别人当过疯子。他的悲剧是读书人悲剧的一个缩影，也是知行不一的结局。

天下之事，李密了然于心，天下之事，李密拙于应对。李密想到的事情却做不到，李渊想到的事情却能够做到，一个是知行不一，一个是知行合一，于是注定了他们的人生结局，一个大起大落身首异处，一个平平淡淡却是开国之君。

人的一生，有想到，有得到，而想到和得到之间还有关键的两个字：做到！

第十八章 天下乱战

西 征 薛 举

李密的人生谢幕了，唐初的乱战却刚刚开始。

此时有资格跟李渊叫板的还有两个人，一个是卷毛将军王世充，一个是豪侠之士窦建德。这两个人因此也成为李渊最挂念的人，曾经显赫一时的宇文化及则被李渊遗忘在角落里。

事实上，在清除李密之前，李渊已经开始了打扫全国战场的脚步，他首先清扫的是他的邻居：薛举、薛仁杲父子。因为这对父子距离大兴太近了，可以说就在大兴的肘腋之下。

同其他起事的首领一样，薛举也是趁着隋末的乱局起事发家的。

薛举当时住在金城郡（今甘肃省兰州市），家庭富有，为人仗义，骁勇过人，一呼百应，被当时的人称为西部英雄，后来经过民间的推举加上领导信任，薛举当上了禁军征兵府的指挥官。当时陇山以西民变四起，金城县令郝瑗按照上级的要求招募兵马进行剿匪，结果兵马好召，统帅难找，在一堆矬子里挑了半天，最后发现还是薛举合适，得，就是他了。

按说领导如此信任，薛举应该知恩图报才是，然而薛举想的跟郝瑗不一样，在他看来，剿匪剿来剿去也只是给别人做嫁衣，既然都是做嫁衣，为什么不能为自己做一件呢？

公元 617 年四月三日，金城县令郝瑗举行了盛大的出征仪式，在这个仪式上他给薛举的队伍发了铠甲，又发了兵器，然后大摆宴席，犒赏将士。本来一切进行得很顺利，没想到薛举闹出了幺蛾子。

就在这个庄严盛大的仪式上，薛举率领自己的儿子薛仁杲反了！

薛举一伙十三个人一边喝酒，一边劫持了县令郝瑗，然后宣布背叛隋政府："抱歉，兄弟我起义了！"

薛举这一闹，一切都乱了套，本来是为国出征，现在却成了宣布背叛，两者的差距实在太大了，让郝瑗等人一时转不过弯。

世上的事从来都是要么不做，要么做绝，薛举也深信这一点。

薛举马上逮捕了郡县官员，打开了政府粮仓，让附近的百姓张开嘴放开肚皮开吃，然后自己一鼓作气称了"西秦霸王"，跟西楚霸王就差一个字。封完自己的王，薛举又把两个儿子封成了公，长子薛仁杲为齐公，幼子薛仁越为晋公，西秦政权这就算起了炉灶，在隋末的蛋糕上标上了自己的记号。

没过多久，附近的起义军首领宗罗睺、羌族部落酋长钟利俗率领各自的人马投奔了薛举，薛举的蛋糕已经悄悄做大了。

蛋糕大了，帽子也得跟着加大，此时的薛举已经对西秦霸王这个头衔不感冒了，要当就得当最大的，就当皇帝吧，从今之后我就是秦帝，跟秦始皇是一个级别。

不过实事求是地讲，薛举这个皇帝的地盘挺寒酸的，势力范围也就是陇山以西的金城郡、天水郡、临洮郡、浇河郡、陇西郡，原本还打下了枹罕郡，可没过多久就被邻居李轨给抢走了，所以算来算去，薛皇帝手里只有五个郡。手里只有五个郡也敢称帝，见了秦始皇好意思跟人家打招呼吗？

尽管国土小了一点，但狗不嫌家贫，皇帝也不能嫌国小，薛举因陋就简，五个郡也能当出皇帝的感觉。不过他的好感觉没有延续多久，因为他很快遇到了对手，这个对手就是李世民。

此时的薛举手下，乱七八糟的人马已经达到了三十万，有三十万人马自然应该做点大事了。他把目标设定为大兴，只有占领那里他才能成为真正的皇帝。然而计划永远没有变化快，正当薛举准备出兵大兴时，手下的人传来了快报：大兴已经没有指望了，一只叫李渊的喜鹊已经飞上了大兴的枝头！

啊，闹了半天，有这么多人抢大兴呢？

那就退一步，李渊抢大兴，我抢扶风郡总可以了吧！

然而这只是薛举自己的想法，扶风郡与大兴唇齿相依，是大兴的门户，谁能眼睁睁看着自己家的大门被砸还无动于衷呢？盘踞大兴的李渊更不能！

李渊一声令下，最能打的李世民出动了。李世民这个人要么不动手，要么就往死里打，结果他一动手，就一直把薛举的皇太子薛仁杲从扶风郡打到了陇山以西，再往前就是一脚踏破薛举的首都天水郡。

要说没做过皇帝的人终究是心里没底，草头皇帝薛举心里也没有底气，因此借着朝会的机会，极其低调地向大臣们问出了这样的一句："众位爱卿啊，自古以来，有没有皇帝投降的先例呢？"（这就开始为自己找案例了）

看皇帝如此着急，态度又如此低调，一位大臣站了出来，跟皇帝对上了话，这个大臣的名字叫褚亮，这个人在历史上名气不大，他儿子的名气比他大得多，他的儿子就是唐太宗的托孤重臣褚遂良。

褚亮看着薛举的眼睛，开始了自己的忽悠："皇上，这个当然有先例。西汉的时候有赵佗，西晋的时候有刘禅，近代还有萧琮，这些人投降之后小日子过得都不错，子孙后代尽享荣华富贵呢！"

听着褚亮的话，薛举禁不住点了一下头。这一点头，旁边的卫尉卿郝瑗看不过去了，噌地一下也站了出来："陛下不应该问这样的话，褚亮的话也太不靠谱。当年刘邦也经常失败，满地找牙，刘备甚至都保护不了老婆孩子，可他们最后都成功了。陛下怎么能因为一次失利，就做亡国的打算呢？"

看着一本正经的郝瑗，薛举也意识到自己失态了，自我掩饰地尴尬一笑："我也不过是随便问问，试探一下你们的态度！"

说到底，这场朝会薛举是没有底的，只不过听了郝瑗的话又鼓起了勇气，都是当皇帝，凭什么姓薛的就该怕姓李的呢？

既然已经不再惧怕李渊，薛举把目标再次锁定在大兴，不过这一次他不准备单打独斗，而是计划来一个大联合，用三方势力合击李渊。

都是哪三方呢？盘踞天水的薛举，盘踞朔方的梁师都，以及东突厥汗国，三打一，又是三英战吕布的局面。吕布都招架不住，老太太李渊能招架得住吗？

薛举联系的东突厥汗国其实是东突厥汗国的一部分，这一部分首领是启民可汗的儿子阿史那咄苾，当时这位阿史那先生在五原郡以北设立北大营，与始毕可汗保持着松散的联系，基本处于准自治状态。接到薛举的建议后，阿史那咄苾起了贪心。

尽管三方的密谈进行得神不知鬼不觉，可还是让李渊知道了。

得知消息的李渊并不慌乱，因为他有一个解决问题的法宝，那就是钱。东突厥人其实对国土没有概念，他们要的就是钱。在他们那里，只要有钱就能解决问题，而在李渊那里，只要钱能解决的问题，那就不是问题。

李渊的使节带着重金拜会了阿史那咄苾，把重礼往阿史那咄苾面前一放，什么问题都解决了。要说李渊这个使节真能忽悠，不仅忽悠了阿史那咄苾保持中立，还忽悠阿史那咄苾把占领的五原郡还给了李渊，一份礼办成了两件事，太有才了！

有了李渊厚礼的打动，阿史那咄苾的脸立刻发生了化学反应，明确拒绝薛举、梁师都的使节入境，如有入境，格杀勿论。

一份重礼，扭转乾坤，计划中的三打一瞬间变成了二打一，再往后，梁师都估量了一下也退出了联盟，这样三方联盟就剩下薛举，所有的问题都自己扛。

实事求是地说，薛举这根骨头尽管小，却很硬，也是根难啃的骨头。

公元618年六月十日，李渊任命最能打的李世民担任统帅，率领八个行军总管的部队再攻薛举，力争一次打死，省得再打。

然而这一次对于李世民来说，却是一场彻头彻尾的败仗，不仅没打死薛举，自己的得力干将还被打死了好几个。

这场仗是在陕西浅水原开打的，临阵指挥的是刘文静和殷开山，统帅李世民因为身患疟疾没能亲上前线指导工作（吕思勉先生说，这可能是为李世民推卸责任的借口）。

薛举的队伍来势汹汹，原本李世民安排全军坚守不出，以守为攻，刘文静和殷开山却不同意，再加上李世民疟疾缠身，实际指挥权就交给了主战的刘文静和殷开山。

当时敌我实力对比，唐军要明显强于薛举的军队，这就让刘文静有了冲动的筹码，本着为领导分忧的思路，刘文静和殷开山列阵出战薛举，威风八面。然而熟读兵书的刘文静这一次大意了，他光顾着展示军威，却忘了保护自己的后路，这一忘可就要了很多人的命。

公元 618 年七月九日，薛举的秦军给刘文静和殷开山上了一堂军事战术课，这场课的内容很简单，主题就是前后夹击，但代价很高，八个行军总管的部队同时溃败，士兵战死率百分之五十，高级将领慕容罗睺、李安远全部死于乱军之中。

这一仗，唐军大败，李世民灰头土脸地回到大兴，薛举进入高墌城，收集唐军尸骨垒成高台，这个高台是薛举战功的炫耀，也是对大唐王朝的讽刺。

这一仗之后，刘文静和殷开山被开除官职，以白丁身份跟着李世民效力，待遇还不如一个小兵。不过刘文静被开除官职，也有可能是替李世民背黑锅，毕竟他要维持李世民常胜将军的美誉，正所谓，"常胜你去，背黑锅我来"。

浅水原一战打出了薛举的信心，原来李渊的部队也不过如此。卫尉卿郝瑗向薛举建议，索性乘胜追击唐军，包围大兴，就在大兴城下与李渊那只喜鹊掰一掰手腕。

然而这场掰手腕大赛终究没能上演，几天之后，薛举病了，又过了几天，掰手腕计划彻底没戏了，因为薛举掰不了，一个死人怎么掰手腕呢？

公元 618 年八月初薛举患病，八月九日薛举病死，从公元 617 年四月起事，到 618 年病死，时间只有短短的一年零四个月，看来起义这件事风险还是蛮大的。

薛举病死，皇太子薛仁杲继位为二任秦帝，小薛皇帝跟老薛皇帝相比，凶狠有余，智商不足，群众关系更是一塌糊涂。

薛仁杲这个人凶狠是出了名的，为人性情贪婪，残忍好杀，在他面前，人不是人，俘虏更不是人，连动物都不如。他虐待俘虏有一套完整的程序，先把人悬挂在火上，一面烤，一面砍四肢，一面还慢慢地割肉，然后和蔼地对身边的士兵说："赏你的，吃了吧！"

至于他逼迫富人交钱的手段，那更绝，把所有的富人聚集到一起，第一个动作，头朝下，拿大顶，自己拿不了大顶的，没关系，用绳子给你作辅助。

富人们拿着大顶，薛仁杲一边解释，请大家来没别的意思，就是请大家吃点醋。拿大顶的富人总算松了一口气，闹了半天也就是吃点醋啊。紧接着富人们又开始哭爹喊娘，死也不吃那醋了，原来他们把问题想简单了，人家薛仁杲是请他们吃醋，不过是用鼻子吃，吐出来不算！

一顿醋灌下来，所有的富人都趴下了，眼巴巴地看着薛仁杲，忙不迭地求

饶："薛爷，别绕弯子了，要钱您说个数吧！"

对于薛仁杲这个儿子，老皇帝薛举还是经常教育的，只可惜收效基本为零，只能叹口气："你呀，才干足以成就大事，对人却苛刻残暴，终有一天你会毁了我建立的帝国和薛氏满门！"

知子莫若父，此言不虚啊！

在薛举的身后，薛仁杲按照父亲预言的轨迹出发，既展示了自己的才能，又展示了自己的残暴，然后一头扎进了自己挖好的坟墓。

公元618年八月十七日，李渊再次任命李世民为西征元帅，目标是小薛皇帝薛仁杲，这一次李世民卷土重来，他要洗刷自己的耻辱，同时期待洗刷耻辱的还有白丁刘文静和殷开山。

在李世民到达前线之前，薛仁杲还是耍了一番威风，事实证明，这个人其实很有军事才能。

九月十二日，唐朝秦州军区总管窦轨攻打薛仁杲失败，全军败退，这下就苦了镇守泾州的征兵府司令刘感。那个年月城里的储备粮一般都没有多少，薛仁杲一围城，泾州就断了粮。一无所有的刘感没有办法，只能杀了自己的马分给大家充饥，而他自己就捡点马骨头煮点汤，然后拌点碎木屑下了肚。

在刘感的艰难维持下，泾州总算守了下来，等来了长平王李叔良的部队。按说即使李叔良参战，薛仁杲也未必不敌，然而这时薛仁杲对外宣称："粮食吃没了，撤军！"

粮食吃没了还昭告天下，这不是饿缺氧了就是阴谋诡计。李叔良以为薛仁杲是饿缺氧了，没想到是薛仁杲的阴谋诡计。

九月十三日，薛仁杲就让人向李叔良诈降，声称高墌城的秦军都撤了，赶紧派人去接收吧！

不知是计的李叔良派刘感前去接收，没想到这一派就把刘感派到了鬼门关。

刘感到了高墌城下，按照接应的暗号上去敲门，城上的人出来回应说，门锁了，你们翻城进来吧。刘感一合计，翻城太慢，谁说开门一定要用钥匙呢，火也可以当钥匙。

令刘感没有想到的是，手下的士兵刚点上火，城上的人就用水浇灭了，这一浇也浇醒了刘感，坏了，又是圈套。

刘感再看时，城上已经燃起了三柱烽火，坏了，有埋伏，快跑，不跑就来不及了！

终究还是来不及了，刘感的部队没跑多远就被薛仁杲团团围住。这部分唐军又成了薛仁杲的磨刀石，不过薛仁杲留下了刘感，他要用这个人去打开泾州的城门。

然而薛仁杲还是想错了，他以为刘感是一把开启泾州的钥匙，却没有想到刘感用自己最后的勇气为泾州加了一把锁，而这把锁胜过了千把万把。

薛仁杲押着刘感到了泾州的城下，命令刘感告诉守军："援军来不了了，大家赶紧投降吧！"刘感答应得很痛快，没想到到了泾州城下，喊出来的话却变了味。

在泾州城下，刘感用最大的力气向城上高喊："秦王率数十万大军已经从四面八方赶来，大家不要担忧，只管坚守到底！"

喊完这句话，刘感解脱了，在他看来，他的任务已经完成了，能在生命的最后时刻为泾州城出一份力，死又何惧！

薛仁杲疯了，他没想到有人的骨头会硬到这个程度，不是想死吗，薛某成全你！

刘感被绑在泾州城下，土埋到了他的膝盖。薛仁杲亲自骑马来回对着刘感射箭，薛仁杲的箭不停，刘感的骂声不停，渐渐地刘感没有了声音，然而他把信心留给了泾州城。

无论什么时候，信心比黄金更重要。

几乎与此同时，李世民率军抵达了高墌城，这里将是他与薛仁杲的决战之地。

这一次李世民的战术很简单，一点含金量都没有，总结起来只有一个字："拖"。

无论薛仁杲的部队怎么叫板，李世民就是不出战，反正大营内的粮食有的是，拖几个月一点问题没有。

李世民没有粮食问题，可薛仁杲顶不住了，他的粮食储备根本没有那么多，再加上李世民把高墌城与外界的联系切断，外面的粮食运不进来，里面的粮食又长不出来。六十余天之后，薛仁杲的部队断粮了。

比断粮更可怕的是，薛仁杲的部属也跟他不一条心了，当初当皇太子时，薛仁杲跟大将们的关系就很僵，现在当了皇帝不仅关系没有好转，反而更僵了。这时忠诚于老薛家的卫尉卿郝瑗又因为过度思念老薛皇帝哭坏了身体，一命也归了西，剩下的所有问题都只能薛仁杲自己一个人扛了。

手中有粮，心中不慌，手中无粮，一天就慌，这时，断粮的薛仁杲部队有人开始向李世民投降，李世民知道复仇的时间到了！

不过这次复仇还是很有层次感，李世民先派出行军总管梁实驻军浅水原，任务很简单：挨打，务必做到打不还手、骂不还口，关起营门当缩头乌龟就行，只要没被打死就接着挨打。

碰上这样的便宜，薛仁杲的部将宗罗睺自然不能客气，连续几天对着梁实的大营大打出手，可无论怎么打，梁实就是不出来。

就在宗罗睺疑惑时，李世民又出了一张牌，右武候大将军庞玉，他的任务是列阵浅水原，既要挨打也要打人。

要说庞玉这个活也很苦，李世民给他的兵不多，而宗罗睺又集中兵力向他开打，这一顿打让他终生难忘。就在庞玉快支撑不住的时候，李世民从浅水原北突然出现，冲击宗罗睺的部队，形势急转直下，而李世民率领数十名骑兵冲在了最前面，他就是一面旗帜，引领着唐军的复仇之战。

这一战很快有了眉目，宗罗睺的部队崩溃，被杀数千人，残余部队向高墌城里撤，显然他们想尽快退出这场战斗。

然而战争一旦开始，就成了双方的游戏，宗罗睺想退出，李世民根本不答应，集结两千骑兵，目标是高墌城！

不带步兵，没有攻城工具，李世民疯了？

秦州行军总管、李世民的舅舅窦轨死命地拉住了战马的缰绳，他不能让这个外甥去送死，否则没法跟姐夫交代。

李世民倒是一脸的坦然："此时已成破竹之势，只要追击，一切迎刃可解，舅父不必多说！"

高墌城，薛仁杲城下列阵，李世民在泾水旁扎营，两军相对，比的是士气，比的是信心。

正如李世民所料，薛仁杲的部队信心已经崩盘，此时的薛仁杲就是一头看起来吓人的纸老虎，只要吹几口气，这只纸老虎就会散架。

薛仁杲手下的勇将浑干等人率先吹出了第一口气，他们也不顾薛仁杲的面子，就在阵前上演了投降李世民的真人秀。见过气人的，没见过这么气人的。

薛仁杲没有办法，一盘算还是先回城坚守吧，隔着一道城墙，至少投降的人没有那么多。

然而这一退，薛仁杲就注定了老薛家的败局。当夜，李世民的后续部队源源不断地赶到，李世民一挥手，围起来，让薛仁杲知道围城的滋味。

这一夜，城外的人想进去，城里的人拼了命地想出来，薛仁杲的算盘打错了。城墙尽管可以挡住投降士兵的身体，却挡不住投降士兵的心。

城门关了，从城门出城的路断了，很快城墙就成了投降士兵的路，守城的士兵源源不断地顺着城墙溜下来，然后一溜小跑投了唐军。这一夜，高墌城成了被水泡过的蚂蚁窝，逃命的蚂蚁源源不断地跑到了唐军的大营，而蚁王薛仁杲除了一声叹息，再无办法。

十一月八日，小薛皇帝薛仁杲出城投降李世民，老薛皇帝想到没有做到的事情，他的儿子替他做到了，然而等待投降皇帝的结局没有褚亮说的那么美妙，薛仁杲没有等来父亲生前期待的荣华富贵，等来的却是刀斧手的一刀。薛仁杲终于验证了父亲薛举的预言，真是知子莫若父！

与薛仁杲的悲惨收场不同，忽悠薛举的褚亮却迎来了人生的重大转机，对褚亮闻名已久的李世民在投降的人群中到处寻找褚亮，最后在人堆里找到了看起来并不起眼的褚亮，从此褚亮受到李世民的礼遇，当上了秦王府的王府文学，由此也引出了日后的褚遂良。在太宗的晚年，褚遂良能得到信任担当托孤重臣，其实这段君臣际遇从父亲褚亮就开始了。

起义对于薛举父子来说是一场悲剧，对于褚亮这些读书人来说却是机遇。那些遍地都是的山寨，其实是读书人从茅庐走向庙堂的桥梁，有些人走通了，比如褚亮、魏征、岑文本，有些人却走断了，比如李密。

值得一提的是，在如何处理薛举残余势力的问题上，李世民和时任光禄勋的李密发生了分歧，李密主张一网打尽，李世民却主张网开一面，只诛领头！事实证明，李世民的主张是正确的，李密则犯了矛盾扩大化的原则。毕竟参与起义的人大多数是良民，只要招降得体，世上就没有乱民，隋炀帝杨广如果学到李世民的这一点，隋末农民起义的火焰绝不会蔓延到救无可救！

西征薛举大获成功，李世民也拉开了他平叛天下的大幕，从此李世民也在

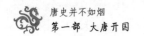

路上，同隋炀帝杨广不同，杨广巡游天下，李世民平叛天下。

然而，在李世民平叛天下的同时，太子、秦王、齐王的兄弟之争也在不经意中酝酿；在李世民为李唐天下洗牌的同时，兄弟三人也在酝酿着兄弟三人的洗牌。

宇文化及的末路

在李世民西征薛举父子的同时，宇文化及也在为自己的命运作最后的挣扎，事实证明，他的智商只适合当一个跟班，让他独当一面确实勉为其难。

自从与李密恶战之后，宇文化及的势力就日趋单薄，别人起事后人马都是越聚越多，唯独他的人马越来越少，这还不算，宇文化及还得预防各种暗杀。

宇文化及的人马艰难抵达魏县（今河北省大名县西南）后，一起针对他的暗杀又在悄然酝酿，这一次酝酿暗杀的竟然是宇文化及的熟人——医正张恺等人。

说起来，张恺这个人也算是宇文化及的有功之臣，当年在骁果卫中散布小道消息的有他，向宇文化及报告司马德戡叛变的还有他，但现在张恺居然也举起了刀，刀锋直指宇文化及，这又是为什么呢？其实原因很简单，说穿了就是分赃不均，张恺没有从宇文化及那里得到应有的好处，因此就起了杀机。

不过话说回来，宇文化及的群众关系还是不错的，这次暗杀计划又被群众举报给了宇文化及，这样张恺的暗杀又变成了明杀。

既然张恺不仁，那就不能怪宇文化及不义了。宇文化及毫不犹豫地做掉了张恺，至此江都政变的心腹杀得差不多了，司马德戡、赵行枢、张恺，这些都是当初的功臣，现在都因为暗杀宇文化及被做掉了。

亲信心腹越来越少，士兵也越来越少，原本底气十足的宇文化及渐渐没有了底气，以他的智商也不能想出更好的办法，除了不断地叹气，就是不断地叹气。

叹气之余，只有喝酒，然后酒入愁肠化作感伤泪。每次喝醉，宇文化及就会埋怨弟弟宇文智及："都是你出的馊主意，害死我了，你知道吗？"此时宇文智及也喝醉了，板着舌头跟宇文化及叫骂："当初春风得意的时候怎么不怪我啊，现在又怪我！你把我杀了自己投降窦建德算了！"

喝归喝，骂归骂，醉过骂过之后什么问题都解决不了，第二天醒来又是苦闷的一天。

苦闷的日子持续了一段时间，宇文化及终于受不了了，他再也不能这样过，再也不能这样活，是男人就应该对自己狠一点。

宇文化及要做什么呢？其实就是做一件小事：称帝！

醉过痛过的宇文化及不甘心一辈子碌碌无为，也不甘心浪费青春，他更不想在回首往事时因为蹉跎岁月而感到后悔，人终有一死，凭什么自己就没有当皇帝的一天呢？

痛下决心之后，宇文化及毒死了秦王杨浩，亲手注销了这枚橡皮图章，然后自己在魏县登基称帝，国号许（宇文化及在隋朝被封为许公），改年号天寿（多么美好的愿望），随后全军开赴聊城。

尽管宇文化及的年号为天寿，然而天寿对于他而言就是一种奢望。

别人是为了一统天下而称帝，宇文化及是为了称帝而称帝，其称帝的仓促程度直逼清朝的平西王吴三桂，而巧合的是，他们的结局也有惊人的相似，吴三桂称帝后不久病死，宇文化及称帝后不久被斩首。两个草头皇帝，时代不同，殊途同归！

把宇文化及送上断头台的不是别人，正是一个老朋友：窦建德。

窦建德，王世充，李密，这三个人是隋末唐初最有希望与李渊争夺天下的人，而这三个人中以窦建德为甚。王世充尽管左右洛阳朝政，但政令出不了洛阳，顶多就是洛阳的窝里横，李密自从与宇文化及死磕之后损失惨重，自作聪明地投奔李渊更是自投罗网，到头来身首异处。总结下来，这三个人的排名应该是这样的，窦建德第一，王世充第二，李密第三。

说起来，窦建德的起义资历还是很老的，早在公元611年也就是大业七年时，窦建德就起义了。到公元617年正月五日，窦建德建都乐寿，号金城宫，备百官，准开皇故事。这一年冬至，举行朝会，有五只大鸟聚集其宫，群鸟从之。同时有宗城人献玄圭，景城丞孔德绍曰："以前上天是把这个祥瑞送给大禹的，现在授给了我们，不如国号就叫夏吧。"（昔天以是授禹，今瑞与之侔，国宜称夏。）

自此窦建德改元五凤，隋末瓜分天下的蛋糕上也正式有了夏王窦建德的

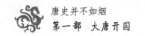

记号。

不知道是称王之后素质有了提高，还是别的什么原因，从这一年开始，窦建德已经不是一般的起义军首领了，而是逐渐显示出争霸天下的气质，在以刀锋争天下的同时，也学会了关键的一招："以德服人。"

窦建德率先使用"以德服人"是在河间郡，在这里，窦建德曾经围攻了一年有余，愣是没攻下来。

这时皇帝杨广的死讯传到了河间郡，河间郡丞王琮率领官民祭祀追悼，城上的士兵放声痛哭，这一哭就惊动了窦建德。

一年来窦建德用了无数的办法都无法攻克王琮把守的河间郡，现在王琮的放声大哭却给了窦建德灵感，他用自己有限的知识想起了一句话，"攻城为下，攻心为上"，死去的杨广将是窦建德打开河间郡的黄金钥匙。

在王琮痛苦不已的时候，手下前来报告，窦建德派使节送来奠仪向皇帝杨广致哀，这个看似平常的致哀却准确击中了王琮心中最柔软的地方。

杨广已经驾崩，表达忠诚已没有了对象，天下之大，有德者居之，现在来看，窦建德就是那个可以依靠的有德者。

下定决心，王琮向使节表示，愿意举河间郡投降，这句话窦建德等了一年，现在终于等到了。

王琮出降，窦建德全军后撤三十里，大礼相迎，两人还一起谈论了隋朝衰亡。说到伤心处，王琮痛哭失声，窦建德也在一旁陪着哭泣，这一场哭打动了王琮，也打动了河间郡，看来以德服人，古人不欺窦建德。

然而尽管窦建德主张以德服人，手下的将领却对王琮恨之入骨，恨不得杀之而后快，因为正是这个人一年多来给他们造成了巨大的损失。

面对将领们的请求，窦建德说出了自己的想法："我正想以王琮树立侍奉君王的榜样，怎么可能在这个时候诛杀忠良呢？"窦建德当即下令，改河间郡为瀛州，王琮出任瀛州州长，"先前与王琮有仇而胆敢轻举妄动者，屠灭三族"。

自此，黄河以北各郡县纷纷投降窦建德，窦建德以前想都不敢想的事情几乎在一夜之间实现，总结起来只有八个字：以德服人，民心可用。

列宁说，历史总是喜欢跟人开玩笑。明明要进一个房间，最后却进了另外一个房间。现在聊城就是历史跟人开玩笑的房间。

现在在聊城这个房间内外聚集了四拨势力，宇文化及，雇佣军王薄，唐淮安王李神通，夏王窦建德。

聊城是如何成为历史开玩笑的房间呢？起因还是宇文化及。

自称许帝的宇文化及尽管在魏县登基，可是总觉得魏县不是久留之地，因此全军就开拔到了聊城，然而他的一举一动都被夏王窦建德看在了眼里。

有了招降王琮的成功案例，窦建德懂得了皇帝杨广招牌的重要性，现在宇文化及就在他的眼皮底下，以为皇帝杨广报仇的名义招讨天经地义，忠心天地可表，因此聊城就成了窦建德向天下展示仁义的地方，不能不讨。

不过在窦建德之前，已经有两个朋友先他一步到了聊城，第一拨是原本据守长白山（今山东省邹平县南的长白山）的起义军首领王薄，他此时的身份是雇佣军，是宇文化及用金银珠宝雇来帮忙守城的；第二拨是李渊派出的平叛军，由淮安王李神通率领，他比王薄后到，于是他把宇文化及和王薄都包围在聊城。

总体说来，宇文化及的命很苦，被包围之后，城里的粮食没有坚持几天，很快就断粮了，宇文化及皇帝刚登基就要面临饿肚子的待遇。为了避免饿肚子，宇文化及派人给李神通捎话："别打了，我们投降！"

按照一般人的逻辑，李神通应该见好就收，省得两败俱伤不好收拾，然而李神通不是一般人，他就是不接受宇文化及的投降。

原来李神通自己藏着心眼，他惦记着聊城城里的金银财宝。在他看来，用武力攻破聊城不仅能展示唐军的军威，顺便还能搜刮一些金银财宝犒赏全军，而一旦接受宇文化及投降，财宝都要上缴归公，他李神通再去问谁要财宝呢？再说皇帝赏赐的那点总不如自己动手抢的多！因此李神通下定决心，绝不接受宇文化及的投降。

此时随军安抚副使崔民干急得抓耳挠腮，因为他比李神通更清楚目前的危局，窦建德正在日夜兼程赶赴聊城，如果一直打不下聊城，唐军必定里外受敌，后果将不堪设想。然而这些话李神通偏偏听不进去，李神通手一挥，一边待着去，关在大营里自我反省！

机会稍纵即逝，不久宇文士及从济北郡运来了粮草，宇文化及又能吃饱肚子了，于是投降的话收回，接着再打！

再打，当然符合李神通的胃口，那就再打！

李神通下令各军攻城，他本人亲自督战，这一打效果很快展现，贝州刺史赵君德已经攀上了城墙的垛口，捷足先登了。然而就在此时，出人意料的事情发生了，李神通居然鸣金收兵了！

说起来，李神通鸣金收兵的理由很上不了台面，原来他居然忌妒赵君德，生怕赵君德因此立功，索性鸣金收了兵。

赵君德没有办法，只能骂骂咧咧地跳了下来，这场仗他算是开了眼，还有生怕手下立功的主帅，这叫什么玩意！

骂已经没有意义了，此时也没有留给赵君德骂的时间，探马来报，窦建德马上就到，赵君德只能跟着李神通恨恨地撤出阵地，心里一直在想："这叫什么事呢？"

李神通走了，窦建德来了，宇文化及准备讨个好彩头，居然率军出城迎战，结果几战下来，宇文化及的队伍连战连败，没有办法，回城，接着当缩头乌龟！

然而想当缩头乌龟已经由不得宇文化及了，兵多将广的窦建德此时已经不讲兵法了，撒开士兵四面八方猛攻，没有主攻方向，每个方向都是主攻。

窦建德的势头吓傻了宇文化及，却吓活了雇佣军王薄。在王薄看来，他们只是雇佣军，谁给钱就给谁打，不过跟钱比，还是命贵！

王薄不干了，而且阵前反水，这些雇佣军打开了城门，把窦建德迎了进来。在他们看来，这不是一场仗，就是一笔买卖，而且吃定两家，一家是宇文化及，一家是窦建德，两家的钱他们都挣！

窦建德顺利地进入了聊城，以臣属之礼拜见了萧皇后，不知道经历磨难的萧皇后看见草莽英雄窦建德会做何感想。不过窦建德接下来的表现一定会赢得萧皇后的满分，他下令将宇文化及、宇文智及、宇文化及的两个儿子，以及江都政变的主力杨士览等人一并斩首，以儆效尤！

史载，宇文化及在临刑前没有其他的话，只是一直在念叨："我不辜负夏王。"

你不辜负夏王，可你辜负的人太多了！

民间有一句谚语，"多大的驴，拉多大的磨"，每个人跟驴一样，都有自己的吨位，都有自己对应的数量级，小驴拉小磨，大驴拉大磨。像宇文化及这样的小驴，原本是应该拉一盘小磨的，只可惜历史跟他开了一个玩笑，给他架上了一盘并不合适的大磨，小驴没有拉起大磨，反而被大磨压得粉身碎骨。

消灭了宇文化及，窦建德迎来了草莽政权的一次升华，如果说此前的窦建德政权是一个草台班子，那么现在的窦建德政府已经有点模样了，因为这一次接收宇文化及的家底让他得到了一批科班出身的隋朝大臣。原黄门侍郎裴矩出任夏政府左仆射，原兵部侍郎崔君肃出任夏政府侍中，其他官员依靠能力各有任用，另外窦建德发扬民主精神，实行双向选择，愿意留在夏政府的欢迎，愿意去大兴和洛阳的欢送，而且供应食物、差旅费用，派兵礼送出境。

在优待官员的同时，窦建德还将民主博爱之精神普及到骁果卫和宫女身上，一万多骁果卫就地解散，随个人意愿各奔前程，数千宫女一个不留，以自由之身就地遣散。

此时的窦建德已然看穿钱财，每次作战所得个人不取分文，平时生活简朴，居然从不吃肉，吃的只有蔬菜和糙米饭；他的妻子曹皇后，不穿绸缎，仍穿布衣，所用婢女，仅仅十余人。

那么此时窦建德看重的是什么呢？其实很简单：天下。

假使没有李世民，窦建德的功业未必不成；假使没有窦建德，李世民或许也会寂寞。只可惜既生窦建德，又生李世民，因此唐初的天下注定不会平静！

历史舞台的大幕时而开启，时而关闭，而舞台上的主角也换了一茬又一茬，之前是杨广、李渊、李密，现在又换成李世民、窦建德、王世充，在未来的几年里，这三个人主演了唐初的大戏！

黄河清，圣人出

如果没有隋末农民起义，王世充可能还在江都郡丞的位置上奋斗；如果没有农民起义，王世充或许做梦也不会想到自己有一天会官至太尉。

公元 618 年十月十二日，死磕李密的王世充发了一把洋财，这把洋财是李密给他留下的，李密惨败后留下了美女，留下了珠宝，还有十几万士兵，名将裴仁基、裴行俨、罗士信、秦叔宝、程知节都在这十几万的队伍中，他们一起被王世充打包带到了东都洛阳，而这些人也是王世充争夺天下的资本。

此时的洛阳早已不是七贵的天下，而是王世充一贵独大，皇帝杨侗其实就

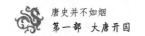

是王世充的橡皮图章，尽管还维持着所谓的皇帝尊严。

三天后，杨侗下令，任命王世充为太尉、尚书令，总督内外诸军事，任命文武百官，全凭王世充看着办！

至此王世充完全掌控洛阳朝政，无论事情大小，全由王世充的太尉府裁决。为了更好地架空中央政府，王世充又使出了一招，这一招很简单，也很管用，那就是把重要的政府官员全都任命为太尉府官员，这样重要官员都到太尉府上班就可以了。中央政府其他机关就陪着太尉读读书、看看报，当个顾问，装个门面，反正大事小事太尉府全包了，剩下的机关就当国有企业养着吧！

说起来，王世充的太尉府还是有些新气象的，一上任，王世充就在太尉府前立了三个牌子，分别征召三种人，第一个牌子征求有知识见解能够担当重大责任的人，第二个牌子征求有勇气智谋、能够冲锋陷阵的人，第三个牌子征求身受冤枉而又无处申冤的人。

三个牌子一出，洛阳躁动，这就是三声求才集结号，由此看来王太尉是个爱才的人！

一时间拜会王太尉的人络绎不绝，每天都有好几百人。令这些人感动的是，王太尉还放下身段亲自接见，跟每个人一一面谈，每个人的意见都得到了尊重，而王太尉经常说的一句话就是："好！好！好！你的意见非常重要！我本人表示非常感谢！"

所有受到王太尉接见的人都非常激动，也非常感动，激动和感动过后就是回家等待消息，结果一等就是遥遥无期，等到最后，大家一致得出结论："又被王太尉给耍了！"

被王太尉耍的其实不只这些人才，还有洛阳朝廷里的高官和普通士卒。王世充这个人郡丞出身，说白了就是一个办公室主任的材料，最大的优点就是嘴甜，最大的弱点就是嘴太甜，甚至对最普通的士卒都甜言蜜语、好言劝慰，一时间群众关系好得不得了。不过到最后，大家发现了一个实质问题：王太尉嘴是甜，可从来不赏赐东西，甚至连基本工资都保证不了，合着是把甜言蜜语当工资发给大家了！遇上这样的领导，不能说是倒霉，那得说是相当倒霉！

控制了洛阳朝政，王世充并没有满足，在他的心中，一件大事正在酝酿。

去年诛杀元文都等人时，王世充还忐忑不安，所以对皇帝杨侗毕恭毕敬，为了表白自己还散开头发对天发誓。这还不算完，王世充还把秀作到了杨侗的生母刘良娣面前，到了刘良娣面前，扑通一声就跪了下来，虔诚地大叫一声："妈！"刘良娣看着眼前这个送上门的与自己岁数几乎相当的儿子，有点哭笑不得，没办法，现在刀把在人家手上，这个妈不当也得当啊！

然而世界上从来没有无缘无故的爱，也没有无缘无故的恨，王世充与杨家这段满拧的亲情没有延续多久就淡漠了，事情的起因是一次宫廷宴会。

这次宫廷宴会原本很简单，然而王世充把它搞复杂了，参加宴会的其他人回家之后什么事都没有，偏偏王世充出了问题，他回家呕吐了！

按说呕吐现象其实很常见，人这一辈子谁还不呕吐几次呢？王世充这次呕吐可不一般，他一呕吐就怀疑自己中了毒！这一怀疑不要紧，这一怀疑就引发了王世充的连环呕吐，直到吐得身体快空了，吐无可吐。

这次呕吐加重了王世充的疑心，他怀疑杨侗派人给他下了毒，这下蜜月就无法继续下去了，干儿子也没法再当了。从此之后，王太尉不再朝见，所有国事就在太尉府一条龙解决了！

被怀疑下毒的杨侗没有办法，无论他怎么解释，他的干哥哥王世充也不会信他，怎么办呢？靠天靠不住，靠地靠不住，靠祖父，祖父早就入了土，想来想去，只有一条路，求佛吧！

按照杨侗的想法，他想从洛阳宫里弄些绫罗绸缎，用这些绸缎制造大批的幡花，然后取出一些贵重首饰和古董玩物，让和尚们施舍给穷困百姓，通过这两种方式向上天祈福。

然而杨侗的求佛想法还是落空了，王世充洞悉了杨侗的求佛念头，同样信佛的他绝不能让杨侗求成佛！万一佛接到了杨侗发去的短信息，那可就要了王世充的亲命，毕竟佛的眼里揉不得沙子，更揉不得王世充这样的乱臣贼子。

想阻止杨侗求佛其实很简单，封锁宫门！

封锁了全部宫门，连一只想到外面送信的苍蝇都飞不出去，更何况那些绫罗绸缎和古董玩物。这样杨侗的求佛梦想就此破灭了！

杨侗的梦想结束了，王世充的梦想却开始了，他心中的大事也提上了议事日程！

公元619年正月，王世充开始公布自己的祥瑞。人一旦到了公布自己祥瑞的地步，剩下的事情就不可阻挡了。

王世充的祥瑞都有什么呢？一句话，五花八门！

祥瑞一：有人在路上捡到了刻着王世充名字的金印。

祥瑞二：有人在民间发现了刻着王世充名字的宝剑。

祥瑞三：黄河水突然变清了！

可以肯定的是，前两个祥瑞都是造假，后一个祥瑞是自作多情，黄河水变清跟王世充有啥关系呢？尽管有"黄河清，圣人出"的说法，但那是说圣人孔子的，据说孔子出生那一年黄河水变清了，而且据称黄河五百年才清一次，难道这一次偏偏让王世充赶上了？

值得一提的是，"黄河清，圣人出"其实是中国人的一个情结，20世纪50年代修建三门峡大坝，有的人就期待通过三门峡大坝拦截黄河的泥沙，再放出的黄河水就能变清。然而五十年过去了，黄河没有清，三门峡大坝倒是淤积了大量的泥沙，而且抬高了上游的河床。

所以"黄河清，圣人出"就是一个梦，跟圣人有关，跟老百姓无关，跟王世充这样的乱臣贼子就更没关系了。

然而谎言重复一千次可能就变成了真理，已经一根筋的王世充顾不上逻辑的严密，以此昭告天下："王世充有天命了！"

同以往一样，在这个关键的时候，天文台台长（太史令）又出来忽悠了，这一忽悠，王世充彻底当真了！

太史令乐德融对王世充说，象征本地区的星象最近有了变化，太尉得顺应天意了，如果不顺应天意，咱这块的王气可能就跑光了！

星象，天意，王气，莫非我王世充真的具有天命？

看来一切都是天意！

既然是天意，那就不用跟干弟弟杨侗客气了，来吧，按程序办！

那么让谁去执行这套程序呢？棒槌段达！

段达奉王世充的命令找到了杨侗，君臣客套一番之后，段达冷不丁给杨侗提了个醒："您看，是不是该给太尉加九锡了？"

九锡？没搞错吧，王太尉要求加九锡？

杨侗看着段达这个棒槌，心中有压抑不住的愤怒："郑公王世充已经升到了太尉，到现在还不到半年的时间，而且这段时间没有再立新功，我看加九锡就等到天下太平之后再说吧！"

杨侗揣着明白装糊涂，段达却不准备陪他装下去，冷冷地挤出了几个字：

"太尉想要！"

"太尉想要"，四个字就要了杨侗的亲命，人家想要，你能不给吗？

杨侗无奈地看了一眼段达，同样冷冷地回了两个字："随你！"

有了这两个字，一切不言自明，公元619年三月十二日，段达等人宣布，奉杨侗诏书，任命王世充为相国，假黄钺，总管文武百官，封郑王，加九锡。到了这一步，王世充号篡权列车也就快到终点了，等待皇帝杨侗的将是与弟弟杨侑一样的结局：禅让皇位！

曹魏末年，司马昭之心路人皆知，现在东都洛阳，王世充之心弱智都知。为了达到更好的起哄效果，各色人等都加入起哄的行列，其中叫得最起劲的是一个道士，这个道士的名字叫桓法嗣。桓法嗣给王世充呈上了一本书，《孔子闭房记》。《孔子闭房记》里有一幅图，图上画着一个人拿着一根竿子正在赶一只羊。

人拿着竿子赶羊能有什么讲究呢？在桓法嗣的嘴里，这就成了王世充改朝换代的铁证。桓法嗣说："隋，杨姓也。干一者，王字也。王居羊后，明相国代隋为帝也。"

这纯粹就是忽悠了，因为这幅图同样适合李渊和窦建德。赶羊人拿着竿赶羊可以解释为"王"姓，也可以解释为"李"姓。李姓怎么解释呢？一个男子拿着木头杆子，这不就是"木子李"吗？那么又怎么解释成窦姓呢？也很容易，男子把羊从羊圈里赶出来卖，羊圈可以理解为羊穴，再加上一个卖字，不就是窦建德的窦吗？

说白了，所谓图谶，就是自说自话，只要你拥有最终解释权，想怎么说都行！

桓法嗣送上《孔子闭房记》后，又拿出了两本书，《庄子人间世》和《德充符》，它们大有讲究。桓法嗣释曰："上篇言'世'，下篇言'充'，此即相国名矣，明当德被人间，而应符命为天子也。"王世充大悦曰："此天命也。"随即任命桓法嗣为从四品谏议大夫。（忽悠，接着忽悠！）

桓法嗣忽悠完了，王世充觉得还不过瘾，随即命人捕捉各式各样的飞鸟。当然抓飞鸟不是为了开运动会，而是安排它们执行一项特殊任务：披着写有各种祥瑞的绸缎布条飞！

放飞这些鸟之后，王世充马上安排人去打鸟，宣布只要抓到这些有祥瑞的鸟，一律重重有赏，加官晋爵。没过多久，这些鸟就被打回来了，各种有关王世充的祥瑞也就源源不断地汇总到王世充的手上。

现在孔子知道了，庄子知道了，黄河知道了，连各种鸟都知道了，那么就到了让皇帝杨侗知道的时候。

棒槌段达和云定兴等十几人被安排执行这项特殊任务，他们的任务就是通知杨侗，该禅让了。

段达对杨侗说："天命不常，郑王功德甚盛，愿陛下揖让告禅，遵唐、虞之迹。"

杨侗怒曰："天下者，高祖之天下，若隋德未衰，此言不可发，必天命有改，亦何论于禅让？公等皆是先朝旧臣，忽有斯言，朕复当何所望！"

从杨侗的话语看，这是一个聪明的孩子，只可惜生不逢时，倘若再年长一些，或许隋室天下延续有望，只可惜上天没有给聪明孩子时间。

其实被杨侗训斥的这些人都挺没品的，无论是段达还是云定兴，这辈子吃的都是隋室的皇粮，尤其是云定兴，此人可称为三朝元老了，隋文帝杨坚时他就在朝中忽悠，甚至成为太子杨勇最得意的岳丈。杨勇倒台后他又倒向了杨广，甚至主动提议把杨勇的儿子们全杀掉。就是这样一个吃皇粮的三朝元老，现在也加入了逼杨侗禅让的行列，人可以无耻，但不能无耻到这个程度。

云定兴尽管没品，还是没有王世充没品，因为这个人已经到了撒谎不打草稿的境界，接到杨侗的回话之后，王世充也火速地给干弟弟杨侗带了回话："今海内未定，须得长君，待四方乂安，复子明辟。必若前盟，义不违负。"

这话解释起来很冠冕堂皇，甚至有些感人，"现在四海还没有平定，当帝王一定得年纪较大的人，等到四海安定之后，我一定会把国家再交回给你。一定遵守我之前的诺言，绝不违背！"

这话说得大义凛然，斩钉截铁，其实一切都是假象，骗子在发誓的时候比真话都像真的！

公元619年四月五日，隋朝最后一丝痕迹被王世充抹杀了。这一天，王世充宣称杨侗有令，将皇位禅让给郑王，自此隋室最后一根稻草沉入谷底，而最后的隋朝皇帝杨侗也在同一天被囚禁到了含凉殿。

在禅让的过程中，王世充一个人自导自演了三辞三让，左手代表杨侗下一道禅让诏书，右手代表自己写一道辞让谢表，左手再写，右手再让，左手再写，右手再让，王世充就如同一个人在打两家扑克，无论哪只手赢，最后都是王世充赢！

谁说郭靖是左右互搏的奇才，跟王世充比，郭靖的左右互搏顶多是左手打右手，人家王世充呢，那是左脑打右脑！

两天后，左脑打右脑的王世充在洛阳登基称帝（由郑王升为郑帝），改年号开明。

实际上，王世充与李渊的性质是完全一样的，都是篡权夺位，不同的是李渊最后取得成功，而王世充半途而废，最后成功的李渊成为唐朝的开国之君，而王世充成了篡权夺位的乱臣贼子。因为成功成为检验他们行为的唯一标准。

公元619年四月十日，郑帝王世充封儿子王玄应为太子，王玄恕为汉王，其余王姓皇族被封为亲王，而亡国之君杨侗被封为潞国公（侯君集后来也被李世民封为潞国公，没文化的侯君集为什么不辞了这个倒霉的封号呢），棒槌段达、无耻云定兴都获得高位，自此王世充的班子正式成立，只可惜这个班子的寿命跟兔子的尾巴一样长！

坦白地说，王世充这个人还是很有喜感的，登基之初在百忙之中也没有忘了耍宝，没有忘了搞笑。

别人当皇帝都有一个固定的办公地点，王世充却不，他在宫城以及玄武门等处都设立了自己的座位，随时有可能在各处出现，亲自接受奏章，就地办公。他自己认为这是一种亲民的态度，其实他的行为只能印证一个成语："狡兔三窟"。

光在宫内折腾还不够，有时候王世充也会轻骑游历街衢，亦不清道，百姓但避路而已，按辔徐行，谓百姓曰："昔时天子深坐九重，在下事情，无由闻彻。世充非贪宝位，本欲救时，今当如一州刺史，每事亲览，当与士庶共评朝政。恐门禁有限，虑致壅塞，今止顺天门外，置座听朝。"也就是说，王世充先生极其低调地到集市上宣扬自己的政治主张，鼓励大家直言进谏，只要是对国家有利的，王先生必定亲力亲为。

真是这样吗？别看广告，看疗效！

从此之后，王世充在西朝堂受理冤屈官司，东朝堂受理直言进谏，于是献书上事，日有数百，条疏既烦，省览难遍，数日后不复更出。也就是说，仅仅几天之后，左脑打右脑的王世充已经受不了了，索性也就不出来了，管你是冤屈还是进谏，王先生一概不受理了。

尽管称帝是每一个人的梦想，不管是男人还是女人，然而称帝这种事情并不适合所有的人，比如王世充。李渊称帝引得天下归心，而王世充称帝引得众叛亲离，说白了称帝这种体力活根本不适合王世充。

就拿主持朝会来说，王世充就非常不适合，每次主持朝会，啰啰唆唆，没有重点，朝会一开起来又没完没了，最后能把庭外的侍卫累得手脚抽筋。各单位汇报的时候，王世充一般要做点指示，然而指示了半天，又不知道他在说什么。通常王世充是这样的，眼睛看着 A 官员，脑子里想着 B 官员，嘴里说的是 C 官员的事，大家却以为他说的是 D 官员。

这样下来，官员们全都濒临崩溃，大臣苏良实在看不下去了，就给王世充提了个建议："陛下，您就直接说结论吧，别那么多话了！"

沉默了很久的王世充脸上红一道，白一道，没有就此处罚苏良，却也没有改变自己的习惯，一开口，全体官员又崩溃了："众位爱卿啊，这个事情，我们再研究研究，再探讨探讨。"

一个皇帝当办公室主任那是大材小用，一个办公室主任当皇帝那就不是小材大用了，那就是癞蛤蟆上公路——愣充迷彩小吉普了！

就在王世充愣充迷彩小吉普的同时，一场信任危机正在上演，手下的名将也在不断地流失，这些名将包括秦叔宝、程知节、罗士信、李君羡（就是那位小名叫五娘子、被李世民砍了的那位）、裴仁基、裴行俨，等等。

首先吹响分崩离析号角的不是别人，正是两位名将，秦叔宝和程知节。

这两位跟王世充接触了没几天就发现，如果说李密是个嘴子，那么王世充就是个大嘴子，李密尽管眼高手低，可是赏赐手下从不吝啬，王世充却不一样，老把甜言蜜语当银子使。这让两位名将心里很不爽，毕竟大家出来混的都是冲着银子和前程，跟着王世充既没有前程，也没有银子，那还有什么奔头呢？两个人一合计，得，咱跳槽吧，咱也投李渊。

秦叔宝和程知节投奔李渊的过程其实挺气人的，至少把王世充先生气了个半死。

当时是公元 619 年闰二月二十九日，王世充正在九曲（今河南省宜阳县南）与唐军死磕，秦叔宝和程知节率军列阵，突然两个人分别率领亲信骑兵数十人离开了阵地，向西狂奔了一百多步后下了马，回头冲着王世充叩拜：

"原本我俩也想跟着您好好效力，可惜您老听信谗言，您那里已经不是我们的托身之地了，所以我们哥俩准备跳槽了！"

说完，哥俩翻身上马，飞奔唐军阵地投降，从此进入李世民的麾下，开始了传奇的一生，而被耍的王世充只有干瞪眼的份，死活想不明白秦叔宝哥俩跳槽的原因。

说白了很简单，那就是领导艺术和魅力的问题。

盘踞洛阳的王世充未必比李渊穷多少，但是他这个人口惠而实不至。李渊在开国之初能够把隋朝国库的存货赏赐一空，王世充却抱着洛阳的国库死活不动，李渊把精神赏赐和物质鼓励两者相结合，而王世充把甜言蜜语当成银子发给了大家，于是李渊和王世充谁高谁低也就一目了然。

秦叔宝和程知节拉开跳槽的序幕之后，王世充的麾下开始人心思动，不久李君羡和征南将军田留安也率领部众打包投奔了李世民。

裴仁基和裴行俨父子的跳槽则有所不同。

裴仁基原来在隋朝长期效力，因此在王世充的草台班子里人气非常高，这就引起了王世充的猜忌。下属人气高了，领导自然就头疼，古往今来都是如此。

领导猜忌，裴仁基父子自然不爽，不过他们并不准备跟秦叔宝一样打包跳槽，他们想得更远，索性换了这个老板，拥立杨侗复位！

拥立杨侗复位光这爷儿俩还不够，本着人多力量大的原则，裴仁基又联系了尚书左丞宇文儒童一干人等，这下人多力量大了，然而人多嘴也杂了，拐弯抹角一传递，老板王世充知道了，暗杀又变成明杀。

裴仁基父子跳槽没有跳成，反而被王世充灭了三族，跟着他们倒霉的还有一个关键人物，这个人物就是聪明孩子杨侗。

在王世充看来，裴仁基等人之所以想谋反，主要是有杨侗在，如果杨侗不存在了呢？或许就没有那么多谋反了。这一年的五月，王世充的侄子王仁则奉命给杨侗赐酒，不用说，这酒自然是毒酒。

可怜孩子杨侗不相信这是真的，还天真地让王仁则再去问问王世充，是不是搞错了。王世充当然不会搞错，搞错的是杨侗。

知道自己搞错了的杨侗想再见一下生母刘太后，然而这个愿望也被否决了，此时的他只剩下一个权力，死！

摆上了香案，杨侗开始向佛祖做最后的祷告，在祷告中他真诚地乞求佛祖："从今之后，不要生在帝王之家！"说完，杨侗喝下了毒酒，毒性发作，却仍不能死，最后还是三尺白绫帮杨侗结束了生在帝王之家的痛苦。在杨侗身后，王世充将杨侗尊为恭皇帝。三个月后，杨侗的弟弟杨侑在大兴去世，死因不明，他也被尊为恭皇帝，太子杨昭一脉三子，两个恭皇帝，一个燕王杨炎，至此全死。皇帝杨广的血脉至此到了断绝的边缘，还好，有一条漏网之鱼。

这条漏网之鱼叫杨政道，他是杨广次子杨𬭳的遗腹子，江都政变时数他躲的地方安全——娘肚子里，这才算为杨广保住了最后一点血脉。窦建德攻破聊城之后，杨政道和萧皇后一起被窦建德奉养起来，公元 619 年四月，远嫁东突厥的义成公主向窦建德索要二人，窦建德不敢怠慢，将二人连同宇文化及的人头一起送到了东突厥，从此开始了杨政道长达数年的异域生活，直到贞观年间，李世民打败颉利可汗，杨政道才随着萧皇后回到长安，在日后的唐朝政坛上，杨政道的孙子杨慎矜曾经显赫一时。

左右互搏的王世充尽管送走了杨侗，依然不能留住属下"驿动"的心。

当年李密的麾下有四大猛将，分别是秦叔宝、程知节、裴行俨、罗士信，现在秦叔宝、程知节已经跳槽到了李世民麾下，裴行俨被王世充灭掉，四大猛将只剩下罗士信一根独苗。

本来罗士信在王世充的麾下待得挺好，没想到另外一个人的到来让一切就变了味，这个人是谁呢？鼓动李密"大米换绸缎"的邴元真。这个人一手拿着李密的大米，一手拿着王世充的绸缎，他自己则在中间左手倒右手，赚着差价。李密败亡的时候，邴元真就举洛口仓城投了王世充，摇身一变就成了王世充的红人。

在王世充的手下，罗士信原来很得宠，但随着邴元真的投降，罗士信的待遇就跟邴元真一样了。尽管待遇没有变，然而尊贵程度变了，原来只有罗士信一个人高高在上，现在得和邴元真并驾齐驱，这下就让罗士信非常不爽。

心中不爽的罗士信紧接着遭遇了连环打击，这个打击来源于一匹马。

罗士信有一匹骏马，谁看了谁心动，王世充的侄子赵王王道询也动心了，向罗士信索要，罗士信不给，王道询把状告到了王世充那里。侄子还是比罗士信血缘更近，因此王世充给罗士信下了一道命令："老罗，把马给我侄子吧！"

这一下彻底惹怒了罗士信，算了，咱也不干了，跳槽！

跳槽之后的罗士信受到了李渊的热烈欢迎，光绸缎就给了两万匹，所属部队粮草管够，另外任命罗士信为陕州道行军总管，这下罗士信就成了李渊招聘的活广告。此后，王世充的左龙骧将军席辩与同等级别的另外两人一起打包投奔了李渊，至此李密麾下的猛将除了单雄信外全部跑光。左右互搏的王世充尽管高接低挡，还是挡不住属下躁动的心。

其身正不令则行，其身不正虽令不行！

刘文静疑案

王世充众叛亲离，李世民如虎添翼，然而春风得意的李世民很快也遇到了麻烦，这个麻烦出在他的智囊刘文静身上。

从晋阳起兵开始，刘文静就是李世民的智囊，李世民征战自然也少不了刘文静的份。两战薛举，李世民带的都是刘文静，结果这两战都很艰苦，第一仗把刘文静打成了白丁，第二仗又把刘文静从白丁打回到户部尚书领陕东道行台左仆射。

回归官场的刘文静没有迎来官职的再度上升，迎来的却是与裴寂的死磕。

说起来刘文静与裴寂还是很有渊源的，当年他们二人感情深厚，刘文静担任晋阳令，裴寂担任晋阳宫监，两个人不止一次地发誓，要共做大事，同享富贵。然而世间最靠不住的就是发誓。

公元618年李渊登基之后，裴寂与刘文静的人生落差出现了，虽然刘文静的能力在裴寂之上，然而从李渊那里论，裴寂是核心层，刘文静顶多算边缘层，核心层的裴寂自然要比边缘层的刘文静吃香，毕竟裴寂与李渊的感情是带血的。

有了人生的落差，恃才傲物的刘文静心里有些不平衡，在他看来，晋阳起兵的主谋是他，谈判东突厥的主力还是他，就连平叛薛举的主力也还是他，那么凭刘文静的能力，为什么要屈居裴寂之下呢？

刘文静选择了同裴寂开战，从此两个人成了朝堂上的斗鸡。凡是裴斗鸡反对的就是刘斗鸡支持的，凡是裴斗鸡支持的就是刘斗鸡反对的，时间一长，朝堂之上都知道这两个当年的朋友已经变成死敌。

书生意气的刘文静把裴寂想得太简单了，虽然裴寂本人能力有限，但需要看看他的后台，他的后台是谁呢？李渊！有当今皇帝做后台，刘文静如何斗得

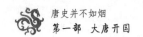

倒裴寂呢？刘文静啊刘文静，书生意气害死人！

也该刘文静有事，很快他自己把两条关键的把柄送到了裴寂的手中。

刘文静曾经与其弟、通直散骑常侍刘文起一起喝酒，一边喝酒一边发牢骚，喝到半酣时，拔刀击柱曰："必当斩裴寂耳！"

不久刘文静的家中总有奇怪的事情发生，家人居然说几次在家中看见妖怪（多半是人装的），刘文起忧心忡忡，遂召巫者于星下披发衔刀，为厌胜之法，期待通过巫师降妖除魔，度过劫难。

这两件事如果没有人告发，刘文静也会平安无事，然而刘文静流年不利，偏偏有人告发，而且告发的人就是刘文静的一个宠妾，这个宠妾把两个把柄说得有鼻子有眼！

"时文静有爱妾失宠，以两把柄告其兄，妾兄向高祖李渊告密"，这下刘文静的麻烦大了！

本着宁可信其有的目的，李渊将刘文静一家打入死牢，派裴寂和萧瑀担任主审。李渊这一招很黑，也不厚道，明知刘文静与裴寂不和，却派裴寂担任刘文静一案的主审，这等于把刘文静往死里审！

面对审判，刘文静很坦然："起义之初，忝为司马，计与长史位望略同；今寂为仆射，据甲第，臣官赏不异众人，东西征讨，家口无托，实有觖望之心。因醉或有怨言，不能自保。"

也就是说，起义之初刘文静与裴寂地位几乎平等，刘文静为司马（军政官，类似参谋长），裴寂为长史（秘书长），职务几乎平行，而建国后裴寂贵为仆射，刘文静只是勉强享受六部尚书的级别，而且有过起落，这自然让刘文静不平衡，因此酒后失言，发发牢骚。

刘文静以为此言一出，其心自明，然而没有想到，这些话在李渊看来正是刘文静谋反的证据。李渊谓群臣曰："文静此言，反明白矣。"

满朝的大臣多数不认为刘文静谋反，李纲、萧瑀更是直言刘文静不会谋反，然而他们的话李渊都没有听进去，因为李渊只听一个朋友的话，这个朋友就是裴寂！

其实刘文静与裴寂之争只是冰山一角，真正的矛盾出在李渊和李世民身上，因为裴寂的朋友是李渊，而刘文静也有一个可以交心的朋友，李世民。

老于世故的李渊不会不知道刘文静对于大唐的作用，但他更知道这个人对于大唐、对于李渊本人的反作用，因为这个人的智谋太深了！这个人能以晋阳一隅说动李渊席卷天下，如果假以重兵，后果不堪设想，现在一个不妙的苗头已经悄然出现，那就是刘文静与李世民经常裹胁在一起，如果这两个人联手，又会发生什么呢？

事情发展到这一步，刘文静已经到了生死的边缘，救人心切的李世民急切之下，彻底将刘文静推向了无底深渊。

如果此时的李世民不力挺刘文静，而是做出一副落井下石的样子，或许刘文静还有一线生机，李渊念在晋阳起兵的功绩上放刘文静一马，然而李世民恰恰相反，他力挺了刘文静。

李世民以文静义旗初起，先定非常之策，始告裴知；及平京城，任遇悬隔，止以文静为觖望，非敢谋反，极佑助之。李世民的意思是说，晋阳起兵的大计是刘文静定下的，然后才告诉裴寂，等到唐朝建国之后，两个人待遇差别比较大，刘文静有点怨气，不过仅仅是抱怨而已，绝不是谋反！

剪不断，理还乱，想救人，却把刘文静彻底推向了深渊。年轻气盛的李世民并不知道，此时父亲李渊最忌讳的就是结党，最担心的就是篡位，而李世民与刘文静偏偏有了密切交往的迹象，假以时日，后果不堪设想。

事实证明，李渊的担忧不无理由，在他执政的九年里，三个儿子斗得一塌糊涂，最终以李世民诛杀李建成和李元吉告终，而他本人在武德二年的担忧也终于变成了现实。试想，如果刘文静一直留在李世民的身边辅佐，或许李渊根本就坐不到武德九年，以刘文静的智谋和果断，玄武门之变或许将提前发生！

李渊猜忌，裴寂落井下石，李世民单方力挺，三方角力的结果将起兵功臣刘文静送上了断头台。武德二年九月六日，李渊听从朋友裴寂的劝告，诛杀刘文静、刘文起，此时距离晋阳起兵仅仅过去两年，距离大唐建国仅仅一年，距离李渊诏令特恕刘文静二死也仅仅一年！

文静临刑，抚膺叹曰："高鸟逝，良弓藏，故不虚也。"时年五十二岁。

两年前，落魄县令刘文静说动李渊直取大兴，席卷天下；一年前，李渊诏令特恕李世民、裴寂、刘文静三人两次死罪，也就是说在李渊手下，这三个人可以免死两次，相当于有三条命，然而君王心，似海深，看似一言九鼎，实际上人家始终保留着最终解释权。只要皇帝保留着最终解释权，那么免二死就只是一句空洞的广告词。

李世民怎么也不会想到，父亲会如此绝情地处死起兵功臣刘文静，直到他自己当了皇帝，他才明白原来有些事情对于皇帝而言是情非得已，与父亲处死刘文静相同，李世民也在日后处死了玄武门守将李君羡，也没有正当理由，但在他们的心中，理由同样冠冕堂皇：江山永固，社稷永存！

刘文静走了，李世民失掉了早期的智囊，倘使刘文静一直挺到贞观年间，或许房玄龄、杜如晦等人就要黯然失色很多，只可惜刘文静光芒露得太早，没有机会与盟友李世民一起开创贞观之治。

在刘文静的身后，李世民在心中暗暗发誓，总有一天，大唐欠刘文静的都要如数奉还！

武德九年六月四日，玄武门之变，李渊被逼退位为太上皇。

贞观三年，李世民借故免除裴寂所有官职，遣回蒲州（今山西省永济市）居住，后念其开国起兵有功召回长安任用，裴寂却没来得及上任，就于家中病逝，时年六十。

同一年，李世民追复刘文静官爵，以子刘树义袭封鲁国公，许尚公主。此时距离刘文静被诛杀已经过去十年。（遗憾的是，刘树义后与其兄树艺怨其父被戮，又谋反，伏诛。）

富贵总成浮云，风流总被雨打风吹去，隋末唐初，小人物刘文静布下一盘天地大棋，他以为会成为举世无双的棋手，却没有想到他始终只是一颗别人的棋子！在历史的棋盘上，其实每个人都是棋子，包括李渊，包括李世民！

该死的加盟商

尽管李渊已经登基称帝，但隋朝末年形成的乱局并不会自动消失，以大兴为中心的李渊不仅要与王世充、窦建德争夺天下，而且要腾出手来逐个拔掉薛举、李轨、萧铣、刘武周这些小钉子。

薛举因为在大兴的肘腋之下，所以很快就被李世民拔掉了。李轨的势力范围紧挨着薛举的版图，因此在拔掉薛举之后，李轨就成了不得不除的钉子，幸好解决李轨的过程非常简单，李渊派了个无间道就把李轨给劫持了，这个看起来很大的钉子轻而易举地就被拔掉。现在李渊把目光集中在了刘武周身上，因为这个人的基地马邑郡离李渊的老巢并州实在太近了，而且这个人有东突厥的背景，当年始毕可汗封他为定杨天子，也就是说始毕可汗是运营商，而刘武周就是始毕可汗的加盟商。

刘武周这个加盟商对东突厥始终装着孙子，对其他势力则装起了大爷，在他眼里，李渊算不上皇帝，跟他一样，顶多算东突厥手下的大加盟商。对于唐朝皇帝李渊，刘武周并没有放在心上，同样没有放在眼里，现在他把目标锁定在李渊起家的基地——并州！

攻打并州的主将是刘武周新招募的宋金刚，此人早年间在易州（今河北省易县）拉起了一支一万多人的队伍，后来因为救援被窦建德攻打的盟友魏刀儿遭到了窦建德一顿痛打，盟友魏刀儿被窦建德消灭，自己也只剩下四千人马仓皇逃窜，一路就往西投奔了刘武周。

这两个人倒是惺惺相惜，颇有共同语言，一见面，刘武周就封宋金刚为宋王，从今往后军事上全部委托给宋金刚，另外按照道上的规矩，见面分一半，刘武周拿出一半家产分给了宋金刚，把宋金刚感动得说不出话。

既然刘武周下了血本，宋金刚也不能含糊，他也下了血本，回到大营就跟自己的原配离了婚，回头再来找刘武周："大哥，把您妹妹嫁给我吧！"自此两个人打断骨头连着筋，已经不再是普通的联合，而是血亲联合！

在宋金刚的建议下，刘武周准备复制李渊的成功模式，计划夺取晋阳，进而席卷天下！

公元619年六月十日，定杨天子刘武周的三万大军由宋金刚率领抵达介州（今山西省介休市）城下。宋金刚没费多大周折就进入了介州，并不是守军不顽强，而是因为宋金刚遇到了一个和尚，而这个和尚的手中又有攻城利器！

这个和尚法号道澄，他手中的利器就是佛幡。

佛幡的竿一般都很长，而道澄就把佛幡作为攻城利器，他让士兵抱着幡的一头，他拿着另一头，一，二，三，走你！两人一起配合，道澄就把士兵撑到了城墙中间，然后再喊着口号，士兵脚蹬着城墙，道澄在下面用佛幡支撑。十几秒之后，士兵就借着佛幡的力踩着城墙进了城，重复几次，进城的士兵就多了，从里面再把城门打开，城也就攻下来了，所以道澄略微一总结，总会甩一下头："攻城，有时候就是这么简单！"

介州被破，李渊就无法坐视不理，马上派出左武卫大将军姜宝谊、行军总管李仲文出征，没想到这两个人很棒槌，在雀鼠谷中了埋伏，双双被俘。不过这两个人挺机灵，趁人不备又逃了出来，李渊一看，两个人战斗素养还很高，那就接着打吧，再换一拨人马，率军再征！

屡战屡败是能力问题，屡败屡战就是精神可嘉！

面对刘武周的挑衅，一向动口不动手的裴寂也坐不住了，放下仆射不当，也要当统帅了。然而事实证明，搞政治裴寂是把好手，带兵打仗裴寂只能算臭手中的臭手了，也正是这次战争，让李世民更加看不起裴寂，贞观三年，更是把裴寂骂得体无完肤！

事实上，李世民的痛骂并不是一点理由也没有，至少在并州战争期间，裴寂的烂摊子还得李世民来收拾！

裴寂率军抵达介州，本想跟宋金刚决战，没想到宋金刚根本不搭理他，把介州城门一关就让裴寂吃了闭门羹。吃了闭门羹之后，裴寂全军扎营在度索原（今山西省灵石县东），一面扎营，一面等待与宋金刚决战的机会。

然而就在裴寂算计宋金刚时，他先被宋金刚算计了，宋金刚算计的是裴寂大军的水源。

裴寂大军饮用的是山涧溪水，前几天还平安无事，没想到几天后溪水全干了，原来宋金刚在上游加了一道坝，切断了水源，想要喝水只能找宋金刚买收费的水了！

没有办法，裴寂下令全军移营，到有水的地方扎营，然而裴寂的就水计划早就在宋金刚的算计之中。裴寂大军刚动，就遭到了宋金刚的攻击，几天没有喝到水的唐军瞬间崩溃，死散殆尽，几乎不剩一人，可怜的裴寂只能一日一夜驰至晋州避难。

裴寂这一败连累了很多人，第一个受他连累的就是先前被俘过的左武卫大将军姜宝谊，这次裴寂战败，姜宝谊正好在裴寂军中，这次他又被俘了。由于上一次逃跑给宋金刚留下了深刻印象，这一次宋金刚对姜宝谊重点看管，然而姜宝谊还是想跑，宋金刚不再客气："想跑？想得美！"

咔嚓一刀，屡战屡败的姜宝谊再也没有屡败屡战的机会了！

受裴寂连累的第二个人是刚刚十八岁的李元吉，这孩子尽管贵为齐王、并州总管，事实证明他要滑头还行，打仗跟他二哥李世民差得太远！

当时刘武周率五千骑兵到达黄蛇岭，李元吉准备会一会刘武周，因此就派车骑将军张达率部进行试探攻打，不过李元吉挺损的，给张达的兵太少了。

有多少呢？步兵一百！

步兵一百打骑兵五千？用东北话说，"你耍大刀呢？"

张达自然明白一百与五千的区别，磨磨蹭蹭不肯出战，李元吉倒不跟他含糊："不出战，斩立决！"

受到死亡威胁的张达只能带着一百步兵冲进了刘武周的汪洋大海，一百步兵很快报销，张达自己也挂了彩。这次自杀式冲锋让张达对李元吉充满了愤怒，挂彩之后索性举起白旗，投降了刘武周，随即作为刘武周的向导，引兵攻陷榆次，直逼并州！

见刘武周进逼，十八岁的李元吉做出一副全军出战的样子，吩咐司马刘德威："老刘，你率领老弱病残守城，本王率军出征！"

几乎所有的人都以为李元吉会亲征，然而所有的人都被他骗了。九月十六日夜，李元吉率领亲兵卫队和妻妾一群出城门绝尘而去，目标是长安，此时的并州已经被李元吉给甩了！

李元吉刚走，刘武周大军就到了并州城下，城里的富豪们对李元吉绝望之余，一转身打开了城门，迎接刘武周进城。反正都是交税，交给姓李的还是姓刘的，其实对他们而言没有分别！

刘武周一举占领并州，盘踞太原，李渊的起兵之地如今变成了刘武周的国都，下一步他将复制李渊的成功轨迹，以并州为大本营，席卷天下！

有了并州做大本营，受裴寂连累的第三个人就产生了，这个人就是右骁卫大将军刘弘基。说起来刘弘基这个人既倒霉，又幸运，倒霉的是他经常被抓，幸运的是，每次被抓他都能全身而归！

刘弘基当年一度想跟随杨广远征辽东，当时他属于国家征集的志愿从军壮士，这种志愿从军壮士一旦被选中就有为国效力的义务，但同时有一条：国家不负责路费，想从军自行前往。刘弘基家里比较穷，没有马，不能按照指定日期到达前线，按律当斩。

不过困难难不倒刘弘基，刘弘基索性杀了头耕牛，并主动提示官员：我杀了耕牛，该抓我了！这样刘弘基就用小罪掩盖了大罪，在监狱中装疯卖傻待了一年多，后来出狱就投了李渊，这是刘弘基的第一次被抓！

刘弘基的第二次被抓是在一征薛举之战中，当时唐军惨败，刘弘基被俘，

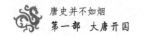

直到李世民击败薛仁杲，刘弘基才回归大唐。

刘弘基的第三次被俘就是在刘武周定都太原之后，当时刘武周派兵攻打刘弘基据守的晋州，结果晋州不经打，没过多久就被打了下来，刘弘基大将军又被俘了！不过刘弘基还是有自己的本事，趁人不备，又逃了出来，这样第三次被抓又以成功逃脱告终。如果有前世，刘弘基的前世一定是只猫！

此时山西境内，刘武周气势汹汹，裴寂只能苟延残喘，事实证明，这个人政治上是巨人，军事上是矮子。

裴寂自知无法抵御刘武周，苦思冥想想出了一个万全之策，"坚壁清野"，催促虞州、泰州两州全体百姓就地焚烧房屋粮草，然后一起进入城池里当缩头乌龟，这一下惹火了全体百姓，还让不让人活了啊？一不做，二不休，山西夏县人吕崇茂聚起民众，起兵造反，自称魏王，并跟刘武周成为了亲密盟友，裴寂率军进攻居然被吕崇茂一顿痛打，这样裴寂搞出的烂摊子再也无法收拾，只能等待老哥们李渊的救援了！

李渊一边派出表弟独孤怀恩等将领率军救援，一面与大臣们酝酿放弃河东，也就是整个山西地区，没办法，事情到了这个地步，只能清仓割肉了！

李渊准备割肉，能打的李世民却不同意，太原是唐朝大业的发祥之地，哪有丢了发祥地不去争的呢？李世民向李渊请愿，给我三万精兵，我一定恢复河东之地！

历史证明，李渊是幸运的，他有一个能打的儿子，而且在征战天下的过程中不会跟他藏心眼，反正父亲的天下迟早会是儿子的。如果没有李世民，李渊的政权可能只是一个偏居一隅的地方政权，而有了李世民，他们就一起开拓了李唐天下。

李世民出手，李渊亲自到华阴长春宫饯行，这一仗尽管规模可能不大，对于大唐却至关重要，有河东则可席卷天下，失去河东则要偏居一隅，再无发展！

为李世民饯行完毕，李渊诏令裴寂入朝，李渊数之曰："义举之始，公有翼佐之勋，官爵亦极矣。前拒武周，兵势足以破敌，致此丧败，不独愧于朕乎？"说完这席话就把裴寂关押了起来，然而没过几天又放了出来，对裴寂的恩宠比以往更甚（以之属吏，寻释之，顾待弥重）！由此可见，李渊与裴寂的感情确实是带着血的，刘文静怎么跟裴寂比呢？

云涌，风起，李世民又迎来了人生中的一场恶战，举关中精兵尽出，夺发祥之地并州，胜负不仅关乎己身，更关乎一个王朝的安危，此时的李世民并不畏惧压力，相反他在期待着决战的到来，或许他这种人注定与历史的大场面有着不解之缘！

李世民期待着一场大战，另一个主角窦建德又在做什么呢？

摩擦，两大阵营的冲突

李世民，窦建德，王世充，此时的主角就是这三个人，原本他们各自独立发展，但随着各自的壮大，摩擦也越来越多。在黎阳，李世民所在的唐朝与夏王窦建德发生了摩擦，起因是黎阳的骑兵将领丘孝刚袭击了窦建德。

当时窦建德全军正向卫州（今河南省淇县东）挺进，窦建德亲率一千骑兵担任先锋，不知不觉中，窦建德率军进入黎阳境内三十里，他不知道在黎阳有一双警惕的眼睛正在盯着他，这双眼睛的主人叫丘孝刚。

丘孝刚奉徐世勣（李世勣）的命令担任侦察兵首领，在侦察途中与窦建德相遇，擅长骑马和使用长矛的丘孝刚向窦建德发起攻击，窦建德连连败退，幸亏右翼军及时赶到，这才斩杀了丘孝刚，给窦建德解了围，然而两家的梁子就此结下了！

愤怒中的窦建德集合全军向黎阳发动了进攻，这一仗打得镇守黎阳的唐军苦不堪言：窦建德拿出全部的家当攻打小城黎阳，徐世勣怎么能吃得消呢？慌乱之中，徐世勣率领几百骑兵突出重围，扬长而去，然而到了安全地带一盘点，坏了，出大事了，爹没了！

徐世勣的老爹徐盖（李盖）、淮南王李神通、魏征、李渊的妹妹同安公主，这些人一起落到了窦建德之手。徐世勣一看老爹成了窦建德的人质，没有办法，百善孝为先，一转身又回来投奔了窦建德，这段投降的经历虽然不甚光彩，却也为徐世勣的传奇一生增添了很多作料！

徐世勣本来是标标准准的徐姓传人，早年间跟着翟让起义，后来遭遇了翟让和李密的火并，脖子被李密的亲兵砍了一刀，幸亏王伯当呵斥，徐世勣才保住了一条命。

保住命的徐世勣从此分领了翟让留下的一支兵马，与李密的关系虽然表面亲密，实际却暗存芥蒂，后来李密以夺取黎阳仓为由将徐世勣派往了黎阳，从此两个人眼不见心不烦。等到李密惨败给王世充后，李密本来想投奔徐世勣，转念一想当年手下曾经砍过徐世勣一刀，随即放弃了念头，转身投了李渊，这一投就是明珠暗投，身首异处！

李密在李渊那里碰了一鼻子灰，却为徐世勣在无形中铺平了道路。当时山东、河南、河北的一些城市还听命于李密，徐世勣就把这些城市的地图、粮仓以及户籍材料整理起来，一起送到了大兴，不过他并没有直接交给李渊，而是让人交给李密，让李密亲自交给李渊，这样就等于徐世勣把到手的功劳拱手让给了李密。这一招非常高明，既卖给李密一个人情，又以忠诚的形象打动了李渊。李渊一高兴，就赐徐世勣姓了李，这就是李世勣的由来。

这样一来，李世勣风光了，老爹徐盖却有点难堪，老了，老了，还得改姓，以后不能再叫徐盖了，得跟着儿子姓，叫李盖，这叫什么事呢？

李世勣不仅一生传奇，连名字也传奇，李渊赐了李姓后，他叫李世勣；李世民去世后李治让他避李世民的名讳，就把他的名字改成了李勣；等到武则天当政时，李勣的孙子李敬业起兵谋反，不久兵败，愤怒的武则天将李勣的尸体焚骨扬灰，同时下令取消李勣的李姓，以后这个人还叫徐世勣。得，折腾了几十年，从终点又回到了起点，人这一辈子，莫非就是在画圈！

投降窦建德的李世勣马上得到了窦建德的重用，被封为左骁卫将军，依然镇守黎阳，不过老爹徐盖就要折腾一点，得时刻跟着窦建德行动，毕竟有这个老爷子就能保证李世勣听话，他就是窦建德控制徐世勣的遥控器！

与李世勣一样，魏征也受到了重用，窦建德委任魏征为起居舍人，职责就是记录夏王窦建德的皇宫起居生活。由此可见，魏征一生仕途挺坎坷的，先是当武阳郡丞元宝藏的宾客，后被李密要到身边当了元帅府文学参军、掌记室，李密败亡后投奔了李渊，被李渊派到山东招降纳叛，没承想这一次又成了窦建德的俘虏，当上了窦建德的起居舍人。再后来魏征又辗转成为太子李建成的东宫图书馆馆长，李建成败亡后又经李世民赦免当上了李世民的重臣。总结下来，魏征这一辈子，真不容易，跳，并快乐着！

在招降李世勣和魏征的同时，窦建德依然没有忘记自己的法宝，"以德服人"。当时隶属唐朝的滑州发生变故，滑州刺史王轨的家奴刺杀了王轨，带着王轨的人头投奔了窦建德。家奴以为自己会得到窦建德的加官晋爵，没想到得到的却是窦建德痛骂。遭到痛骂的家奴直在心中骂自己晦气，心想下次一定不投窦建德这样的主，没想到窦建德一瞪眼，拉出去，斩了这个不忠的东西。完了，家奴兄，没有下一次了！

斩完了不忠的家奴兄，窦建德派人将王轨的头送回滑州安葬，这一下又感动了滑州城，大家一感动，集体打包投降了窦建德，附近的州县也迅速投降了以德服人的窦建德。看来多数时候，攻城为下，攻心才为上！

尽管窦建德以德服人、以礼待人，但对唐朝铁了心的李世勣还是准备回归唐朝，不过想要回归还是绕不过老爹这个遥控器，为今之计，只能先为窦建德建功立业，赢得信任，然后想下一步。

于是郑政府（王世充政府）的获嘉县就成了李世勣献给窦建德的投名状，李世勣一顿猛攻，攻克了获嘉县，全部俘获上缴给了窦建德。有了这个硕大的投名状，李世勣一下赢得了窦建德的信任，从此跻身窦建德亲信的行列！

历史有时候实在是太搞笑了，有些无心之举总会有出人意料的结果。窦建德败亡之后，刘黑闼又集合窦建德的旧部将唐朝搅得鸡犬不宁，这个刘黑闼哪来的呢？李世勣搞出来的！

刘黑闼从小骁勇机智，跟窦建德还是同乡，两人关系非常好，窦建德起兵时，刘黑闼没有赶上，后来自学成才，自己参加了起义军。他的起义生涯也很坎坷，先是投靠了小山头郝孝德，后来又投了李密，李密败亡之后刘黑闼就投了王世充，王世充待他不薄，命他当骑兵司令。不过对于王世充，刘黑闼跟别人的观点一样：王世充就是一个光说不练的假把式，所以无论王世充做什么事，刘黑闼都在心中暗笑，心想跟着这样的领导什么时候算个头呢？

刘黑闼正苦闷时，李世勣来了，他奉窦建德之命攻打刘黑闼镇守的新乡，这次交战，李世勣技高一筹，竟然把刘黑闼生擒了！刘黑闼以为自己死定了，没承想李世勣把他当投名状献给了窦建德。等见到窦建德时，刘黑闼笑了，窦建德也笑了，闹了半天，这次被俘还实现了跳槽的理想，上哪说理呢？

就这样，刘黑闼投入了窦建德的麾下，成为窦建德的将军，被封为汉东郡公，在窦建德失败之后，刘黑闼又扯起了反唐大旗，将李渊搅得寝食难安，说到底，都是李世勣的投名状给闹的！幸亏那时不兴找后账，不然李世勣恐怕那时候就不姓李了！

赢得了窦建德的信任，李世勣开始给窦建德挖坑，他要给窦建德挖一个大

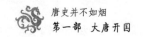

大的坑，这样才能把窦建德一坑到底！

这是一个什么坑呢？说穿了就是调虎离山，趁火打劫！

李世勣忽悠窦建德渡过黄河，在黄河以南攻城略地，这样才能有效扩充领土，增大夏国版图。其实开疆扩土只是李世勣的说辞，李世勣的真实目的是把窦建德从首都洺州调动出来，等窦建德进入黄河以南、立足未稳时发起攻击，力争诛杀窦建德，找回老爹，然后连带夏国的国土一起回归唐朝。

面对李世勣的忽悠，窦建德并没有怀疑，反而安排大舅子曹旦率军五万南渡黄河，与李世勣的三千人马会合，在他心里，他要与李世勣一起做一件大事，却没有想到，他已经落入了李世勣的算计之中！

然而李世勣千算万算，漏算了关键一条：曹皇后的预产期！

说起来也难为李世勣了，他又不是妇产科大夫，哪能算得准曹皇后的预产期呢？

已经挖好坑的李世勣在黄河以南苦等窦建德这只兔子上钩，没想到正赶上曹皇后生产，爱妻心切的窦建德拖延了很久也没有出发。

等待了很久，等待的人终于失去了耐心，率先失去耐心的是李世勣盟友李商胡的母亲霍女士。

当时归附窦建德的有不少杂牌军，李商胡的五千人马就是杂牌军之一，李商胡原名李文相，号称李商胡，而李商胡的母亲姓霍，堪称女中豪杰，骑马射箭样样精通，自称霍总司令（霍总管）。由于曹皇后的老哥曹旦在军中横行霸道，李商胡母子俩对曹旦很是看不惯，也正是这个原因，李世勣和李商胡走到了一起，他们准备一起挖坑，狠狠地坑窦建德一下。

然而等了很久，窦建德迟迟没有出现，霍女士担心拖延太久事情有变，索性催促儿子，别等了，咱先动手，然后通知李世勣。

当夜，李商胡在自己的营中摆下了鸿门宴，高规格宴请了曹旦属下将领二十三人，这二十三人高高兴兴地走进了李商胡的大营，就再也没有平平安安走出来，无一例外，先醉后杀，全部报销。

本着一网打尽的精神，李商胡又盯上了尚且驻扎在黄河北岸的三百名士兵，这些人必须一网打尽，否则就会走漏消息。

解决这三百人其实也不难，李商胡派了四艘船接这三百名士兵从北岸到南岸，等船走到河中心时，李商胡的人开始动手，一顿乱砍之下，砍到了二百九十九人，查来查去，死活找不到第三百人，这个人哪去了呢？答案是跳河里了！

三百人中，只有一个兽医跑得快，干净利索地跳进了黄河，在别人忙着砍人和挨砍的时候，他悄悄地游走了，又悄悄地上了南岸，进了曹旦的大营。在李商胡人马还在清点人数的时候，这个幸存者已经向曹旦报告了事变的消息，至此李世勣和李商胡的挖坑计划全暴露了，想坑窦建德已经变成不可能完成的任务。

到了这个时候，李商胡才派人通知李世勣，摆在李世勣的面前只有两条路，一条是就地发起攻击，冲击曹旦大营，一条就是就地脚底抹油，不管老爹自己溜之大吉！

想来想去，李世勣对自己的手下没有底，再加上听说曹旦的大营已经加强了戒备，冲击曹旦大营已经不可能了，而留下来向窦建德表忠心也不可能了，窦建德再厚道也不会原谅别人的背叛。想来想去，只有一条路，自己跑吧，管不了老爹徐盖了！

李世勣痛下决心，率领数十骑兵，一路向西投奔了李渊，至于老爹徐盖，只能听天由命了，能否在以德服人的窦建德手下活命，全靠个人造化和窦建德的心情了！

事实证明，窦建德确实是个厚道人，确实做到了以德服人，在李世勣背叛之后，窦建德居然没有毁掉遥控器徐盖，反而向众将解释：李世勣是唐朝忠臣，效忠其主，你们都应该向他学习，他的老爹又何罪之有呢？

公平地讲，同窦建德相比，唐朝的气量小了一点，这个气量就体现在对待战俘上。

唐朝的淮南王李神通、同安公主、李世勣的老爹徐盖、魏征，这些人一度都成为窦建德的战俘，窦建德对他们却是以礼相待，在与唐短期和解时，更是将这些人平安地送回。然而等到窦建德自己成为战俘之后，等待他的不是以礼相待，而是当众诛杀。具有讽刺意义的是，李渊诛杀了侠士窦建德，却放过了小人王世充，这让当世的人很费解，也让后世的人很费解，唯一的解释就是窦建德对唐朝的威胁太大了，不杀不足以解除定时炸弹！

然而，杀一人得罪数十万人，杀了一个窦建德，却逼急了窦建德的所有旧部。在窦建德的身后，刘黑闼又举起了反唐大旗，这一反又是好几年，最后集中李建成、李世民、李元吉三人之力才平息了刘黑闼的叛乱，这一切都是诛杀

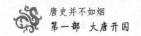

窦建德惹的祸。

　　尽管李世勣逃脱了，徐盖也暂时安全了，窦建德与唐朝的争雄才刚刚开始。在日后的虎牢关，窦建德与李世民之间不可避免地发生了一场恶战，这场恶战为初创的唐朝夯实了基础，也为李世民的人生写下了浓重的一笔。这场战争没有失败者，无论胜利的李世民，还是失意的窦建德，他们都是不世出的英雄！

　　只可惜，这个世界上最残酷的事情就是英雄的狭路相逢，而争夺天下的争锋中也从来没有并列第一！

第十九章　两个枭雄的人生结局

李世民的运气

在李世勣引发唐朝与窦建德的摩擦之时，李世民还没有精力顾得上这次摩擦，此时他的眼中只有两个人，一个是宋金刚，一个是刘武周，不把这两颗钉子拔掉，唐朝就没有心思向东争夺天下。

然而拔取这两颗老钉子又谈何容易，李世民踏着结冰的黄河进入柏壁（今山西省新绛县北）之后，一个现实的问题就摆在了他的面前。

什么问题？粮草！

连年的征战让唐朝的储备接近零，此时粮草已经成了李世民大军的第一难题，冰天雪地地到哪里找粮草呢？部将们提出了一个办法，很简单，抢！

然而几天下来，李世民发现，附近的村落全部荒芜，剩下的百姓都进入城堡之中，就是抢都没有地方抢，抢了几天也抢不到粮食，这可怎么办呢？

办法总比问题多，李世民灵机一动，想起了窦建德的招数，"以德服人"，这个地方不是没有粮食，而是被老百姓藏起来了，如果把老百姓召唤出来，然后征集粮草，一切问题就很简单了！

几天后，李世民在附近贴出了安民告示，自此附近的百姓知道面前的大军不是强盗，而是前来平叛的唐军。本着跟着唐朝过好日子的想法，附近的百姓都出来了，前往李世民大营投军的人越来越多，随即征集的粮草也源源不断地运进了李世民的大营。粮草无忧，李世民心不慌了，下令全军就地休整，紧闭营垒，拒不出战，急死宋金刚也不偿命。这样一来，唐军乐得休养生息、逍遥自在，宋金刚在唐军营外抓耳挠腮、着急上火，先前狂胜裴寂的士气也在等待中衰退，看来时间真的可以改变一切！

尽管全军休养生息，李世民还是没有闲着，他经常亲自带领骑兵出去侦察敌情，几天下来平安无事，然而就在几天之后，李世民遭遇了一次生死险情。

这天夜里，李世民照常率领骑兵出去侦察，到了地方，骑兵四处分散侦察，而他与一名骑兵策马上了一个丘陵。两个人下了马，走走停停，实在累了，就坐到了地上，这一坐竟然坐出了问题，两个人居然双双睡了过去，连附近宋金刚的士兵包围上来都不知道！

就在这时，奇异的事情发生了，一条蛇因为追击一只老鼠上了丘陵，而逃生的老鼠居然逃到了陪同李世民的那名骑兵的脸上。骑兵惊醒，一看遍地是兵，慌忙叫醒李世民上马就跑，两人策马狂奔一百多步。

眼看追兵还是紧追不舍，李世民祭出了老爹李渊传授的神射本领，在马上一个翻身，一箭射死了冲在最前面的领兵将军，这才吓退了宋金刚的士兵，逃过一难。

这次死里逃生能说明什么呢？说明李世民有天命，还是说明李世民运气好？或许什么都说明不了，毕竟世间有很多事就是那么巧合，那么奇妙！

就在李世民庆幸死里逃生的时候，一场惨败接踵而来，险些破坏了李世民的拔钉大局。

永安王李孝基率领陕州总管于筠等人一起进攻盘踞夏县自称魏王的吕崇茂，在攻城方式上，于筠与独孤怀恩发生了争执，于筠主张立即攻城，没有攻城工具也要立即攻城，独孤怀恩则坚持先制造攻城工具，然后攻城。两人相持不下，到了李孝基面前作裁决，为了稳妥起见，李孝基同意了独孤怀恩的意见。

制造攻城工具虽然稳妥，但在制造工具的同时也给了敌人准备时间：吕崇茂向宋金刚发出了求救信，这下唐军就要面对腹背受敌的战局了。

接到求救信的宋金刚派出了部将尉迟敬德和寻相，两个人火速赶到了夏县，向还在制造工具的李孝基发起了攻击，而城内的吕崇茂也从城中杀出响应尉迟敬德。唐军腹背受敌，苦不堪言，李孝基、独孤怀恩、于筠、唐俭、刘世让全部被俘，损失惨重！

就在尉迟敬德庆幸偷袭得手、胜利回军时，李世民已经在他回军的必经之地美良川为他扎好了口袋。这一仗由殷开山和秦叔宝指挥，借着有利地形向尉迟敬德发起了攻击，这一仗打死尉迟敬德两千多人，打得尉迟敬德非常郁闷，"这报复来得也太快了！"

本着"要么不打，要么打死"的原则，几天后，报复心极强的李世民又给了尉迟敬德当头一棒，当时尉迟敬德与寻相正率军增援蒲坂，没想到半路又中了李世民的埋伏。这一仗打得两人彻底成了光杆司令，手下士卒一个不留，要么被杀，要么被俘，尉迟敬德和寻相仅仅逃出了两条命，连个打杂的勤务兵都没有。

连续痛击尉迟敬德，唐军士气大增，全军上下纷纷要求李世民与宋金刚决战，此时李世民却坚定地摇了摇头。

决战？不是不想，只是不到时候。

此时的宋金刚几乎带出了刘武周的全部家当，与他决战正中宋金刚下怀，因此李世民坚决不战，先耗干宋金刚的粮草再说。等到宋金刚粮草吃光，那时才是唐军决战的时刻！

独孤怀恩叛乱

历史的河流总是分岔很多，有些不经意的岔流或许就在不经意中改变历史。就在李世民全军等待与宋金刚决战的同时，开国皇帝李渊却险些遭遇了一场兵变，而令人诧异的是，这场兵变的主谋竟然是李渊的表弟，独孤怀恩。

说起来李渊的这场大祸还是自己的嘴惹的祸，惹祸的原因是他刺伤了独孤怀恩的自尊心。

李渊起事以后，蒲坂城（即河东郡城）一直是铁板一块，先有硬骨头尧君素，后有硬骨头王行本，在蒲坂的坚城之下，负责攻城的独孤怀恩一直损兵折将，糟糕的战绩也就不可避免地遭到了李渊的责难，而令独孤怀恩更加难堪的是，李渊的责难不止一次，而是好几次，几次下来就深深刺痛了独孤怀恩的心。

令独孤怀恩更难以忍受的是，李渊曾经跟他开过一个玩笑："怀恩啊，你看你两个姑妈的儿子都当皇帝了，什么时候轮到你这舅舅家的儿子当皇帝呢？"

李渊和独孤怀恩的亲戚关系是这样的，他们都出自独孤信一脉，李渊和杨广是独孤信女儿的后人，独孤怀恩则是独孤信儿子的后人，所以他们是姑表兄弟。独孤怀恩的两个姑妈分别是独孤皇后和李渊的母亲，两个当皇帝的表兄弟就是杨广和李渊。

说者无心，听者却有意，郁闷的独孤怀恩更是在心中燃起了难以压制的怒火："难道我们独孤家只有女儿的命尊贵吗？"但凡想到这个地步，那么离谋反也就不远了，独孤怀恩开始与手下元君宝谋划，计划找机会做掉李渊，取而代之。

就在独孤怀恩谋划叛乱的时候，意外发生了，他在夏县城外被俘虏了，这下兵变计划得搁浅了。出人意料的是，没过多久，尉迟敬德在美良川遭到了唐军的伏击，慌乱中独孤怀恩居然逃了出来。李渊又把一支人马交给了独孤怀恩，这等于把刀又递给了独孤怀恩。

然而独孤怀恩周密的计划中还是出现了一个小漏洞，这个漏洞很小，可是很致命，最终要了独孤怀恩的命。

这个漏洞是什么呢？元君宝。这个人是个大嘴巴，嘴上居然没有把门的。

被尉迟敬德俘虏之后，元君宝闲极无聊与唐俭一起聊天。在聊天中元君宝告诉唐俭，本来独孤怀恩是要做一件大事的，可惜下手晚了，不然咱们就没有今天的被俘之辱了。

等到独孤怀恩脱身之后，闲极无聊的元君宝又跟唐俭嚼舌头："你看，独孤怀恩成功脱险了，看来他真是有天命的人，有帝王之命啊！"

天命？帝王之命？大事？三个名词一串联，唐俭得出结论：独孤怀恩想谋反！

这可是要命的消息啊！可是在大狱之中怎么把消息传递出去呢？越狱？不可能，尉迟敬德恨不得二十四小时瞪着眼睛看着他们。

怎么办，想来想去，只有一个办法：谈判！

经过分析，唐俭准备从尉迟敬德身上打开口子。在他看来，尉迟敬德已经开始厌战了，一旦大将出现厌战情绪谈判就可行了。经过唐俭的忽悠，尉迟敬德同意释放一名人质，作为与李渊谈判的传声筒，这样刘世让就被尉迟敬德放了出去，他的任务就是去向李渊传递要命的消息。

刘世让追上李渊时，李渊正准备登船渡过黄河前往独孤怀恩已经控制的蒲坂城（当时王行本已经投降）。就在这时刘世让送来了要命的消息，这个消息让李渊后怕不已，就差一步，就差一步！

自此暗杀又变成了明杀，本来算计李渊的独孤怀恩落入了李渊的算计之中。李渊一个诏令就把毫无防范的独孤怀恩召来，随即就地逮捕，经过简单审讯，二月二十日，独孤怀恩与党羽一起伏诛，李渊在开国三年幸运地躲过了兵变，也让初创的唐朝避免了一次政治危机。

独孤怀恩的悲剧影响是深远的，至少告诉我们做大事的时候，找合作伙伴千万不能找大嘴巴！

猎狗逐兔

独孤怀恩的问题解决了，李世民的决战还在酝酿之中，从公元619年十一月开始，李世民就一直率军与宋金刚对峙，时间很快走过了五个月，转眼就到了公元620年四月二十四日。

正如李世民所料，宋金刚的粮草终于耗干了，就算宋金刚想继续对峙，肚子也没有了对峙的资本。这一天宋金刚开始撤退，而等待了五个月的李世民开始追击，一场猎狗逐兔的游戏正式上演！

这场仗没法打了，对宋金刚来说太不公平了。宋金刚负责在前面逃，李世民负责在后面追，追上一次打一次，一日一夜李世民急行军二百余里，一路上跟宋金刚交战了几十回合，宋金刚的部队只有满地找牙的份。

李世民一路追击到了高壁岭（今山西省灵石县南），这时刘弘基拉住了李世民战马的缰绳，在他看来，不能再追了，士卒都已经疲惫，应该等待大军主力和粮草赶上再行追击。

然而同刘弘基相比，李世民更懂兵法，他知道本方士卒疲惫，而对方更疲惫，倘若本方就地休整，实际上同样给了对方休整的机会。孙子兵法有云：兵贵神速！

李世民扬鞭策马继续前进，本来想休整的士兵一看主帅策马向前也不敢耽搁，一路紧随李世民追赶宋金刚，倒霉的宋金刚到雀鼠谷时又被追上了，一天之内，连打八仗，宋金刚的部队被斩杀数万人。几个月前左武卫大将军姜宝谊、行

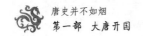

军总管李仲文在这里遭遇了埋伏，现在李世民连本带利向宋金刚收了回来！

三天后，连续被痛打的宋金刚列兵于山西介休城下，此时他的全部家当还有两万人马，这是他最后的赌注，他把这最后的赌注背靠城墙列阵，南北长达七里。宋金刚本想靠着这最后的赌注翻本，没想到他遇到的是李世民这个民间赌神！

李世民分兵三路，第一路总管李世勣、程咬金、秦叔宝从北面进攻，第二路翟长孙、秦武通从南面开始进攻，第三路呢？第三路由李世民亲自率领，这一路将在关键的时候起到关键的作用。

战斗打响之后，宋金刚以为这两路就是李世民的全部家当，下令全军与两路人马死磕，在宋金刚的死磕下南北两路都开始败退，宋金刚全军开始全面反击。在宋金刚看来，复仇的机会到了，他要让唐军尝一尝一天被狂打几十回、满地找牙的滋味。

就在宋金刚发动追击时，本方的阵形全乱了，一支骑兵部队从本方的后方杀了出来，领头一骑举着一面大旗：李。

坏了，李世民还有牌！

不错，李世民还有牌，且是王牌，而这张王牌就是他自己。

第三路唐军在李世民的率领下集中精锐骑兵，从宋金刚背后发起冲击，一下就冲破了宋金刚南北长七里的阵形，遭遇三面夹击的宋金刚全军崩溃，四散逃窜，被杀三千余人，宋金刚只率数十名骑兵突出重围，仓皇逃去。这一仗，宋金刚输掉了几乎全部家当，他和刘武周一下又回到了赤贫的生活。全军唯一的念想就是尉迟敬德集中残兵固守的介休，这是刘武周和宋金刚的最后筹码，这个筹码能保得住吗？

尉迟敬德报到

事实证明，大凡赌徒遇到李世民这样的赌神就算倒了血霉，李赌神出手从来都是大包圆，跟他对赌，一般连内裤都剩不下，现在尉迟敬德这条内裤也被李世民看在了眼里。

几次痛打尉迟敬德，李世民反而对这个人越来越喜爱，他觉得尉迟敬德是个将才，如何才能为我所用呢？

其实很简单，说降！

李世民派出任城王李道宗和擅长做思想工作的宇文士及（宇文化及败亡之后投了李渊）前往介休游说尉迟敬德。尉迟敬德尽管是个粗人，可是他有眼睛，很清楚眼前的形势，宋金刚和刘武周已经要破产清盘了，自己还有必要跟着他们死扛吗？况且眼看李世民大军兵临城下，扛又扛得住吗？

良禽择木，良将择主，尽管几次被李世民痛打，但在尉迟敬德心里已经对这个人暗自敬佩，现在李世民送来了台阶，就看尉迟敬德走不走了！

事实上，尉迟敬德也不得不走了，不久之前，他刚刚躲过一次暗杀，这次暗杀的主谋居然是李世民的老爹李渊。

李渊这个人最擅长的招数就是空手套白狼，最爱用的伎俩就是挑逗群众斗群众。当时尉迟敬德正在夏县帮助魏王吕崇茂协防，李渊给吕崇茂写了一封信，声称只要吕崇茂杀掉尉迟敬德就算归顺大唐，大唐就地委任他为夏州州长，也就是说，只要吕崇茂送上尉迟敬德这个投名状，吕崇茂不仅能把自己的履历洗白，而且能一跃成为大唐的夏州州长。

李渊的这一招不可谓不毒，既能除掉尉迟敬德这员猛将，又能挑起吕崇茂与刘武周、宋金刚之间的矛盾，而自己坐收渔翁之利。

然而百密一疏，这一疏就出在了吕崇茂自己身上，吕崇茂不仅没有及时杀掉尉迟敬德，反而走漏消息让尉迟敬德先动了手，这下吕崇茂反倒成了尉迟敬德的投名状！

看着李世民送来的台阶，脑海中想象着李渊对自己下的黑手，尉迟敬德一比较，觉得还是投靠李世民稳当。只要投入李世民的帐下，以后李渊打狗也会看主人的。

历史总是充满了无数巧合，李渊与尉迟敬德之间的渊源就很有说头。除了这一次未遂的暗杀，李渊在武德年间还曾经把尉迟敬德打进死牢，幸亏李世民拼命搭救才算保住了他的一条命。值得玩味的是，玄武门之变后，正是这个在李渊手下差点死过两回的人全副武装、杀气腾腾地向李渊报告了兵变的结果，或许让尉迟敬德通报就是李世民给老爹的一个暗示：爹，退位吧，不然我可保证不了尉迟敬德这个家伙能干出什么！

下定决心，尉迟敬德和寻相踩着李世民给的台阶献出了介休和永安，向李世民投降。得到尉迟敬德，李世民大为高兴，当即任命他为右翼统军，依旧率领所部八千人马，与李世民原有部队交叉驻扎，从此尉迟敬德部就是李世民的王牌军之一。

看着李世民毫无戒备，兵部尚书屈突通暗自为李世民担心，当即警告李世民，然而李世民疑人不用，用人不疑，他用自己的眼光选择了尉迟敬德，而尉迟敬德也用自己的一生忠诚回馈了李世民。至此为李世民看大门的两大门神凑齐了，一个是秦琼秦叔宝，一个是尉迟敬德，有了这哼哈二将，在李氏三兄弟之争中，李世民已经悄悄地占据了上风。

穷 途 末 路

失去了介休，失去了尉迟敬德的八千人马，定杨天子刘武周知道自己已经彻底地输了，再固守并州已经没有意义，如果不想满地找牙，最好的选择就是现在就溜，到东突厥去找自己的上家！刘武周当即放弃屁股还没有坐热的并州，也放弃了从并州席卷天下的 A 计划，只能先执行逃命的 B 计划了。

刘武周逃命之后，宋金刚面临着艰难的抉择，是重整旗鼓从头再来，还是追随刘武周也逃往东突厥呢？征求手下将士的意见，已经没有人愿意跟他卷土重来，手里只剩下一百多骑兵依然听命，然而拿着这一百来个筹码又能做什么呢？还能指望在李世民手中翻本吗？别做梦了！

无奈之下，宋金刚也逃奔了东突厥，这一逃也就注定了他的人生败局。

可能是在东突厥的屋檐下遭受了冷遇，也可能是宋金刚酝酿着回易州东山再起，没过多久，他没跟东突厥打招呼就逃了出来，然而没跑多远，又被东突厥的骑兵追了回去。东突厥人不再跟他客气，敬酒不吃吃罚酒，腰斩！

幸福的人各有各的幸福，不幸的人连不幸的方式都一样。没过多久，宋金刚的大舅哥、盟友刘武周也想家了，他想回到自己的发家地——马邑郡，他也没跟东突厥人打招呼，就准备自己跑，结果还没跑就被东突厥人发现了！

太不像话了，这个姓刘的加盟商也太不懂事了，敬酒不吃吃罚酒，腰斩！

靡不有初，鲜克有终！

短短数载，身首异处！

第二十章　洛阳，三方混战

穷途末路王世充

拔掉了刘武周这颗钉子，李世民于公元 620 年五月二十九日回到了长安。然而在长安李世民仅仅休整了一个月，下一个目标已经在他眼前闪现，这个目标就是洛阳！

如果说拔掉薛举是为了首都的安全，拔掉刘武周是为了并州基地的安全，那么洛阳就是李唐启动天下的钥匙。拧动洛阳这把钥匙，李唐王朝才能真正拥有天下。欲得天下，必取洛阳！

出征前的李世民不会想到，洛阳一战竟然是天下英雄的群英会，因为洛阳的纠结，他与王世充、窦建德纠缠到了一起，如果不是时局的进一步发展，他也不敢相信自己能一敌二，能够以洛阳之地同时剿灭王世充和窦建德。英雄造就时势，时势造就英雄！

公元 620 年七月二十一日，秦王李世民抵达今河南省新安县，洛阳争夺战就此拉开了帷幕！

面对李世民的出征，王世充也赌上了全部家当。如果说盘踞长安的李渊还有狡兔三窟，那么王世充就只剩下洛阳一个窟了，丢掉了洛阳，王氏一门死无葬身之地。

为了避免悲剧的发生，王世充调动了所有能调动的王姓兄弟和子侄，在洛阳政府的势力范围内，所有的重点区域都是王姓子弟领兵镇守，王世充只跟他们交代过一句话：这一仗既是为了国家，也是为了你们自己！

说起来，为了保住到手的果实，王世充还是想了很多办法的，这些办法只有一个核心：残酷！

为了防止属地的将领官员向唐朝或者夏国投降，王世充采用了多种方法。

第一种，连坐法。一人逃亡，全家处斩；五家连保，有一家逃亡，四邻一律处斩。

第二种，告密法。鼓励父子、兄弟、夫妇相互告密，告密的一方免死，被告密的一方死两次！

第三种，出城砍柴要办证，每天核查证件，控制出入人数。

第四种，软禁法。只要王世充猜忌谁，那么恭喜您，您全家将获得免费入住宫城的机会，顺便提醒一句，一般不管饭。自带干粮？更不行！

第五种，人质法。带兵打仗的将领出兵前请自动将家属送进宫城，由政府统一管理。如果将领阵亡，您将受到国葬，如果将领投降，那你自己看着办！

经过王世充的不断努力，逃亡果然减少了很多，另外一个问题出来了，宫城里软禁的人太多，多少？一万多人！

不过大战在即，也顾不上那么多了，就那么待着吧，人多热闹！

就在王世充忙着安顿洛阳城内的时候，一个老朋友不请自到，这个老朋友是谁呢？罗士信！

罗士信作为前锋包围了洛阳城西的慈涧，对于这个老朋友，王世充自然很重视，亲率三万大军前往慈涧增援。本来王世充以为三万人足够震慑住罗士信，没想到不仅没有镇住罗士信，自己反而被吓到了。

为什么呢？李世民来了。

李世民自己来也不可怕，问题是他还带了点人来到慈涧。这个"点"是多少呢？也不多，步兵、骑兵混合编队五万人！

李世民的五万人，再加上罗士信的先锋部队，熟读兵书的王世充知道下一步李世民要干什么了，《孙子兵法》上写得明明白白，"倍则击之"。

好汉不吃眼前亏，先撤吧，撤回城内再说。趁着李世民和罗士信还没有形成合围，王世充率军从缝隙中撤了出来，其实这个缝隙是李世民故意留的，为的就是把王世充逼回洛阳城，毕竟关起门来，狗就好打了！

王世充一回城，李世民就开始部署，行军总管史万宝进军龙门，将军刘德威穿过太行山，东下包围河南沁阳，上谷郡公王君廓攻击洛阳粮食补给线，务必让洛阳颗粒无收，怀州总管黄君汉攻击回洛城，李世民亲率主力于北邙山列阵连营，逼迫洛阳。

李世民一逼迫，洛阳城内可就惨了！仓粟日尽，城中人相食。人们把土放在缸中，用水淘汰，沙石沉下，取其上浮泥，和着碎米，做成饼下肚，时间一长，人皆体肿而脚弱，倒毙路上接二连三。政府官员也饱受无粮之苦，尚书郎卢君业、郭子高等皆死于沟壑。

时间进入八月，秦王李世民陈兵于青城宫，王世充率军对阵，隔涧两人对上了话。

王世充曰：“隋末丧乱，天下分崩，长安、洛阳，各有分地，世充唯愿自守，不敢西侵。计熊、谷二州，相去非远，若欲取之，岂非度内？既敦邻好，所以不然。王乃盛相侵轶，远入吾地，三崤之道，千里馈粮，以此出师，未见其可。”

李世民谓曰：“四海之内，皆承正朔，唯公执迷，独阻声教。东都士庶，亟请王师，关中义勇，感恩致力。至尊重违众愿，有斯吊伐。若转祸来降，则富贵可保；如欲相抗，无假多言。”

两人的对话表露了两人的底气：王世充没有底气，想谈；李世民底气十足，想打。战争就是这样，弱者想谈，强者想打，是打是谈，实力说了算！

战争开始后，投降接踵而至，九月十三日，王世充任命的显州总管田瓒举二十五州投降。这一投降可要了王世充的亲命，显州地面正好位于洛阳与襄阳中间，显州一降，洛阳与襄阳的交通全断，这样襄阳就指望不上了，想脱困，王世充就只能靠洛阳生产自救了。

坏消息总是一个接着一个，九月十七日，李世民部下将领王君廓攻克辕辕（今河南省登封县西北），王世充外围的援助越来越少。

疑人不用，用人不疑

在王世充日薄西山的同时，李世民遇到了一个小难题，这个难题是尉迟敬

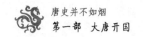
德出给他的。什么难题？信任难题！

在李世民包围洛阳期间，宋金刚部队投奔过来的寻相等人纷纷叛逃，就此老唐军将领开始怀疑尉迟敬德的忠诚度，一着急就把尉迟敬德软禁了起来。在他们看来，尉迟敬德毕竟是宋金刚的大将，谁知道在这个时候他能闹出什么幺蛾子。

行台左仆射屈突通、行台尚书殷开山为了李世民的安全又开始游说，尉迟敬德这个人可靠不住啊，趁机做掉算了！（可怜的尉迟敬德，又一次遭遇了刀架脖子上的经历！）

然而李世民依然故我，在他的字典里依然坚持着"疑人不用，用人不疑"。非但没有做掉尉迟敬德，相反还把他请到了自己的卧室，并且送给了他一笔钱。这下可把尉迟敬德感动坏了，看来当初的判断没有错，李世民是个值得跟随的人。

李世民待尉迟敬德以礼，尉迟敬德还李世民以命，在这之后，尉迟敬德先后数次救李世民于危难之中，也算报了李世民的知遇之恩。

九月二十一日的一场恶战，尉迟敬德第一次报恩！

这一天，李世民率领五百骑兵巡视战场，他不知道他的一举一动都被王世充看在了眼里，记在了心里。实力偏弱的王世充不能跟李世民死磕，所以他选择的是剑走偏锋，趁李世民不备，来一次"斩首行动"。

当时李世民登上北魏八任帝元恪墓，在这里他可以瞭望王世充的敌情。然而正在他瞭望时，王世充突然出现，而且带领步骑兵一万多人，双方的实力对比是二十比一，平均一个唐军士兵要对付二十个王世充士兵，不带这么欺负人的！

一万多人将李世民与五百名骑兵围在了中央，就在李世民准备组织骑兵突围时，瓦岗军老资格将领单雄信冲了上来，此时他的身份是王世充的部将。单雄信挺起长矛直刺李世民，以单兵作战能力，李世民是打不过单雄信的，完了，难道李世民就此蒙尘？

就在李世民暗暗叫苦的同时，在单雄信的侧后方响起了一声大喝，随即单雄信居然被刺落马下，单雄信落马的瞬间，李世民看清了那个人的脸，尉迟敬德！这家伙报恩也报得太快了！

躲过一劫的李世民心中无比舒畅，瞬间携手尉迟敬德突出重围。突出重围之后两个人却不走，一转身又向王世充大军发起反攻，此时的王世充还以为自己胜券在握，突然他的脸变绿了，为什么？屈突通带着队伍已经接应了上来。

双方一顿乱战，最后一盘点，王世充军被斩一千，被俘六千，想占便宜的斩首行动最后一算账：净亏损七千！

时间一直在前行，洛阳的战局也一直在僵持之中，十月十五日，这一次到了罗士信的表演时间。

别看罗士信打仗非常猛，这个人却是一个粗中有细的人，面对一个难以攻克的城堡，罗粗人也玩了一把细活！

当时罗士信已经攻下碛石堡，顺势包围了千金堡，不过千金堡没有碛石堡好攻，堡上的守军更是指着罗士信大骂，这让罗士信心里非常不爽。

然而在心中不爽的同时，罗士信却酝酿出一条奇计，只要这条奇计一出，千金堡或许就成了千金包！

当夜，千金堡下来了一百多人，这些人还带着数十个婴儿，一看就是拖家带口逃难的，这些人到千金堡来做什么呢？

守军正在诧异时，下面的人开口了："我们是从东都逃难出来，来投奔罗将军的，快开门啊！"听了这句话，守军一愣，这是唱的哪出啊，没听说姓罗的占领千金堡啊！

守军正诧异的时候，下面的人互相招呼起来："坏了，走错了，这是千金堡啊，咱们走错地方了，走，走，快去投罗将军！"听到这里，守军明白了，闹了半天，姓罗的已经走了，要不这些逃难的老百姓怎么能直接找到千金堡城下呢？

不行，不能放过那个老小子，追！打他个措手不及！

立功心切的守军打开城门出城追击，却没有想到，他们已经落入了罗士信的圈套。

就在城外的路旁，罗士信扎下了口袋，城内守军一出城就进入了罗士信的口袋，一顿痛打，罗士信进了城，嘴里挤出两个字：屠城！

原来逃难百姓认错门那一出都是罗士信导演的，为的就是营造罗士信已经撤退的假象，结果这一出真的骗过了守军，不仅打开了城门，还进入了罗士信的口袋，真是兵不厌诈！

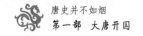

天平的砝码——窦建德

时间走到了十一月，唐军与王世充军的战争还在相持，此时战争的天平开始出现了微妙的变化，因为这时候出现了一个重要的砝码，这个砝码如果投向唐军，那么唐军必定势如破竹，如果投向王世充，那么洛阳战事胜负也未为可知。这个砝码是谁呢？夏王窦建德！

本来窦建德是不准备蹚这汪浑水的，他与唐朝有版图纠缠，与王世充也时有摩擦。唐军和王世充都不是他的朋友，从道义上他可以坐视不管。

然而当洛阳进入危局之后，王世充向窦建德派出了求救的使节，恳请窦建德发兵援救！

世上从来没有免费的午餐，窦建德凭什么要救王世充呢？不救，谁死谁活该！

就在窦建德准备拒绝使节时，夏国中书侍郎刘彬站了出来。在他看来，王世充不能不救，救援王世充其实不是为了王世充，而是为了夏国自身！

刘彬给窦建德一一分析了当前的危局，唐朝政府占据了关西，王世充政府占领着河南，而夏政府占领着河北，三家形成三足鼎立的局面。现在唐军以泰山压顶之势攻击王世充，王世充节节败退，日薄西山，如果再没有外援，灭亡只是时间问题。如果王世充灭亡，下一个灭亡的一定是夏国，这就是最典型的唇亡齿寒！为今之计，最好与王世充和解，联手对付唐朝政府，王世充从正面进攻，窦建德从背后进攻，一定可以解王世充之围。到那时再观察形势，如果有机会就顺手把王世充灭了，然后整合两家兵力攻打唐军，进而一统天下，应当不难。

听着刘彬打出的小算盘，窦建德不由得有些心动，是啊，趁火打劫，浑水摸鱼，洛阳这盘棋得算我窦建德一份！

随即窦建德派出使节，同意王世充和解的要求，并鼓励王世充："兄弟顶住，哥哥我稍后就来！"而对于唐朝政府，窦建德也准备一手阴谋，一手阳谋，阴谋是暗自准备粮草伺机出兵，阳谋则是光明正大派遣使节前往李世民大营，敦促唐朝政府撤军，维持洛阳和平！

然而无论是阴谋还是阳谋，在李世民那里都没有市场。李世民扣下窦建德的使节，既不撤军，也不和谈，索性当窦建德是空气，而对于王世充，照打不误！

苦命的王世充

为了更好地打击王世充，李世民可谓想尽了办法，经过冥思苦想，李世民又琢磨出一个方法：组建特种骑兵部队！

这支特种骑兵部队总共一千多人，由李世民亲自挑选，服装整齐划一，全部黑衣黑甲。一千多人分成左右两队，由四大猛将分别率领，这四大猛将是谁呢？秦叔宝，程知节，尉迟敬德，翟长孙。

为了表达对这支骑兵部队的喜爱，李世民也统一了自己的服装：黑衣黑甲。从此这支骑兵部队就成了李世民的金刚钻，专门包揽各种疑难杂症的瓷器活！

这支队伍实在太霸道了，再顽强的王世充军见了这些人也头疼，遇者必败，挡者必死，这就是一群横冲直撞的特种兵，哪里有难哪里有他，哪里有他哪里有难！

行台仆射屈突通和赞皇县公窦轨巡视各营时遭遇了王世充的伏击，如果没有救援，马上就被王世充执行"斩首计划"了。然而就在这个关键的时刻，特种骑兵出现了，一顿猛打，王世充败逃，郑军骑兵将领葛彦璋被活捉，斩杀及俘虏六千多人，王世充一算账：又赔六千！

不打则已，一打就赔，苦命的王世充频频对上天发问：这苦日子有头吗？没头！

为什么？好不容易运到洛阳的粮草又被劫了！

王世充的太子王玄应率军从虎牢（今河南省荥阳市汜水镇西）辛辛苦苦运粮到洛阳，一行几千人，路都走了一大半，满心希望这批粮草能解洛阳的燃眉之急。然而希望越大，失望越大，临近洛阳时，意外又发生了，运粮军进入了唐军的伏击圈！李世民早早安排李君羡埋伏在那里。费了半天劲的粮草还是白运了，太子王玄应仅逃出一命，运粮军全军覆没，粮草又归了李世民，连张白条都没有！

劫了粮草的李世民又得到李渊传来的口谕："城破之日，除皇家车轿、图书档案以及隋朝遗留的公物外，城中男女百姓以及所有金银财宝全归攻城将士所有！"得，这就是给李世民全军期权悬赏，只要攻破洛阳，全军为所欲为！

有了期权悬赏，李世民下令全军进逼，公元621年二月十三日，李世民率军进抵青城宫。此时王世充率全军两万余人从洛阳西方诸门出军，沿故马坊筑墙挖壕，面对瀍水，对抗唐军，这是饿疯了的王世充军出城的最后一战。这一战只许胜，不许败，如果失败，就只能龟缩到洛阳城内等待窦建德的救援了，天知道窦建德什么年月来呢？

看着饿疯了的王世充军，李世民知道硬仗来了，这一仗必须把王世充打趴下，如果打不趴王世充，那趴下的或许就是唐军！从去年七月打到今年二月，已经过去了七个月，双方都到了绷不住的时候！

这一次率先发起冲锋的是屈突通，他率领五千人马渡过瀍水与王世充死磕。冲锋前李世民与屈突通约定，一旦与王世充接上火马上放狼烟示警！

远处狼烟升起，李世民与他的特种骑兵部队随即吹响了进攻的号角。这是他一贯的做法，伺机二次冲锋，力争冲垮敌人的阵形！这一招李世民屡试不爽，不过这一次出了点小问题！

什么问题呢？冲得太猛，冲过头了！

李世民本来想试探一下王世充军阵势的纵深，他率领精锐骑兵一路直冲，没想到一冲起来就停不下来，居然横穿了王世充军的阵势，横穿而出！

冲过头也不要紧，拨转马头再回身杀进去。李世民光顾着厮杀，等战事稍缓一回头才发现，由于王世充军筑墙挖壕，李世民的骑兵被分割得七零八落，再仔细一看，一直紧跟他的居然只有将军丘行恭一人！

此时王世充的数名骑兵已经杀到，在这个关键的时刻，李世民的马居然被射死了，麻烦大了！

幸好还有丘行恭，丘行恭勒马转身张弓就射，每发必中，连射数人，王世充骑兵逼近的势头稍缓。趁着这个空隙，丘行恭跳下马把马让给了李世民，而他自己则手拿长刀，步战迎敌，左杀右砍，再配上自己连声大喝的声音效果，连砍数人，两个人突出了重围，与大军会合！

李世民打得辛苦，王世充也很顽强，队伍散了再聚，聚了再散，从早上 7 点一直打到了下午 1 点，实在顶不住了，王世充挥军后撤，而不依不饶的李世民背后猛追，一直追到了洛阳城门下，顺势包围了洛阳。战后一算账，俘虏及斩杀七千余人，王世充又赔了！

王世充赔了，李世民却赚了，除了李世民，还有一个人也赚了，这个人就是骠骑将军段志玄！

原本段志玄这一仗打得很窝囊，跟着李世民冲进了王世充军的阵地，一路横冲直撞，心中正爽的时候，意外发生了！

什么意外呢？坐骑跌倒了！

这一跌倒就麻烦了，王世充军蜂拥而上，把段志玄抓了个正着，如果没有意外发生，段志玄就得计入唐军失踪人口了！

不过段志玄这个人还是很机灵，被俘之后一直保持冷静，不哭不闹，两个骑兵一边骑马，一边抓着他的头发，一路顺顺利利地到了洛水边。就在将要渡过洛水时，段志玄发威了，趁两个骑兵稍一懈怠，段志玄腿一点，高高跃起，一拳将一个骑兵打落马下，紧接着又一个跃起，又一拳将另一个打落马下，趁其他骑兵愣神的瞬间，他已经抢了一匹马往唐军大营飞奔。数百名王世充骑兵在后作势追赶，但谁都知道，别去惹这个人，这个人有点狠！数百骑兵眼睁睁看着段志玄跑回了唐军大营，这下失踪人口又变成了生力军！

段志玄逃过了一劫，一天后另外一个人也逃过了一劫，这个人是谁呢？不是别人，正是苦命的王世充！

二月十四日，不甘心当缩头乌龟的王世充又整合残余部队出洛阳右掖门，面对洛水列阵，他准备跟李世民再来一次死磕！

死磕还没有开始，王世充就遭遇了一次险情，这次险情险些要了他的命。

制造险情的人叫王怀文，之前是唐朝政府的骠骑将军，在执行一次侦察任务时被俘。王世充为了发扬以德服人的宗旨，就把王怀文时刻带在身边，以示恩宠！

然而王怀文比较认死理，既然效忠唐朝政府那就是一辈子，少一分一秒都不行。在王世充示好的同时，王怀文却在酝酿一次绝密刺杀，为了这次刺杀他等了很久，这一天他终于等到了机会！

就在王世充来回指挥的时候，王怀文动手了，电光火石一瞬间举起长矛向王世充猛刺过去。如果没有意外发生，王世充就要报销了！正当王怀文窃喜的时候，意外发生了，长矛居然没有刺穿王世充的身体，居然折断了，刺不进去！

完了，砸了！

趁王世充左右亲兵目瞪口呆的时候，王怀文掉转马头直奔唐军大营。然而没走多远，还是被骑兵追上了，王怀文没有成功，只能成仁了！

这一仗草草收场，回城之后，王世充脱光了上衣，秀了秀自己的肌肉块，然后将上身展示给文武百官看："看看，王怀文用长矛刺我，却一点都没伤到我，这岂不是天意啊！"

观看的文武百官一边随声附和，一边在心中疑惑，为什么那么粗的长矛都没有伤着他呢？莫非真的有天意？

天意是没有的，其实是因为王世充有"防弹衣"！

原来王世充一直在衣服里面穿着一件小号的精制铠甲，由于做工比较精细，用料比较考究，这件铠甲既轻巧又实用，实用程度直逼《射雕英雄传》里黄蓉穿的软猬甲！

就是这件"软猬甲"让王世充有了吹牛的资本，其实说白了不过是障眼法，在展示上身肌肉之前他已经偷偷地脱掉了小铠甲！

小铠甲的伎俩可以赢得文武百官的暂时信任，然而要抵抗李世民的全面进攻太难了！

自从全面包围洛阳以来，李世民四面围攻，日夜不停，这一攻就是十几天。城内的守军困得都睁不开眼，可是没办法，李世民压根儿就没准备让他们睡觉。

尽管李世民攻得猛烈，在洛阳城下他还是遇到了很大的难题，因为洛阳城太难攻了！

洛阳城守军不仅垂死挣扎，更关键的是他们还有高精尖的守城装备。

都有什么呢？长射程巨炮和连环大斧箭！

长射程巨炮每次可以发射五十斤巨石，射程二百步，诸位可以想象一下，一块五十斤的石头夹杂着动能和势能，飞行二百余步，然后狠狠地砸下去，这将是多么恐怖的场面，总之一句话：中者必死，绝无生还！

连环大斧箭是一种带有连发功能的强弓，这弓像车轮一样，可以一次连发八支箭，而每支箭的箭头也很大，有多大？斧头那么大！这样的弓能射多远呢？不远，五百步而已！总之这连环大斧箭一发，效果就跟重机枪一样，一扫一大片！

在洛阳城下，唐军就是跟这两个大家伙较劲，困难程度可想而知！

从去年七月打到今年二月底，战争已经进行了八个月，八个月已经让唐军士兵精疲力竭，再加上每天头顶上有巨炮和连环大斧箭乱飞，攻城的唐军已经打不动了！行军总管刘弘基向李世民请命："秦王，要不咱们先撤吧，回去缓一缓再打！"

撤军？开什么玩笑！洛阳已成孤城，势不能长久，怎么可能功败垂成？李世民不跟刘弘基多言，只给全军下令："不攻下洛阳，永不回军，胆敢提议班师者，斩！"

堵住了全军的嘴，李世民又派出军事参谋封德彝回去做李渊的工作，因为当时李渊也动了撤军的念头。李世民让封德彝给老爹带去了话，核心只有一点："王世充这个病老虎已经快被打死了，如果这一次不一下子打死，以后就更难了！"听了这话，李渊也不提撤军了，再次下诏："接着打，往死里打！"

然而就算李世民想往死里打，可一时半会儿要打死王世充又谈何容易，人家就在城里当缩头乌龟，你能奈我何！

此时的王世充不出战、不和谈，李世民给他写劝降信，他也不搭理，全部的念想就寄托在夏王窦建德身上："老窦啊，你什么时候来救我？"

升级！窦建德参战

或许上天注定要把窦建德裹挟进洛阳的混战，就在王世充进入危局的同时，窦建德却赢得了一场大胜，在周桥（今山东省定陶县东南），窦建德生擒起义军首领孟海公，尽获其众，尽略其地，势力得到急速扩充。如果说以前的窦建德对唐军还要退避三舍，那么现在的窦建德已经可以跟唐军掰一掰手腕了！

天欲取之，必先予之！

结束周桥战事之后，窦建德集结孟海公、徐圆朗以及自己原有的所有部众，倾巢而出，救援洛阳，自此洛阳混战由两方升级为三方，而洛阳也成为三方共同纠缠的死结。谁能解开这个死结，谁就是天下真正的王者！

窦建德率军一路势如破竹，连克唐朝政府管制下的管州、荥阳、阳翟，水陆并进，沿黄河西进。与此同时，王世充的弟弟、徐州行台王世辩也派出部将郭士衡率军数千人与窦建德会师，两军总计十余万人，对外号称三十万，窦建德顺势进驻成皋之东原，在板渚兴筑宫殿。

意气风发的窦建德不会想到，此时的他正处于一生辉煌的顶点，也正在逼近人生的终点。临时驻地板渚距离他最后的败亡之地只有咫尺之遥，不远处就是虎牢关，那里将埋葬他一生的梦想！

从光荣到可笑，其实只有一步之遥，一千多年后的不世出英雄拿破仑如是说！

面对窦建德的咄咄相逼，李世民阵营也乱作了一团，毕竟窦建德号称三十万大军不是闹着玩的，以一支唐军对付王世充和窦建德两家，招架得住吗？不如还是撤了吧！

众将纷纷要求避开窦建德的锋芒，但李世勣的智囊郭孝恪不同意，在他看来，只要扼守虎牢险要，伺机出击，一定能把窦建德和王世充同时平定。

与郭孝恪持同样观点的还有记室薛收，此人是隋朝名臣薛道衡的儿子。他想得比郭孝恪更远，在支持郭孝恪的同时，他提出了分兵两路，一路包围王世充坚守不战，一路由李世民亲率精锐巩固成皋，严阵以待窦建德。

薛收这一策略非常有效，既困住了王世充，又防住了窦建德，更关键的是，让王世充与窦建德不能里应外合，只能各自为战。在通常情况下一加一大于等于二，而如果把两个一分割包围，那么或许两个一之和要远远小于二！

然而对于郭孝恪和薛收的行兵用险，稳妥派萧瑀、屈突通、封德彝还是不同意的，他们主张稳妥起见，不如先撤兵，等敌人疲惫之后再说！

撤兵？敌人疲惫？一旦王世充与窦建德会师，只会更强，岂能疲惫？李世民看着三个保守派，不由自主地摇了摇头。

李世民曰："世充粮尽，内外离心，我当不劳攻击，坐收其敝。建德新破孟海公，将骄卒惰，吾当进据虎牢，扼其襟要。贼若冒险与我争锋，破之必矣。如其不战，旬日间世充当自溃。若不速进，贼入虎牢，诸城新附，必不能守。二贼并力，将若之何？"

随即李世民下令，将所部一分为二，齐王李元吉与屈突通一起继续包围东都洛阳，李世民则亲率骁勇将士三千五百人向东直奔虎牢，目标是窦建德！

登城眺望的王世充目睹了李世民的东去，却不知道李世民的葫芦里究竟卖的什么药，已经濒临崩溃的他不会想到，他正在眼睁睁地看着李世民祭出了一计"胜负手"，正是虎牢这个关键的棋子，让李世民抓住了洛阳之战的胜机！

试 探

三月二十五日，李世民进入虎牢，此时他已经将地利牢牢地握在自己的手中。一天后，一生酷爱行兵用险的李世民决定给窦建德来一个下马威，打一个埋伏。

然而打窦建德的埋伏，把窦建德的军队引进伏击圈，这一切都需要有诱饵，到哪里去找诱饵呢？

其实要找也不难，李世民对着诸将拍拍自己的胸脯，哦，弄了半天，诱饵就是他自己！

这一天李世民率精锐骑兵五百人出虎牢关东行二十余里，沿途分别留下骑兵，由李世勣、程知节、秦叔宝分别率领，分派完毕，李世民率领剩余的队伍继续前行。

其实剩余的队伍也不少，有多少人呢？四人！

不过四人中有一个狠人，这个狠人就是尉迟敬德。有尉迟敬德在，李世民就把心安稳地放在肚子里，他一边走一边拍着尉迟敬德的肩膀说："我拿弓箭，你拿长矛，虽百万敌，又能奈我何！"

李世民一行五人，大摇大摆地来到距离窦建德大营三华里处，此时夏军的侦察骑兵已经发现了他们，为了更好地暴露身份，李世民冲着这些人大喊了一嗓子："我是秦王李世民！"

见过疯的，没见过这么疯的！

李世民喊了一嗓子之后，窦建德大营震动，五六千名骑兵排山倒海般出击，盯着李世民全都眼睛发亮："这是多大一投名状！"李世民一看已经起到了打草惊蛇的效果，张弓一搭箭，嗖的一声先射死一将，同时下令其他三名骑兵先走，他跟尉迟敬德慢慢悠悠在后面晃！

追兵追了上来，李世民不慌不忙，一箭，一箭，每发一箭必死一人，先后发出三箭，于是有三个人见不到明天的太阳。

有了如此恐怖的表演，再不要命的骑兵也得慎重，骑兵们一路尾随李世民进入伏击圈，在进入伏击圈之前，李世民已经射死数人，尉迟敬德更狠，硕大的长矛已经戳死了十几个。

然而一切仅仅是开始，紧接着，骑兵们遭遇了李世勣、程知节、秦叔宝的

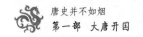
猛击，这三大猛将出手，结果一般都是很惨烈的！也幸亏骑兵们有马跑得快，跑回大营一盘点，净亏损三百多人，勇将殷秋和石瓒还让李世民抓了壮丁！

其实杀三百骑兵只是李世民敲山震虎的一块敲门砖，为的就是先给窦建德一个下马威，随后李世民给窦建德写了一封信，中心思想是劝窦建德别跟王世充联盟了，听我的话你就回家吧，不然有你后悔的时候！

李世民这封信与其说是和谈，不如说是挑衅，为的就是挑动窦建德的肝火与他决战，战争斗的是兵器，斗的是实力，同样斗的也是心理！

错　过

就心理战而言，窦建德确实不是李世民的对手，李世民不仅是个心理大师，同时是一个耐得住寂寞的高手。

李高手坐镇虎牢险要之地，既不急于决战，也不轻易出击，对付窦建德只有一个字：耗！在虎牢之前，窦建德足足被挡了一个多月，不要说前进一步，连半步也没有迈出去！而此时窦建德的军中已经有了微妙的变化，在周桥孟海公基地发了战争财的将领们惦记着回家享受山珍海味，没有人愿意在虎牢前吃李世民的闭门羹！

就在这个时候，李世民惯用的手法又上演了！什么手法呢？破坏粮道！

四月三十日，破坏粮道的资深将领王君廓率领轻骑兵一千余人抄掠窦建德的粮食补给线，顺便生擒了窦建德任命的大将军张青特，这下又让窦建德郁闷了好半天！

此时摆在窦建德面前的只有两条路，要么撤军回家，要么继续死磕！两条路该选哪一条呢？

国子祭酒凌敬站了出来："一条都不选！"

随即凌敬献出一策："宜悉兵济河，攻取怀州河阳，使重将居守。更率众鸣鼓建旗，逾太行，入上党，先声后实，传檄而定。渐趋壶口，稍骇蒲津，收河东之地，此策之上也。行此必有三利：一则入无人之境，师有万全；二则拓土得兵；三则郑围自解。"

凌敬这一策简单说就是"声东击西、围魏救赵"，以攻取河东之地逼迫长安，逼迫李世民不战自退！这一策很贼，很要命，一旦实施，洛阳之围必解，毕竟从战略意义而言，河东之地要远大于洛阳，李渊绝不可能冒失去长安的危险。即使李渊不下令李世民回军，那么窦建德也可以趁势占据河东之地，届时再与唐朝政府作战，胜负的天平还未必向哪方倾斜！

然而正在窦建德心动之际，王世充派来求救的使节们开始上蹿下跳了，在他们看来，洛阳已经危在旦夕，凌敬的计策虽好，可是远水解不了近渴！于是王世充的使节王琬、长孙安世天天在窦建德面前上演苦肉计，天天哭天抹泪，而在私下又拿出钱来贿赂窦建德的部将，请他们务必阻止河东计策的实施！

思路决定出路，眼光决定前途，部将们的鼠目寸光最终还是害了窦建德，他们只看到了眼前的利益，却没有跟凌敬一起用深邃的眼光看到天下。

在这些人的一致忽悠下，凌敬遭到了前所未有的攻击："他一个书生，知道什么是战争吗？纸上谈兵的玩意能有效吗？"

历史总是有惊人的相似：李密败亡之前，魏征的计策被认定为老生常谈，而窦建德败亡之前，凌敬的计谋也被认定为纸上谈兵，所以说世间千里马常有，而伯乐难寻！显然窦建德不是慧眼识马的伯乐！这一次，他错过了夺取半壁江山的机会，这一错，就是一生一世！

举棋不定的窦建德听从了部将的建议，反而将坚持己见的凌敬赶出了大营，好好一匹千里马就被窦建德如此错过！

其实在赶走凌敬之后，窦建德还有补救的机会，这个机会来自他的发妻曹皇后！

曹皇后与凌敬一样，同样主张窦建德出奇兵深入太行，而此时东突厥与唐朝摩擦已起，唐军必定回军自救，届时洛阳之围自解，而窦建德又可占据河东之地。

然而曹皇后的话，窦建德也没有听进去，他把这些话当成了妇人之见，最后一次出奇兵的机会也被他错过了，这样固执，佛祖也没有办法了！

其实窦建德并不是不想西出奇兵，而是他一直在内心中要求自己遵守对王世充的承诺。在他看来，既然已经承诺救援王世充，那么救人必须救到底，眼下撤军西去就是畏惧敌人、不守信义，而信义二字对窦建德一生太重要了！

想想当年窦建德的起兵，其实也跟信义不无关系！他包庇孙安祖助其起兵是因为信义，他所在街道不被盗贼抢掠也是因为信义，他最终被地方官员猜忌私通盗匪也是因为结交广泛、名声在外。可以说信义是窦建德一生的信条，也是他人生梦想的助推器，他甚至把这两个字看得比生命都重要。现在，为了之前并不守信的王世充，窦建德却还在心中不断重复着那两个字：信义！

性格决定命运，此言不虚！

下定了死磕的决心，窦建德开始寻找决战的机会，很快他有了一个重大的发现：唐军经常将战马拉到黄河以北放牧。

到黄河以北放牧意味着什么呢？莫非意味着唐军喂马的草料已经吃光？很有可能！

窦建德自以为重大的发现，其实根本没有什么理由，此时的唐军粮草依然充足，把战马放到黄河以北放牧完全是随意的行为，跟心情有关，跟草料无关！

然而窦建德就此开始酝酿与唐军的决战，这个消息很快传到了李世民的耳朵里。李世民当即下令，再送一千匹战马去黄河以北放牧！这就等于给窦建德急于决战的心又加了一把火！

公元 621 年五月二日，窦建德全军自板渚逼近牛口筑营列阵，北到黄河，西到汜水，南到鹊山，连绵二十里，随着战鼓声向前推进！

在激情的战鼓声中，窦建德心中激情澎湃，他等待这一天已经很久了，他要向李世民证明，窦建德才是天下真正的王者。然而，在激动之余，窦建德突然想起了之前在军中传诵的一句童谣，童谣曰："豆入牛口，势不得久。"

童言无忌，本是牛吃豆的顺口溜，此时却让窦建德有了一丝隐隐的担忧，"豆入牛口"，我窦建德正在牛口筑营作战，莫非昭示此战不利？不会的，不会的！

历史，很多时候一语成谶！

伴随着窦建德的鼓点，李世民率领众将登上高冈眺望，看着窦建德的阵势，李世民的脑海中飞速地闪现出"一鼓作气，再而衰，三而竭"，对付窦建德，恰恰用得上这三鼓之法。

李世民谓诸将曰："贼起山东，未见大敌。今度险而嚣，是无政令；逼城而阵，有轻我心。我按兵不出，彼乃气衰，阵久卒饥，必将自退，追而击之，无往不克。吾与公等约，必以午时后破之。"

要说窦建德也是个好事之人，大战当前，他还没有忘了先来一道开胃小菜。

窦建德派使节跟李世民说："大战在即，不妨先玩上一把小的，双方各出数百人，来场游戏！"

李世民派出破坏粮道高手王君廓，率领长矛军二百人与窦建德所部群挑，结果这一次群挑基本平分秋色，看来窦建德手下的兵也不是吃素的。

双方群挑完，又出现了一个小插曲，窦建德属下的王琬骑着当年杨广的青毛马进入阵前，浑身上下从铠甲到马鲜明亮丽，明白人知道他是来打仗的，不明白的还以为他是来走马步的！

看着青毛马，李世民不经意说了一句："好马啊！"

说者无意，听者有心，尉迟敬德一探头："殿下是看上这匹马了？ 稍等片刻，我这就去抢过来！"李世民连忙摆手阻拦："算了，算了，怎么能因为一匹马折损大将呢？"

尽管李世民一再阻拦，尉迟敬德就是跟那匹马较上劲了，喊上两个骑兵将领，三个人一起向着王琬冲了过去，上去也不废话，将王琬拽落马下，生擒制伏，拉住青毛马缰绳，牵马就走，如入无人之境。三国赵云是百万军中取上将首级，尉迟敬德也不含糊，百万军中抢人家马匹！

抢完了这匹马，李世民下令，将黄河以北放牧的马牵回，不会再装模作样吃草了，回来干活吧！

此时窦建德的军队已经疲惫不堪了，从早上 7 点一直列阵站到了下午 1 点，士兵们又累又饿又渴，纷纷坐在地上休息，有的则在四处抢水，躁动迹象非常明显！李世民交给宇文士及三百骑兵，命令他们从窦建德阵地西端向南狂奔，如果对方纹丝不动马上回军，如果对方有骚动就地攻击！

其实这就是试验窦建德的阵形，如果纹丝不动，那就说明军心尚稳，上下一心；如果骚动不已，那就意味着底气已失，濒临崩溃！

宇文士及的三百骑兵一出，窦建德军开始骚动，原本整齐的阵形开始慌乱变形，李世民知道总攻的时间到了！正巧黄河以北放牧的战马已经全部赶到，总攻就此开始！

李世民一如既往，亲率骑兵冲杀在前，蹚过汜水，向东直击夏军大营，此

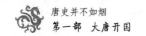

时的窦建德在做什么呢？居然在开会！

早不开会，晚不开会，偏偏在人家的眼皮底下开会，这是开的哪门子倒霉会呢？

唐军突然出现，文武百官慌作一团，纷纷往窦建德身边跑，可能是考虑到领导身边安全。窦建德准备下令骑兵出击，可文武百官挤到窦建德身边挡住他的去路，指令一时竟无法传出！等到窦建德强令文武百官清场退出的时候，大批唐军已经杀进来了，窦建德的大营待不住了，只能向东坡撤退！

唐军众军合战，嚣尘四起。李世民率阿史那大奈、程知节、秦叔宝、宇文歆等卷起旗帜杀入夏军阵地，从阵后突出，然后展开唐军大旗。夏军将士一看，瞬间崩溃，没办法，冷兵器时代的战争打的就是心理战，对手大旗高高飘扬，那就意味着本方分崩离析，一败涂地。

唐军顺势追奔三十里，斩首三千余级，虏其众五万，窦建德乱军中被长矛刺中，一路逃到了牛口渚，完了，又有牛！（豆入牛口）

窦建德在前面跑，唐车骑将军白士让、杨武威在后紧追，眼看追不上了，意外又发生了，窦建德的战马被绊倒，窦建德从马背上摔了下来。白士让见状，举矛就刺，这时窦建德开口了："不要杀我，我是夏王，可以让你富贵！"

闻听此言，白士让与杨武威相视一笑，发财了，发大财了！两人捆起窦建德，一溜烟地来见李世民。

这是李世民与窦建德的第一次会面，原本应该英雄相惜，只可惜此时胜负已分，高低立见！

李世民数之曰："我以干戈问罪，本在王世充，得失存亡，不预汝事，何故越境，犯我兵锋？"

窦建德股栗而言曰："今若不来，恐劳远取。"

事已至此，怪无可怪，要怪只能怪窦建德那场拉风的表演秀。

窦建德赌上了全部的家当，梦想赢取王者天下，现实却是一败涂地，两手空空。

梦想与现实，上天与入地，窦建德终究没有等到梦想照进现实的那一天！

俘虏了窦建德，夏国就算到头了，此时的王世充还在洛阳城里盼星星、盼月亮，苦盼着窦建德来救援。

然而等到窦建德真的来到洛阳城下时，王世充彻底绝望了！

窦建德是来了，不过是坐囚车来的。

与窦建德一起的还有王琬、长孙安世、郭士衡，这些人都是李世民拉着来现身说法的。窦建德与王世充遥遥相对，寥寥数语，唯有泪千行！李世民释放了长孙安世等人，交给他们一个特殊任务，进洛阳城给王世充讲述战争小故事。

听着长孙安世等人的讲述，王世充唯有唏嘘，随即召集军事会议，商议突围，南下襄阳。

然而到了这个时候，人心已经散了，唯一的外援窦建德也成了俘虏，即便杀出重围又能怎么样呢？又能有何作为呢？

看着众将不断摇头，王世充明白，自己的时代过去了，为今之计，只有投降一条路，至于能不能活命，就要看李世民的心情了！

公元 621 年五月九日，王世充宣布投降，一身白衣白服带领太子王玄应以及文武百官两千余人前往唐军大营投降，而闻听消息的李世民早已等在门口以礼相迎，他早就料到有这么一天，却没有想到这一天会来得如此艰难。

投降的王世充趴在地上，一身是汗，往日的神气早已消失殆尽。此时的王世充就是一条苟延残喘的赖皮狗，李世民揶揄他说："你一直把我当成小孩，今天见了小孩，怎么如此恭敬呢？"闻听此言，王世充大气不敢出，小气也不敢出，索性装聋作哑，拼命磕头，反正礼多人不怪！

接受了王世充的投降，李世民整饬各军进入洛阳，此时的洛阳早已物是人非，民生凋敝，李世民得到的洛阳早已不是昔日的洛阳，而只是一个空壳。

战争有胜负，但从来没有真正的赢家！

封存仓库，收集金银绸缎，赏赐全军，洛阳之战就此结束，洛阳重建从此开始。中国的大历史就是这样，无数次兴建，无数次毁坏，要么原地转圈，要么无数次轮回，多少名城，多少古迹，都湮没在王朝兴替的历史中。

洛阳尾声

成王败寇，王朝兴替，现在笑的是唐朝政府的官员，哭的是王世充委任的文武百官，挑出能用的，踢走罪孽不大的，剩下十几个就是不杀不足以平民

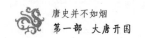

愤的。

这些人中有几个人不得不提。第一个是棒槌段达，这个棒槌在杨侗和王世充之间投机，又在五贵和王世充之间左右摇摆，摇摆到最后，还是逃不过那致命的一刀。他的悲剧告诉我们，是棒槌就别出来丢人现眼了！

第二个值得一提的是薛德音，他死得其实有点冤，要怪只能怪他的职业不好，什么职业呢？王世充的枪手！王世充诟骂李渊的诏书都是他写的，结果骂李渊骂得太过分就招致了杀身之祸。这一点李渊就没有曹操的肚量大了，曹操抓住当年写檄文骂自己的陈琳之后责怪他骂自己太狠，陈琳回了一句："箭在弦上，不得不发！"曹操呵呵一笑，就当没这回事！

第三个需要提的人也是因为职业问题招致杀身之祸，这个人叫崔弘丹。他是什么职业呢？工程师！专门制造弓箭的，斧头大小的箭就是他制造的。连环大斧箭带给唐朝太多痛苦的回忆，不杀不足以泄愤！

第四个要提的也是一个重要人物，这个人名头甚响，就是瓦岗军老资格将领单雄信！单雄信、李世勣、王伯当这些人原来都是翟让的左膀右臂，只可惜走出了不同的人生轨迹。单雄信关键时刻不听命于李密，投降王世充又走到了穷途末路；王伯当对李密生死不弃，最终遭遇伏击与李密死在一起；唯有李世勣又是挨刀（挨李密亲兵一刀），又是投降（短暂投降窦建德），最终却在唐朝三任皇帝手下当官当得风生水起，最后还奋斗成唐太宗的顾命大臣。他们三个人的人生轨迹验证了一个道理：性格决定命运！

在单雄信临刑之前，李世勣也算尽到了自己的兄弟情谊，三番五次向李世民推荐单雄信，然而李世民似乎还在记恨当年战场上那差点儿夺命的一刺。李世勣又想用自己的官爵换单雄信一命，也没有得到李世民的认可。最后没有办法，李世勣就干出了一件惊世骇俗的事。

什么事呢？他割下了自己腿上的一块肉。

李世勣割下肉后放在水里煮熟，在刑场上把这块肉喂给了单雄信："让我身上的肉随同你化为尘土，勉强算不辜负从前的誓言！"

这就是李世勣，一个圆滑又不失忠义的将军，观者无不佩服其信义，而李渊父子也看重他对旧主以及朋友的情谊，就凭这一点，再加他的军事才能，在唐高祖、唐太宗、唐高宗三朝，李世勣风生水起，屹立不倒！

说完了前四个，该说说第五个了，第五个人叫朱粲，原本也是起义军首领，后来辗转归顺了王世充，这次也被列入了处斩的行列。

朱粲这个人，准确地说，不能把他称为人，因为这个人根本没有人性！

这个人早年间在汉水、淮河一带劫掠，飘忽不定，吃粮食从来都是吃了吐。别人占领县城之后一般都是粮食吃光了再走，他不，吃两天新鲜劲过去了就走，临走一看粮食，吐出几个字："烧了吧！"

由于没有粮食储备，他的队伍经常断粮，属下每次一汇报，他就一瞪眼："慌什么，那不还有人嘛！只要有人，就饿不着！"一般人都是用来生产创造价值的，而在朱粲那里，人是用来吃的！

最惨的要属隋朝著作佐郎陆从典、通事舍人颜愍楚，原本这两个人是作为高级幕僚被召到朱粲军中的，开始还作为贵宾款待。后来人们意外地发现，这两个人举家消失了，怎么没打个招呼就走了呢？

其实他们没有走，只不过已经被朱粲吃了！

有了这斑斑劣迹，朱粲这个人渣自然要遭到多数人的痛恨，不过在被斩首之后，朱粲的待遇是最好的，好得让人羡慕！

为什么呢？因为他在瞬间就有了一座坟！

朱粲被斩首之后，知识分子和平民觉得还不解气，大家一起拿着石头和砖头往尸体上仍，经过大家的不懈努力，一转眼的工夫，就垒成了一个硕大的坟头！远远地有人不明就里，还在啧啧赞叹："这么快就入土为安了，真是积德啊！"

处理完罪大恶极的十几人，李世民着手班师，公元617年七月九日，李世民率凯旋大军返抵首都长安。李世民亲披黄金甲，身后铁马一万骑，甲士三万人，前后部鼓吹，俘二伪主王世充、窦建德及隋氏器物辇辂献于太庙。高祖大悦，行饮至礼以享焉。高祖以自古旧官不称殊功，乃别表徽号，用旌勋德，手诏曰："隋氏分崩，崤函隔绝。两雄合势，一朝清荡。兵既克捷，更无死伤。无愧为臣，不忧其父，并汝功也。"

李世民功成名就，窦建德却入地无门，尽管向唐朝表示了自己的诚意，然而"豆入牛口"的结局无法改变！

窦建德落败之后，其妻曹氏及其左仆射齐善行率领数百骑遁于洺州。余党欲立建德养子为主，齐善行曰："夏王平定河朔，士马精强，一朝被擒如此，岂非天命有所归也？不如委心请命，无为涂炭生人。"遂以府库财物悉分士卒，各令散去，绸缎数十万缎堆到万春宫东街，分给将士，三天三夜发放完毕，所有余部遣散一空。随即齐善行与窦建德的右仆射裴矩、行台曹旦及窦建德妻曹氏率伪官属，举山东之地，奉传国等八玺来降。

即便如此，也没能挽救窦建德的性命，尽管耳闻窦建德的声名，李渊却不准备放窦建德一条生路，在他看来，此人英雄了得，余威尚在，不杀不足以平河北之地。

七月十一日，窦建德被公开斩首，隋末英雄窦建德的辉煌就此终结！

然而这一次李渊想错了，一个人如果余威尚存，那么仅凭斩首是斩不尽余威的，恰恰相反，斩不断，理还乱！

有的人虽生，但已经威风扫地，比如王世充。

有的人虽死，却余威尚存，经久不息，绵绵不绝，比如窦建德。

也是在七月十一日，王世充没有被公开斩首，恰恰相反，他被下诏赦免了。

这又是为什么呢？

《旧唐书》是这样记载的：

> 秦王以世充至长安，高祖数其罪，世充对曰："计臣之罪，诚不容诛，但陛下爱子秦王许臣不死。"高祖乃释之。

原来根子还是出在李世民身上，究其根本原因，王世充日薄西山，窦建德余威尚在，因此就有了"王世充赦免，窦建德伏诛"的结局。不是王世充不该杀，不能杀，而是这个人已经没能力作乱了，杀他还不够费劲的！

然而冥冥中自有天意，就在王世充庆祝劫后余生的同时，有几双仇恨的眼睛正在对王世充虎视眈眈，这些人等这一天已经等待很久了！

这些人是什么人呢？事情还得从公元619年正月二日说起，当时王世充已经掌握东都朝政，篡权之意昭然若揭。马军总管独孤武都等人就此酝酿，秘密接应李渊军队入东都屠灭王世充，然而事情不幸泄露，独孤武都等人被王世充全部斩首，这其中有一人是独孤武都的堂弟、司隶大夫独孤机。

从那时起，独孤机的儿子独孤修德就把"王世充"这三个字刻在了心里，从此与王世充不共戴天。

王世充被押往长安，独孤修德原本准备在刑场上给王世充盖一座大坟，却只等来了窦建德，始终没有等到王世充，后来一打听才知道，原来王世充已经被赦免了！

难道就这么放过王世充？绝不！

机会总是提供给有准备的人，已起杀意的独孤修德还是等到了机会。

本来李渊将王世充全族流放蜀地，由于负责押解的差役还没有集合齐备，所以就暂时将王世充一家拘押在雍州廨舍，这下就给了独孤修德复仇的机会。

此时的独孤修德已经是定州州长，私下报仇可是要被免官的，然而跟杀父的血海深仇相比，官位又算得了什么？

独孤修德穿着自己的官服，带着自己的兄弟进入雍州廨舍，声称奉李渊诏令召见王世充，王世充和哥哥王世恽急忙出迎，没想到迎来的是独孤修德兄弟复仇的刀。

一代枭雄王世充没有死于大风大浪，没有死于唐朝政府的诛杀，却死在独孤修德复仇的刀下，总之一句话，出来混的，迟早要还的！

私自报仇的独孤修德得到了李渊的宽恕，仅仅被免去了官爵。至此独孤修德已经心满意足，至少跪在父亲的灵前，他无比坦然："爹，孩儿为您报仇了！"

有这一句话，足矣！

至于王世充的兄弟与儿子的命运，《旧唐书》里只有一句话："子玄应及兄世伟等在路谋叛，伏诛。"

窦建德死了，王世充也被人复了仇，先前的三大主角只剩下李世民一个人。

现在的李世民，扶摇直上，盖世无双，就连太子李建成，也要黯淡无光。

不久李世民加号天策上将、陕东道大行台，位在王公上。增邑二万户，通前三万户。赐金辂一乘，衮冕之服，玉璧一双，黄金六千斤，前后部鼓吹及九部之乐、班剑四十人。七月十八日，赏赐秦王李世民、齐王李元吉铸钱炉三炉（三台国家承认的印钞机），想铸多少钱，秦王，你随意！

于时海内渐平，李世民乃锐意经籍，开文学馆以待四方之士。行台司勋郎中杜如晦等十有八人为学士，每更直阁下，降以温颜，与之讨论经义，或夜分而罢。

一个人到了这个地步，心里没有想法那是不正常的，李世民不是一般人，他的想法比一般人更多！

金钱无数，美女成群，官职还差两级就到尽头，一级是太子储君，一级是皇帝，已经没有其他追求的李世民还会追求什么呢？地球人都知道！

也正是从这时起，太子李建成、秦王李世民、齐王李元吉，三个皇子开始成为历史的主角。从这时开始，到武德九年六月四日，兄弟三人的明争暗斗持续了整整五年。

这是一场三选一的残酷游戏，一旦开始，就不会轻言结束！

也就是在公元 621 年七月，一个名叫刘黑闼的小角色又举起了叛乱的大旗。正是这个小角色的叛乱，让李氏三兄弟彻底地纠缠在一起！

请看下部《贞观长歌》。